Direito Civil Luso-Brasileiro

Estudos em Homenagem ao Professor João Calvão da Silva

COORDENADORES
João Nuno Calvão
Roger Silva Aguiar
Thiago Ferreira Cardoso Neves
Pedro Costa Gonçalves

Direito Civil Luso-Brasileiro

Estudos em Homenagem ao Professor João Calvão da Silva

AUTORES

AMÍLCAR FALCÃO • ANTÓNIO DOS SANTOS JUSTO • ANTÓNIO MENEZES CORDEIRO • ANTÓNIO PINTO MONTEIRO • BRUNO TORQUATO ZAMPIER LACERDA • DIOGO LEITE DE CAMPOS • FILIPE MIGUEL DE ALBUQUERQUE MATOS • GUILHERME CALMON NOGUEIRA DA GAMA • JOÃO NUNO CALVÃO DA SILVA • JOSÉ MANUEL AROSO LINHARES • LUIZ GUSTAVO LOPES PEREIRA • MANUEL DA COSTA ANDRADE • MANUEL PORTO • MARIA DA GLÓRIA F. P. D. GARCIA • MATILDE LAVOURAS • MELHIM NAMEM CHALHUB • PAULO MOTA PINTO • PEDRO COSTA GONÇALVES • PEDRO MAIA • RICARDO PEREIRA LIRA • RODOLPHO BARRETO SAMPAIO JR. • ROGER SILVA AGUIAR • THIAGO FERREIRA CARDOSO NEVES

Prefácio de
Marcelo Rebelo de Sousa
Presidente da República de Portugal

GZ EDITORA
gruponotorium
UNIVERSIDADE DE COIMBRA
IJC Comunicação
ACADEMIA BRASILEIRA DE DIREITO CIVIL

Rio de Janeiro
2021

1ª edição – 2021

CIP – Brasil. Catalogação-na-fonte.
Sindicato Nacional dos Editores de Livros, RJ.

D635

Direito civil luso-brasileiro : estudos em homenagem ao professor João Calvão da Silva / Amílcar Falcão ... [et al.] ; coordenação João Nuno Calvão ... [et al.]. - 1. ed. - Rio de Janeiro: GZ, 2021.

396 p.; 24 cm.

Inclui bibliografia e índice
ISBN 978-65-5813-030-7

1. Silva, João Calvão da, 1952-2018. 2. Direito civil - Brasil. 3. Direito civil - Portugal. I. Falcão, Amílcar. II. Calvão, João Nuno.

21-71323
CDU: 347(81+469)

contato@editoragz.com.br
www.editoragz.com.br

Av. Erasmo Braga, 299 – Sala 202 – 2º andar – Centro
CEP: 20020-000 – Rio de Janeiro – RJ
Tels.: (0XX21) 2240-1406 / 2240-1416 – Fax: (0XX21) 2240-1511

Impresso no Brasil
Printed in Brazil

APRESENTAÇÃO

O Direito Civil está no epicentro das relações privadas.

Essa afirmação, embora pareça presunçosa, apenas tem como propósito destacar esta verdade ainda hoje inexorável: mesmo com o advento das Constituições do Ocidente pós-guerra, que positivaram inúmeros valores e princípios aplicáveis diretamente às relações jurídicas, o Código Civil continua sendo o pilar da regulação das relações existenciais e patrimoniais de Direito Privado.

Embora muitos tenham procurado minimizar sua relevância, defendida unanimemente pelos juristas de outrora que chamavam o Código Civil de a *Constituição dos privados*, a legislação civil não perdeu sua importância, e os civilistas permanecem como os principais responsáveis pelo estudo e o desenvolvimento dos institutos privados tão caros às relações entre particulares.

É certo que a tradicional dicotomia entre o Direito Privado e o Direito Público atualmente encontra mais pontos de interseção do que de segregação. O Direito Privado, em tempos passados, não se correlacionava com o Direito Público, estabelecendo-se um antagonismo verdadeiramente estaque e uma dissociação absoluta, em que o primeiro cuidava exclusivamente das relações entre particulares, e o segundo apenas das relações que diziam respeito às "pessoas públicas".

Nos tempos atuais, e particularmente a partir da segunda metade do século XX, as Constituições, antes objeto de estudo exclusivamente do Direito Constitucional, com normas meramente programáticas a inspirar o legislador, foram alçadas à condição de norma jurídica aplicável a todas as relações, com eficácia plena, direta e imediata, inclusive sobre as de Direito Privado.

Isso, contudo, não diminuiu a importância do Direito Civil. Muito pelo contrário. Renovado pelos novos valores sociais e humanos agora positivados, ele rejuvenesceu e ganhou força para enfrentar os novos desafios que se apresentam aos estudiosos e aplicadores do Direito na sociedade moderna, encontrando terreno fértil em mentes oxigenadas por esses novos parâmetros. Uma dessas mentes é, sem sobre de dúvidas, o Professor Doutor João Calvão da Silva, homenageado com a presente obra.

Catedrático da Universidade de Coimbra, João Calvão foi, por certo, um dos grandes expoentes desta geração que provocou uma profunda transformação na forma de se interpretar e aplicar os institutos do Direito Privado, os quais, hoje, são permeados por valores superiores como a solidariedade, a justiça social, a eticidade e, especialmente, a dignidade da pessoa humana.

Profundo estudioso das letras jurídicas, concluiu o curso de Direito pela Universidade de Coimbra em 1975, titulando-se como mestre em Ciências Jurídicas em 1986 e doutor em Direito Civil em 1990, mesmo ano em que se tornou Professor da Faculdade de Direito da Universidade de Coimbra, contratado como Professor Auxiliar na mesma distinta Universidade pela qual havia se formado 15 anos antes.

Sua notoriedade, contudo, não veio apenas com os títulos de mestre e doutor em Direito. Entre os anos de 1983 e 1985 exerceu, com grande destaque e competência, o cargo de Secretário de Estado adjunto do vice-primeiro-ministro do IX Governo Constitucional de Portugal. Ainda na política, foi eleito deputado em 1995, integrando a Comissão de Assuntos Constitucionais do Governo português até 1999, a demonstrar o inequívoco compromisso de sua atuação, enquanto privatista, com a Constituição.

Já em 2015 foi nomeado ministro da Administração Interna do XX Governo Constitucional, tendo exercido, ainda, a função de Presidente do Conselho de Jurisdição Nacional do Partido Social Democrata de Portugal – PSD até fevereiro de 2018.

Sua carreira acadêmica não foi menos destacada. Em 1997 concorreu à vaga de Professor Associado da Universidade de Coimbra, concurso no qual foi aprovado por unanimidade. Em 2002, seguindo sua profícua carreira no magistério, foi promovido a Professor Agregado em concurso público em que também foi aprovado de forma unânime. No ano seguinte, coroando sua irretocável trajetória, foi aprovado no concurso para Professor Catedrático de Coimbra, cargo no qual tomou posse em 5 de junho de 2003.

Essa breve narrativa, contudo, não é capaz de revelar a figura humana por trás do jurista. Cordial e afetuoso com todos à sua volta, João Calvão destacava-se pela simplicidade, embora fosse uma figura pública notória. Com a mesma facilidade com a qual discorria sobre as letras jurídicas, ele mantinha suas relações sociais. Essas características faziam dele uma pessoa a se destacar dentre tantas outras.

Sua partida, então, não apenas deixa saudades entre familiares e amigos, mas também naqueles que têm o Direito não só como ferramenta de trabalho, mas como sua arma de guerra na luta contra as injustiças e desigualdades que permeiam as sociedades. Por isso, nada mais adequado do que imortalizar seus ensinamentos em uma obra que celebre não apenas lições jurídicas, mas também de vida, e que atendam, além dos anseios do jurista João Calvão da Silva, igualmente os sonhos do ser humano que corajosamente ansiava por uma sociedade mais justa, livre e solidária.

Os coordenadores

PREFÁCIO

João Calvão da Silva continua entre nós.

No Brasil como em Portugal.

Com a sua indomável vontade, a sua mobilizadora personalidade, a sua ilimitada coragem perante a adversidade.

Mas, também, com os seus valores personalistas, humanistas, ecuménicos. O seu enleante afeto. A sua inesgotável perspicácia. O seu convincente poder de pensar, expor e persuadir. A sua permanente inventiva. O seu irrequieto pesquisar em diversas áreas, diferentes domínios, intrincantes horizontes.

Jurista por vocação. Professor por devoção. Jurisconsulto por saber e experiência. Privatista por opção.

Mas paredes meias com o Direito Público, e a preocupação económica e social, e a curiosidade filosófica, e, sempre, a perceção da História e o prazer da macro e micro comparação. Dos institutos aos sistemas. Do mais próximo ao mais longínquo.

Tudo, acompanhado por uma alegria de viver, um prazer construir a sua felicidade com os outros e através deles, em querer ser solidário sem o ostentar ou disso se vangloriar.

Colega querido. Mestre acarinhado. Companheiro de academia e de vida requisitado e acalentado.

O tempo passou e, com ele, a sua presença cresceu, não definhou.

Continua entre nós.

Que o digam os seus amigos e admiradores da Pátria Irmã do Brasil.

Evocá-lo, nestas como em tantas outras linhas, é dizer, em voz alta, o que sentimos no mais fundo de nós próprios.

Estamos à sua espera, ao virar da esquina, ao subir da escadaria, ao transpor da Porta Férrea, ao entrar no anfiteatro, ao deixar que a sua voz penetrante recomece a matéria deixada em suspenso desde a lição de há dias, semanas ou meses.

Com ele, a vida nunca passou. A aula vai começar.

Marcelo Rebelo de Sousa
Presidente da República de Portugal

SOBRE OS AUTORES

AMÍLCAR FALCÃO
Reitor da Universidade de Coimbra

ANTÓNIO DOS SANTOS JUSTO
Professor Catedrático na Faculdade de Direito da Universidade de Coimbra

ANTÓNIO MENEZES CORDEIRO
Professor Catedrático da Faculdade de Direito de Lisboa

ANTÓNIO PINTO MONTEIRO
Professor Catedrático da Faculdade de Direito da Universidade de Coimbra

BRUNO TORQUATO ZAMPIER LACERDA
Mestre e Doutorando em Direito Privado pela Pontifícia Universidade Católica de Minas Gerais. Professor de Direito Civil do Curso Supremo. Delegado de Polícia Federal.

DIOGO LEITE CAMPOS
Professor Catedrático da Faculdade de Direito de Coimbra

FILIPE MIGUEL DE ALBUQUERQUE MATOS
Professor Associado da Faculdade de Direito de Coimbra

GUILHERME CALMON NOGUEIRA DA GAMA
Professor Titular de Direito Civil da UERJ. Professor Titular de Direito Civil do IBMEC/RJ. Doutor em Direito Civil pela UERJ. Desembargador do Tribunal Regional Federal da 2ª Região. Professor Permanente do PPGD da UNESA. ex-Conselheiro do Conselho Nacional de Justiça. Acdêmico fundador da Academia Brasileira de Direito Civil - ABDC.

JOÃO NUNO CALVÃO DA SILVA
Professor Auxiliar da Faculdade de Direito da Universidade de Coimbra; Vice-Reitor da Universidade de Coimbra para as Relações Internacionais e Alumni

JOSÉ MANUEL AROSO LINHARES
Professor da Faculdade de Direito da Universidade de Coimbra

LUIZ GUSTAVO LOPES PEREIRA
Graduado pela Faculdade de Direito da UERJ. Advogado.

MANUEL DA COSTA ANDRADE
Professor Catedrático da Faculdade de Direito da Universidade de Coimbra; Ex-Presidente do Tribunal Constitucional de Portugal

MANUEL PORTO
Professor Catedrático da Faculdade de Direito da Universidade de Coimbra

MARIA DA GLÓRIA F. P. D. GARCIA
Professora Catedrática da Faculdade de Direito da Universidade Católica Portuguesa

MATILDE LAVOURAS
Professora Faculdade de Direito da Universidade de Coimbra

MELHIM NAMEM CHALHUB
Membro do Instituto dos Advogados Brasileiros. Autor dos livros Negócio fiduciário, Da Incorporação Imobiliária, Propriedade imobiliária: função social e outros aspectos, Alienação fiduciária, incorporação imobiliária e mercado de Capitais - Estudos e Pareceres, pela Editora Renovar, e Direitos Reais, pela Editora Revista dos Tribunais.

PAULO MOTA PINTO
Professor Associado com Agregação da Faculdade de Direito da Universidade de Coimbra.

PEDRO COSTA GONÇALVES
Professor Associado com Agregação da Faculdade de Direito da Universidade de Coimbra; Presidente do Instituto Jurídico da Comunicação da Universidade de Coimbra

PEDRO MAIA
Professor Associado da Faculdade de Direito da Universidade de Coimbra.

RICARDO PEREIRA LIRA
Professor Emérito da Universidade do Estado do Rio de Janeiro - UERJ. Doutor em Direito pela Universidade do Estado do Rio de Janeiro - UERJ. Ex-Diretor da Faculdade de Direito da Universidade do Estado do Rio de Janeiro - UERJ. Presidente Científico da Academia Brasileira de Direito Civil - ABDC.

RODOLPHO BARRETO SAMPAIO JR.
Doutor em Direito Civil. Professor na Pontifícia Universidade Católica de Minas Gerais. Associado à Academia Brasileira de Direito Civil - ABDC e ao Instituto dos Advogados de Minas Gerais - IAMG. Procurador do Estado de Minas Gerais.

ROGER SILVA AGUIAR
Doutor em Direito Civil. Presidente Administrativo da Academia Brasileira de Direito Civil. Membro do Conselho Consultivo da Academia Sino-Lusófona da Universidade de Coimbra. Membro do Conselho Científico da Procuradoria-Geral de Justiça do Estado de Minas Gerais. Pesquisador do Instituto da Banca, Bolsa e Seguros, da Faculdade de Direito da Universidade de Coimbra/Portugal. Membro da Ius Civile Salmanticense - Salamanca. Promotor de Justiça do Estado de Minas Gerais.

RUI MANUEL DE FIGUEIREDO MARCOS
Professor Catedrático da Faculdade de Direito da Universidade de Coimbra

THIAGO FERREIRA CARDOSO NEVES
Doutorando e mestre em Direito Civil pela Universidade do Estado do Rio de Janeiro – UERJ. Professor da Escola da Magistratura do Estado do Rio de Janeiro – EMERJ. Coordenador do Curso de Pós-Graduação em Direito Civil da OAB-RJ/ Universidade Cândido Mendes. Vice-Presidente Administrativo da Academia Brasileira de Direito Civil – ABDC. *Visiting researcher* no *Max Planck Institute for Comparative and International Private Law* – Hamburgo/ALE. Membro do Instituto dos Advogados Brasileiros – IAB. Advogado.

SUMÁRIO

ARTIGOS

Homenagens ao
PROFESSOR JOÃO CALVÃO DA SILVA

O HOMEM E O MESTRE

Rui Manuel de Figueiredo Marcos

Recebi uma amável convocatória para redigir umas páginas de abertura de um livro que retrata o imponente Congresso Internacional que ocorreu em Homenagem ao Senhor Doutor João Calvão da Silva.

Em rigor, tratou-se de uma iniciativa conjunta do Instituto Jurídico da Comunicação da Faculdade de Direito de Coimbra e da Academia Brasileira de Direito Civil.

O amplíssimo Auditório da Reitoria da Universidade de Coimbra impressionava. Encontrava-se invulgarmente repleto. A ele haviam afluído inúmeros juristas, maioritariamente civilistas.

Aceitei o gentilíssimo pedido sem o mínimo vislumbre de hesitação. Convites há que se impõem por si próprios. Não esqueço que o Senhor Doutor João Calvão da Silva representava uma figura saliente e um notável luzeiro da grande Escola de Direito Civil da Faculdade de Direito de Coimbra.

Palavras honestas e bem colocadas é o que reclama um vulto da grandeza do Doutor João Calvão da Silva. A ele guardo e sempre guardarei uma admiração definitiva.

Em cada momento, a Natureza veste-nos sem que, às vezes, nada possamos fazer para resistir, de infindos envoltórios. Mas tudo tem um começo.

A pátria do Homem é sua infância. Há uma pintura viva que, a pouco e pouco, se vai compondo e que não sai sem levar consigo o todo.

Originário das terras de Montalegre, João Calvão da Silva nasceu numa família em que o sol marcava a cadência das fadigas diárias. Já conhecedor das letras primeiras, recebeu, entre os doze e os dezasseis anos, uma cuidada formação cristã no Mosteiro de Singeverga, tendo a vida religiosa no horizonte. Em 1968, passou a frequentar o Colégio de Lamego.

Rumou depois à Universidade de Coimbra, ao alvorecer da década de setenta do século XX. Coimbra reteve-o e seduziu-o, ao ponto de nunca ter revelado tenção de a deixar, mau grado as tentações que sobre ele caíram de se transferir para outras paragens em que o deslumbre se agiganta e em que as luminárias viçosas e as ilusões se mesclam e se acastelam. No fundo, Coimbra acarinhou-o e ele acarinhou Coimbra.

Com uma brilhante classificação, licenciou-se em 1975. Concluiu, volvida mais de uma década, em 1986, o Curso de Pós-Graduação em Ciências Jurídicas, alcançando a nota máxima. Em 1990, obteve o Doutoramento em Direito Civil coroado por louvores unânimes e, em

1997, fez concurso para professor associado. Após esta longa escalada, Calvão da Silva guindava-se, finalmente, ao cume do *cursus honorum*, em 2003, na condição de Professor Catedrático da Faculdade de Direito de Coimbra.

Em perseverante ascensão e a cadência certa, subiu Calvão da Silva, degrau a degrau, a árdua colina académica, apressando-se lentamente, como é timbre da Faculdade de Direito de Coimbra.

Sem hesitar, Calvão da Silva, mal dobrados os trinta anos, acompanhou o seu Mestre por excelência, o Doutor Carlos Alberto da Mota Pinto, ao palco do IX Governo Constitucional. Era então Mota Pinto Vice-Primeiro Ministro. Não admira, pois, que João Calvão da Silva, em testemunho de uma dilecta confiança, se visse guindado ao posto de Secretário de Estado Adjunto do Vice-Primeiro Ministro. Aí permaneceu entre 1983 e 1985.

A Faculdade de Direito de Coimbra forja, não raro, elos indestrutíveis entre Mestre e Discípulo. Não raro, também, em certas circunstâncias mais exigentes, o Discípulo segue o seu Mestre, esquecendo-se de si próprio e colocando a sua carreira académica em estado de suspensão. Foi precisamente o que aconteceu com João Calvão da Silva durante o período em que estanciou no governo na década de oitenta do século XX.

Bem vistas as coisas, trata-se apenas de uma das faces da natureza universitária que concita a uma poderosa comunhão de almas. Ousaria dizer que Mestre e Discípulo tendem a congregar em si mesmos um florilégio espelhado de virtudes que vai ressaltando aqui e acolá. Quando se encontra, em lance de fortuna, um verdadeiro Mestre, importa que o agarremos. É que o entendimento ilustra, a sabedoria exalta, a educação cintila, a cortesia cativa e o sentido de Escola obriga. Razão tinha Carlyle, ao asseverar que "Great men [...] are profitable company".

Verdadeiramente, o estilo é o homem. A seu modo, cada professor transmite o sinal do seu espírito à obra que constrói. Via de regra, na companhia de livros incontáveis e no meio de uma solidão quase infinita. Constituiria um deslocado cometimento, sem *captatio benevolentiae* possível, se me afoitasse nestas linhas a proceder a uma análise da extensa obra que o Doutor Calvão da Silva legou ao presente e ao futuro.

Os dois domínios dilectos a que se dedicou Calvão da Silva foram o direito civil e o direito comercial. Respigarei apenas algumas ilustrações de um grande catálogo. Do contrato promessa ao cumprimento e sanção pecuniária compulsória. Da responsabilidade civil do produtor à compra e venda de coisas defeituosas. Das negociações preparatórias do contrato à contratação por cláusulas gerais. Da titulação de créditos à responsabilidade bancária por transferência de créditos. Da venda de bens de consumo à protecção do consumidor. Da OPA convencional obrigatória à OPA abusiva. Da *corporate governance* à responsabilidade civil dos administradores não executivos. Do conflito de interesses e abuso do direito nas sociedades à concentração de empresas e direito da concorrência. Enfim, muito reflectiu e muito escreveu Calvão da Silva.

Quando o talento se põe em obra, ele aparece, de imediato refulgente.

Não poucas vezes procuramos os frutos do nosso labor ingloriamente. Mas também, não poucas vezes, ao procurarmos os frutos nas árvores, não os conseguimos alcançar. Os ramos atiram-nos para longe sob a força irresistível de ventos poderosos. O pior é ter pela frente um combate sem tréguas com sonhos mortos ou com desejos arrefecidos ou amolentados. Nunca isso aconteceu com o Doutor João Calvão da Silva.

Experimentou as venturas amáveis de multímodos sucessos. Sucesso como benquisto professor, com o florilégio de predicados que especialmente o recomendavam para essa nobilíssima missão. Sucesso como profícuo jurisconsulto e parecerista engenhoso. Sucesso como requestado juiz-árbitro, assumindo, inclusive, a Vice-Presidência do Centro de Arbitragem Comercial da Câmara do Comércio e Indústria Portuguesa. Sucesso como administrador nas diversas incursões que fez ao universo empresarial.

Ao longo de cerca de duas décadas, cruzou, sem cessar, os domínios da banca, dos seguros e dos transportes. De 1985 a 1992, envergou as vestes de Presidente da Comissão de Fiscalização da TAP Air Portugal. No arco temporal compreendido entre 1991 e 1998, vamos encontrar, em lances sucessivos, o Doutor João Calvão da Silva, na condição de administrador do Banco Totta e Açores, do Banco Crédito Predial Português e da SIC - Sociedade Independente de Comunicação. De 1998 a 2002, ocupou ainda o posto de membro do Conselho de Administração da Companhia de Seguros Global.

À luz dos domínios dilectos em que serviu, não causou admiração Calvão da Silva quando se afoitou, no quadro da Faculdade de Direito de Coimbra, ao lançamento, em 1998, do Instituto de Direito Bancário, da Bolsa e dos Seguros. Assumiu-se como seu timoneiro seguro, conduzindo-o, durante vinte anos, com inquebrantável entusiasmo e visível êxito. Debaixo da direcção de João Calvão da Silva, surgiu o muito concorrido Curso de Pós-Graduação em Direito Bancário, da Bolsa e dos Seguros.

Não desconheceu, dentro das suas plúrimas facetas, o Doutor Calvão da Silva o bulício do labor parlamentar. Disputou as Eleições Legislativas de 1 de Outubro de 1995 e foi eleito deputado à Assembleia da República. Apropositou-se-lhe então o ensejo de integrar a Comissão de Assuntos Constitucionais, Direitos, Liberdades e Garantias, a Comissão Eventual para a Revisão Constitucional e fez parte da Delegação Portuguesa à Assembleia Parlamentar da Organização para a Segurança e Cooperação na Europa. A Assembleia da República elegeu também o Doutor Calvão da Silva para membro do Conselho Superior da Magistratura. Aí haveria de permanecer de 2005 a 2009.

Em 2015, o Primeiro-Ministro Pedro Passos Coelho dirigiu ao então Presidente do Conselho Jurisdicional do Partido Social Democrata Calvão da Silva um convite para que ingressasse nas fileiras do XX Governo Constitucional, sobraçando a pasta do Ministério da Administração Interna. O Doutor João Calvão da Silva aceitou o repto, sem olhar à difícil circunstância política e à soberania absoluta do interesse pessoal.

Na personalidade de João Calvão da Silva, avultava uma atitude virtuosa que, nos ambientes em que nos movemos, não tende a vicejar. Nunca se viu prisioneiro de uma egolatria exacerbada. Não espreitava as nesgas oportunísticas para se elevar, nem olhava de soslaio os cometimentos alheios. Pelo contrário, congratulava-se com o bem dos outros. E a razão não se afigura de um intrigante vislumbre. É que Calvão da Silva era um homem confiante, inteiramente senhor de si próprio e do seu destino.

Mostrava-se Calvão da Silva adepto de um cativante culto de jovialidade. E, por que não salientá-lo, cultivando e oferecendo a si próprio um certo ar desportivo, tornava-se uma presença deveras interessante e, do mesmo passo, fomentava um convívio recheado de momentos alegres.

Exibia um sentido muito prático e descomplicado das coisas da vida. Nunca me pareceu dado a angústias inúteis. De golpe, enfrentava, sem receios e sem refúgios, os maiores problemas. Não raro, saltava habilmente sobre os obstáculos escorregadios que os caminhos árduos que escolheu percorrer lhe iam colocando.

Ninguém lia a idade de Calvão da Silva no seu rosto. Dir-se-ia que procurava escapar aos sulcos tirânicos do tempo. Como escreveu um dos nossos maiores escritores seiscentistas, a vida tem contra si a morte, a formosura, ainda antes da morte, tem contra si a mesma vida. Debaixo de uma implacável sentença definitiva, fenece aos pés do império do tempo. Num belíssimo apontamento, se alguém ousasse perguntar à formosura – como ensaiou o génio do mesmo escritor – qual lhe estaria melhor, se a morte ou a mudança, não suscitaria a mínima dúvida que havia de responder: "antes morta, que mudada".

O Doutor João Calvão da Silva foi um homem inteiramente feliz. Felizes não logram ser aqueles que têm o melhor, mas os que retiram o melhor do que possuem. O fundamento decisivo pelo qual muitos não acham a felicidade radica em que a buscam onde ela não está. Calvão da Silva sabia encontrá-la e sabia conservá-la nas grandes e nas pequenas coisas. Desde a sua vida universitária até aos jogos da Associação Académica de Coimbra e da Selecção Nacional Portuguesa. Confidenciou-me que um dos gestos que lhe deram maior alegria foi ter levado os seus filhos à final do Campeonato da Europa de Futebol, em Paris, que Portugal venceu. Portugal conquistou o Campeonato da Europa e Calvão da Silva ainda mais conquistou e arrebatou a admiração e o amor infrene dos seus filhos.

Quem o diz, dentro do Claustro da Universidade de um modo mais altissonante e sentido, é sem dúvida, o seu maior admirador. Aludo ao seu filho, o nosso excelso Vice-Reitor João Nuno Calvão da Silva.

Abeiro-me dos retoques finais da figura do Doutor João Calvão da Silva. E um dos mais sublimes que não poderia omitir é que o Doutor João Calvão da Silva, observado por todos os ângulos que me foi dado observar, gostava da vida e gostava de viver. Não o conheci, em circunstância alguma, meditabundo ou sorumbático. Irradiava alegria.

Por isso, e por tantas e tantas razões, o considero daqueles Amigos cuja perda rasga, na nossa existência, os grandes vácuos, onde só cabem os grandes lutos.

Ao tempo ninguém se pode furtar. Não se lhe consegue esconder nada. O tempo vê tudo, escuta tudo e tudo revela. Foram exatamente os caminhos do tempo que a vida destinou ao Senhor Doutor João Calvão da Silva que tentámos retratar. De uma forma tão Amiga quanto Fidedigna!

O PROFESSOR DOUTOR JOÃO CALVÃO DA SILVA E A UNIVERSIDADE DE COIMBRA

Amílcar Falcão

Por ocasião do VII Congresso Intercontinental de Direito Civil, em homenagem ao Professor Doutor João Calvão da Silva, que decorreu nos dias 15 e 16 de novembro de 2019, no Auditório Reitoria da Universidade de Coimbra, tive a oportunidade de participar, enquanto Reitor da Universidade de Coimbra, na sessão de abertura deste relevante evento internacional.

A minha presença neste Congresso prendeu-se, em grande parte, pela indiscutível relevância do homem e profissional homenageado. Mais, em representação da Universidade de Coimbra, enquanto Reitor, não pude deixar de reforçar a importância da relação umbilical existente entre a Universidade de Coimbra e todo o mundo lusófono, em especial, no Brasil e na área do Direito, onde a Universidade de Coimbra é referência incontornável, com um peso específico muito elevado, assumindo-se como um dos maiores berços do estudo do Direito no Mundo.

Em face das caraterísticas e qualidades pessoais do nosso saudoso Professor Doutor João Calvão da Silva, não me seria viável usar da palavra sem deixar de salientar o perfil de um homem bom, solidário e alegre, mas igualmente de um profissional de excelência e de um jurisconsulto notável. Todas as referências ao Professor Doutor João Calvão da Silva, suas qualidades pessoais e profissionais, seu percurso profissional e académico, bem como sua obra literária na área do direito civil e direito comercial são e serão sempre um marco importante na história desta Universidade.

O seu prematuro desaparecimento constituiu, assim, uma enorme perda para a Universidade de Coimbra e para o país, sendo que, sem prejuízo do sério revés que o seu perecimento reveste, a Universidade de Coimbra sempre soube, nestes seus 730 anos de existência, recuperar destas inevitáveis perdas, resultantes da invariável limitação e finitude da nossa condição humana.

Neste caso em concreto, não só pelo afeto e amizade, mas também pela comunhão dos desígnios assumidos na gestão da Universidade de Coimbra, cumpre-me agradecer, uma vez mais, o legado de vida e obra do Professor Doutor João Calvão da Silva em prol da academia e de Portugal, evidenciando e partilhando convosco que reconheço no Professor Doutor João Nuno Calvão da Silva, seu filho e meu colega, muitos dos inegáveis traços e qualidades de seu saudoso pai, quer pela sua conduta e valores, quer pelos seus distintos atributos profissionais e académicos.

Neste momento de homenagem, cumpre-me, por fim, recordar ainda a relevância das palavras e amplitude da ação de um homem de consensos, detentor de uma exímia inteligência e que, por certo, marcará uma geração e melhor definirá uma época na história desta academia.

A toda a família, em especial, ao Professor Doutor João Nuno Calvão da Silva, Vice-Reitor da minha equipa, endereço uma mensagem de reconhecimento e de profunda gratidão, fazendo pública, desta forma e no âmbito deste Congresso, a minha sentida homenagem ao Professor Doutor João Calvão da Silva.

SOME CAME RUNNING

José Manuel Aroso Linhares

Senhor Reitor
Senhor Director da FDUC
Senhor Presidente da Academia Brasileira de Direito Civil
Senhor Presidente do Instituto Jurídico da Comunicação
Senhora Dra. Ana Maria Calvão da Silva e Ex.ma Família
Senhores participantes neste Encontro

Some came running. Some came running. Permitem-me que invoque este título maior de James Jones (mais conhecido decerto na tradução cinematográfica exuberante de Vicente Minelli). E que o evoque menos pelas suas implicações narrativas do que pela sonoridade envolvente da sua repetição (inseparável da partitura irresistível de Elmer Bernstein). *Some came running. Some came running.* É que há percursos que nos atingem (que nos abalam, que nos emocionam) pela força inimitável da sua unidade, pelo modo como as etapas e dimensões que os integram, sem perder nada da sua identidade, se sobrepõem e se fundem num *continuum* torrencial. Percursos quase sempre implacavelmente breves (dolorosamente breves) e que, não obstante, iluminam o seu caminhante em termos inesquecíveis, permitindo que em cada momento e em cada situação (das mais excepcionais às mais comuns) este se nos exponha como um verdadeiro sujeito-Autor. É assim que o percurso do Senhor Doutor João Calvão da Silva se nos dirige e continuará sempre a dirigir-se-nos (a abalar-nos, a emocionar-nos). Como se as luminosas máscaras que, enquanto caminhante, foi afivelando (a de privatista insigne, a de universitário irrepreensível, a de jurisconsulto prestigiado, a de juiz-árbitro exemplar, a de impoluto *homem da polis*) se nos impusessem sempre, sem paradoxo, livres da sua condição de máscaras, desvelando assim os traços indeléveis do Rosto que as unifica. Um Rosto iluminado pelo Amor incondicional à Família, pelo entusiasmo generoso das convicções, pela transbordante energia da entrega, pela capacidade infatigável de diálogo, pela força telúrica de um optimismo lúcido. Um Rosto que estará sempre connosco.

AS FAMÍLIAS DE JOÃO CALVÃO DA SILVA E UMA TRAJETÓRIA PARA A POSTERIDADE

Manuel da Costa Andrade

Magnífico Reitor
Senhor Director da Faculdade de Direito
Senhora Dr.ª Ana Maria Calvão da Silva
Senhor Doutor João Nuno Calvão da Silva
Senhores Doutores
Senhores Estudantes
Minhas Senhoras e meus Senhores

Ainda ontem – mais precisamente no dia 21 de março de 2018 – nos reuníamos aqui – mais precisamente ali ao lado, na Capela de S. Miguel da Universidade de Coimbra – para, em recolhimento, lágrimas e orações, emolduradas pelo som pesado e plangente da "velha cabra", dizermos o último adeus ao Doutor JOÃO CALVÃO DA SILVA, que tinha acabado de partir.

Estavam ali, presos na contemplação da algidez do seu corpo e da inexpressividade do seu rosto, as duas famílias que fizeram a sua vida e, por vias disso, davam testemunho da sua indelével tristeza e do seu sentimento de perda irremível.

Em primeiro lugar, a família circunscrita, ligada pelos laços de sangue: a esposa, os filhos, os irmãos, aqueles que, de forma mais brutal, sentiam o corpo e a alma trespassados pela cruel espada de dor com que a morte sublinha os seus passos. Em segundo lugar, a família mais alargada da sua Escola, a Faculdade de Direito de Coimbra, com os seus Mestres, Colegas, Discípulos, Funcionários e tantas gerações de estudantes. A que se juntavam, em simbiose inextrincável, muitos dos filhos ilustres de Coimbra. Uma Faculdade, uma Universidade e uma Cidade que, por vocação e compromisso existencial, fizera suas. E que na sua vida valiam como três nomes ou três rostos ou mostrações distintas de uma mesma realidade, de um mesmo lugar a que, invariavelmente, regressava, com a ansiedade e a urgência de quem, no fim dos dias e dos trabalhos, procura o encantamento da casa e dos seus. Não faltavam também Mestres e Estudantes de outras Escolas, gentes de outras cidades e de outros mundos, da ciência e da cultura, da política democrática, dos tribunais, da economia empresarial... de tantos domínios, por onde irradiou a influência da sua ação, a simpatia dos seus gestos, a elegância e nobreza da simplicidade do seu trato. Também eles fazendo parte de uma terceira e mais alargada família, uma árvore frondosa que estende ao longe o abraço dos seus ramos, cruzando mesmo as fronteiras e os continentes. Também eles aqui estiveram ontem, unidos na mesma tristeza, curvados à mesma dor, que não conhecia bálsamo nem lenitivo.

Voltamos hoje a juntar-nos aqui por ocasião de um Congresso Intercontinental de Direito Civil, pensado e levado a cabo como tributo e homenagem à figura e à obra de CALVÃO DA SILVA. Entre ontem e hoje persistem muitos e significativos momentos de comunicabilidade e de mesmidade. Logo porquanto, para muitos, continuarão ainda abertas e vivas as chagas deixadas por aquele dia frio de março. Na certeza de que, para todos, a memória de CALVÃO DA SILVA continuará por muito tempo a provocar um pungente sentimento de vazio e tristeza e a alimentar uma saudade para que não se antevê fim. Pelo menos no horizonte do tempo futuro que nos é possível alcançar, antes de acontecer aquele Natal – antecipado por DAVID MOURÃO FERREIRA no clarividente e perturbador poema *Ladaínha dos Póstumos Natais* – *"o primeiro em que terei de novo o Nada a sós comigo (...) o primeiro em que o Nada retome a cor do Infinito"*.

Mas as diferenças são tão profundas e cavadas como patentes. Hoje não acorremos a um ritual de vigília sobre um corpo, abandonado pelo espírito. A evocação da memória de uma personalidade como CALVÃO DA SILVA só pode ter o sentido de celebração de uma obra, de admiração de uma trajetória de vida, de contemplação de um exemplo, de fruição de um legado coisas que, como é próprio das coisas do espírito, ganham em vida, à medida que o tempo corre. A diferença que separa os nossos gestos de ontem e de hoje é, de algum modo, a diferença entre o *tempo* e a *eternidade*.

Ontem celebrámos o fim do tempo de CALVÃO DA SILVA à superfície da terra; hoje celebramos o início da sua projeção na eternidade. A passagem para o mundo imperecível do espírito. Como, seguro de si e da sua obra, dizia de si próprio o poeta HORÁCIO, "*non omnis moriar...*" ("não morrerei inteiramente; os meus versos prolongarão a minha vida").

Por ser assim, a evocação que hoje e aqui fazemos, mais do que recordar o apagar de uma candeia na terra, tem o sentido da celebração do acender de uma estrela no firmamento; mais do que um motivo de tristeza, uma razão de glória; mais do que uma morte, um nascimento; mais do que um fim, um começo.

Não foi muito longa a vida de CALVÃO DA SILVA. Apressadas e impacientes, as Parcas precipitaram-se a cortar o fio, e secar a fonte ao tempo em que ela jorrava com a força de sempre, mas com a qualidade cada vez mais decantada. Mas se a vida não foi longa, a obra, essa foi imensa, dificilmente abarcável. A este propósito nada mais certeiro do que a observação de FERNANDO PESSOA, segundo o qual a vida não vale pelo tempo que dura, mas pela intensidade com que acontece.

A relativa brevidade, não impediu CALVÃO DA SILVA de cumprir integralmente o sonho de uma vida. Em todos os sentidos, em todos os caminhos que calcorreou, em todos os lugares que visitou, em todos os momentos que viveu. Desde os círculos privados da vida familiar e da amizade até aos palcos mais expostos da vida pública, onde afivelou muitas máscaras, representou muitos papéis, cumpriu muitas funções. Invariavelmente com sucesso, integridade ética e uma *dignitas* única. Sempre comprometido com os valores. Nunca obedecendo à lógica nem vergando às exigências dos interesses.

Foi esta a trajetória do menino que começou por espreitar o mundo emoldurado e limitado pelas montanhas de uma aldeia de Trás-os-Montes e um dia chegou à Faculdade de Direito de Coimbra. Onde se licenciou com brilho e se doutorou com excelência. E onde, ano atrás de ano, dia atrás de dia, investigou, dialogou e produziu uma obra científica que logo suscitou o respeito dos juristas nacionais e estrangeiros. Na linha dos grandes civilistas de Coimbra, cultivou o direito privado com rigor categorial, consistência dogmática e sobretudo em alinhamento com as exigências da justiça, as expectativas das pessoas e as necessidades da vida. Como os seus grandes e celebrados Mestres, também CALVÃO DA SILVA sacrificou de bom grado a pureza das intocadas e cristalizadas ideias platónicas pelas respostas equilibradas e ajustadas aos conflitos da vida. Como o *brocardo latino*, também ele poderia, fundada e pertinentemente, justificar-se: *Amicus Plato* (com a perenidade dos seus conceitos eidéticos) *sed magis amica vita* (com as incongruências, mesmo as contradições dos seus *pragmata).* Homem de instituição e de tradição, mas homem da vida, mostrou-se sempre aberto ao futuro, procurando responder aos novos problemas que a marcha improgramada e improgramável da história vai desvelando ou deixa antecipar. Assumindo nessa medida um papel de bandeirante, procurando iluminar com a luz dos princípios e da constelação axiológica do direito novas *terrae incognitae,* onde as coisas novas não podiam correr à margem "velho" e perene sentido da justiça e do direito. Como aconteceu paradigmaticamente com o *direito dos seguros* e o *direito bancário*, domínios em que viria a revelar-se um dos arquitetos e dos obreiros fundadores.

Um brilhante percurso científico que teve invariavelmente como reverso uma intensa e profícua atividade docente. Levada a cabo com raros dotes pedagógicos e inigualáveis qualidades humanas. Nada, por isso, mais natural do que contar por amigos todos quantos ajudou a licenciar, pós-graduar, mestrar ou doutorar.

Homem da Universidade, CALVÃO DA SILVA interpretou o mundo e ordenou vida a partir dos princípios e das categorias da reflexão universitária. Mas, ao mesmo tempo, homem do mundo e da vida, procurou levar ao pensamento e à doutrina universitárias as coisas e as causas do quotidiano das pessoas, em nome das quais e para as quais se pensa a Justiça e se escreve o Direito. Uma fecunda polaridade dialética entre arquétipos teóricos e palpáveis realidades concretas, que dá sentido à lição e ao exemplo de CALVÃO DA SILVA. Que muitas vezes saiu da Torre ao encontro direto da *polis*: frequentou a ágora e foi parlamentar; assumiu a gestão dos negócios públicos e foi legislador e governante. Foi actor no terreno onde o direito se cruza com a vida, sai dos códigos e se faz *law in action*: e foi jurisconsulto e assegurou a gestão e disciplina dos juízes como membro do Conselho Superior da Magistratura. Foi à economia, onde se produzem e trocam os bens que satisfazem as necessidades e foi administrador e consultor de empresas.

E sem esquecer a constante peregrinação por outras Universidades – nacionais e estrangeiras – disposto a ouvir a justiça e o Direito, ditos noutras linguagens e oferecendo outras experiências, outras razões e argumentos. E aberto à eventualidade de ver infirmadas representações que tinha por aproblemáticas, e de ter de abrir mão de soluções que julgara definitivas.

É tempo de encerrar este pórtico introdutório. E dar, sem mais delongas, espaço aos trabalhos do VII Congresso Intercontinental de Direito Civil. E ceder a palavra a tantos e tão brilhantes Professores e Investigadores, de cuja lição virá seguramente a mais autêntica homenagem e o mais ajustado tributo à pessoa, à trajectória de vida, e à obra de CALVÂO DA SILVA. Obra cuja excelência, fecundidade heurística e projecção científica não deixarão de aflorar a propósito de muitos dos *topoi* que aqui serão visitados, convocados e problematizados. E, por vias disso, obra que será exposta ao cinzel e às intempéries da crítica que verdadeiramente dá sentido e define o modo de ser universitário.

Pena é que CALVÃO DA SILVA não possa estar presente para dar explicações e oferecer clarificações; desatar os nós mais resistentes e trazer transparência às áreas mais opacas. Mas é sumamente gratificante a certeza de que o seu espírito não deixará de responder à chamada, apresentando-se com a jovialidade, a lhaneza, a generosidade, a penetrante e clarificadora racionalidade de sempre.

A MULTIDISCIPLINARIDADE DO PROFESSOR DOUTOR JOÃO CALVÃO

Manuel Porto

Teve para mim um significado muito especial ter participado no "VII Congresso Intercontinental de Direito Civil", tendo em conta a temática abordada, de grande relevo e atualidade, a qualidade dos intervenientes, académicos altamente credenciados, e de um modo particular, que muito me sensibiliza, por ter sido dedicado a homenagear a pessoa extraordinária do Doutor João Calvão da Silva.

No quadro do Seminário, por sua vez, foi-me muito grato ter moderado a sessão que me foi atribuída: tendo em conta os temas abordados, de épocas históricas separadas por muitos séculos, mas com a experiência a mostrar o enriquecimento que resulta de se ligar o presente com o passado, sempre enriquecedor com os contributos proporcionados, e tendo em conta quem os abordou, dois colegas e amigos muito chegados (o Doutor António Santos Justo também colega noutra escola) e referências académicas marcantes nos ramos de direito a que têm vindo a dedicar-se.

No caso do Doutor João Nuno Calvão da Silva assume ainda um relevo que naturalmente muito me toca ser filho do nosso homenageado e termos uma ligação pessoal e académica muito forte, estreitada nos últimos anos, não querendo deixar de sublinhar de um modo especial a sua participação na direção da Associação de Estudos Europeus, com novas iniciativas que vieram enriquecer a Associação.

Assumindo agora as funções tão importantes de Vice-Reitor responsável pelas Relações Internacionais da Universidade de Coimbra, estão já bem à vista resultados da sua ação, com intercâmbios muito frutuosas com instituições de vários continentes.

Mas as palavras principais que quero deixar aqui são naturalmente de lembrança e homenagem ao meu fraterno Colega e Amigo João Calvão da Silva, palavras que à primeira vista poderiam parecer fáceis, dadas as suas qualidades, refletidas em diversos domínios, mas que infelizmente, sendo proferidas por mim, ficam inevitavelmente aquém dos seus méritos.

Trata-se de méritos notórios em cada um dos campos em que interveio, e no caso de João Calvão da Silva é de sublinhar o enriquecimento que resultou da interpenetração verificada entre esses campos, com a sua formação académica a valorizar naturalmente a sua atividade política e de participação empresarial, e também por exemplo com a experiência política a enriquecê-lo em outros domínios de intervenção.

Justifica-se que uma primeira palavra seja de recordação do nosso homenageado como Professor, deixando marcas em todos os que frequentaram as suas aulas, na Faculdade de Direito de Coimbra e em outras escolas: na licenciatura e em graus mais avançados, de mestrado, doutoramento e outras post-graduações. Teve sempre cargas letivas muito pesadas, alargando assim o âmbito da sua presença, com todos os seus discípulos a recordarem com saudade a marca docente por ele deixada.

Nas suas responsabilidades académicas são de referir também as funções exercidas nos órgãos da Faculdade, no Conselho Científico e como Presidente da Assembleia de Representantes.

No que diz respeito à investigação científica, foi dedicada em grande medida às áreas do Direito Civil e do Direito Comercial, com os especialistas destas áreas a ser unânimes no reconhecimento dos méritos da sua obra, com contributos que muito vieram enriquecer a ciência jurídica portuguesa; sendo ainda muito conhecida e tendo deixado marca em outros países, designadamente no Brasil.

Estando mais próximo das minhas áreas de investigação e ensino, é de sublinhar também o contributo muito relevante de João Calvão da Silva na área do Direito Económico, designadamente na área do Direito Bancário. Continuam a estar bem presentes resultados vários dessa investigação e no seu ensino foi-nos enriquecendo com a publicação de lições, casos das lições de *Direito Bancário* e de *Banca, Bolsa e Seguros. Direito Europeu e Português,* que passaram a ser e continuarão a ser referências básicas para quem de dedica a estas áreas, no ensino ou na sua atividade profissional. É assim uma forma de em alguma medida continuarmos a tê-lo connosco, em particular estudantes mais recentes que já não o tiveram o benefício de o ter tido como professor.

Na atividade universitária do nosso homenageado justifica uma referência muito especial a criação do Instituto da Banca, Seguros e Valores Mobiliários, com prestígio bem reconhecido no país e fora do país, enriquecendo a Faculdade, com a frequência de auditores em grande número e com formações diversificadas e elevadas, portugueses e de outros países, procurando aqui um enriquecimento complementar na sua formação.

Trata-se de instituto que continua com grande êxito as suas atividades, continuando João Calvão da Silva também por esta via a estar junto de nós.

Teve igualmente uma atividade muito relevante como jurisconsulto, sendo procurado em questões de grande dificuldade, elaborando pareceres relevantes nas decisões a tomar, bem como em arbitragens de especial dificuldade em que foi chamado a participar (sendo de lembrar que foi Vice-Presidente do Centro de Arbitragem Comercial da Câmara do Comércio e Indústria Portuguesa).

Uma outra marca da carreira de João Calvão da Silva, talvez menos frequente em professores universitários, está na sua participação em cargos de gestão empresarial, em empresas e em áreas de grande relevo: na banca, tendo sido administrador de duas instituições bancárias (Totta e Açores e Crédito Predial Português), nos seguros, tendo sido administrador de uma instituição (a Companhia de Seguros Global), nos transportes (tendo sido Presidente da Comissão de Fiscalização da TAP) e na comunicação social (tendo sido administrador da SIC). Assim se conjugaram de um modo feliz os contributos muito relevantes que podia proporcionar, com as atividades de gestão enriquecidas com a sua preparação académica e com a docência, bem como a investigação, a beneficiarem do conhecimento do mundo real que ia tendo dentro das empresas.

As suas preocupações sociais e com o país levaram-no a ter também uma muito desejável participação política, no seu partido, o PSD, onde teve responsabilidades ao mais alto nível (caso da Presidência do Conselho Jurisdicional), bem como nos órgãos de soberania: na Assembleia da República, como deputado, tendo feito parte de Comissões com grandes responsabilidades, como foi o caso da Comissão Eventual para a Revisão Constitucional, e no Governo, como Secretário de Estado Adjunto do Vice-Primeiro Ministro (outra grande figura desta escola e do nosso país, Carlos Alberto da Mota Pinto), num Governo presidido por Mário Soares, e como Ministro da Administração Interna, num Governo presidido por Pedro Passos Coelho.

Por fim, e tendo a dita de poder dar a este propósito um testemunho bem pessoal, importa concluir estas linhas com uma referência muito especial às qualidades humanas de João Calvão da Silva: deixando em todos os que conviverem com ele uma recordação imorredoura, continuando sempre a sentir a falta da sua presença amiga.

Com a sua morte prematura deixa de estar connosco um dos maiores portugueses do nosso tempo; no meu caso, alguém a que estava ligado por uma amizade verdadeiramente fraterna.

O SER HUMANO ALÉM DO JURISTA

Maria da Glória F. P. D. Garcia

Contemporânea de João Calvão da Silva na Faculdade de Direito da Universidade de Coimbra, com um percurso académico aí iniciado, mas desenvolvido em especial na Universidade Católica Portuguesa, em vertente distinta da sua, porque jus-publicista, mantive sempre contacto pessoal com João Calvão da Silva, um contacto indiferente ao tempo que estávamos sem nos falar ou sem nos ver. As marcas dos entretantos, visíveis nos filhos que cresciam, se licenciavam e, mesmo, se doutoravam, no cabelo que ondeava ou branqueava, nos olhos mais fundos ou nos trilhos que apareciam no rosto, eram assumidas com um sorriso aberto, de muda compreensão, e as palavras fluíam, saltitavam como se entretantos não houvesse e tivesse sido construída uma continuidade de tempo que só a amizade conhece.

Num mundo em que cada um de nós comunica com uma imensidade de pessoas, de línguas e culturas diversas, com identidades e perspectivas de vida diferentes, tendo de permeio longas distâncias e vivendo em ambientes geográficos inesperados e bem separados; num mundo em que os acontecimentos são transmitidos em directo, os telemóveis atendidos ao segundo, os *sms* respondidos ao minuto, tudo num frenesim rodopiante, é difícil entender o que é a relação de amizade que João Calvão da Silva tão bem sabia estabelecer, feita de proximidade pessoal, de inflexões de voz, de arreganhos de sobrolho, de silêncios partilhados, tudo sem a pressão do tempo, que para ali não era chamado. Mesmo quando o encontro fosse em conferência internacional em Macau sobre *Responsabilidade Civil*, e se seguisse a um outro, cerca de dez anos antes, no âmbito de um evento interuniversitário sobre *Direitos do Consumidor*, em Coimbra, na Faculdade de Direito, encontros tornados experiência única pela qual passei e aqui testemunho.

Nascidas em espaço e tempos específicos, as relações de amizade, para João Calvão da Silva, eram feitas de pessoas concretas, de interioridades, de laços que se enlaçam e entrelaçam...

Os que tiveram o gosto de com ele privar sabem bem do que falo, e seguramente reconhecem, neste mundo de comunicação fácil, de retalhos de vida publicitadas e comentadas em rede e à distância de um *click*, a falta que faz essa tão especial capacidade de João Calvão da Silva esculpir relações humanas.

Mas não só as relações humanas. Também as institucionais.

Lembro aqui o tempo em que o Curso de Direito da Universidade Católica Portuguesa foi lançado na Torre da Marca, no Porto, e lembro a importância que, nesse lançamento, tiveram os docentes das Faculdades de Direito de universidades públicas, à época existentes e, entre esses docentes, João Calvão da Silva.

Dar vida a um Curso de Direito implica cuidados particulares por parte da instituição que pretende iniciar o curso, além do mais porque a escolha dos docentes deve obedecer a critérios estritos, princípios bem definidos ligados ao mérito científico e pedagógico dos docentes, mas também princípios ligados ao projecto universitário gizado, aos valores identitários da instituição a que o curso pertence.

Por outro, dar vida a um Curso de Direito implica esforço acrescido dos docentes vinculados a outras universidades, que têm de prestar funções em locais diferentes, com calendários distintos e estruturas de gestão diversas, um esforço em grande parte justificado com a confiança que esses docentes depositam «*naquele*» específico projecto universitário recém-criado.

Quando, no princípio dos anos oitenta, a 1ª regência da disciplina de *Direitos Reais* se apresentou, a Universidade Católica Portuguesa fez o trabalho que lhe competia, findo o qual dirigiu a João Calvão da Silva o convite para a leccionar. O convite foi aceite com responsável júbilo. João Calvão da Silva «*vestia*» como poucos o projecto da Universidade Católica Portuguesa.

Católico de formação, procurava pautar a vida por valores e, consciente ou inconscientemente, transmitia essa realidade no quotidiano profissional, académico. Por outro lado, embora ainda não tivesse prestado provas de mestrado nem de doutoramento, era já um renomado docente de *Direito Privado*. O seu estilo não afectado, de trato directo com os alunos, desprovido de adornos de linguagem, criava facilmente empatia, e os métodos de abordagem das complexas matérias jurídicas que lecionava, em particular a *Teoria Geral do Direito*, tinham por objectivo desenvolver nos alunos a curiosidade, o desejo de saber mais, a vontade de descobrir. João Calvão da Silva tinha por hábito, nas aulas, não tanto expor teorias, mas procurar pôr os alunos a questionar, a investir na capacidade de pensar por si próprios e de colocar as perguntas que interessam à apreensão dos conceitos, à compreensão dos princípios, à interpretação das normas jurídicas, numa busca do que é realmente importante. E incutia nos alunos esse desejo de busca permanente pelo essencial. Era o docente que a disciplina de Direitos Reais do recém-criado Curso de Direito da Universidade Católica precisava. A sua formação católica, a sua competência, o seu ensino, a sua forma de transmitir conhecimentos correspondiam exemplarmente ao projecto que a Universidade Católica e o estratega do Curso de Direito no Porto, o Professor Doutor João Baptista Machado, a quem aqui rendo também sentida homenagem, haviam concebido e definido. E só a ida de João Calvão da Silva para exercer funções governativas em junho de 1983, como Secretário de Estado Adjunto do então Vice-Primeiro Ministro, Professor Doutor Carlos da Mota Pinto, no IX Governo Constitucional, pôs termo a esta frutuosa prestação de serviço docente.

Apesar disso, a colaboração com a Universidade Católica continuou ao longo das décadas que se seguiram, mas de outras formas, isto é, não já no apoio à formação de alunos da licenciatura em Direito, mas na ajuda à formação do quadro de docentes, através da presença em júris de mestrado, de doutoramento e de concurso na carreira docente.

Estou certa de que a Universidade Católica Portuguesa, que este ano está a celebrar os quarenta anos do Curso de Direito no seu Centro Regional do Porto, e, no ano passado, festejou cinquenta anos de vida, sente este lugar e este momento como uma oportunidade para mostrar o seu sentido reconhecimento a João Calvão da Silva, mas para agradecer também, e de forma efusiva, a todos os professores da Universidade de Coimbra que, com a sua elevada competência, dedicação e empenho, contribuíram para o tempo de festa que, jubilosamente, a Universidade Católica está a viver.

É hora de terminar.

Li em tempos, em local que não sei precisar, que há pessoas que, *«para principiarem a viver, têm de principiar por morrer»*... Ficou-me na memória.

Com efeito, para muitos a razão da notoriedade é a morte. Por outras palavras, a notoriedade surge aliada à própria morte, pelo ineditismo em que ocorre, pelo pasmo que suscita em quem dela tem conhecimento, uma surpresa que implica o desejo de conhecer a pessoa que protagonizou «*aquela*» específica morte.

Mas a notoriedade de quem morre e assim principia a viver pode ocorrer de outro modo. Pode ocorrer aliada à obra que essas pessoas deixaram, uma obra de todos desconhecida, uma obra que essas pessoas trabalharam na solidão dos dias e que, uma vez publicitada, é reconhecida uniformemente como possuindo inegável mérito, indiscutível valor, atraindo a atenção da comunidade e, porventura mais do que isso, a vontade de conhecer quem se esconde por detrás daquela fantástica obra.

Em qualquer dos casos, estamos perante pessoas a quem a morte encontrou sós, e sós estiveram até à morte. Em qualquer dos casos, estamos perante pessoas que, para principiarem a viver tiveram que morrer primeiro.

João Calvão da Silva – é minha convicção, que o VI Congresso Intercontinental de Direito Civil, que ora se encerra, prova em abundância –, não pertence a esta categoria de pessoas. Pelo contrário.

Homem de vida cheia e vivida de forma intensa, consciente de onde provinha e do rumo que para a vida desejava, João Calvão da Silva soube, como poucos, cultivar amizades, mantendo um infindável leque de amigos ao longo do percurso académico, profissional, de cidadania, aquém e além atlântico. Mesmo entre os conhecidos, ninguém lhe regateava a presença e o valor, nas diferentes facetas em que se quis projectar e, de facto, se projectou publicamente. Era requestado pelo que era, como pessoa, e pela obra que foi desenvolvendo, por escrito e oralmente.

Por tudo o que procurei evidenciar e os presentes decerto testemunharam, o Professor Doutor João Calvão da Silva não faz falta porque morreu. Faz falta porque viveu e nos «*tocou*». Faz falta porque nos privilegiou com a vida que viveu.

O PROFESSOR E MESTRE JOÃO CALVÃO DA SILVA

Matilde Lavouras

Excelentíssimo Senhor Vice-Reitor da Universidade de Coimbra, Professor Doutor João Nuno Calvão da Silva, Querido Amigo,

Excelentíssimos Senhores Pró-Reitores da Universidade de Coimbra, Professora Doutora Patrícia Pereira da Silva e Professor Doutor José Pedro Figueiredo,

Excelentíssimo Senhor Presidente da Academia Brasileira de Direito Civil, Senhor Prof. Doutor Roger Silva Aguiar, na pessoa de quem saúdo os Colegas e demais participantes estrangeiros aqui presentes,

Excelentíssima Senhora Professora Doutora Maria da Glória Garcia, na pessoa de quem saúdo todos os Docentes externos à Universidade de Coimbra aqui presentes,

Excelentíssimo Senhor Membro da Direção do Instituto Jurídico da Comunicação, Senhor Prof. Doutor Licínio Lopes Martins, Querido Amigo,

Excelentíssima Senhora Dra. Ana Maria Calvão da Silva, na pessoa de quem saúdo a família do Senhor Doutor João Calvão da Silva,

Excelentíssimos Senhores Doutores,

Prezados Colegas,

Caros Amigos,

Minhas Senhoras e Meus Senhores,

Cabe-me, enquanto Subdiretora para as Relações Internacionais da Faculdade de Direito da Universidade de Coimbra proferir algumas palavras na Cerimónia de Encerramento do VII Congresso Intercontinental de Direito Civil que este ano, para além de se realizar na Universidade de Coimbra, tem também como propósito homenagear um dos maiores cultores do Direito Civil quer no Mundo Lusófono quer para além do Mundo Lusófono: o Saudoso Senhor Professor Doutor João Calvão da Silva.

Não obstante não ter podido acompanhar, como era minha intenção, este evento porquanto também eu me encontrava a participar noutro evento internacional na Universidade de Coimbra, sei que ao longo dos dois dias do Congresso, muito foi dito sobre o Senhor Doutor João Calvão da Silva. Muitas terão sido as bem colocadas palavras sobre aquela que era - e que continuará a ser para os que, como eu, tiveram o privilégio de com ele aprender – uma figura ímpar em termos académicos e em termos pessoais.

Cultor da excelência, Calvão da Silva não se deixava perturbar por questionamentos menos apropositados, bem pelo contrário, encontrava neles sempre uma forma de crescimento académico. É bem visível, quer nos palestrantes, quer nos temas tratados, quer nas formas de abordagem deste Congresso a marca indelével da excelência académica de que o Senhor Professor Doutor João Calvão da Silva tanto gostava. Esta é – esta foi – sem dúvida, uma homenagem a que teria gostado de assistir.

Permitir-me-ão, seguramente, que por breves instantes abandone a veste institucional de Subdiretora e vos fale na qualidade de estudante. O Doutor João Calvão da Silva versou sempre, nos seus trabalhos, sobre temas muito atuais e, mesmo nos temas clássicos, não deixou de introduzir notas de modernidade e de vanguarda, razões estas para que os seus estudantes, mesmo depois de deixarem de frequentar os bancos da Faculdade, continuavam a acompanhar muito de perto os seus escritos e os seus ensinamentos, seja assistindo a Conferências ou a Cursos de Pós-graduação. Disso são exemplo os inúmeros participantes nas edições do Curso de Pós-graduação em Direito Bancário, da Bolsa e dos Seguros. Também por essas razões, os seus estudantes nunca deixarão de admirar o Mestre e de se surpreender pelos seus ensinamentos do porque neles vão buscar o alento nos momentos de maior incerteza e inquietude e o conforto para as dúvidas mais perturbadoras.

Também relações pessoais o Doutor João Calvão da Silva conseguiu marcar todos os que com ele tiveram o privilégio de contactar. O modo alegre e cordial com que gostava de dizer as coisas conferiam um novo sentido às palavras e aliviavam a tensão nos momentos mais delicados da vida académica. E, até nos momentos mais graves, nas conversas mais sérias e perante os assuntos mais alarmantes conseguia usar sempre as palavras mais adequadas.

Sempre que ouvia ao longe alguém dizer "ó flaviense" ou "olá menina" sabia que ao olhar em direção ao som ia encontrar sorriso franco e o cumprimento fraterno do Doutor Calvão da Silva. As conversas começavam, quase sempre com as mesmas perguntas, mas rapidamente derivavam para a partilha de ideias inovadoras nos mais vários domínios, desde o direito à economia e à política.

Finalizo, como finalizei a minha primeira intervenção enquanto Subdiretora da, também ela numa Homenagem, desta vez levada a cabo pelo Instituto de Direito Bancário, da Bolsa e dos Seguros:

> "Os amigos não morrem: andam por aí, entram por nós dentro quando menos se espera e então tudo muda: desarrumam o passado, desarrumam o presente, instalam-se com um sorriso num canto nosso e é como se nunca tivessem partido. É como, não: nunca partiram."
> – António Lobo Antunes

Bem-haja, Doutor João Calvão da Silva.

Até sempre.

JOÃO CALVÃO DA SILVA: DE PORTUGAL PARA O BRASIL, DO BRASIL PARA PORTUGAL

Pedro Costa Gonçalves

Exmo. Senhor Reitor e Exmos. Senhores Vice-Reitores da Universidade de Coimbra

Exmo. Senhor Diretor da Faculdade de Direito,

Exmo. Senhor Professor Roger Silva Aguiar, Presidente da Academia Brasileira de Direito Civil

Exmo. Senhor Presidente do Instituto Jurídico,

Exmos. familiares do Senhor Doutor Calvão da Silva e Exma. Sra. Dra. Ana Maria Calvão da Silva,

Exmos. Senhores Congressistas,

Neste momento, em que se procede à abertura do VII Congresso Intercontinental de Direito Civil, a minha palavra é para saudar todos e para a todos dar as mais calorosas boas vindas a Coimbra e à nossa Universidade. Faço os mais sinceros votos para que se sintam tão bem na nossa terra como eu me sinto no vosso Brasil.

No desenvolvimento de uma parceria de colaboração com a Academia Brasileira de Direito Civil, tem o IJC (Instituto Jurídico da Comunicação, da Faculdade de Direito de Coimbra) o privilégio de coorganizar e, de certo modo, acolher em Coimbra este VII Congresso, que a Academia realiza pela primeira vez fora do Brasil.

E há boas razões para nós, na Faculdade de Direito de Coimbra e no Instituto Jurídico da Comunicação, estarmos orgulhosos: temos connosco este público tão numeroso e interessado, e reunimos ilustres e reputados professores brasileiros e portugueses (neste caso, da Universidade de Lisboa, da Universidade Católica Portuguesa e, claro, da nossa Faculdade de Direito de Coimbra). Temos também entre nós o Senhor Presidente do Tribunal Constitucional, um distinto professor da nossa Faculdade.

O nosso enorme gosto pelo facto de a Academia Brasileira de Direito Civil ter escolhido realizar este VII Congresso Intercontinental de Direito Civil aqui, em Coimbra, encontra uma justificação muito especial, a merecer o nosso afetuoso e comovido agradecimento: trata-se de um Congresso *Em Homenagem ao Professor Doutor João Calvão da Silva*. E trata-se, aliás, de um segundo momento de Homenagem ao nosso querido Professor, pois já no ano passado, em 2018, o VI Congresso havia sido de *Homenagem ao Saudoso Civilista Português João Calvão da Silva*. Como Presidente do IJC, mas também como Professor da Faculdade de Direito, e até também como português, quero deixar bem sublinhado o agradecimento público à Academia Brasileira de Direito Civil, que, porventura, vendo melhor e mais longe do que nós, portugueses e juristas portugueses, e do que nós, membros da Faculdade de Direito de Coimbra, entendeu prestar uma gloriosa homenagem ao Prof. João Calvão da Silva no seu País. E a Academia veio oferecer-nos este momento, na cidade em que Calvão da Silva viveu e junto da Universidade em que se formou, lecionou e fez toda a sua brilhante carreira académica e que considerava ser a "universidade comum de toda a língua portuguesa".

O Prof. João Calvão da Silva, com ligações muito fortes à Academia Brasileira de Direito Civil, pelo menos desde 2013, ano em que participou no I Congresso Intercontinental de Direito Civil, bem merece esta nossa Homenagem. Deixou-nos cedo demais, mas, ainda assim, o tempo que viveu foi suficiente para inscrever na memória dos outros a imagem de um Homem de bem, apostado em unir, em construir pontes de harmonia, em integrar e em incluir todos, sem desrespeitar as diferenças e as vontades de cada um. Sempre com um "ar leve", sem pompas e sem soberba, de uma simplicidade radicalmente genuína e sincera: este era o Prof. Calvão da Silva, que tive o gosto de acompanhar tantas vezes nos corredores da nossa Faculdade, bem como na Assembleia da Faculdade e no Conselho Científico, e de quem pude ouvir, em várias ocasiões, palavras angustiadas sobre o "barco à deriva da economia mundial", sobre os poderes de facto anónimos, que "negam o valor da vida humana", reduzindo-a "a uma existência efémera puramente material", mas também sobre os ventos de hostilidade "aos valores da fraternidade, da solidariedade e da justiça, cimentos de laços familiares, de laços de amizade e da indispensável coesão social". Os seus importantes estudos e reflexões que eu conheço melhor – nos domínios da regulação pública financeira –, espelham a sua convicção militante numa "regulação honesta e moralmente aceite, expressão de altos valores éticos e da dignidade da pessoa, da família, da comunidade e do Estado, em que a par da competência técnica e tecnocrática floresça a inteligência moral que tão arredada tem andado por aí, por ali e por acolá".

Foi este Professor e este Homem que perdemos no dia em que se iniciava uma nova primavera, no ano de 2018. É este Professor e este Homem Grande que a Academia Brasileira de Direito Civil veio homenagear aqui, na nossa terra, junto de nós. O meu muito obrigado por isso.

Calvão da Silva deixou-nos quando se iniciava mais uma primavera: a coincidência lembra-nos que esta é a marcha da história das nossas vidas; a seguir de nós, o mundo continua e avança, muitas vezes com a ajuda das nossas sementes. E assim foi com o Professor Calvão da Silva, que deixou no mundo os seus filhos e netos. Pelo meu lado, tenho a felicidade de ser Amigo do seu filho João Nuno – hoje vice-reitor da nossa Universidade, antes disso diretor e responsável pela segunda vida do IJC, antes disso professor da Faculdade de Direito e, antes disso e desde sempre e para sempre, o primeiro admirador de seu Pai. Também a ele, João Nuno, à sua dedicação, se fica a dever o estarmos aqui juntos a homenagear o Prof. Calvão da Silva. Por isso, também aqui lhe deixo o meu agradecimento muito sincero e muito afetuoso.

ARTIGOS

IURIS CIVILIS PRINCIPIA (DIREITOS ROMANO E PORTUGUÊS)

António dos Santos Justo

1. ANTELÓQUIO

Subjacente às normas jurídicas encontram-se princípios que lhes conferem a unidade necessária na criação de institutos, de instituições e de sistemas jurídicos. Por isso, não podem ser dispensados na interpretação das fontes do direito e na integração de lacunas. Embora não sejam princípios fundamentais, são instrumentos de coerência, verdadeiras regras que a ciência jurídica descobre e por elas se orienta no desenvolvimento harmónico do direito.

Os sábios jurisconsultos romanos oferecem-nos vários *iuris principia* com que justificavam e fortaleciam a coerência das suas opiniões através das quais construíam a *iurisprudentia* com ciência e arte.

Os direitos contemporâneos e a ciência que os estuda não os ignoram, mesmo quando os substituem por outros que suportam novas soluções determinadas por diferentes exigências da vida.

Há princípios que vigoraram no direito romano e se mantêm nos nossos tempos; e há os que foram substituídos por novas regras. A historicidade do direito passa também por eles.Reservamos para a nossa intervenção os princípios *pacta sunt servanda* e *nemo plus iuris ad alium transfere potest quam ipse haberet*, que abordaremos sucessivamente no direito romano e no direito português[1].

Impõem-se, no entanto, algumas palavras prévias. Para manifestar a minha profunda satisfação pela oportunidade que me é dada de evocar o saudoso Doutor João Calvão da Silva, Colega Ilustre que nasceu para a ciência do Direito e nos deixou muito cedo, privando-nos do seu convívio amigo e sempre enriquecedor. Ficámos mais pobres e com a saudade que a erosão do tempo não destrói. O seu lugar, que a História da nossa Faculdade regista em palavras lapidares, persiste intacto para que os vindouros, que não deixam de aprender com os seus escritos, recordem o seu Autor que, sulcando os caminhos áridos de Trás os Montes, aqui estudou e aqui ensinou, cumprindo o sábio princípio clássico de que um

---

1 O presente texto reproduz a intervenção do Autor no VII Congresso Intercontinental de Direito Civil em Homenagem ao Prof. Doutor João Calvão da Silva, realizado nos dias 15 e 16 de novembro no auditório da Reitoria da Universidade de Coimbra. O Autor começou por saudar a Senhora Drª Ana Maria Calvão, a Esposa sempre presente nos bons e maus momentos do Doutor Calvão da Silva; e o Doutor João Nuno Calvão, o filho que nunca abandonou o pai.

Professor estuda para aprender e aprende para ensinar. Olhando para ULPIANO, o sábio jurisconsulto romano, há aspetos comuns que os aproximam: ambos foram grandes jurisconsultos; e ambos enfrentaram os ventos agrestes da política. ULPIANO, ao serviço de Roma. CALVÃO DA SILVA, de Portugal. Ambos venceram!

2. *PACTA SUNT SERVANDA*

2.1. Direito romano

Segundo ULPIANO, o pretor terá dito, no seu *edictum*, o seguinte: "*Manterei os pactos acordados que tenham sido feitos sem dolo, sem infringir as leis, os prebiscitos, os senatus consultos, os decretos e editos dos imperadores e pelos quais não tenha sido cometida fraude contra qualquer deles*"[2].

Com esta cláusula edital que, embora com alguma interpolação[3], remonta à época republicana[4], o pretor anuncia que protegerá "*todos os pactos honestos y no realizados en fraude de la legalidade, cualqueira que fuera su contenido*", observa ARMANDO TORRENT[5].

ULPIANO fala-nos de pactos, cuja proteção o pretor concede se forem feitos sem dolo, não infringirem a lei e não incorrerem em fraude. Este princípio, que foi pensado para os pactos e posteriormente estendido aos contratos, foi reafirmado com particular intensidade no direito canónico medieval e acolhido no direito natural, chegando aos nossos dias com as limitações que o acompanharam. São eloquentes as palavras de ARMANDO TORRENT RUIZ: "*La regla* pacta conventa servabo *se ha convertido en la Historia de la Jurisprudencia europea en paradigma del honor y protección a los acuerdos lícitos entre particulares que Kelsen situo en la pirâmide de toda su teoria del Derecho*"[6].

---

2 D. 2,14,7,7: "*Ait Praetor: Pacta conventa, quae neque dolo malo, neque adversus leges, plebiscita, senatusconsulta, edicta principum, neque quo fraus cui eorum fiat, facta erunt, servabo*".

3 Vide ARMANDO TORRENT RUIZ, *Diccionario de derecho romano*, Edisofer, SL, Madrid, 2005, p. 839, que assinala algum retoque posterior como a inserção dos *edicta principum* que, na passagem do século I para II, ainda não eram considerados fontes do direito.

4 Esta época situa-se entre os anos 510 e 27 a.C. Vide SEBASTIÃO CRUZ, *Direito romano (ius romanum)*, I. Introdução. Fontes, 4ª ed., Coimbra, 1984, p. 41.

5 Vide ARMANDO TORRENT RUIZ, *ibidem*, p. 839.

6 Vide ARMANDO TORRENT RUIZ, *ibidem*, p. 840.

Justifica-se, portanto, que, em breve síntese, comecemos por referir a evolução que pacto e contrato conhecerem no direito romano.

Na época arcaica[7], o *pactum* teria sido, segundo a doutrina de MANENTI que acolhemos[8], um acordo de vontades entre duas ou mais pessoas, não formal, através do qual as partes terminavam as suas divergências, restabelecendo a paz; daí a relação entre os vocábulos *pactum*, *pacere* e *pacisci* que significam fazer a paz, como observamos na Lei das XII Tábuas[9]. Sem revestir as formalidades exigidas pelo *ius civile*, o *pactum* não criava *obligationes* e a sua violação não era tutelada: não havia nenhuma *actio (civilis)*. Todavia, o pretor não deixou de conceder a tutela do seu direito (*ius praetorium*) não através de ações (pretórias), mas por via de *exceptio pacti*. Ou seja, ao *pactum* começou por ser reconhecida eficácia meramente negativa: servia apenas para paralisar uma ação que, ao arrepio do pacto, fosse intentada[10]. É o que observamos no seguinte fragmento de ULPIANO:

> D. 2,14,7,4: "... *Por conseguinte, o pacto nu não produz obrigação, mas exceção*"[11].

Deste modo, os pactos não se confundiam com os contratos previstos no *ius civile*. Ambos manifestavam a vontade das partes, mas enquanto os contratos são acordos típicos[12] reconhecidos pelo direito civil com as correspondentes *actiones*, os pactos não eram reconhecidos por este direito: não criavam *obligationes* nem eram tutelados por *actiones (civiles)*. A sua tutela era dispensada pelo pretor através duma *exceptio pacti*[13].

---

7 Esta época, que decorre entre os anos 753 e 130 a.C., é o período da formação e do estado rudimentar das instituições jurídicas romanas. É carateriza-se pela imprecisão. Vide SEBASTIÃO CRUZ, *ibidem*, p. 44.

8 Vide MANENTI *apud* ARMANDO TORRENT RUIZ, *ibidem*, p. 836, para quem o conceito de *pactum* é um dos mais discutidos na ciência romanística.

9 Cf. Lei das XII Tábuas, I,6,7; -8,2. Vide A. BURDESE, *Manuale di diritto privato romano*, 3ª ed., UTET, Turim, 1982, p. 487; ARMANDO TORRENT RUIZ, *ibidem*, p. 394; e A. SANTOS JUSTO, *Direito privado romano – (direito das obrigações)*, cit., p. 143,

10 Vide A. SANTOS JUSTO, *Direito privado romano – (direito das obrigações)*, cit., p. 145,

11 D. 2,14,7,4: "... *Igitur nuda pactio obligationem non parit, sed parit exceptionem*". Cf. também PS II,14,1.

12 Vide ARMANDO TORRENT RUIZ, *Manual de derecho privado romano*, MIRA, S.A., Zaragoza, 1991, pp. 387-388.

13 Vide ARMANDO TORRENT, *ibidem*, p. 395: e A. SANTOS JUSTO, *ibidem*, p. 144.

Simplesmente, sensível às exigências da sociedade romana, a *iurisprudentia* passou a distinguir: se o pacto fosse realizado no momento dum contrato tutelado por ação de boa fé, tal *pactum adietum*, dito *ex continenti*, integrava esse contrato e, portanto, a sua eficácia impunha-se na própria ação; se fosse feito em momento posterior, este pacto, dito *ex intervallo*, só podia ser tutelado em via de exceção[14]. Esta situação ocorria igualmente se o contrato a que se juntasse fosse tutelado por uma *actio stricti iuris*[15]. Ou seja, foi por via das *aciones bonae fidei* que os pactos foram assumindo a função de criar *obligationes*, abrindo-se a via indiferentemente percorrida pelo *contractus* e pelo *pactum*. Mas não só: a ausência de formalismo, que carateriza os contratos consensuais, reforça o acordo de vontades (*consensus*) como elemento essencial.

A aproximação dos pactos aos contratos está presente em Pédio, jurisconsulto romano que viveu nos finais do século I e princípio do século II, ou seja, em plena época clássica central[16], como observamos no seguinte texto de ULPIANO:

> D. 2.14.1.3: "*Convenção é uma palavra geral, que se refere a tudo aquilo em que consentem os que tratam entre si de um negócio cuja causa seja um contrato ou transação, pois assim como se diz que convêm os que chegam e se reúnem num mesmo sítio, procedentes de distintos lugares, assim também se diz dos que, movidos por diversas intenções, consentem em algo; isto é, confluem numa opinião. De tal modo convenção é uma denominação geral que, segundo diz elegantemente Pédio, não há nenhum contrato, nenhuma obrigação que não encerre em si uma convenção, tanto se faça pela entrega de uma coisa como por palavras, pois também a estipulação, que se faz por palavras, é nula se não encerra um consentimento*"[17].

14 Vide ARMANDO TORRENT RUIZ, *ibidem*, pp. 395-396; e A. BURDESE, *Manuale di diritto privato romano*, cit., p. 487.

15 Vide ARMANDO TORRENT RUIZ, *ibidem*, pp. 389 e 396.

16 Esta época decorre entre os anos 30 a.C. e 130 e é considerado o período de mais esplendor e de maior perfeição do direito romano. Vide SEBASTIÃO CRUZ, *Direito romano* (ius romanum), cit., p. 47.

17 D. 2,14,1,3" *Conventionis verbum generale est ad omnia pertinens, de quibus negotii contrahendi transigendique causa consentiunt, qui inter se agunt, nam sicuti convenire dicuntur, qui ex diversis locis in unum locum colliguntur et veniunt, ita et qui ex diversis animi motibus in unum consentiunt, id est, in unam sententiam decurrunt. Adeo autem conventionis nomen generale est, ut eleganter dicat Pedius, nullum esse contractum, nullam obligationem, quae non habeat in se conventionem, sive re, sive verbis fiat; nam et stipulatio, quae verbis fit, nisi habeat consensum, nulla est*". Vide A. SANTOS JUSTO, *A vontade e o negócio jurídico romano. Breve referência aos direitos português e brasileiro*, em *A autonomia da vontade e as condições gerais do*

A referência de ULPIANO a PÉDIO mostra a autenticidade da sua opinião, pois não faria sentido que um jurisconsulto (Ulpiano) invocasse outro (PÉDIO) e alterasse a sua opinião. Numa palavra, pelo menos no dealbar do século II, *pactum* e *contractus* têm, em comum, o acordo de vontades[18]; daí, o passo seguinte de, à semelhança, deste, aquele poder criar obrigações tuteladas por ações (*actiones in factum*) embora concedidas pelo *ius praetorium*[19].

Finalmente, com o reconhecimento legislativo de *pacta* ditos *legitima*, produtores de obrigações civis e tutelados pelo direito civil[20] e, com supressão do pretor, a distinção entre pacto e contrato é definitivamente eliminada[21].

Por isso, o princípio *pacta sunt servanda* elaborado pelos jurisconsultos medievais a partir do princípio romano *pacta conventa servabo* aplica-se perfeitamente aos contratos que, constituindo acordos de vontades das partes, devem ser plenamente cumpridos[22].

Seria, no entanto, violação grave de valores como a *fides*, a *humanitas* e a *amicitia* que humanizaram o direito romano. Haja em vista que a *fides* conheceu, sucessivamente, o significado de *ter confiança, responsabilidade* e *cumprimento fiel da palavra e dos contratos*, ou seja, o *sentimento de lealdade contratual*; que a *humanitas* implica a obrigação de respeitar e valorizar a pessoa humana; e que a *amicitia* percorre vários

contrato. De Roma ao direito atual. Anais do V Congreso Internacional y VIII Iberoamericano de Derecho Romano. Organizador, Agerson Tabosa Pinto, IMPRECE - Impressora do Ceará Ltda, Fortaleza, 2003, p. 76.

18 Vide ARMANDO TORRENT RUIZ, *Manual de derecho privado romano*, cit., p. 389.

19 Vide ARMANDO TORRENT RUIZ, *ibidem*, p. 396.

20 A doutrina fala do *pactum de dotis* e do *pactum donationis*. Em relação ao primeiro (acordo de constituição de dote), Teodósio II e Valentiniano determinaram, em *constitutio* do ano 428, que a sua eficácia depende apenas das palavras, escritas ou não. Cf. C. 5,11,6. Quanto ao segundo (acordo em que alguém se obriga a fazer uma doação a outra pessoa), no direito justinianeu cria a *obligatio* de cumprir a promessa e é tutelado por *actio (civilis)*. Cf. C. 8,53(54),35,5. Vide A. SANTOS JUSTO, *Direito privado romano – II (direito das obrigações)*, cit., pp. 144[13] e 152; ARMANDO TORRENT RUIZ, *Manual de derecho privado romano*, cit., pp. 396-397; e A. BURDESE, *Manuale di diritto privato romano*, cit., p. 489.

21 Vide ARMANDO TORRENT RUIZ, *ibidem*, p. 397; e A. BURDESE, *ibidem*, p. 489, para quem, "*caduto l'antico formalismo, ogni convenzione può, con qualche limite, presentarsi como* stipulatio, *e pertanto viene ormai a risultare priva di significato la massima per cui* ex pacto actio non nascitur, *benchè la si trovi ancor riprodotta nelle fonti giustinianee*".

22 Vide A. BURDESE, *ibidem*, pp. 592-593.

institutos, como, *v.g.*, o mandato, a gestão de negócios, o depósito e o comodato[23].

Justificava-se, portanto, que aquele princípio fosse temperado ou limitado em determinadas situações. Sucedeu, *v.g.*, com o *beneficium competentiae*, por virtude do qual a alguns devedores foi reconhecida a faculdade de cumprirem as suas obrigações nos limites das suas capacidade económica[24]. Assim, no clássico processo das fórmulas[25], o pretor ordenava ao juiz que condenasse "*in id quod facere potest*" ou "*in quantum facere potest*". De entre os casos muito numerosos, destacamos[26]:

> a) se o devedor fosse demandado para cumprir a promessa de doação, só seria condenado no que puder fazer (*in quantum facere potest*)[27];
>
> b) se um dos sócios fosse demandado por não ter cumprido a sua obrigação assumida no contrato de sociedade, a condenação seria limitada ao que pudesse fazer (*in id, quod facere potest*), porque "*a sociedade contém, de certo modo, um direito de fraternidade*"[28];
>
> c) se ao marido fosse pedida a restituição do dote, só devia ser condenado "*in quantum facere possit*". Do mesmo modo, se fosse demandado pela mulher por incumprimento de outro contrato, só devia ser condenado "*in quantum facere potest*". Por motivo de equidade, igual condenação devia ser aplicar à mulher demandada pelo marido[29];
>
> d) se o *filiusfamilias* contraísse uma dívida – *v.g.*, no âmbito do seu pecúlio -- e posteriormente deixasse de estar sujeito à *patria potestas* do seu *paterfamilias* – *v.g.*, porque foi emancipado – e fosse demandado para a pagar antes de receber a herança, só devia ser condenado "*in quod facere potest*"[30];
>
> e) se, no processo executivo, o devedor cedesse aos credores os seus bens (*bonorum cessio)* e depois adquirisse outros bens, os credores podiam voltar a demandá-lo. Mas a condenação não devia ultrapas-

---

23 Vide A. SANTOS JUSTO, *Direito privado romano* – I (*Parte geral*), cit., pp. 24-26; e *Manual de direito privado romano*, 2ª ed., Petrony, Lisboa, 2018, p. 13.

24 Na época clássica, o *beneficium competentiae* operava no âmbito do processo das fórmulas através da inserção duma *taxatio in id quod (réus) facere potest* na *condemnatio* da fórmula. Vide A. BURDESE, *Manuale di diritto privato romano*, cit., p. 594; e A. SANTOS JUSTO, *ibidem*, pp. 316-319.

25 Vide A. SANTOS JUSTO, *ibidem*, pp. 311-331.

26 Vide A. BURDESE, *ibidem*, pp. 594-595; e A. SANTOS JUSTO, *ibidem*, pp. 317-318.

27 Cf. D. 42,1, 19,1

28 Cf. D. 17,2,63pr.

29 Cf. D. 52,1,20.

30 Cf. D. 14,5,2pr.

sar *"id quod facere potest"*, pois *"seria desumano condenar em tudo quem tinha sido despojado dos seus bens"*[31];

f) se o demandado fosse militar que obteve estipêndios na milícia, a condenação estava limitada ao que *"facere potest"*[32];

Finalmente, o direito justinianeu fixou o princípio de que na condenação *"in id, quod facere possunt"*, devia ter-se em conta a pessoa (do devedor) *"para que não fique em indigência"*[33].

Em conclusão, o princípio romano *pacta conventa servabo* foi suavizado em situações nas quais a *iurisprudentia* entendia dever proteger o condenado, afastando a execução de todos os seus bens e, deste modo, assegurar a sua sobrevivência com alguma dignidade.

2.2. Direito português

O princípio *pacta sunt servanda*, versão medieval do princípio romano *pacta conventa servabo*, foi acolhido nas Escolas medievais com especial simpatia, afirmando-se, *v.g.*, nas Decretais de Gregório IX, que a violação duma promessa constituía pecado: é *peccatum* não respeitar a palavra dada[34]. E, embora sem a consideração pecaminosa, a Escola do Direito Natural, deu-lhe uma base moral[35].

Não surpreende, por isso, que, acolhido como nos direitos canónico e natural, aquele princípio encontrasse um ambiente favorável à sua perpetuação nas diversas legislações.

Em Portugal, fortemente influenciado pelo direito canónico, pode afirmar-se que se impôs a sua receção juntamente com os limites que a dignidade humana impunha. Note-se que, nas nossas Ordenações, o direito canónico afastava as soluções pecaminosas do direito romano[36].

No século XVIII, depois de ter ensinado que *"hoje não há diferença nenhuma entre pactos e contratos"*[37], de referir que *"hoje não se dá lu-*

31 Cf. I. 4,6,40.

32 Cf. D. 42,1,6pr.

33 Cf. D. 50,17,173pr.

34 Vide JOHANNES BÄRMANN, *Pacta sunt servanda. Considérationes sur l'histoire du contrat consensual*, na *Révue Internationale de Droit Comparé*, 13, Paris, 1961. p. 34.

35 Vide JOHANNES BÄRMANN, *ibidem*, p. 44.

36 Vide MÁRIO JÚLIO DE ALMEIDA COSTA, *História do direito português*, 5ª ed., com a colaboração de Rui Manuel de Figueiredo Marcos, Almedina, Coimbra, 2011, p. 345.

37 Vide PASCOAL JOSÉ DE MELO FREIRE, *Instituições de direito civil português*, VI, no BMJ 168, 1967, p. 43.

gar ao arrependimento nem nos pactos nem nos contratos inominados, porquanto aquele que prometeu dar ou fazer alguma coisa obriga-se a cumprir"[38] e de observar que "*as obrigações dissolvem-se de muitos modos, o principal dos quais é o pagamento*"[39], PASCOAL JOSÉ DE MELO FREIRE fala-nos do *beneficium competentiae* e de *rescritos moratórios.*

Em virtude deste *beneficium*, "*determinados devedores não são obrigados acima das suas faculdades, devendo-se deixar-lhes dos bens executados o bastante para as suas necessidades vitais a fixar conforme a qualidade do devedor pelo arbítrio do juiz*". Refere ainda que "*este benefício é atribuído, segundo os costumes, não só aos pais, filhos, irmãos, sócios, etc. que o direito romano recorda (...), mas também a outros como os clérigos apenas constituídos em ordens sacras ou possuidores de benefícios eclesiásticos, os nobres, doutores, magistrados, universidades, igrejas, mosteiros e os corpos ou colégios aos quais se devem destinar certos bens para refeição dos edifícios públicos e pagamento dos salários dos administradores e criados*". E nota que "*o benefício de competência já não se pode dizer um benefício, isto é, um privilégio concedido apenas a certas pessoas, mas um direito comum a todos*". A extensão deste privilégio explica-se por nos encontrarmos numa época marcada pela influência do direito natural[40] que desde cedo o acolheu com a maior simpatia.

Em relação aos rescritos moratórios, MELO FREIRE observa que "*estão em uso as chamadas cartas de respiração, ou moratórias*", que, citando, BOEHMERO, "*não são outra coisa senão um benefício que o Príncipe concede aos devedores, crivados de dívidas por falta de sorte e não por sua culpa, para que nada se lhes peça dentro de determinado espaço de tempo*". Esta matéria, que configura um instituto que o direito português acolheu desde os primeiros tempos[41], mostra a preocupação humanitária de proteger determinados devedores aos quais é concedida a extensão do *espaço de tempo*. Trata-se apenas de devedores que, nas palavras de MELO FREIRE, "*são dignos de compaixão*" e desde que concorram as seguintes condições: 1) a extensão do tempo não deve ultrapassar cinco

38 Transcrevemos PASCOAL JOSÉ DE MELO FREIRE, *ibidem*, p. 44.

39 Voltamos a transcrever PASCOAL JOSÉ DE MELO, *ibidem*, p. 99.

40 Recordamos que PASCOAL JOSÉ DE MELO FREIRE foi, nas palavras de MÁRIO JÚLIO DE ALMEIDA COSTA, *História do direito português*, cit., p. 416 "*o mais destacado executor das novas orientações*" acolhidas nas reformas pombalinas marcadas pela *recta ratio* jusnaturalista. Vide também as pp. 400-420; e A. SANTOS JUSTO, *Nótulas de história do pensamento jurídico (história do direito)*, Coimbra Editora, 2005, pp. 47-54.

41 Está consagrado nas sucessivas Ordenações: Afonsinas, 3,111; Manuelinas, 3, 79 e 80; e Filipinas, 3, 37 e 38.

anos (fala-se de tempo "*honesto e razoado*")[42]; 2) não deve ser concedido mais de uma vez; 3) são contemplados os devedores pobres que não podem pagar até ao dia aprazado por carência de meios e os que "*perderam a fazenda por desfavor da sorte e não por culpa sua*"; 4) os devedores contemplados devem ter "*alguma esperança de que venham a criar outra economia em que possam, com engenho, trabalho e moderação de despesas, restaurar o património perdido*"; 5) devem garantir o pagamento da dívida com fiança ou penhor no novo prazo[43]. E MELO FREIRE termina, referindo que "*a carta de espaço do tempo ou graça d'el Rei só pode ser admitida por justas e gravíssimas causas (...) E a razão é porque fere os direitos dos credores, e contraria a boa fé dos contratos, que é a coisa mais sagrada entre os homens*". E fala, ainda, como causa comum digna do maior favor, "*o ataque do inimigo, uma grande esterilidade dos campos*" e o devedor que "*se ausenta em serviço da República ou por ela vai combater em terra ou mar*"[44]. De novo nos encontramos sob a influência do direito natural que, como já referimos, domina a época iluminista em que PASCOAL JOSÉ DE MELO FREIRE desenvolveu a sua atividade de jurisconsulto brilhante. Importa, no entanto, distinguir: enquanto o *beneficium competentiae* traduz-se na diminuição da dívida para proteger a sobrevivência do devedor, as *cartas de respiração* são simples moratórias e, portanto, só dilatam o prazo para o devedor, a quem são concedidas, pagar a sua dívida.

Todavia, os tempos mudaram e à época do direito natural racionalista sucedeu a época do individualismo (político, jurídico, económico) que se impôs na sequência de Revolução liberal de 1820. O homem, que *nasce dotado de certos direitos naturais e inalienáveis*", encontra no Estado "*o promotor e defensor dos seus direitos individuais e originários*"[45].

Fiel às ideias do seu tempo, o Código de Seabra "*gravita em torno do sujeito ativo da relação jurídica*", tomando-se "*por base a diretriz, então dominante, segundo a qual cada um trata de si, contanto que deixe salva a liberdade dos outros*"[46]. Não surpreende, por isso, que tenha consagrado o princípio segundo o qual "*os contratos, legalmente celebrados, devem*

42 Cf. Ord. Filipinas, 3,37.

43 Cf. Ord. Filipinas, 3,37pr.

44 Transcrevemos PASCOAL JOSÉ DE MELO FREIRE, *Instituições de direito civil português,* cit., pp. 105-107.

45 Transcrevemos MÁRIO JÚLIO DE ALMEIDA COSTA, *História do direito português,* cit., p. 431.

46 Transcrevemos MÁRIO JÚLIO DE ALMEIDA COSTA, *ibidem*, pp. 479-481.

ser pontualmente cumpridos; nem podem ser revogados ou alterados, senão por mútuo consentimento dos contraentes, salvas as exceções especificadas na lei"[47].

No século XX, marcado por uma sociedade menos individualista e mais social, esperar-se-ia que o Código Civil de 1966, que acolheu a nova tendência social do direito[48], recuperasse a velha figura do *beneficium competentiae*. Todavia, o Código excluiu-a[49], optando-se pela exigência da realização integral da prestação[50], embora com desvios à regra clássica *pacta sunt servanda* que se traduzem em violações da estabilidade contratual que podem resultar da vontade das partes, de uma providência legislativa e da intervenção judicial[51]. Merece destaque o instituto da resolução ou modificação do contrato por alteração das circunstâncias que atribui "à parte lesada por alteração anormal das circunstâncias que a levaram a contratar o direito à resolução do contrato ou à modificação dele segundo juízos de equidade, "desde que a exigência das obrigações assumidas afete gravemente os princípios da boa fé e não esteja coberta pelos riscos próprios do contrato[52].

Todavia, coube ao Código de Processo Civil a proteção dos executados em determinadas condições. Consagra, *v.g.*, a impenhorabilidade dos instrumentos de trabalho indispensáveis ao exercício da atividade profissional do executado[53]; os bens imprescindíveis a qualquer economia doméstica que se encontram na casa de habitação efetiva do executado[54]; são impenhoráveis dois terços da parte líquida dos vencimentos, salários e prestações periódicas pagas a título de aposentação, seguro, indemnização por acidente, renda vitalícia ou prestações de qualquer natureza que assegurem a subsistência do executado[55]; etc. Enfim, são

---

47 Cf. art. 702º.

48 Vide MÁRIO JÚLIO DE ALMEIDA COSTA, *ibidem*, pp. 534

49 Vide MÁRIO JÚLIO DE ALMEIDA COSTA, *Direito das obrigações*, 11ª ed., Almedina, Coimbra, 2008, p. 996.

50 Cf. art. 763º., nº 1. Vide MÁRIO JÚLIO DE ALMEIDA COSTA, *ibidem*, pp. 995-999.

51 Cf. art. 406º., nº 2. Vide MÁRIO JÚLIO DE ALMEIDA COSTA, *ibidem*, p. 316, para quem "*os tribunais interferem, neste caso, ou com um fim supletivo (ex.: art. 777º., nºs. 2 e 3), ou corretivamente (ex.: arts. 283º. e 812º.)*".

52 Cf. art. 437º., nº 1. Sobre os desvios ao princípio da estabilidade dos contratos e a resolução ou modificação dos contratos por alteração das circunstâncias, vide MÁRIO JÚLIO DE ALMEIDA COSTA, *Direito das obrigações*, cit., pp. 316, 317-322 e 323-349.

53 Cf. art. 737º., nº 2.

54 Cf. art. 737º., nº 3.

55 Cf. art. 738º., nº 1.

situações que afastam a regra *pacta sunt servanda*, determinadas pela *humanitas* que postula a necessidade de respeitarmos a dignidade dos devedores.

3. *NEMO PLUS IURIS AD ALIUM TRANSFERRE POTEST QUAM IPSE HABERET* (NA COMPRA E VENDA)

3.1. Direito romano

Este princípio surge-nos num texto atribuído ao jurisconsulto ULPIANO[56] e tem sido traduzido por "*ninguém pode transferir a outrem mais direito do que o que tem*"[57] ou, ainda, em termos mais simples, "*ninguém pode dar o que não tem*"[58] Aplicado à compra e venda, significa, em termos gerais, que o vendedor não pode vender um direito que não tem.

Todavia, os seus efeitos são diferentes comparando, *v.g.*, o direito romano com o atual direito civil português, como iremos observar.

Olhando para o direito romano, é pacífico o entendimento de que a compra e venda (*emptio venditio*) produzia efeitos obrigacionais: o vendedor obrigava-se a transferir (*tradere*) ao comprador a posse de uma coisa e a assegurar-lhe o seu gozo pacífico (*habere licere*); e o vendedor, a dar (*datio*) a propriedade de determinada *pecunia* que constituía o preço[59].

Além da obrigação referida e das obrigações de cuidar da coisa até à sua entrega e de responder por vícios ocultos[60], o vendedor respondia por evicção, ou seja, pela privação sofrida pelo comprador em consequência de uma sentença que, tendo reconhecido a propriedade a um terceiro ou a sua titularidade de uma servidão, usufruto ou penhor, lhe conferiu a posse[61].

---

56 Cf. D. 50,17,54.

57 Vide A. D'ORS, F. HERNANDEZ-TEJERO, P. FUENTESECA, M. GARCIA-GARRIDO y J. BURILLO, *El Digesto de Justiniano*, III, Editorial Aranzadi, Pamplona, 1975, p. 873.

58 Vide A. D'ORS, *Derecho privado romano*, 9ª ed., EUNSA, Pamplona, 1007, § 158.1. Vide também ARMANDO TORRENT RUIZ, *Diccionario de derecho romano*, Edisofer, SL, Madrid, 2005, p. 757.

59 Cf. GAIO 3,319; Vide JUAN IGLESIAS, *Derecho romano. Historia e instituciones*, 11ª ed., Ariel Derecho, Barcelona, 1993, pp. 372 e 374; e A. SANTOS JUSTO, *Direito privado romano* – II (*direito das obrigações*), 6ª ed., em *Studia Iuridica*, 76, Coimbra Editora, Coimbra, 2018, pp. 51, 53 e 56.

60 Vide A. SANTOS JUSTO, *ibidem*, pp. 59-61

61 Cf. D. 18,1,66pr.; -21,2,35. Vide A. SANTOS JUSTO, *ibidem*, p. 57, onde são citadas as fontes e referida a bibliografia adequada.

Por isso, o comprador demandado devia requerer a presença do vendedor no processo para o defender[62]. Se recusasse ou não evitasse a sentença desfavorável, o comprador podia demanda-lo com a *actio auctoritatis* com a qual obteria a sua condenação no dobro do preço pago[63]. Em igual responsabilidade incorria o vendedor se um terceiro vencesse a ação em que reclamasse um direito de servidão[64], de usufruto[65] ou de penhor[66] sobre a coisa vendida. A obrigação que responsabilizava o vendedor por evicção cessava quando o comprador se tornasse proprietário por usucapião[67].

A responsabilidade por evicção contraída pelo vendedor conheceu a evolução, de que destacamos quatro fases: inicialmente, resultava de *mancipatio*[68] e, na sua ausência, duma *stipulatio*[69] que podia revestir

62 O próprio vocábulo *evictio* provém de *evincere* que significa ser vencido em juízo. Vide RICARDO PANERO GUTIÉRREZ, *Derecho romano*, 3ª ed., Tirant lo Blanch, Valencia, 2004, p. 562; e ARMANDO TORRENT, *Manual de derecho privado romano*, Zaragoza, 1991, p. 454, para quem só quando o comprador tivesse sido vencido em juízo se falava de evicção.

63 Segundo ARMANDO TORRENT, *ibidem*, p. 455, havendo *stipulatio habere licere* (vide *infra*, nota 11), o comprador podia reclamar do vendedor, através de uma *actio ex stipulatu*, a reparação dos danos causados. No mesmo sentido, vide JUAN IGLESIAS, *ibidem*, p. 375.

64 Segundo JUAN IGLESIAS, *ibidem*, p. 374[120].

65 Cf. D. 45,1,38,3.

66 Cf. D. 21,2,34,2; -21,2,35; -21,2,66pr.

67 Vide JUAN IGLESIAS, *ibidem*, p. 375; RICARDO PANERO GUTIÉRREZ, *ibidem*, pp. 562-563; ARMANDO TORRENT, *ibidem*, p. 454; e A. SANTOS JUSTO, *ibidem*, p. 57.

68 Trata-se dum negócio jurídico que, nos primeiros tempos de Roma, foi a forma mais caraterística e importante de transferir a propriedade das coisas consideradas mais valiosas (*res mancipi*). Foi, originariamente, uma verdadeira compra e venda e um dos seus efeitos era a garantia (denominada *auctoritas*) que o alienante prestava ao adquirente com base na qual este podia instaurar a *actio auctoritatis* para se ressarcir dos danos causados. Continha também a obrigação de prestar assistência judiciária quando um terceiro reivindicasse a propriedade adquirida pelo comprador. Mais tarde, a *mancipatio* acabou por se tornar num negócio imaginário (*imaginaria venditio*) suscetível se várias aplicações, até desaparecer definitivamente no direito justinianeu com a eliminação da distinção entre *res mancipi* e *res nec mancipi*.
Vide A. SANTOS JUSTO, *Direito privado romano* – III (*direitos reais*), reimpressão, em *Studia Iuridica*, 26, Coimbra Editora, 2014, pp. 94-95. Sobre a garantia (*auctoritas*), vide VINCENZO ARANGIO-RUIZ, *La compravendita in diritto romano*, II, cit., p. 310-329.

69 Cf. D, 45,1,38. A *stipulatio* era um contrato formal utilizado muito frequentemente para a satisfação de necessidades muito diferentes. Dentro da grande variedade dos fins a que se destinava, destaca-se a criação de obrigações para: garantir ou-

duas modalidades: 1ª.- a *stipulatio duplae*, através da qual o vendedor se obrigava a restituir o dobro do preço ao comprador; e a *stipulatio habere licere*, em que aquele se responsabilizava pelo dano causado; 2ª.- foi concedida ao comprador a ação de compra (*actio empti*) para exigir a necessária *stipulatio*[70]; 3ª.- quiçá por influência da *bona fides*[71], a mesma ação foi concedida ao comprador para demandar o vendedor por danos causados pela evicção, independentemente de qualquer *stipulatio*, ou seja, a *evictio* tornou-se elemento natural da compra e venda[72]; 4ª.- no direito de Justiniano, subsistem a *stipulatio duplae* e a *actio empti*, por virtude das quais o comprador podia exigir ao vendedor, respetivamente, o dobro do preço da coisa vendida (se assim tivesse sido acordado) e o valor dos danos causados. Todavia, a responsabilidade do vendedor nunca podia exceder o duplo do preço[73]. Tratando-se de venda de um crédito, o vendedor só respondia pela sua existência e não pela solvabilidade do devedor[74].

No entanto, a lei e as partes podiam afastar a evicção; aquela afastava a responsabilidade do vendedor, *v.g.*, quando a coisa vendida pertencesse a uma Igreja ou obra pia[75]; as partes, quando celebrassem um

---

tras já existentes; assegurar o uso normal de um direito real sobre coisa alheia (*v.g.*, a caução de usufruto: *cautio usufrutuaria*); conferir a proteção judicial a acontecimentos futuros (*v.g.*, a criação da caução de dano iminente: *cautio damni infecti*); evitar danos (*v.g.*, a caução contra perturbações: *cautio de amplius non turbando*); etc. Destacam-se duas modalidades: a *satisdatio secundum mancipium*, utilizada sobretudo na compra e venda de imóveis; e a *stipulatio habere licere*, na compra e venda de coisas menos valiosas (*res nec mancipi*. Vide A. SANTOS JUSTO, *Direito privado romano – (direito das obrigações)*, cit., pp. 58 e 86-92; VINCENZO ARANGIO-RUIZ, *ibidem*, 329-345; e A. BURDESE, *Manuale di diritto privato romano*, 3ª ed., UTET, Turim, 1982, p. 457.

---

70 Cf. D. 19,4,1pr. Vide A. BURDESE, *ibidem*, p. 457.

71 Vide A. BURDESE, *ibidem*, p. 457.

72 Cf. D. 41,3,23,1. Vide A. BURDESE, *ibidem*, p. 458; VINCENZO ARANGIO-RUIZ, *ibidem*, p. 310; RICARDO PANERO GUTIÉRREZ, *Derecho romano*, cit., p. 562; ARMANDO TORRENT, *ibidem*, p. 455; e A. SANTOS JUSTO, *ibidem*, pp. 57-58.

73 Cf. C. 7,47,1; -8,47,7. Vide JUAN IGLESIAS, *Derecho romano. Historia e instituciones*, cit., p. 375; VINCENZO ARANGIO-RUIZ, *ibidem*, 352, para quem a aplicação desta norma no caso particular do D. 19,1,14 representa um eco do regime clássico; ARMANDO TORRENT, *ibidem*, p. 454; e RICARDO PANERO GUTIÉRREZ, *ibidem*, p. 563.

74 Cf. D. 18,4,4. Vide A. BURDESE, *ibidem*, p. 458.

75 Cf. N. 7,5. Vide RICARDO PANERO GUTIÉRREZ, *ibidem*, p. 562.

pactum de non praestanda evictione), a que recorriam, sobretudo, quando fosse vendida uma coisa empenhada[76] ou alheia[77].

Em conclusão, se o vendedor vendesse uma coisa alheia (e, a menos que a sua responsabilidade fosse afastada por acordo com o comprador), a venda seria (como se diria hoje) ineficaz em relação ao seu proprietário e o vendedor incorria na obrigação de indemnizar: ou o dobro do preço (se assim tivesse sido acordado) ou o valor dos danos sofridos pelo comprador, com um limite máximo: o dobro do preço. E se a venda incidisse sobre um crédito, o vendedor só respondia pela sua existência e não pela solvência do devedor.

3.2. Direito português

Segundo o direito romano, as nossas Ordenações Filipinas consagram a compra e venda como contrato que produz efeitos obrigações[78]. Por isso, não surpreende que tenham previsto a hipótese de alguém ven-

---

76 Cf. D. 20,5,12,1; -21,2,68pr.; C. 8,45(46),1-2. Vide A. BURDESE, *ibidem*, p. 458; e JUAN IGLESIAS, *ibidem*, p. 375.

77 Cf. C. 8,44(45),27. Vide JUAN IGLESIAS, *ibidem*, p. 375.

78 Na verdade, as Ordenações Filipinas determinam que "*fazendo-se compra e venda de alguma certa cousa por certo preço, depois que o contrato é acordado e firmado pelas partes, não se pode mais alguma delas arrepender sem consentimento da outra. Porque, tanto que o comprador e o vendedor são acordados na compra e venda de alguma certa coisa por certo preço, logo esse contrato é perfeito e acabado, em tanto que dando, ou oferecendo o comprador ao vendedor o dito preço, que seja seu, será ele obrigado de lhe entregar a coisa vendida*" (IV,2pr.); "*e, porquanto tanto que a compra e venda for acabada por consentimento das partes, deve o vendedor entregar primeiro a coisa vendida ao comprador, depois o comprador lhe deve logo pagar o preço*" (IV,5,1); "*se o que for senhor de alguma coisa, a vender duas vezes a desvairadas pessoas, o que primeiro houver a entrega dela será dela feito verdadeiro senhor, se dela pagou o preço por que lhe foi vendida*" (IV,7pr.); "*e se o senhor da coisa a vendesse a alguém e recebesse o preço sem lha entregar, e depois a vendesse a outrem e lha entregasse, recebendo dele o preço ou havendo dele por pago, este segundo comprador será feito verdadeiro senhor dela e o primeiro comprador poderá demandar ao vendedor o dinheiro que lhe pagou por a compra da dita coisa com seus juros...*" (IV,6,3); "*se o que for senhor de alguma coisa, a vender duas vezes a desvairadas pessoas, o que primeiro houver a entrega dela será dela feito verdadeiro senhor, se dela pagou o preço por que lhe foi vendida...*" (IV,7pr.). Vide PASCOAL JOSÉ DE MELO FREIRE, *Instituições de direito civil português*, trad. do latim pelo Dr. Miguel Pinto de Meneses, no Boletim do Ministério da Justiça, nº 168, julho, 1967, p. 66, para quem "*o vendedor, embora seja obrigado a entregar ao comprador a coisa vendida, retém, todavia, o domínio dela até à tradição*"; e "*se o vendedor, uma vez que é o senhor da coisa até à sua tradição, a vender a dois, tem a preferência aquele a quem ela foi entregue*"; e M. A. COELHO DA ROCHA, *Instituições de direito civil portuguez*, II, 8ª ed., Livraria Clássica Editora A. M. Teixeira, Lisboa, 1917, p. 547.

der uma coisa alheia e consagrado a responsabilidade do vendedor por evicção. Transcrevemos os seguintes textos:

> IV,5pr.: "*Se ao comprador for entregue da coisa que comprou, e antes de pagar o preço ao vendedor, lhe for dito que a coisa não é do vendedor, não será obrigado a lhe pagar o preço...*".
>
> III,45,2: "*Outrosim, se algum é demandado por coisa, que possua, e ele quer chamar por autor o que lhe a coisa vendeu (...) nomeá-lo-á e chamá-lo-á antes das inquirições abertas e publicadas; e não chamando até esse tempo, não será o dito autor nomeado obrigado a lhe pagar o dano que receber, por a coisa lhe ser tirada por sentença, posto que o dito autor nomeado fosse sabedor que o réu era demandado em juízo por ela* (...) *E sendo vencido no juízo principal e da apelação (a qual será obrigado a seguir até ao fim), será obrigado o autor chamado a lhe compor a coisa vendida com o seu interesse ou pagar o preço que por ela recebeu, qual o réu vencido mais quiser. E assim será obrigado a compor-lhe o dobro, quando assim o prometeu em algum contrato...*".
>
> III,45,5: "*E qualquer que vender coisa alheia, será obrigado a compor ao comprador a dita coisa com seu interesse, como dito é, salvo se o comprador era sabedor que a dita coisa era alheia, porque em tal caso não será obrigado o vendedor a lha compor nem a lhe tornar o preço. Porém, o tal preço se perderá para os Cativos, sendo o vendedor isso mesmo sabedor ao tempo da venda que a coisa era alheia*".

Apoiando-se nestas disposições, M. A COELHO DA ROCHA observa que o "*vendedor é obrigado a indemnizar o comprador, ao que se chama prestar a evicção*". E, "*porque esta obrigação é apenas natural aos contratos, as partes podem: a) renunciá-la; assim como b) reforçá-la*, v.g., *obrigando-se ao duplo ou dando fiador*". Ainda segundo este Autor, "*garantir os factos de terceiro é circunstância apenas natural, e, portanto, livre às partes convencionar a esse respeito o que lhes parecer*". E, prosseguindo, ensina que "*o vendedor no caso de evicção repõe: 1º.- o preço que recebeu ou o valor da coisa ao tempo da evicção, à escolha do evicto; 2º.- restitui também todas as despesas do contrato e da aquisição; 3º.- assim como os frutos e rendimentos, quando o comprador evicto foi obrigado a restituí-los; 4º.- e as despesas das demandas; 5º. – as benfeitorias que ao comprador não pagou o terceiro reivindicante, mesmo as voluptuárias, se o vendedor vendeu em má fé*". E questiona: "*Se o comprador venceu o litígio em que o terceiro lhe demandava a coisa comprada, poderá pedir ao vendedor as despesas que fez, além das custas? Lobão resolve negativamente*"[79].

79 Transcrevemos M. A. COELHO DA ROCHA, *ibidem*, pp. 551-553.

Finalmente, refere: "*Para que o comprador possa obrigar o vendedor pela evicção, é necessário tê-lo chamado à autoria na ação em que a coisa lhe foi evicta, para a vir defender, exceto de estiver ausente fora do reino*"[80].

Em conclusão: na vigência das nossas Ordenações Filipinas (e igual regime vigorou nas Ordenações anteriores), observamos a influência decisiva do direito romano: a responsabilidade do vendedor que pode chegar até ao dobro do preço da coisa vendida, cumprido o mesmo pressuposto: a chamada do devedor a juízo para defender o comprador.

Com a entrada em vigor do Código Civil de 1867, a situação não se alterou. Efetivamente, determina que "*se aquele que adquiriu uma cousa por contrato oneroso, foi privado dela por terceiro, que a ela tinha direito, o alheador é obrigado a indemnizá-lo, nos termos seguintes*"[81], ou seja: 1) o alheador, ainda que haja procedido de boa fé, é obrigado a pagar integralmente: 1º.- o preço ou o que haja recebido do adquirente evicto; 2º.- os gastos, que o mesmo adquirente tenha feito com o contrato e com o pleito da evicção, salva a exceção do artigo 1053º. (situação em que o alheador, chamado à autoria, ou conhecendo a pretensão do evictor, não responderá pelos gastos se oferecer a satisfazer a sua responsabilidade); 3º.- todas as despesas úteis e necessárias que não sejam abonadas ao adquirente pelo evicto ou pelo vencedor; etc.[82]. Se o vendedor houver procedido de má fé, "*será obrigado a indemnizar o evicto*", mas responderá pela diferença "*se o valor da coisa ao tempo da evicção for superior ao valor prestado*"; e responderá "*por todas as perdas e danos que resultarem da evicção, não excetuando as despesas voluptuárias*"[83]. No entanto, não responde por evicção se: 1) assim foi estipulado ou o adquirente, advertido do risco da evicção, o tomou para si; 2) se, conhecendo o adquirente o direito do evictor, dolosamente o tiver ocultado ao alheador; 3) se o adquirente não tiver chamado à autoria o alheador; etc.[84]. Finalmente, "*os contraentes podem aumentar ou diminuir, convencionalmente, os efeitos da evicção, mas não renunciar à responsabilidade que possa resultar do seu dolo ou má fé*"[85].

80 Voltamos a transcrever M. A. COELHO DA ROCHA, *Instituições de direito civil portuguez*, II, 8ª, cit., p. 553.

81 Cf. art. 1046º-

82 Cf. art. 1047º.

83 Cf. art. 1048º.

84 Cf. art. 1051º.

85 Cf. art. 1055º.

Em conclusão, a responsabilidade do vendedor por evicção consiste em restituir ao comprador o preço da coisa vendida ou o que tenha recebido, além dos gastos que o adquirente tenha feito, salvo situações muito especiais, de que destacamos o acordo das partes, a conduta dolosa do comprador e o não chamamento do vendedor à demanda. Continua a ser bem visível a presença do direito romano: dir-se-á, segundo a dogmática hodierna, que a compra e venda é ineficaz ao dono da coisa; e persiste a relação jurídica entre vendedor e comprador em que, via de regra, aquele é obrigado a indemnizar este dos danos causados. Não existe referência à solução romana da restituição do dobro do preço pago, subsistindo apenas o preceito igualmente romano da indemnização dos danos causados.

No atual Código Civil, este regime alterou-se profundamente: ainda que subsista uma ou outra referência à evicção[86], esta figura foi substituída pela nulidade da venda de coisa alheia com algumas especificidades que a afastam do regime regra da nulidade dos negócios jurídicos. Com efeito, o nosso Código determina que *"a declaração contratual de que o vendedor não garante a sua legitimidade ou não responde pela evicção envolve derrogação de todas as disposições legais a que o número anterior se refere, com exceção do preceituado no artigo 894º."*[87]. Ou seja, se o vendedor declinar a sua responsabilidade pela venda de coisa alheia, não é obrigado a sanar a nulidade em caso de boa fé do comprador (art. 897º., nº 1); não é obrigado a indemnizar o comprador de boa fé (art. 899º.); nem responde pelo não cumprimento da obrigação de sanar a nulidade da venda nem por mora no seu cumprimento (art. 900º., nº 1); e não é garante solidário do pagamento das benfeitorias que o dono da coisa deva reembolsar ao comprador de boa fé (art. 901º.). Estamos perante um eco do *pactum de non praestanda evictione*, como a nossa doutrina tem observado.

86 Vide LUÍS MANUEL TELES DE MENEZES LEITÃO, *Direito das obrigações*, III, 10 ed., Almedina, Coimbra, 2015, p. 87, para quem este regime ainda se encontra estatuído nos arts. 1626 e ss. do Código Civil francês e nos arts. 1483 e ss. do Código Civil italiano. Vide também: PIRES DE LIMA / ANTUNES VARELA, *Código civil anotado*, II, 4ª ed., reimpressão, Coimbra Editora, 2011, p. 184; INOCÊNCIO GALVÃO TELLES, *Contratos civis* na *Revista da Faculdade de Direito de Lisboa*, IX, 1953, pp. 156-160; PEDRO ROMANO MARTINEZ, *Direito das obrigações (parte especial). Contratos*, 2ª ed., 5ª reimpressão, Almedina, Coimbra, 2014, p. 118; e A. SANTOS JUSTO, *Manual de contratos civis*, Petrony, Lisboa, 2017, p. 51.

87 Cf. art. 903º., nº 2.

De fora continua, naturalmente, a posição do verdadeiro proprietário, em relação ao qual a venda de coisa alheia é, como *res inter alios*, ineficaz[88] e, por isso, pode intentar a ação de reivindicação.[89]

E, quanto à relação entre o vendedor e o comprador, o Código sancionou a compra e venda de coisa alheia como própria[90] com a nulidade, na sequência da substituição obrigacional dos efeitos do contrato de compra e venda pelo efeito real: se o contrato transfere imediatamente a propriedade, é óbvio que o vendedor deve ser proprietário da coisa vendida[91]. A doutrina entende que a nulidade não estimula os desonestos ou aventureiros a intrometerem-se na órbita alheia[92].

No entanto, a nulidade apresenta um regime especial que permite falar de nulidade atípica ou mista[93]. Efetivamente, depois de ter estatuído que "é nula a venda de bens alheios sempre que o vendedor careça de legitimidade para a realizar", deparamos com a primeira especificidade em relação ao regime regra da invalidade dos negócios jurídicos: "*o vendedor não pode opor a nulidade ao comprador de boa fé, como não pode opô-la ao vendedor de boa fé o comprador doloso*"[94]. Este desvio contém uma limitação à regra geral da nulidade que é invocável a todo o tempo por qualquer interessado e pode ser declarada oficiosamente pelo tri-

88 Vide PIRES DE LIMA / ANTUNES VARELA, *Código civil anotado*, II, 4ª ed., reimpressão, cit., p. 184; e LUÍS MANUEL TELES DE MENEZES LEITÃO, *Direito das obrigações*, III, cit., p. 91.

89 Cf. art. 1311º. Vide LUIS MANUEL TELES DE MENEZES LEITÃO, *ibidem*, p. 91.

90 Cf. art. 904º.

91 Vide PEDRO ROMANO MARTINEZ, *Direito das obrigações (parte especial).* Contratos, cit., pp. 110-112; A. SANTOS JUSTO, *Manual de contratos civis*, cit., p. 52; e LUÍS MANUEL TELES DE MENEZES LEITÃO, *ibidem*, p. 90, para quem "*o nosso legislador consagrou, por influência do Direito francês, a solução da nulidade da venda de bens alheios*". Ainda segundo este Autor, a nulidade da venda de bens alheios tem por base "*o cartesianismo da época do* Code Civil *que considerou a propriedade do vendedor como pressuposto essencial da venda*": Todavia, essa solução "*não veio a ser seguida pelo Código Civil alemão que, instituindo o cariz obrigacional da venda* (§ 433) *não estabeleceu a nulidade da venda de bens alheios*".

92 Vide INOCÊNCIO GALVÃO TELLES, *ibidem*, p. 158.

93 Vide PEDRO ROMANO MARTINEZ, *Direito das obrigações (parte especial).* Contratos, cit., pp. 114-115; A. SANTOS JUSTO, *Manual de contratos civis*, cit., p. 53; e LUÍS MANUEL TELES DE MENEZES LEITÃO, *Direito das obrigações*, III, cit., p. 91, para quem "*a nulidade da venda de bens alheios tem muito pouco em comum com o regime da nulidade consagrado na parte geral do Código*".

94 Cf. art. 892º.

bunal[95]. Trata-se duma limitação imposta por compreensíveis razões de moralidade e de justiça[96].

Depois – e afastada a venda de bens alheios como bens futuros[97] --, o comprador de boa fé "*tem o direito de exigir a restituição integral do preço, ainda que os bens se hajam perdido, estejam deteriorados ou tenham diminuído de valor por qualquer outra causa*"[98]. Todavia, "*se o comprador houver tirado proveito da perda ou diminuição de valor dos bens, será o proveito abatido no montante do preço e da indemnização que o vendedor tenha de pagar-lhe*"[99]. Haja em vista que o regime regra da nulidade não comporta este regime: deve "*ser restituído tudo o que tiver sido prestado ou, se a restituição em espécie não for possível, o valor correspondente*", salvaguardando-se, no entanto, alguns efeitos da posse (perda ou deterioração da coisa, frutos, encargos, benfeitorias)[100].

95 Cf. art. 286°. A nossa doutrina está dividida quanto à possibilidade de o tribunal conhecer oficiosamente esta nulidade. Assim, enquanto para LUÍS MANUEL TELES DE MENESES LEITÃO, (*ibidem*, p. 92) "*não parece que esta nulidade possa ser oficiosamente declarada pelo tribunal, uma vez que tal redundaria numa forma de elidir as proibições da sua invocação*", PEDRO ROMANO MARTINEZ (*ibidem*, p.115) entende que "é discutível".

96 Vide PIRES DE LIMA / ANTUNES VARELA, *Código civil anotado*, II, 4ª ed., reimpressão, cit., p. 185.

97 Cf. art. 893º., que remete para o art. 880º. Vide LUÍS MANUEL TELES DE MENEZES LEITÃO, *ibidem*, p. 88, para quem "*o regime da venda de bens alheios, instituído nos arts.892º. e ss., apenas se poderá aplicar se for vendida como própria uma coisa alheia específica e presente, fora do âmbito das relações comerciais*". Por isso, não se aplica "*se alguém vende um prédio em nome de outrem, sem poderes para o fazer (art, 268º.) ou abusa dos seus poderes de representação, no caso em que a outra parte conhecia ou devia conhecer o abuso (art. 269º.), o contrato é ineficaz em relação ao verdadeiro proprietário se este não o ratificar, e nunca produz os efeitos em relação ao representante, por este não ser parte no negócio*".

98 Cf. art. 894°., nº 1.

99 Cf. art. 894°., nº 2.

100 Cf. art. 289º.-, nºs. 1 e 3. Segundo LUIS MANUEL TELES DE MENEZES LEITÃO, *ibidem*, p. 92, "*o regime consagrado pelo art. 894º. está muito afastado da obrigação de restituição por invalidade do negócio e próximo da restituição por enriquecimento sem causa previsto nos arts. 479º. e 480º., na medida em que faz variar o conteúdo da obrigação da restituição, consoante exista ou não boa fé do obrigado. Efetivamente, se o comprador estiver de má fé, parece que, por argumento* a contrario *do art. 894º., nº 1, não poderá pedir a restituição do preço da venda mas apenas o enriquecimento do vendedor (...) Caso o comprador esteja de boa fé, pode pedir a restituição do preço, ainda que os bens se hajam perdido, estejam deteriorados ou tenham diminuído de valor por qualquer outra causa*". Também "*a restrição da parte final do nº 1 é dificilmente compreensível em sede de invalidade, uma vez que, no âmbito dos arts. 289º. e 290º., uma situação deste tipo não impede o comprador de exigir a restituição do preço, obrigando-se apenas a restituir simultaneamente o valor correspondente à coisa recebida*".

Segue-se a convalidação do contrato, por virtude da qual "*a propriedade ou direito transfere-se para o comprador*"[101]. Estão previstas algumas exceções[102] e, se não ocorrerem e havendo boa fé do comprador, "*o vendedor é obrigado a sanar a nulidade da venda adquirindo a propriedade da coisa ou o direito vendido*"[103]. Regressando ao regime regra da nulidade, não é sanável por confirmação[104].

Acresce que, "*se um dos contraentes houver procedido de boa fé e o outro dolosamente, o primeiro tem direito a ser indemnizado, nos termos gerais, de todos os prejuízos que não teria sofrido se o contrato fosse válido desde o começo, ou não houvesse sido celebrado, conforme venha ou não a ser sanada a nulidade*"[105]. Estamos perante a hipótese em que uma das partes (vendedor ou comprador) procedeu dolosamente e a outra (vendedor ou comprador), de boa fé. Relativamente aos danos sofridos contemplam-se duas situações: na primeira (nulidade sanada), "*a indemnização toma por base os danos causados por o contrato não ser* ab initio válido, abrangendo, assim, o interesse contratual positivo." No segundo caso (nulidade não sanada), "*a indemnização limita-se aos danos que não ocorreriam se o contrato não tivesse sido celebrado*", ou seja, ao interesse contratual negativo; o que constitui uma solução típica *da culpa in contrahendo* (art. 227º.)[106]. Diferente é a hipótese em que o vendedor atuou sem dolo ou culpa, encontrando-se o comprador de boa fé: aquele "é obrigado a indemnizar o comprador de boa fé", embora "*a indemnização compreenda apenas os danos emergentes que não resultem de despesas voluptuárias*[107]. Nada disto ocorre no regime regra da nulidade.

101 Cf. art. 895º.

102 Cf. art. 896º.

103 Cf. art. 897º., nº 1. Vide LUÍS MANUEL TELES DE MENEZES LEITÃO, *Direito das obrigações*, cit. p. 93, para quem "*trata-se de uma solução que se justifica plenamente, embora não seja facilmente harmonizável com a qualificação como nulidade do valor negativo atribuído à venda de bens alheios*". O Autor fala ainda (p. 94) de "*uma nulidade provisória*".

104 Cf. art. 288º., nº 1, *a contrario*. Segundo LUIS MANUEL TELES DE MENEZES LEITÃO, *ibidem*, p. 94, "*trata-se mais uma vez de uma solução muito pouco conforme com a consagração da nulidade da venda de bens alheios*". No entanto, "*o cumprimento desta obrigação (de convalidação) dependerá naturalmente da concordância do titular do direito, dado que, se este não puder ou não quiser proceder à alienação do bem, nada poderá o vendedor fazer*".

105 Cf. art. 898º.

106 Transcrevemos LUÍS MANUEL TELES DE MENEZES LEITÃO, *ibidem*, p. 96

107 Cf. art. 899º.

A qualquer destas indemnizações (mais gravosa, se houver dolo ou culpa; menos gravosa, se não houver), junta-se a indemnização por falta de convalidação da venda ou por mora no seu cumprimento[108]; "*mas, havendo dolo ou culpa do vendedor, o comprador deve escolher entre a indemnização dos lucros cessantes pela celebração do contrato nulo e a indemnização dos lucros cessantes pela falta ou retardamento da convalidação*"[109]. Ou seja, evita-se que o vendedor indemnize duas vezes os mesmos danos[110].

Finalmente, a garantia solidária pelo pagamento de benfeitorias que responsabiliza o vendedor[111] não está prevista no regime regra da nulidade que se limita a remeter para o regime da posse[112].

Em conclusão: estamos perante um regime jurídico mais complexo do que o sistema romano da responsabilidade por evicção e do regime da nulidade dos negócios jurídicos. Todavia, mantém-se o velho princípio segundo qual "*nemo plus iuris ad alium transfere potest quam ipse haberet*"[113], frequentemente invocado pela doutrina e pela jurisprudência.

4. RESUMO

1. Na época republicana, o pretor prometeu, no seu *edictum*, que protegerá os pactos que tenham sido feitos sem dolo e sem violação das leis.

2. Este princípio foi originariamente pensado para o pacto: acordo não formal entre duas ou mais vontades, através do qual as partes punham fim às suas divergências, restabelecendo a paz.

3. Os pactos não se identificavam com os contratos previstos no *ius civile* e tutelados pelas correspondentes *actiones civiles*. A sua tutela estava confiada ao pretor, através de *excceptiones pacti.*

4. Todavia, como os contratos, os pactos eram acordos de duas ou mais vontades e sua tutela em via de *actiones* não tardaria. Inicialmente, eram tutelados por *actiones (civilies) bonae fidei* se integrassem um con-

108 Cf. art. 900°., nº 1.

109 Cf. art. 900°., nº 2.

110 Vide LUÍS MANUEL TELES DE MENEZES LEITÃO, *ibidem*, p. 97, para quem se admite "*aí apenas um concurso alternativo de pretensões*".

111 Cf. art. 289º., nº 3.

112 Vide LUÍS MANUEL TELES DE MENEZES LEITÃO, *Direito das obrigações*, cit. p. 98, para quem "*o direito do comprador ao reembolso das benfeitorias ocorre no âmbito das relações proprietário-possuidor*".

113 Vide A. SANTOS JUSTO, *Manual de contratos civis*, cit., p. 52.

trato assim protegido (*pacta ex continenti*); de fora ficavam os pactos elaborados posteriormente (*pacta ex intervallo*), tutelados em via de exceção.

5. Posteriormente, à medida que a *voluntas* se impunha como elemento essencial dos negócios jurídicos, pactos e contratos passaram a identificar-se, embora a tutela daqueles fosse atribuída a ações do pretor (*actiones in factum*) e, a destes, a *actiones civiles.*

6. Esta diferença terminou, com a sua equiparação total no direito justinianeu, por efeito do reconhecimento legislativo dos *pacta* ditos *legitima* e da supressão do pretor.

7. Em consequência, o velho princípio *pacta sunt servanda* elaborado pelos jurisconsultos medievais a partir do princípio romano *pacta conventa servabo* estendeu-se aos contratos.

8. No entanto, não podia sacrificar valores como a *fides*, a *humanitas* e a *amicitia* que humanizaram o direito romano. Por isso, aquele princípio foi limitado em situações especialmente consideradas, terminando Justiniano por fixar a regra de que, na condenação no que pode fazer (*in id quod facere potest*), deve ter-se em atenção a pessoa do devedor "*para que não fique em indigência*".

9. Na Idade-Média o princípio *pacta sunt servanda* foi acolhido no direito canónico que considerou pecado a violação duma promessa. E, embora sem a consideração pecaminosa, a Escola do Direito Natural deu-lhe uma base moral.

10. Neste ambiente, não surpreende que, em tempos dominados pelo jusnaturalismo racionalista, MELO FREIRE continue a afalar do *beneficium competentiae* que o elevou a "*direito comum a todos*" e não "*privilégio concedido apenas a certas pessoas*".

11. Nem surpreende que, em tempos marcados pelo individualismo liberal, o Código de Seabra tenha consagrado o princípio oposto: "*os contratos legalmente celebrados devem ser pontualmente cumpridos*".

12. Surpreende, sim, que o atual Código Civil, numa época menos individualista e mais social, não tenha consagrado as exceções romanas vigentes antes da época liberal, embora tenha consagrado a possibilidade de a parte lesada por alteração anormal das circunstâncias resolver ou modificar o contrato segundo juízos de equidade.

13. Coube, sim, ao Código de Processo Civil a proteção dos executados em determinadas situações que revelam a presença da *humanistas* em oposição à velha regra *pacta sunt servanda.*

14. O princípio de que "*ninguém pode transferir para outrem mais direito do que teria*" ("*nemo plus iuris ad alium transfere potest quam ipse haberet*") surge-nos num texto de ULPIANO. Daí decorre a evicção que, na venda de coisa alheia, obrigava o vendedor a indemnizar ao comprador o dobro do preço ou o valor dos danos sofridos não superiores ao dobro do preço.

15. O direito português consagrou, nas diversas Ordenações, este princípio e o mesmo sucedeu com o Código de Seabra que, no entanto, obrigou o vendedor a restituir o preço da coisa vendida e a indemnizar o comprador dos gastos que haja feito.

16. O atual Código Civil substituiu a evicção pela nulidade da compra e venda de coisa alheia, com um regime específico que permite falar de nulidade atípica ou mista. Trata-se, no entanto dum regime mais complexo do que o romano da responsabilidade por evicção.

PRINCÍPIOS GERAIS DO DIREITO BANCÁRIO

António Menezes Cordeiro

1. CARACTERÍSTICAS DO DIREITO BANCÁRIO

1.1. Direito privado

I. O Direito bancário é a disciplina jurídica vocacionado para reger o dinheiro, é Direito privado. O qualificativo "público" ou "privado" não cabe a normas isoladamente tomadas: antes se reporta a sistemas ou subsistemas estáveis. Uma mesma regra pode ser pública ou privada, consoante a sua inserção: uma obrigação pecuniária, por exemplo, será pública se corresponder a um dever tributário; será privada quando preencha um mútuo. O Direito privado distingue-se do público:

(1) por razões científico-culturais: radica no Direito romano e assenta numa evolução que permitiu a preparação de leis científicas: as codificações;

(2) por razões teóricas: ocupa-se de relações interpessoais, acompanhando o sentir geral da civilização;

(3) por razões práticas: remete os seus cultores para áreas académicas, literárias, jurisprudenciais e profissionais bem conhecidas;

(4) por razões significativo-ideológicas: protege as esferas dos particulares, previne intromissões arbitrárias e faculta o livre desenvolvimento, pessoal e patrimonial, das energias criativas de cada um.

II. O Direito bancário material é, clara e pacificamente, Direito privado. Ele assenta em contratos comerciais, pautados, nalguns casos, por leis extravagantes, em cláusulas contratuais gerais e, mais latamente, na autonomia das partes. Os intervenientes na relação bancária apresentam-se sem *ius imperii* e em pé de igualdade formal. Os seus cultores, nos países do Continente são, em geral, comercialistas ou, mesmo, civilistas. Finalmente: um Direito bancário privado é o corolário – ou o pressuposto – de uma sociedade de tipo liberal, assente na propriedade privada e na livre contratação. A análise de qualquer contrato bancário permite, sem dificuldade, pelo estilo, pelo espírito, pelo regime e pelo foro competente, fixar de imediato uma pertença privada.

III. O Direito bancário institucional nasceu como Direito público: pense-se nas leis de moeda, na prerrogativa real da quebra, nas proibições draconianas de "tráfego de divisas" e nos diversos monopólios estaduais, no domínio da emissão de moeda. Seguiu-se uma fase de liberalização. Crises sucessivas – 1891, 1914, 1928 e 1939, como exemplos – levaram a intervenções do Estado no sector bancário e, depois, à montagem de um completo aparelho regulador.

O sistema nos diversos países postula uma autoridade de supervisão e de fiscalização, dotada de poderes públicos e submetida a uma lógica do Direito administrativo.

Todavia, o tecido bancário repousa em instituições que, por lei, devem assumir o tipo de sociedade anónima. Além disso, verifica-se que o nível institucional bancário compreende diversos deveres genéricos estruturalmente privados: a competência técnica, o dever de informação e o dever de segredo, como exemplos. Em suma: mesmo no plano institucional, o Direito bancário apresenta uma larga estruturação privada.

IV. O Direito privado é subsidiariamente aplicável nas áreas públicas. No campo bancário, esse fenómeno surge mais flagrante, podendo falar-se numa aplicação direta. Sem prejuízo pela efetiva existência de mecanismos de tipo administrativo – que, de resto ocorrem hoje na generalidade das áreas privadas – podemos considerar que domina a ambiência jurídico-privada.

1.2. Direito funcional específico

I. O Direito bancário não é, propriamente, um Direito valorativamente neutro. Seja no plano institucional, seja no material, o Direito bancário acompanha a lógica do dinheiro e da sua circulação. Os seus vetores e as suas soluções empenham-se na salvaguarda do valor da moeda e dos créditos a ela relativos, bem como no fenómeno do lucro, a ela associado.

Esta realidade torna-se de difícil conceitualização. Alguns autores exprimem-na sublinhando a sua natureza funcional, centrada no dinheiro. Outros sublinham tratar-se de Direito especial da economia. Esta última construção pressuporia, todavia, uma definição dogmaticamente operacional do Direito da economia, que não ocorre.

II. Precisemos a noção. O Direito privado tem os seus valores: os valores básicos de qualquer sociedade humana civilizada. Mas justamente por se tratar de valores básicos, óbvios e omnipresentes, o Direito comum limita-se a procurar o melhor regime para os servir. Nesse pano de fundo que todos respeitam, o Direito comum apresenta-se neutro. Chamamos funcionalização de um sector ao fenómeno que ocorre quando, *para além* do pano de fundo civil, ocorram valores sectoriais prosseguidos pelo ramo normativo visado.

III. A dimensão funcional do Direito bancário tem consequências dogmáticas. Desde logo, na própria interpretação das normas: a doutrina dá primazia ao elemento teleológico da interpretação. Tal primazia traduz, aqui, à prevalência das funções subjacentes, acima assinaladas. Pode-se mesmo, verificadas determinadas conjunturas, fazer um apelo à interpretação funcional: em certas circunstâncias, as operações tendentes a, da fonte, extrair normas passam pelo crivo da operacionalidade funcional do resultado. Para além da interpretação: o Direito bancário, na sua concatenação interna, na integração das suas lacunas e na indicação de novas soluções, procuraria aperfeiçoar a função (não neutra nem comum) que lhe foi cometida.

IV. A funcionalização do Direito bancário pode levar a excessos contraproducentes: afugentando os clientes, a banca perde espaço e a economia estagna. Além disso, o Direito – particularmente o privado – serve as pessoas e a economia real. Por isso, o moderno Direito bancário tem visto enriquecer a paleta das suas funções com tópicos importantes, tais como a tutela do consumidor e o respeito pelos direitos de personalidade. No que tenha de mais caracteristicamente "bancário" mantêm-se, porém, as "funções" da estabilidade do sistema, da defesa do crédito e do impulso ao lucro.

1.3. Direito "técnico"

I. O Direito bancário pode ser apresentado como Direito "técnico". A expressão tem alguma ambiguidade; poderia exprimir uma de três ideias: (a) a de que o estudo e a aplicação do Direito bancário implicariam conhecimentos de técnica bancária; (b) a de que o Direito bancário exige um estudo especializado: conhecimentos de ordem geral, nos campos civil, comercial e administrativo, não seriam suficientes; (c) a de que estariam em jogo conhecimentos de mercados, de seguros, de investimentos e de comércio internacional, num corte específico.

Estas ideias tomam corpo através de designações globais como Direito de crédito, Direito financeiro ou Direito da regulação e da intermediação financeiras. Todas elas são redutoras, perante a realidade jurídica em causa.

II. Nos nossos dias, uma aplicação sábia implica o conhecimento da realidade subjacente. Trabalhar com Direito da família exige delicados conhecimentos e experiência, por exemplo, na área dos menores; o Direito das sociedades opera perante a vivência subjacente; e o conhecimento do processo fica incompleto sem a experiência do foro. Assim é no Direito bancário. Mas este não se confunde com a técnica ou a gestão bancárias: também nesse nível temos de admitir especializações. O juiz de família não é – nem deverá ser! – um assistente social.

III. Isto dito: parece insofismável que o Direito bancário constitui, hoje, uma disciplina que deve ser estudada. Dispõe de uma literatura própria, de periódicos especializados, de circuitos específicos e, até de uma certa cultura: o seu isolamento bloquearia o progresso. Mas não é intuitivo: exige trabalho específico e dedicado. Sintomaticamente, o Supremo Tribunal Federal Alemão (o BGH), dividido em senados, especializou o XI *Zivilsenat* em questões bancárias importantes. Sensível é, em especial, o facto de, no domínio bancário, conceitos aparentemente comuns e locuções habitualmente usadas assumirem sentidos específicos. O Direito postula, sempre, uma aprendizagem.

1.4. Direito fragmentário e dependência científica

I. Tivemos a oportunidade, a propósito do Direito comercial, de afirmar a natureza fragmentária do tecido normativo respetivo. Esta afirmação pode ser retomada a propósito do Direito bancário, ainda que com um sentido não totalmente coincidente. No Direito bancário, encontramos alguns (poucos) institutos que dispõem, no seu nível, de regimes bastante completos. No plano institucional, assim sucede com o Banco de Portugal; no material, serão os casos da abertura de conta, do desconto ou de outras garantias. Em regra, porém, isso não sucede: o Direito bancário recorre a institutos preexistentes civis ou comerciais, cuja regulação acolhe quase na íntegra, introduzindo, depois, alguns traços especificamente "bancários". O mútuo bancário é, no fundamental, um mútuo civil: apenas haverá que, neste, introduzir algumas adaptações. Podemos fazer idêntica afirmação no tocante à locação financeira, ao penhor bancário ou à responsabilidade bancária, como exemplo.

II. Nestas condições, uma exposição "pura" do Direito bancário quedaria incompreensível: ela remeteria o essencial dos regimes para o Direito civil. Essa afirmação mantém validade mesmo quando se conclua – como, em regra, será de concluir – que os institutos comuns, uma vez enxertados com algumas regras bancárias, adotam, na sua globalidade, uma feição diferente da original: uma feição bancária. Retemos, pois: o Direito bancário não se preocupa em regular, de modo exaustivo, os diversos aspetos que lhe respeitam. Antes parte da aplicabilidade do tecido comum, afeiçoando-o, na medida necessária. Daí a afirmação da fragmentariedade.

III. A natureza fragmentária vem reforçar a já referida dependência científica do Direito bancário. Para além de usar conceitos e construções próprias do Direito comum, o Direito bancário assenta em institutos pré-regulados. O estudioso do Direito bancário nunca deve descurar o Direito civil e o Direito comercial: de outro modo, poderá soçobrar em juízos antiquados, forçando descobertas há muito esclarecidas. A tendência para a especialização agudiza estes aspetos.

2. OS PRINCÍPIOS BANCÁRIOS GERAIS

2.1. Generalidades; a diferenciação conceitual

2.1.1. Os princípios no Direito

I. Os princípios correspondem a proposições que resultam de valorações operadas por diversas normas. Distinguem-se destas por não assentarem, logicamente, numa previsão e numa estatuição. Valem por si, independentemente de qualquer concretização. E dado o seu papel, eles inscrevem-se no núcleo duro atuante do sistema – ou subsistema – em jogo. Os princípios – ao contrário das normas – podem entrar em contradição entre si: caso a caso ver-se-á qual deve prevalecer.

II. Os princípios têm, ainda, diversos papéis. A saber: (1) papel ordenador; (2) papel programático; (3) papel regulativo.

Os princípios permitem ordenar problemas, soluções e normas. Têm, assim, um papel no sistema externo ou sistema de exposição. Mas logo aí assumem uma relevância substantiva, uma vez que a ordenação que se obtenha não é inóqua para as soluções finais. Os princípios podem assumir um papel programático: constituem uma base sobre a qual o legislador poderá, depois, erguer novas normas. A nossa Constituição tem conhecidos níveis programáticos. Finalmente, os princípios podem ser chamados a solucionar diretamente casos concretos: seja concatenando normas, seja dando corpo a conceitos indeterminados, seja integrando lacunas.

III. Os princípios resultam da elaboração científica. Ao contrário das normas, que se obtêm pela interpretação, os princípios exigem toda uma tarefa alargada de estudo e de arrumação jurídico-científica, por vezes criadora. A elaboração de princípios constitui uma tarefa indeclinável do estudo de qualquer disciplina jurídica.

2.1.2. Princípios gerais e princípios bancários; papel e limites

I. No campo bancário, têm aplicação os princípios gerais do Direito privado (tutela da pessoa, autonomia privada, boa-fé, responsabilidade civil e propriedade e sua transmissão) e do Direito público, nas áreas onde este aflui (legalidade, igualdade, imparcialidade, proporcionalidade e boa-fé). Além disso, têm ainda uma aplicação tendencial os chamados princípios dos atos comerciais (internacionalidade, simplicidade e rapidez, clareza jurídica, publicidade e tutela da confiança e onerosidade). Pergunta-se, agora, se para além disso, não será possível encontrar ou construir, no campo financeiro, princípios que tenham um conteúdo material essencialmente bancário.

II. A resposta é positiva. As realidades do manuseio profissional do dinheiro têm exigências que transparecem em múltiplos passos dos regimes em jogo. Cabe ao intérprete-aplicador concretizá-los, nos diversos problemas. Será, depois, tarefa de investigação e de construção científicas proceder ao seu levantamento e organizar princípios. Trata-se de uma tarefa na qual irão jogar os aspetos quantitativos da repetição, em distintas ocasiões, de manifestações especificamente bancárias e os aspetos qualitativos da intensidade "bancária" que eles traduzam.

III. Os princípios bancários têm uma efetiva consistência, aflorando em diversos institutos e, mais do que isso: na própria concretização, pelos operadores, das situações jurídicas bancárias. Eles permitem identificar aspetos relevantes e explicar saídas que, na aparência, não teriam base jurídico-positiva. Eles dão, ainda, hipóteses sistematizadoras de conteúdo material, aos estudiosos do Direito bancário. Finalmente: permitem, em múltiplas ocasiões, encontrar e justificar soluções concretas. O estudo global do Direito bancário terá, por tudo isso e como desafio primordial, a construção de princípios materiais dogmaticamente bancários.

2.1.3. A diferenciação conceitual; o perigo da sobreposição linguística

I. Antes de passarmos à construção dogmática dos princípios bancários e, mais longe, de encarar a própria exposição da matéria, cumpre apontar e situar o importante fenómeno da diferenciação conceitual. Na origem temos a constatação de que o Direito é uma realidade cultural, linguisticamente condicionada. O jurista não pensa em termos puros: antes avoca conceitos assentes em fórmulas vocabulares. Daí resulta que certos conceitos ocorram (ou não) consoante a disponibilidade linguística de lhes dar um corpo comunicável e, daí, suscetível de reflexão. Este fenómeno explicará a superioridade que as línguas analíticas e terminologicamente mais ricas (como a alemã) têm nos domínios da Filosofia, da Teoria Política e da Ciência do Direito ou a facilidade que as línguas elásticas e inovadoras (como o inglês) assumem no campo da Economia e das Ciências Sociais aplicadas.

II. No Direito bancário ocorrem diferenciações conceituais expressas – como era inevitável – em fórmulas linguísticas próprias. Assim, conceitos como a relação bancária complexa, o descoberto em conta, o giro bancário ou a carta de conforto não têm correspondência nas grandes disciplinas privadas. Noutros casos, assistimos à utilização de estrangeirismos – particularmente: anglicanismos, muitas vezes por via norte-americana – que os juristas tentam assimilar, preconizando locuções equivalentes em vernáculo: *leasing* e locação financeira ou *factoring* e cessão financeira, como exemplos. Perante fórmulas conceituais tipicamente bancárias, haverá que ter um especial cuidado de definição precisa: o Direito bancário, como disciplina moderna, não deve refugiar-se em fórmulas dúbias que escondam, sob um isoterismo de linguagem, a incapacidade jurídico-científica de apurar os conceitos de trabalho.

III. A diferenciação conceitual acarreta um óbice: o da possível sobreposição linguística. Aparecendo, no Direito bancário, figuras diferenciadas, o intérprete-aplicador, na falta de designação adequada, recorre, muitas vezes, a conceitos habituais que, com a nova realidade, tenham algum parentesco. A partir daí, é natural a tendência para lhe aplicar o regime comum, esquecendo-se estarmos perante uma realidade autónoma, que exigiria soluções próprias. Por exemplo: (1) o depósito bancário: trata-se de um ato de execução de um contrato previamente celebrado: a abertura de conta; o conceito sobrepõe-se ao do contrato de depósito, levando o intérprete desprevenido a pensar que existe um contrato *ad hoc* de depósito bancário; (2) a conta-corrente bancária: surge como um elemento típico do contrato de abertura de conta, com regras específicas, ditadas por cláusulas contratuais gerais; o conceito sobrepõe-se à conta-corrente comercial, cujas regras só caso a caso e após verificação, podem ser transpostas para o campo bancário; (3) o penhor de conta bancária: trata-se de uma garantia específica que implica uma conta bancária com um saldo bloqueado; o seu titular responde, até à concorrência do saldo, por certa dívida; o conceito sobrepõe-se ao penhor bancário (de coisa), que segue regras específicas, com relevo para a inaplicabilidade da proibição de pactos comissórios, inaplicáveis ao penhor de conta; (4) o depósito solidário: trata-se de uma abertura de conta em que se acordou poderem os movimentos e outras operações ser praticados por apenas um dos contitulares; o conceito sobrepõe-se à solidariedade das obrigações, quando apenas traduz um regime contratual e não – ou não necessariamente – a aplicação da massa de regras sobre solidariedade, sem cuidadosa verificação prévia.

IV. No fundo, as ocorrências de diferenciação conceitual lembram que, no caso concreto, nunca se aplicam regras isoladas: todo o sistema é chamado a depor. Perante problemas de Direito bancário, só depois de cuidadosa ponderação de vontades, de interesses e de valores se poderá fazer apelo às regras comuns. O facto de haver sobreposições linguísticas constitui um incentivo suplementar à atenção do especialista.

2.2. O princípio da simplicidade

2.2.1. A simplicidade bancária

I. No campo privado, a ideia de simplicidade impôs-se, no Direito comercial, por oposição a exigências de formalidades e de solenidades, requeridas pelo Direito civil. No Código Comercial portugues de 1888, a simplicidade daria corpo às regras seguintes: (1) liberdade de escrituração, salvas as limitações legais (30°); (2) liberdade de língua (96°); (3) liberdade de forma do mandato geral (249°); (4) possibilidade de provar o empréstimo mercantil por qualquer modo (396°); (5) possibilidade de celebrar penhor com entrega meramente simbólica da coisa empenhada (398°, § único).

Joga a constatação de que muitas das formalidades ou das solenidades que acompanham certos atos resultam, apenas, das tradições: não desempenhariam, de facto, um papel útil: poderiam ser alijadas no Direito comercial, mais próximo das "realidades da vida". Devemos prevenir: o ideal da simplicidade comercial deve ser procurado, de modo permanente, pelo legislador. Exigências de todo o tipo, incluindo controlos administrativos, fiscais, de registo, de notários, de inscrição de firmas, de segurança social e de trabalho, estabelecem, na prática, verdadeiros calvários burocráticos comerciais, que não têm paralelo no Direito civil. A complexidade jurídica, por seu turno, atingiu tal dimensão que o legislador, pelo Decreto-Lei nº 70/2011, de 16 de junho, optou por publicar uma lista com centenas de diplomas que não se encontram em vigor. Limitou-se, todavia, a diplomas posteriores a 1974.

II. No Direito bancário, as exigências de simplicidade seriam acentuadas e, sobretudo: efetivas. Tratando-se, para mais, de dinheiro: fica claro que qualquer diligência dispensável representa um custo de transação totalmente injustificado. A atuação bancária tende a reduzir as formalidades ao mínimo exigível para a consubstanciação e ulterior prova dos atos. Esta exigência tem sido prosseguida com recurso aos seguintes três subprincípios: (1) consensualismo e reformalização normalizada; (2) uso da informática; (3) unilateralidade.

2.2.2. Consensualismo e reformalização normalizada

I. Subprincípio concretizador da simplicidade será o do consensualismo. No Direito bancário – mais do que no Direito civil e no próprio Direito comercial – a vontade dos intervenientes produziria os seus efeitos, seja qual for a forma por que se revele. Podemos mesmo apontar, nalguns negócios-chave, uma caminhada para a simplificação formal. Quanto ao mútuo e dando exemplos do Direito português: (1) no Direito civil, o mútuo superior a 2.500 euros exige documento assinado pelo mutuário; sendo superior a 25.000 euros, exige escritura pública ou documento particular autenticado (1143° do Código Civil); (2) no Direito comercial, o mútuo celebrado entre comerciantes, seja qual for o seu valor, admite todo o género de prova (396° do Código Comercial); (3) no Direito bancário, o mútuo, mesmo que a outra parte contratante não seja comerciante e seja qual for o seu valor, pode provar-se por escrito particular (artigo único do Decreto-Lei n° 32.765, de 29 de abril de 1943).

Um percurso similar pode ser seguido no caso do penhor: (1) no Direito civil, exige-se a entrega efetiva da coisa (666°/1 do Código Civil); (2) no Direito comercial, a entrega pode ser meramente simbólica (398° do Código Comercial); (3) no Direito bancário, a entrega é dispensada (1° do Decreto Lei n° 29:833, de 17 de agosto de 1939).

II. A partir de uma certa margem, o consensualismo joga contra a simplificação. Admitir, por exemplo, negócios puramente verbais redunda em, mais tarde, se assistir a intermináveis discussões sobre o seu conteúdo. E o próprio ato de manifestar oralmente a vontade própria, mercê dos circunlóquios e das palavras de circunstância que sempre ocorrem, pode implicar complicações e perdas de tempo. Por isso, no Direito bancário, a simplificação formal nunca vai ao ponto de dispensar a forma escrita ou equivalente. Negócios orais ou manifestações tácitas de vontade acabam por não ter lugar no manuseio profissional do dinheiro ou de outros valores.

III. As exigências da simplicidade acabam por induzir uma reformalização normalizada dos negócios jurídicos. Numa ponte para a rapidez, abaixo examinada, os particulares interessados são solicitados a manifestar a sua vontade através do preenchimento de formulários, reduzidos, muitas vezes, à simples aposição de cruzes em quadrículas, com uma assinatura formal. A vontade pode ainda manifestar-se por via informática.

2.2.3. O uso da informática

I. Num aspeto que se reporta, também, à rapidez, a simplificação bancária deve muito à informática e às tecnologias da informação. Podemos considerar que os progressos da banca, nas últimas décadas, se ficaram a dever a essa vertente dos nossos tempos. Em traços largos, podemos considerar que a informática simplifica: (1) a contratação e a prática de diversos atos bancários; (2) a execução de deveres de informação e de comunicação, designadamente quanto às chamadas obrigações de caixa; (3) a manutenção da contabilidade e o exercício da supervisão.

Além disso ela é eficiente, barata e não comete erros.

II. A contratação e a prática bancárias por via informática, especialmente à distância e com recurso à *Internet*, eram habituais no comércio bancário: muito antes do surgimento do Decreto-Lei n° 7/2004, de 7 de janeiro e demais legislação especializada sobre o tema. Todo o sistema dos cartões bancários é, hoje, possibilitado por essas vias. Verifica-se mesmo, por vezes, que contratos ajustados por escrito só se tornam eficazes depois de introduzidos "no sistema", de modo a sofrerem o competente tratamento informático.

III. Os deveres de informação, incluindo a remessa de extratos, de avisos de débito ou de pagamento e da concretização de operações, são efetivados sem intervenção humana e por via informática. Trata-se de um máximo de simplificação. No limite, diversas operações vão sendo efetuadas por via inteiramente automática. Este esquema, de base bancária, pode ser usado para além dela: pagamentos de salários ou de diversos serviços – incluindo fornecimentos de eletricidade, de água ou de telefone – são efetivados e comprovados sem qualquer intervenção de pessoas.

IV. A contabilidade – incluindo as contas-correntes bancárias –, a posição das diversas operações, a eventual verificação de moras ou de descobertos e, a partir daí, a própria supervisão sobre as *rationes*, os riscos, as previsões e as reservas são asseguradas por meios informáticos de potência crescente. A simplicidade assim conquistada diminui as hipóteses de erro, baixa os custos, populariza a banca e liberta as forças humanas para tarefas de contacto e de avaliação (ainda) não informatizáveis.

2.2.4. A unilateralidade

I. Como concretização do princípio da simplicidade, um lugar especial assiste ao princípio ou subprincípio da unilateralidade. No Direito bancário, os atos apresentam-se, muitas vezes, sob a forma de simples cartas assinadas e não de contratos formais: uma regra que tem suscitado diversas dúvidas, que cumpre esclarecer.

II. A unilateralidade dos atos bancários pode ser real ou aparente. Será real nas hipóteses de surgirem vinculações pura e simplesmente unilaterais; será aparente nos casos em que tenha havido um acordo de vontades normal – portanto: um contrato – depois formalizado num texto assinado, apenas, por um dos intervenientes.

III. No Direito bancário, através da forma voluntária ou da forma convencional, as partes recorrem, muitas vezes, a um documento –

normalmente uma carta – assinada, apenas, por uma delas – em regra, pelo cliente – para exprimir um acordo de vontades a que ambas chegaram. As "cartas" assinadas pelo cliente são negociadas previamente com o banqueiro; podem, mesmo, ser pura e simplesmente oferecidas, pelo banqueiro, para assinatura pelo cliente ou, até, assinadas em branco, mediante um acordo lateral quanto ao seu preenchimento. Nestas duas últimas hipóteses, como bem se compreende, há um suplemento de exigência da boa-fé, fonte de deveres de lealdade e de informação. Em suma: sempre que a lei se contente com uma assinatura ou, por maioria de razão, quando ela não exija qualquer forma, as partes podem contratar na base de documentos unilaterais.

IV. De seguida, temos a hipótese de atos realmente unilaterais, isto é, de atos que, de facto, exprimam uma vontade unilateral do declarante, sobre a qual não tenha havido qualquer concordância do declaratário. Tais hipóteses são pouco frequentes. No Direito bancário abundam as situações de relação. Mesmo perante uma declaração unilateral, a outra parte, ainda que tacitamente – p. ex.: concedendo crédito, prorrogando negócios ou emitindo garantias – acaba por dar o seu assentimento. Mas podem ocorrer. O Direito civil tradicional era dominado pelo preconceito romanístico-liberal de que não pode haver compromissos senão por via do contrato. Porém, o que não se poderia conceber seria uma situação na qual uma pessoa lograsse, por si e unilateralmente, vincular outra. Já não se compreenderia, num mundo de gente responsável, que uma pessoa não pudesse assumir, livremente e por si, válidos compromissos. Ultrapassado este obstáculo, temos ainda outros dois: (1) o de que ninguém poderia ser beneficiado contra a sua própria vontade; (2) o da natureza contratual da remissão e da doação, dobrada pela proibição de doação de bens futuros.

Trata-se de obstáculos superáveis, embora eles devam ser tidos em conta no regime que, depois, se venha a fixar. Na verdade, ninguém pode ser beneficiado sem dar o seu acordo; porém, tudo se resolve se se admitir a possibilidade do beneficiário de um ato unilateral renunciar, depois, à vantagem dele derivada.

V. No Direito bancário, podemos proclamar uma tendência, determinada pelas necessidades de simplicidade, de predomínio de instrumentos unilaterais, *maxime*: de cartas. Isso é possível e totalmente eficaz por uma de três vias: (1) ou por se tratar de verdadeiros contratos, apenas formalizados – como é possível, pela consensualidade – através de um escrito assinado por um interveniente; (2) ou por se consubstanciar um ato unilateral claramente previsto na lei; (3) ou, finalmente, por estar em jogo um ato de execução de um contrato prévio.

Assim, não se pode acompanhar alguma jurisprudência limitativa, que considera inválida, como contrato, a declaração unilateral de uma instituição de crédito destinada a garantir a responsabilidade de outrem, perante os respetivos credores, prosseguindo, depois, que ela seria inválida, também e por falta de base legal, como negócio unilateral. Nesse caso, há, seguramente, um contrato, pois nenhum banco emite uma garantia sem um prévio acordo com o cliente; além disso, a figura sempre seria utilizável como negócio unilateral. Nem seria, pois, necessário recordar que *venire contra factum proprium nulli concidetur.*

2.3. O princípio da rapidez

2.3.1. A rapidez bancária; a normalização substancial

I. Podemos distinguir, da simplicidade, a rapidez bancária e isso mau grado a evidente interligação entre ambos existente. Na rapidez não se trata tanto de simplificar o modo de praticar certos atos: antes de, atuando na própria substância de atos, facilitar a tomada de decisão conducente à sua celebração. A rapidez está ainda associada à crescente dimensão dos bancos e à necessidade de descentralizar, no seu seio, o processo decisório: apenas os negócios inabituais ou os de elevado montante subirão ao conselho de administração.

II. A rapidez exige, desde logo, normalização substancial. Apesar da capacidade de inovação imputável à banca, a grande maioria dos negócios segue caminhos já trilhados. Os negócios-tipo oferecidos aos clientes do banqueiro estão predefinidos. Perante um pedido de financiamento – por exemplo – o banqueiro começará por reconduzi-lo a um dos modelos que habitualmente disponibilize e que se lhe afigure adequado em face das circunstâncias do caso. Se se tratar de uma aquisição imobiliária, o banqueiro irá, por exemplo, considerar o mútuo hipotecário ou a locação financeira de imóveis; só por exceção se irá estudar uma fórmula atípica. Resulta daqui que, apesar de lidarmos, na banca, com um *numerus apertus* de atos, estes, na prática, obedecem a tipos predeterminados, legais ou sociais.

III. Para além da normalização nos negócios disponíveis, temos ainda uma normalização, a nível de negócios preconizados. Os clientes ou virtuais clientes do banqueiro são, desde logo, ordenados por "segmentos", *prima facie* em função de rendimentos. Seguidamente, são-lhes propostos negócios consonantes com o "segmento" a que pertençam, de tal modo que se possa aproveitar, ao máximo, o potencial de rendibilidade bancária que cada um possa alcançar. A despersonalização daqui resultante poderá ser temperada com um atendimento formal ou substancialmente individualizado, de acordo com o estado do mercado e a própria imagem do banqueiro considerado.

2.3.2. O recurso a cláusulas contratuais gerais

I. Corolário lógico das exigências substanciais de normalização é o recurso intensivo à contratação com recurso a cláusulas contratuais gerais. Como foi referido, as cláusulas contratuais gerais dos bancos coligiram os usos do sector e dão corpo a contratos básicos que não dispõem de regimes legais supletivos ou que, a esse nível, apenas desfrutam de leis muito elementares.

II. A adesão a cláusulas gerais dispensa todo um processo de negociação e dissipa dúvidas quanto à realidade acordada. Ela permite, ainda, decisões descentralizadas, dentro das instituições de crédito. Operações delicadas, como o cálculo do risco, ficam facilitadas no recurso a cláusulas contratuais gerais: estas postulam o prévio estudo, por sectores, dessa matéria. O contraponto de tudo isto é conhecido, em especial no que toca ao (não) conhecimento, pelos particulares aderentes, das realidades complexas que, lestamente, vão subscrever. Donde o dispositivo da Lei das Cláusulas Contratuais Gerais, muito importante, na banca.

2.3.3. A desmaterialização

I. A desmaterialização tem, por seu turno, a ver com a possibilidade de representação e de comunicação das realidades atinentes à banca – e, *maxime*, do próprio dinheiro –, através de suportes automáticos e eletrónicos e portanto: imateriais, no sentido mais imediato do termo. À partida, o dinheiro e as operações a ele ligadas são percetíveis pelos sentidos humanos, através da sua inserção em documentos. O advento da eletrónica e dos computadores permite essa consignação em moldes impercetíveis para os sentidos, mas recuperáveis através de uma leitura levada a cabo por instrumentos a tanto destinados. Em termos práticos, a banca eletrónica coloca as pessoas na dependência desses instrumentos, mas permite uma multiplicação extraordinária de dados em registo, a sua comunicação à distância em termos praticamente instantâneos e, ainda, um acesso imediato à precisa informação procurada.

II. A desmaterialização do Direito bancário provocou o aparecimento – ou melhor: a difusão – de um instrumento novo: o dos cartões bancários, de crédito e de pagamento. Para além disso, toda a prática bancária foi profundamente alterada. As diversas operações jurídicas são processadas através de meios eletrónicos. Nalguns casos, elas ainda são acompanhadas por suportes escritos; noutros, prescinde-se, por completo, desse resquício. A contratação por computador traduz apenas, à partida, o prolongamento da mente e do braço humanos. Assim, o computador poderá estar programado para aceitar propostas formuladas em certos termos ou para formular, ele próprio, propostas sujeitas à aceitação do público. No entanto, parece evidente que o aprofundamento da banca eletrónica acabará por bulir com múltiplos vetores negociais. E designadamente: (1) as hipóteses negociais serão limitadas, de antemão, pela programação do autómato; a banca eletrónica anda, assim, paredes-meias com as cláusulas contratuais gerais; (2) a interpretação negocial é limitada à estrita mensagem codificada introduzida no autómato.

Além disso, o Direito bancário, no seu conjunto, não pode deixar de ser afetado. A política monetária, a supervisão e a colaboração internacionais devem adaptar-se. As relações são simplificadas em extremo, tendendo para a abstração e, em certos cenários, para pôr em crise os contactos entre as pessoas e a própria confiança. Mesmo as instituições bancárias – e as mobiliárias – poderiam ser ladeadas através de uma teia de relações entre os interessados, assentes no ciberespaço.

III. A desmaterialização tem, depois, profundas consequências nos títulos de crédito e, em geral, nos valores mobiliários. Ela domina, além disso, toda a concretização do tráfego bancário.

2.4. O princípio da ponderação bancária

2.4.1. Essência do princípio; a prevalência das realidades

I. O princípio da ponderação bancária, na terminologia que temos vindo a propor, equivale a um modo de realizar o Direito próprio do comércio bancário. Implica, fundamentalmente: (1) uma fórmula de contratar; (2) um esquema de interpretar o contratado; (3) as garantias do cumprimento.

Nada impede outras entidades, mormente num sector financeiro alargado que englobe os seguros e os valores mobiliários, de recorrer a esquemas similares de ponderação. Originária e tipicamente eles têm, todavia, origem no manuseio profissional do dinheiro.

II. A ponderação bancária requer, em primeiro lugar, a prevalência das realidades patrimoniais, tal como relevam em termos de realização pecuniária. No limite, o cliente ideal para um crédito ... será o que dele não precise. O banqueiro procura avaliar a capacidade financeira do cliente, ponderando especialmente a faturação (*cash flow*) em detrimento do património e, quanto a este: procedendo a uma efetiva valoração perante o mercado (e não, por hipótese, em face de valores oficiais dados pelas matrizes prediais ou por avaliações que não as do mercado).

III. A realidade subjacente leva o banqueiro a privilegiar as abrangências negociais. Só por exceção um banqueiro irá praticar, com um seu cliente, um único ato bancário. E quando porventura o faça, será em prejuízo seu: uma abertura de conta, por exemplo, só por si, representa apenas um custo para o banqueiro. Os atos bancários estão vocacionados, em nome da realidade económica que lhes subjaz, para se encadearem em séries ilimitadas. Daí resulta, de resto, o fenómeno da relação bancária complexa, abaixo analisado.

IV. Ainda em nome da prevalência das realidades, temos a ideia de flexibilidade. A banca está, em princípio e com salvaguarda das preocupações de normalização já exaradas, disponível para estudar e para concretizar novos esquemas negociais. Fá-lo seja importando figuras novas oriundas de outros ordenamentos, seja adotando figuras antigas com objetivos financeiros, seja criando realidades contratuais novas. Muitas vezes a capacidade inovatória da vida bancária ultrapassa a capacidade dos cultores da Ciência jurídico-bancária. Tal sucedeu, por exemplo e entre nós, com figuras como a cessão financeira ou as cartas de conforto, usadas na vida prática antes de, sobre elas, ter recaído qualquer estudo doutrinário. Além disso, encontramos uma permanente inovação em áreas que se revelaram sensíveis, como a dos derivados.

2.4.2. A interpretação segundo o primeiro entendimento

I. *Summo rigore*, a interpretação dos atos bancários deveria efetivar-se segundo as regras próprias do Direito civil.

Se se atentar nas realidades do comércio de massas subjacentes à prática bancária, logo se vê a inviabilidade de uma interpretação individualizada dos vários atos.

II. No dia-a-dia da banca surgem, pelo lado do banqueiro e, por vezes, também pelo lado do cliente, numerosos operadores ou empregados. Ora é essencial que, às declarações proferidas, todos deem o mesmo sentido. A normalização das grandes instituições e a praticabilidade dos próprios esquemas negociais bancários ficariam em crise quando se impusessem interpretações variáveis, em função dos concretos suportes humanos em presença. Isso conduz-nos a uma interpretação essencialmente objetiva das declarações bancárias. Esta mesma dimensão reduz a aplicabilidade das figuras do erro na formação e na declaração: os atos valem pelo que, nelcs, esteja exarado.

III. Poderemos exprimir esta preocupação falando na regra do primeiro entendimento: a declaração negocial vale com o sentido codificado que dela resulte ou, na falta dele, com o do primeiro entendimento que, dela, o operador venha retirar. Essencial é que todos deem, à declaração, o mesmo sentido. Trata-se de uma realidade insofismável. Poderíamos tentar, com ela, compatibilizar o artigo 236°/1 do Código Civil português: no campo bancário, o declaratário normal, colocado na posição do declaratário real aderiria ... ao primeiro entendimento. Uma fórmula algo artificial: o Direito deve acompanhar as realidades a que se aplique, assim se justificando o primeiro entendimento. Caberá, agora, aos técnicos juristas que redijam as cláusulas gerais ou os contratos encontrar fórmulas que façam corresponder o "primeiro entendimento" à efetiva substância pretendida pelas partes.

2.4.3. A eficácia sancionatória

I. No tocante ao tema dos incumprimentos e das sanções, no Direito bancário, pergunta-se se estamos perante um sector especialmente dominado pela confiança. No desenvolvimento das concretas relações bancárias, estabelece-se, em regra, uma relação unilateral de confiança, do cliente para com o banqueiro. O inverso, pelo menos à partida, não é exato. *Ab initio*, o cliente tem um conhecimento muito mais aprofundado sobre as suas próprias possibilidades, sobre o seu passivo e sobre a sua solvência, do que o banqueiro a quem ele recorra. O banqueiro tem consciência desse seu *deficit* de informação. É, assim, levado a tomar uma série de precauções que, em face de bons clientes, são não só inúteis como gravosamente encarecedoras dos produtos em jogo. Digamos que a relação bancária se inicia sob o signo da desconfiança, por parte do banqueiro, particularmente perante pessoas que não tenham *curricula* de (bons) devedores: aquelas, justamente, que, por não terem passivo, maior solvência apresentam. Daí a multiplicação de garantias que, muitas vezes, envolve o tráfego bancário.

Temos, aqui, uma manifestação da clássica lei de Gresham: a má moeda expulsa a boa. No caso: a informação assimétrica degrada o nível do mercado. Os maus clientes apressam-se a pedir créditos volumosos; o banqueiro, que não conhece a sua real situação, concede-os, absorvendo, depois, as consequências das insolvências respetivas. O banqueiro passa, então, a exigir a todos os clientes – pois não tem informação completa sobre cada um deles – garantias exorbitantes, subindo o preço do crédito e baixando o seu volume individual. Perante isso, o bom cliente perde dinheiro e tempo: ou muda de banqueiro ou sai do mercado, renunciando a investimentos que exijam capitais mutuados. Ficam os maus clientes dos quais alguns terão artes de conseguir garantias ilusórias ou de ultrapassar os patamares de crédito. O banqueiro irá agudizar as cautelas, com isso expulsando do mercado os clientes menos maus, numa espiral de degradação.

Evidentemente: o problema ultrapassa-se quando o bom banqueiro saiba localizar o bom cliente e quando o bom cliente dê, ao banqueiro, informação suficiente. A formação de ciclos é, todavia, inevitável.

II. As garantias fazem, de todo o modo, parte intrínseca do tráfego bancário. O banqueiro não procurará, todavia, as garantias teoricamente mais fortes e, *maxime*: a hipoteca ou a propriedade em garantia. Antes dará preferência a garantias pessoais, concedidas por entidades totalmente solventes e, *maxime*: por outros banqueiros ou pelo Estado. Na vida real, a hipoteca é um produto caro; além disso, o seu funcionamento encontra-se bloqueado pelo colapso das ações executivas. Em operações de crédito comercial, a eficácia sancionatória dará clara preferência a garantias pessoais idóneas.

III. A sanção mais eficaz, no domínio bancário, é precisamente a hipótese do corte do crédito. Na vida comercial e no âmbito de uma relação bancária complexa, um incumprimento injustificado, por parte de um cliente, envolve, além de diversos vencimentos antecipados, a não concessão de mais crédito. Tanto basta para paralisar a generalidade das empresas. Estas tudo farão para prevenir incumprimentos. O sistema autossustenta-se e isso mesmo sabendo que os esquemas coercivos do Estado, quando eficazes, funcionam em tempos e por preços proibitivos. No limite, temos as regras das insolvências, nas quais todos os credores que não estejam suficientemente apoiados em garantias especiais perdem dinheiro.

A CLÁUSULA PENAL ENTRE A AUTONOMIA PRIVADA E O ABUSO DO DIREITO

António Pinto Monteiro

1. O TEMA

Em 16 de Novembro de 2019 intervim no VII Congresso Intercontinental de Direito Civil em Homenagem ao meu caríssimo e saudoso Colega e grande Amigo João Calvão da Silva. O Congresso teve lugar na Faculdade de Direito da Universidade de Coimbra, naquela que foi e será sempre a *Casa* do Doutor Calvão.

O tema que tratei no Congresso foi exactamente aquele que serve de título ao presente texto. A escolha foi fácil: é um tema que eu tenho tratado, de há muito[1], e que beneficiava também das simpatias do Doutor Calvão, que a ele dedicou importantes reflexões[2]. Menos fácil foi passar de uma exposição oral a um texto escrito, como o presente, pois deparo-me com outros textos meus versando sobre este tema, o que leva a inevitáveis e pouco simpáticas repetições, de que desde já me penitencio perante os Leitores que me costumam distinguir acompanhando os meus trabalhos.

Serei simples. Procurarei registar aqui apenas a mensagem essencial, remetendo para esses outros textos meus os desenvolvimentos e justificações pertinentes.

2. O PROBLEMA

I. Dito isto, recordo que a cláusula penal está consagrada no Código Civil português numa divisão intitulada "Fixação contratual dos direitos do credor" (arts. 810º a 812º) e no Código Civil brasileiro num título dedicado ao "Inadimplemento das obrigações" (arts. 408 a 416). Trata-se, afinal, de uma cláusula, isto é, de um acordo prévio entre as partes destinado a fixar direitos do credor em caso de inadimplemento (em sentido amplo) das obrigações.

---

1 "Maxime", a partir da minha tese de Doutoramento, precisamente sobre *Cláusula Penal e Indemnização,* Almedina, Coimbra, 1990 (3ª reimpressão 2019), embora já na minha tese de Pós-graduação lhe tenha dedicado largo desenvolvimento: *Cláusulas limitativas e de Exclusão de Responsabiidade Civil,* Almedina, Coimbra, 1985 (3ª reimpressão 2020).

2 "Maxime", na sua tese de Pós-graduação sobre *Cumprimento e Sanção Pecuniária Compulsória,* Almedina, Coimbra, 1987 (4ª ed. 2002).

Podendo servir *múltiplas funções*, consoante a intencionalidade das partes ao acordá-la, a cláusula penal tem servido essencialmente para forçar, compelir o devedor ao cumprimento (*função coercitiva ou sancionatória*) ou para fixar antecipadamente o montante da indemnização devida ao credor (*função indemnizatória*).

Em conformidade com esta posição, tenho definido a cláusula penal, em sentido amplo, como a estipulação em que qualquer das partes, ou uma delas apenas, se obriga antecipadamente, perante a outra, a efectuar certa prestação, normalmente em dinheiro, em caso de não cumprimento ou de não cumprimento perfeito (*maxime,* em tempo) de determinada obrigação, designadamente a fim de proceder à liquidação do dano ou de compelir o devedor ao cumprimento.

Está em causa, no primeiro caso, a função indemnizatória, e, no segundo caso, a função compulsória, cada uma delas sendo prosseguida por *diferentes espécies* de cláusulas penais.

Nisto consiste o essencial da minha tese sobre a cláusula penal, opondo-me ao tradicional *modelo unitário,* distinguindo, isso sim, *várias espécies de cláusulas penais* consoante *a função* que visam cumprir, com um regime jurídico não inteiramente coincidente, *e recusando a estafada (!) tese da dupla função* e da *natureza mista*[3].

II. Esta possibilidade de serem as partes, por acordo prévio, a definir os direitos que caberão ao credor e a criarem meios de coerção privados radica nesse importante poder jurisgénico que decorre do princípio da *autonomia privada,* na sua expressão da *liberdade contratual,* vertente legalmente consagrada do *poder de autodeterminação* do homem.

Mas não há bela sem senão! E de instrumento de *realização* do ser humano, de meio de uma *autónoma e responsável* composição de interesses, com grande relevo prático, a cláusula penal pode constituir um instrumento *abusivo,* ao serviço de interesses *ilícitos* do credor. É indispensável, por isso, a intervenção do legislador, impondo *limites* à autonomia privada para *defesa,* afinal, da própria autonomia privada.

Daí, no caso português, o art. 405º do Código Civil, ao preceituar expressamente que a liberdade das partes deve exercer-se "*dentro dos limites da lei*"; daí, no caso brasileiro, o art. 421 do Código Civil, ao estatuir expressamente que "a liberdade contratual será exercida *nos limi-*

---

3 Cfr. António Pinto Monteiro, *Cláusula penal e indemnização,* cit., pp. 419, ss., 577, ss. e *passim.*

tes da função social do contrato"[4]. Pois bem, se isto é assim em relação ao *princípio* da liberdade contratual, não se estranhará, por certo, que o mesmo suceda a propósito da cláusula penal, que mais não é do que um *produto* daquela liberdade, um *resultado* do exercício, em concreto, do poder *jurisgénico* do homem.

Isso ajudará a compreender, por um lado, a *existência* da própria figura da cláusula penal, fundada no *acordo das partes* e ao serviço dos respectivos *interesses*, mercê das *funções* que está apta a desempenhar; mas, por outro lado, isso ajudará a compreender também os *limites* a que ela está sujeita, designadamente quanto ao seu *exercício*, a fim de evitar comportamentos *abusivos* do credor.

Ora, é precisamente este aspecto da cláusula penal que aqui pretendemos testar: apurar se e em que medida o *controlo* da pena, mormente a sua *redução* judicial a fim de impedir abusos - desde logo, art. 812º do Código Civil português e art. 413 do Código Civil brasileiro –, não *inviabilizará* o exercício das suas funções, não *frustrará*, afinal, as razões que justificam o recurso dos contraentes a tal figura!

3. A SOLUÇÃO

I. Como já dissemos, a cláusula penal, pese embora a sua importância, pelas funções que pode desempenhar, presta-se, todavia, a *abusos*, podendo a pena, por exemplo, ser manifestamente excessiva. *Quid iuris*, em tais casos?

A solução consta do art. 812º [5], norma que consagra o controlo *especificamente* dedicado ao combate a penas *abusivas*, para além do controlo *geral* a que está sujeita qualquer manifestação da autonomia privada[6]. E

4 Na nova redacção do art. 421, a qual lhe foi conferida pela Lei Federal nº 13.874, de 20 de Setembro de 2019, que suprimiu a expressão "em razão" e lhe acrescentou um parágrafo único (cfr., de novo, *infra*, nº 4-II).

5 Temos em vista, naturalmente, cláusulas penais incluídas em *contratos negociados*, pois se as mesmas constarem de *contratos de ou por adesão* há legislação específica que lhes é aplicável (o Decreto-lei nº 446/85, de 25 de Outubro), sem prejuízo, todavia, de, num segundo momento, poderem também estas penas ser fiscalizadas pelo art. 812º: cfr., *infra*, neste mesmo nº 3., o ponto IV, e o nosso *O duplo controlo de penas manifestamente excessivas em contratos de adesão – diálogos com a jurisprudência*, in "Revista de Legislação e de Jurisprudência" (RLJ) ano 146º, 2017, nº 4004, pp. 308, ss..

6 Temos em vista o *controlo geral* que se exerce sobre qualquer manifestação da autonomia privada, designadamente apurar se o consentimento foi prestado nos termos devidos, se não foi viciado, por erro, dolo, coacção, incapacidade acidental ou usura, se a pena não é ofensiva dos bons costumes, etc. (cfr. a nossa tese sobre *Cláusula penal e indemnização*, cit., pp. 718, ss.).

esse controlo específico traduz-se no poder conferido ao juiz de *reduzir* penas manifestamente excessivas, de acordo com a equidade.

A nosso ver, trata-se de uma norma da maior importância, em sede de controlo de manifestações excessivas ou abusivas da liberdade contratual, ao nível da fixação das consequências do inadimplemento das obrigações. Temos defendido que o art. 812º tem um *largo âmbito de aplicação*, abrangendo não só *todas as espécies de cláusulas penais*[7] como ainda o *sinal*[8] e outras figuras *afins* ou *similares*[9].

E isto, numa palavra, porque nos parece que esta norma encerra um *princípio de alcance geral* destinado a *corrigir* excessos ou abusos decorrentes do exercício da liberdade contratual, ao nível da fixação contratual dos direitos do credor.

II. Mas não basta que a pena venha a revelar-se superior ao dano para que ela possa ser reduzida. Se assim fosse, anular-se-ia a principal característica da cláusula penal, que é a sua natureza *invariável*. A possibilidade de redução da pena é excepcional[10], *depende de pedido do*

7 Ou seja, o art. 812º é susceptível de ser aplicado, uma vez verificados os seus pressupostos, à cláusula de fixação antecipada da indemnização, à cláusula penal em sentido estrito e à cláusula penal pura ou exclusivamente compulsória: cfr., a este respeito, a nossa tese sobre *Cláusula penal e indemnização, cit.*, pp. 730, ss. Daí termos discordado da decisão tomada pelo STJ no seu Acórdão de 3 de Novembro de 1983 (Relator: Conselheiro Santos Silveira), pese embora a importância do mesmo do ponto de vista da aceitação de outras cláusulas penais para lá da que a lei define no art. 810º (cfr. a nossa dissertação, cit., pp. 474,ss). No bom sentido, por exemplo, o Acórdão do STJ de 27 de Setembro de 2011 (Relator: Conselheiro Nuno Cameira), por nós anotado na RLJ, ano 141º, nº 3972, assim como, já antes, por exemplo, o Acórdão do mesmo Tribunal de 12 de Outubro de 1999 (Relator: Conselheiro Afonso Melo), in http://www.dgsi.pt

8 Cfr. o nosso *Cláusula penal e indemnização*, cit., pp. 195,ss, e, na jurisprudência, por ex., os Acórdãos do STJ de 8 de Março de 1977 (in BMJ nº 265, pp. 210,ss, Relator: Conselheiro Rodrigues Bastos), de 1 de Fevereiro de 1983 (in BMJ nº 324, pp. 552,ss, Relator: Conselheiro Manuel dos Santos Carvalho, e de 27 de Setembro de 2011 (in RLJ ano 141º, cit., pp. 177,ss, Relator: Conselheiro Nuno Cameira).

9 Como as denominadas "cláusulas de rescisão" dos jogadores de futebol: cfr., a propósito, o nosso artigo *Sobre as "cláusulas de rescisão" dos jogadores de futebol*, in "Estudos em Homenagem ao Prof. Doutor Manuel Henrique Mesquita", vol. II, Boletim da Faculdade de Direito de Coimbra, Coimbra Editora, 2009 (pp. 227,ss), pp. 259-260.

10 Cfr., na jurisprudência, entre muitos, os Acórdãos do STJ de 4 de Maio de 2004 (in http://www.dgsi.pt, Relator: Conselheiro Fernando Pinto Monteiro) e de 23 de Abril de 2008 (*idem*, Relator: Conselheiro Mário Pereira), bem como os Acórdãos da Relação de Lisboa de 12 de Outubro de 2010 (*idem*, Relator: Desembargador Rosário Gonçalves) e da Relação de Coimbra de 27 de Abril de 2004 (*idem*, Rela-

devedor[11] e está condicionada a apertados limites: efectivamente, o tribunal só poderá reduzir a pena, de acordo com a *equidade,* caso ela seja *manifestamente excessiva,* ainda que por causa superveniente, tenha a obrigação sido ou não parcialmente cumprida.

O que significa, a nosso ver, que a lei faz depender a redução, quer de requisitos de ordem *objectiva,* quer de factores de ordem *subjectiva.* Além da expressa referência à *equidade* – que reputamos constituir o pressuposto decisivo –, a própria fórmula por que optou o legislador – pena "manifestamente *excessiva*" – mostra que não bastará a sua mera superioridade, maior ou menor, em face do dano efectivo, para legitimar, de *per se,* a redução, antes terá o tribunal de ponderar *outro tipo de factores,* entre os quais alguns que revestem uma índole subjetiva, para saber se, e em que medida, a pena constitui um excesso e traduz um exercício abusivo, pelo credor, do direito à pena. O que implica, ao mesmo tempo, que o tribunal tenha de apurar a *finalidade* com que a pena foi estipulada, ou seja, a *espécie* prevista pelos contraentes, uma vez que a pena poderá não ser "manifestamente excessiva", se houver sido determinada por um intuito compulsório, mas já poderá sê-lo, todavia, se ela tiver sido acordada a título de mera liquidação prévia do *quantum respondeatur.*

Muito interessante, a este respeito, é, actualmente, o art. 413 do (novo) Código Civil brasileiro, ao consagrar a redução equitativa da pena, quer em caso de cumprimento parcial, quer no caso de ela ser manifestamente excessiva, "tendo-se em vista a *natureza* e a *finalidade* do negócio"[12].

---

tor: Desembargador Rui Barreiros). Na doutrina, por ex., além da nossa tese, pp. 724, ss., e de CALVÃO DA SILVA, *Cumprimento e sanção pecuniária compulsória,* cit., pp. 272, ss., cfr. também ANTÓNIO MENEZES CORDEIRO, *Tratado de Direito Civil, IX, Direito das Obrigações,* 3ª ed., Almedina, Coimbra, pp. 493, ss.

---

11 Ainda que esse pedido não tenha de ser expresso ou explícito, bastando que o devedor dê a entender, pelo seu comportamento, que reputa a pena manifestamente excessiva ou abusiva.

12 Cfr., a propósito, JUDITH MARTINS-COSTA, *Comentários ao Novo Código Civil,* vol. V, tomo II, *Do Inadimplemento das Obrigações,* 2ª ed. (Coordenador: Sálvio de Figueiredo Teixeira), Editora Forense, Rio de Janeiro, 2009, cit., pp. 683,ss., esp. pp. 702,ss., bem como, no direito brasileiro, sobre os critérios de redução de penalidades "manifestamente excessivas", ao abrigo do art. 413, ainda, por exemplo, PAULO LÔBO, *Direito Civil. Obrigações,* 4ª ed., Saraiva, São Paulo, 2015, p. 273, ss., esp. 279, ss., BRUNO MIRAGEM, *Direito Civil. Direito das Obrigações,* Saraiva, São Paulo, 2017, pp. 562 ss., esp. 574, ss., JORGE CESA FERREIRA DA SILVA, *Inadimplemento das Obrigações,* Editora Revista dos Tribunais, 2007, p. 232, ss., esp. p. 270, ss., e espe-

Ao decidir que a pena é manifestamente excessiva, o tribunal dá por verificado o *pressuposto* de que depende o exercício da sua actividade sindicante, o qual já constitui, porém, ao mesmo tempo, o *resultado* de uma ponderação equilibrada de todos esses factores que devem intervir na formação do seu juízo. O que significa, assim, que, decidindo reduzir a pena, por se acharem preenchidas as respectivas condições, o tribunal decide, de igual forma, sobre a *medida* em que a redução se justifica. O *critério* que deve nortear o tribunal é, portanto, o mesmo.

III. Ora, qual será o critério que deve pautar a actuação do juiz, quer para decidir se *pode* reduzir a pena, quer para determinar, simultaneamente, em caso afirmativo, a *medida* dessa redução?

Naturalmente que a diferença entre o valor do prejuízo efectivo e o montante da pena é, desde logo, o primeiro factor, de cariz objectivo, a considerar.

Não basta, porém, repete-se, uma mera superioridade da pena em relação ao prejuízo. Sendo ela estipulada a título indemnizatório, a sua índole de liquidação *forfaitaire* justifica que pequenas variações não dêem lugar à redução; sendo acordada como sanção compulsória, a *eficácia* da mesma pressupõe, igualmente, que só em casos de evidente e flagrante desproporção haja lugar a um controlo judicial. É necessário, no dizer de Carbonnier, que essa desproporção *saute aux yeux*[13].

Nem poderá, a este respeito, estabelecer-se qualquer critério, capaz de *quantificar* a medida dessa superioridade ou o *limiar* a partir do qual se verifica o excesso que legitima a redução.

Trata-se, com efeito, de uma questão que dificilmente se compadecerá com o estabelecimento de critérios ou índices de índole *quantitativa.* Perante a superioridade de determinada pena, o juiz só poderá concluir pelo seu carácter "manifestamente excessivo" após *ponderar* uma série de outros factores, à luz do *caso concreto,* que um julgamento por *equidade* requer. Assim, a gravidade da infracção, o grau de culpa do devedor, as vantagens que, para este, resultem do incumprimento, o interesse do credor na prestação, a situação económica de ambas as partes, a sua boa ou má fé, a índole do contrato, as condições em que foi negociado e, designadamente, eventuais contrapartidas de que haja beneficiado o devedor pela inclusão da cláusula penal, são, entre outros,

cialmente a tese de doutorado de NELSON ROSENVALD sobre *Cláusula penal. A pena privada nas relações negociais,* Editora Lumen Juris, Rio de Janeiro, 2007, pp. 215, ss.

13 Cfr. JEAN CARBONNIER, *Droit Civil. 4/Les Obligations,* 13ª ed., Paris, 1988, p. 323.

factores que o juiz deve ponderar para tomar uma decisão. É um *juízo de valor* que o tribunal deve formular.

Julgamos importante acentuar, porém, de novo, um aspecto, o qual requer particular atenção: o tribunal não pode deixar de ter em conta a *finalidade* prosseguida com a estipulação da cláusula penal, para averiguar, a essa luz, se existe uma *adequação* entre o montante da pena e o escopo visado pelos contraentes. Significa isto, por conseguinte, que os mencionados factores, ou outros, terão uma importância relativamente *diferente*, consoante o escopo das partes, ou seja, consoante a *espécie* de pena acordada[14].

IV. Resta, para concluir este ponto, recordar que a cláusula penal, em certos aspectos, é objecto de um regime específico, quando incluída em *contratos de* ou *por adesão.*

Efectivamente, a celebração destes contratos, "maxime" quando concluídos através de *cláusulas contratuais gerais*, suscita problemas específicos, designadamente ao nível da formação do contrato, do seu conteúdo e dos mecanismos de reacção. A lei portuguesa em vigor prevê medidas adequadas para tutela do aderente, mormente no tocante à protecção do consentimento, à proibição de cláusulas abusivas e ao controlo preventivo, medidas que, naturalmente, valem também para a cláusula penal[15]. Limitamo-nos aqui, por isso, a destacar três aspectos.

---

14 Para maiores desenvolvimentos, cfr. ANTÓNIO PINTO MONTEIRO, *Cláusula penal e indemnização, cit.*, pp. 717,ss, esp. pp. 724,ss.

15 Cfr., respetivamente, os arts. 5º,ss, 15º,ss, e 25º,ss do Decreto-Lei nº 446/85, de 25 de Outubro, com as modificações introduzidas pelos Decretos-Leis nº 220/95, de 31 de Agosto, e 249/99, de 7 de Julho. Na doutrina, além de M. J. ALMEIDA COSTA/A. MENEZES CORDEIRO, *Cláusulas contratuais gerais. Anotação ao Decreto-Lei nº 446/85, de 25 de Outubro*, Almedina, Coimbra, 1986, v. principalmente M. J. ALMEIDA COSTA, *Síntese do regime jurídico vigente das cláusulas contratuais gerais*, 2ª ed., Lisboa, 1999, OLIVEIRA ASCENSÃO, *Cláusulas contratuais gerais, cláusulas abusivas e boa fé*, in ROA, ano 60, 2000, pp. 573,ss, SOUSA RIBEIRO, *Cláusulas contratuais gerais e o paradigma do contrato*, Coimbra, 1990, *Idem*, *O problema do contrato. As cláusulas contratuais gerais e o princípio da liberdade contratual*, Coimbra, 1999, INOCÊNCIO GALVÃO TELLES, *Das condições gerais dos contratos e da Diretiva europeia sobre as cláusulas abusivas*, in "O Direito", ano 127º, 1995, pp. 297,ss., e ANTÓNIO PINTO MONTEIRO, *O novo regime jurídico dos contratos de adesão/Cláusulas contratuais* gerais, in "Revista da Ordem dos Advogados" (ROA), ano 62, Lisboa, 2002; *Idem*, *Contratos de adesão: o regime jurídico das cláusulas contratuais gerais instituído pelo Decreto-Lei nº 446/85, de 25 de Outubro*, in ROA, ano 46, Lisboa, 1986, pp. 733,ss,
Entretanto, em 2001 houve novas alterações, introduzidas, desta vez, pelo Decreto-Lei nº 323/2001, de 17 de Dezembro, diploma esse que procedeu à conversão em euros de valores expressos em escudos em legislação da área da justiça,

O primeiro, é que as cláusulas penais, em contratos de adesão, quando abrangidas pelo Decreto-Lei nº 446/85, se forem desproporcionadas aos danos a ressarcir, não são meramente redutíveis, antes feridas de *nulidade*, por conjugação do disposto no art. 19º, al. c), com a doutrina do art. 12º.

Além deste desvio, outro há, não menos significativo, em relação ao controlo estabelecido para o comum dos contratos, no art. 812º do Código Civil: em contratos de adesão, prevalece um critério de índole mais *objectiva*, assente na desproporção da pena relativamente aos danos a ressarcir, sem que considerações de equidade sejam aqui (pelo menos num primeiro momento) de tomar em conta[16].

Note-se, finalmente, que o juízo sobre a desproporção da pena deve fazer-se *em abstracto* e, por isso, reportar-se ao momento em que a cláusula penal é estabelecida, devendo considerar-se, para esse efeito, a *desproporção entre a pena estipulada e os danos previsíveis.* Sendo a pena desproporcionada a esses danos, é *nula*; caso contrário, é *válida.*

Mas isso não significa que, sendo a cláusula penal válida, não possa a pena vir depois a ser *reduzida*, por aplicação do disposto no art. 812º, se ela vier a revelar-se "manifestamente excessiva", *em concreto*, em face do incumprimento, tendo em conta, para este efeito, não só os danos efectivamente causados como também os demais factores que atrás referimos, essenciais para a formação de um juízo de valor e no respeito pela equidade (que neste segundo momento já será de considerar)[17].

4. O LIMITE DO "VALOR DO PREJUÍZO RESULTANTE DO INCUMPRIMENTO DA OBRIGAÇÃO PRINCIPAL"

I. Resta, para concluir, chamar a atenção para um último ponto, o qual nem sempre tem merecido a devida atenção da jurisprudência por-

mas não tendo o legislador sido feliz: cfr., a este respeito, o nosso trabalho sobre *Cláusulas contratuais gerais: da desatenção do legislador de 2001 à indispensável interpretação correctiva da lei,* in RLJ, ano 140º, nº 3966, pp. 138, ss., bem como nos Estudos em Homenagem ao Prof. Doutor Heinrich Ewald Hörster, Almedina, Coimbra, 2012, pp. 141, ss.

16 Neste sentido, também Almeida Costa/Menezes Cordeiro, *op. cit.*, anot. nº 4 ao art. 19º, p. 47.

17 Em sentido próximo, veja-se Nuno Manuel Pinto Oliveira, *Cláusulas acessórias ao contrato: cláusulas de exclusão e de limitação do dever de indemnizar e cláusulas penais*, 3ª ed., Almedina, Coimbra, 2008, pp. 173,ss., bem como o nosso trabalho citado *supra*, na nota 5.

tuguesa, e que é este: afinal, para controlar penas de valor exagerado, às quais se aplique o controlo definido no Código Civil, recorre-se ao art. 812º ou ao nº 3 do art. 811º? Idêntica pergunta se coloca em face do Código Civil brasileiro: recorre-se ao art. 413 ou ao art. 412?

Reza assim o nº 3 do art. 811º:

> "O credor não pode em caso algum exigir uma indemnização que *exceda o valor do prejuízo resultante do incumprimento da obrigação principal*".

E o nº 1 do art. 812º dispõe, por sua vez, o seguinte:

> "A cláusula penal pode ser reduzida pelo tribunal, de acordo com a equidade, quando for *manifestamente excessiva*, ainda que por causa superveniente; é nula qualquer estipulação em contrário".

O Código Civil brasileiro, pelo seu lado, dispõe assim no art. 412:

> "O valor da cominação imposta na cláusula penal *não pode exceder o da obrigação principal*".

E o art. 413, por sua vez, reza assim:

> "A penalidade deve ser reduzida equitativamente pelo juiz se a obrigação principal tiver sido cumprida em parte, *ou se o montante da penalidade for manifestamente excessivo,* tendo-se em conta a natureza e a finalidade do negócio".

Pode assim acontecer que nos confrontemos com uma pena que não seja *"manifestamente excessiva"* – razão por que, ao abrigo do art. 812º, ou do art. 413 do CC brasileiro, *não será susceptível de ser reduzida*, mantendo o credor, por isso, o direito de exigir o seu pagamento *na íntegra* –, mas, em todo o caso, constitua uma indemnização *que excede "o valor do prejuízo resultante do incumprimento da obrigação principal"*, o que *contraria* o disposto no nº 3 do art. 811º, tal como o citado art. 412[18], ficando o credor *impedido* de exigir o seu pagamento.

---

18 Por ir além do "valor" da obrigação principal, o que não coincide, em rigor e como se sabe, com o (possível) valor do *"prejuízo* resultante do incumprimento da obrigação principal". O problema põe-se, em todo o caso, tanto perante o art. 812º como perante o art. 413 dos CC português e brasileiro, respectivamente.

Numa situação destas, *quid iuris?* Terá o credor *direito à pena*, em conformidade com a solução consagrada no nº 1 do art. 812º - ou *deixará o credor de ter esse direito*, por força do nº 3 do art. 811º?[19]

A pergunta formula-se em termos idênticos perante o Código Civil brasileiro: numa situação destas recorre-se ao art. 413 ou ao art. 412?

Perante uma situação destas, há que fazer *opções*: desde logo, ou se recorre a uma ou se recorre a outra das referidas normas; o que não pode é recorrer-se a ambas, *em simultâneo*, como se uma e outra conduzissem ao mesmo *resultado* e como se uma e outra comungassem dos mesmos *pressupostos*. O que não acontece, em qualquer dos casos!

Apesar disso, vai-se assistindo, em alguma jurisprudência portuguesa, a uma generalizada *confusão*, apelando-se, umas vezes, ao nº 3 do art. 811º, outras vezes, ao art. 812º, e, muitas vezes, tanto a uma como a outra destas normas, indiscriminadamente, em abono da decisão que se toma em face de penas de montante exagerado.

Em alguns arestos acaba por se decidir em conformidade com o disposto no nº 3 do art. 811º, *pese embora* as judiciosas considerações que se tecem a propósito do "*valor coercitivo*" da cláusula penal, do "*legítimo e salutar valor cominatório da cláusula penal*", que explicam a solução acolhida pelo nº 1 do art. 812º !

Mas não pode ser assim, com o devido respeito. Como de há muito venho defendendo, o nº 3 do art. 811º só se aplica quando estivermos perante uma *cláusula de fixação antecipada da indemnização com convenção sobre o dano excedente*, nos termos do nº 2 da mesma norma, e aí se convencione "uma indemnização que exceda o valor do prejuízo resultante do incumprimento da obrigação principal" (nº 3).

Em todos os outros casos em que seja estipulada uma cláusula penal sem convenção sobre o dano excedente é o art. 812º - *esta e apenas esta* - a norma adequada para reagir contra penas "manifestamente excessivas", seja qual for a espécie de cláusula penal acordada.

É indispensável que à (aparente) *falta de senso* do legislador de 1983 o intérprete faça apelo ao *postulado metodológico do legislador razoável* - que a lei expressamente acolhe: art. 9º, nº 3 - para conciliar o nº 3 do art. 811º com o art. 812º. É que, se não for assim, uma interpretação

19 Este nº 3 do art. 811º não constava da redacção inicial do Código, tendo sido introduzido só em 1983, pelo Decreto-Lei nº 262/83, de 16 de Junho, no contexto das *desastradas* alterações ao regime da cláusula penal, já iniciadas em 1980, pelo Decreto-Lei nº 200-C/80, de 24 de Junho: cfr., a propósito, o nosso texto sobre *A cláusula penal perante as alterações de 1980 e de 1983 ao Código Civil*, in RLJ ano 147º, nº 4006, 2017, p. 3, ss.

mais chegada à *letra da lei* concluirá que o nº 3 do art. 811º *impede que o credor exija e obtenha "uma indemnização que exceda o valor do prejuízo resultante do incumprimento da obrigação principal"*.

Mas se é assim, se fosse de acolher esta interpretação *irrestrita* do nº 3 do art. 811º, então seria de concluir:

1º – O art. 812º *deixa de fazer sentido* e teria sido, até, porventura, *revogado*;

2º – A cláusula penal teria sido *erradicada* da ordem jurídica portuguesa!

Em relação ao primeiro ponto, é fácil concluir que *deixaria de haver espaço* para a aplicação do art. 812º, *a não ser* para as espécies de cláusulas penais não abrangidas pelo nº 3 do art. 811º, cujo âmbito de aplicação circunscrevemos à *cláusula de fixação antecipada da indemnização.*

Quanto ao segundo ponto, é igualmente fácil concluir que se o credor não pode exigir uma indemnização que exceda o valor do prejuízo efectivo, é a própria concepção da cláusula penal como *indemnização invariável* – "à forfait" – que fica irremediavelmente comprometida. Basta que a pena *exceda* o valor do dano efectivo *em apenas 1 euro* para que o devedor possa reagir! A cláusula penal converte-se em mero *acordo sobre a inversão do ónus da prova*: em vez de ser o credor a provar o montante do dano, é o devedor quem terá de alegar e provar que o dano sofrido pelo credor é menor do que aquele que está a exigir a título de pena. Feita esta prova, o credor será indemnizado *em função do prejuízo efectivo.*

Mas se é assim, *"requiem" pela cláusula penal* – melhor, *requiem* pela cláusula penal *indemnizatória*. Apesar da sua longevidade, apesar do enorme interesse prático de que se reveste, apesar das funções que está apta a desempenhar, apesar de tudo isso, deixaria de ser possível às partes, na ordem jurídica portuguesa, convencionarem cláusulas penais indemnizatórias, estando limitadas a meros *acordos de inversão do ónus da prova sobre o prejuízo a reparar.*

Mas não pode aceitar-se tal conclusão. Como disse atrás, só se deve recorrer ao nº 3 do art. 811º quando se estiver perante uma cláusula penal *com convenção sobre o dano excedente.*

II. O que acabo de dizer vale também, *mutatis mutandis*, para o direito brasileiro, em face dos arts. 412 e 413. Interpretado à letra, *prevaleceria* sempre o art. 412 sobre o art. 413; e a cláusula penal ter-se-ia convertido, também no Brasil, em mero *acordo de inversão do ónus da prova*, nos termos acima assinalados!

O art. 412 tem o seu *precedente histórico* no art. 920 do Código Civil de 1916 – onde *não se previa*, contudo, note-se bem, a redução de penalidades "*manifestamente excessivas*". O problema não se punha, portanto.

Este art. 412 (anterior art. 920) é *herdeiro da doutrina dos canonistas da Idade Média sobre a cláusula penal,* elaborada durante o Século XIII, na sua luta contra a usura e contra os processos que tentavam iludi-la, doutrina esta também acolhida pelas nossas Ordenações (tanto pelas Ordenações Afonsinas e Manuelinas, como pelas Ordenações Filipinas). As soluções aí consagradas obedeciam ao princípio de que a pena deve equivaler ao valor da prestação a realizar, com este valor se identificando o dano pelo não cumprimento da mesma.

Mas já o Código Civil português de 1867 rompera com esta doutrina, tendo deixado de haver limites para o valor da pena (art. 674º, a importância da cláusula penal "fica dependente da convenção das partes"), a qual passou a só poder reduzir-se, nos termos do art. 675º, em caso de cumprimento parcial.

Acrescente-se, a este propósito, contudo, que houve um projecto inicial que consagrava a doutrina das Ordenações (art. 767º desse projecto: "a importância da condição ou da cláusula penal não poderá exceder a importância da obrigação principal"). Mas a Comissão Revisora optou por abraçar a solução já advogada pelo projecto de 1863, onde se dizia: "Votou-se que não houvesse taxa para a importância da pena, ficando inteiramente ao arbítrio das partes". Solução claramente inspirada pelo pensamento liberal da época, hoje moderada pelo art. 812º do Código Civil actual (como também pelo art. 413 do novo Código Civil brasileiro[20]).

Ora, com a inclusão, no Código Civil actual, de 2002, do art. 413, dever-se-ia ter *evitado* aquele art. 412 (anterior artigo 920), pela sua *incompatibilidade* perante o art. 413, este, sim, uma solução adequada, moderna e abrangente. Em face do exposto, e se nos é permitida a ousadia, dê-se por *não escrito* o art. 412, por força da chamada *interpretatio abrogans!*[21]

---

20 Sobre todo este ponto, desenvolvidamente, cfr. a nossa tese sobre *Cláusula penal e indemnização,* cit., pp. 370, ss., 406, ss., 414, ss., e nota 972.

21 Como disse atrás (*supra, nota 4),* o art. 421 do Código Civil brasileiro foi alterado recentemente, pela Lei Federal nº 13.874, de 20 de Setembro de 2019. Além de ter sido suprimida a referência "em razão", que constava do texto original, foi acrescentado um Parágrafo único, que não existia, com a seguinte redacção: "Nas relações contratuais privadas, prevalecerão o princípio da intervenção mínima e a excepcionalidade da revisão contratual". Estas alterações *reforçam* consideravelmente o princípio da *autonomia privada,* bem como, no tocante à cláusula penal, a *excepcionalidade* da redução judicial da pena, constituindo mais um argumento para a posição que defendo, *contrária* à doutrina do art. 412.

5. CONCLUSÃO

Finalmente, para concluir, neste contexto e com a preocupação de combater *cláusulas penais abusivas*, convém recordar sempre, *no entanto*, o velho ditado alemão: "cuidado, ao deitares fora a água da banheira não vá também o bébé"(!). Isto vem a propósito da crítica que nos merecem afirmações do género de que *não poderá o credor, pelo incumprimento, receber mais do que receberia pelo cumprimento da obrigação.*

Não posso concordar com tal afirmação, pese embora a "simpatia" que ela possa aparentemente despertar, na sua singeleza! E não posso concordar com esta afirmação porque ela *choca frontalmente* contra a *essência* da cláusula penal – e contra a própria *lei*: art. 812º, precisamente, e art. 413 do CC brasileiro.

É contrária, desde logo, à índole *invariável* da cláusula penal, pois desde sempre se admitiu, *urbi et orbi*, residir no carácter *forfaitaire* da cláusula penal a essência da mesma.

Mas é sobretudo a *função coercitiva* ou *compulsória* da cláusula penal que uma tal afirmação põe decisivamente em causa, pois sempre essa função pressuporá que a pena deva constituir um *incentivo* ao cumprimento do contrato, o que *deixará de suceder* se o devedor souber, à partida, que nunca lhe pode ser exigido mais do que o valor da indemnização pelos danos sofridos pelo credor!

Sim, digo eu, *o credor poderá vir a receber mais pelo incumprimento do que receberia pelo cumprimento do contrato.* Mas isso é *imputável* ao devedor: porque *acordou* uma cláusula penal e porque *culposamente* não cumpriu![22] São os princípios da *autodeterminação* e da *liberdade contratual* a funcionar! Claro que parto do princípio de que a cláusula penal foi *validamente estipulada* e o incumprimento do contrato é *imputável ao devedor.* Assim sendo, só em casos *excepcionais*, para evitar *abusos*, é que se permite a redução de penas, desde que "*manifestamente excessivas*": daí, justamente, os citados arts. 812º e 413, tal como outros preceitos idênticos, em várias ordens jurídicas, designadamente alemã, italiana e francesa.

Afinal, partilhando desta compreensão do problema, também o Supremo Tribunal de Justiça, ao referir que o montante da pena "deve

22 É que se o devedor provar que *não teve culpa* fica *afastado* o direito do credor à pena: cfr. ANTÓNIO PINTO MONTEIRO, *Cláusula penal e indemnização*, cit., pp. 683, ss (só não seria assim se se tratasse de uma cláusula de garantia). Por outro lado, evidentemente que a própria cláusula penal pode ser *inválida*, nos termos gerais, se tiver havido, por ex., erro, dolo, coacção moral ou qualquer outro vício da vontade (arts. 251º e ss.): cfr., de novo, a nossa dissertação, cit., pp. 718, ss.

ser, em regra, *de valor superior aos danos a ressarcir*, sob pena de frustrar a finalidade compulsória referida"[23].

É importante que estas palavras sejam ponderadas, é importante que se entendam as razões por que se recorre à estipulação de cláusulas penais, é importante que se atenda à própria lei, para que, afinal, se possa compreender que o credor poderá ter *mais a ganhar com o incumprimento do contrato do que com o cumprimento do mesmo*, sem que isso tenha algo de *abusivo*, de *ilícito* ou, sequer, de *estranho*!

23 Acórdão do STJ de 12 de Junho de 2007 (Relator: Conselheiro João Moreira Camilo), in "Colectânea de Jurisprudência – Acórdãos do STJ" (CJ-Acs. STJ), ano XV, tomo II, pp. 107, ss., p. 108 (itálico nosso); no mesmo sentido, afirmando que a cláusula penal pode constituir "poderoso meio de pressão" para o devedor cumprir "desde que o montante da pena seja fixado numa cifra elevada, relativamente ao dano efectivo", o Acórdão do STJ de 2 de Março de 2004 (Relator: Conselheiro Afonso Correia), in CJ-Acs.STJ, ano XII, tomo I, pp. 93, ss., p. 98.

BENS DIGITAIS: RESPONSABILIDADE CIVIL E ANÁLISE ECONÔMICA DO DIREITO

Bruno Torquato Zampier Lacerda

1. INTRODUÇÃO

O estudo dos bens digitais tem sido um dos temas mais prementes do novo Direito Privado, alçado ao paradigma tecnológico da sociedade em rede. Reconhecer esta nova categoria de bem jurídico é fundamental para que o direito possa emprestar toda sua carga normativa e axiológica à resolução de novos problemas, impensáveis até poucas décadas. Para tanto, faz-se adequado o dimensionamento teórico desta novel figura, analisando-se ainda possíveis paradigmas de responsabilização civil, temperados com pitadas de racionalidade oriundas da análise econômica da ciência jurídica.

Imersos no paradigma digital, os interesses buscados por cada indivíduo mudam de forma muito mais célere que outrora. E a revolução da tecnologia da informação mostra-se como sendo o principal fator a incentivar as constantes alterações de comportamentos. Há uma comunicação mediada por computadores, gerando uma gama de comunidades virtuais, às quais já se apresentam e, cada vez mais se apresentarão, problemas próprios.

Acaso o presente artigo estivesse sendo escrito há vinte anos, quem da área jurídica poderia imaginar a criação de criptomoedas, o desenvolvimento e usabilidade intensas de aplicativos de mobilidade urbana, a desconstrução do poder da mídia tal qual se conhecia, os potenciais riscos à privacidade gerados pelas ferramentas geridas por inteligência artificial, as responsabilidades dos denominados "digital influencers" ou mesmo os possíveis danos ocasionados pela utilização de drones autônomos? Logo, a tarefa do jurista do século XXI é trazer o Direito, como ciência social, ao cenário sempre mutante da revolução digital, implícito à *sociedade em rede*[1]. Se são descortinados novos direitos, surgirão também novas lesões.

Estamos, inexoravelmente, diante de fronteiras inéditas quanto à existência de uma nova categoria de bens, de exercício de liberdades e assunção de responsabilidades e, obviamente, de uma interdependência do direito junto a outras ciências, tais como a economia, a computação,

1 Expressão construída por Manuel Castells no livro A Sociedade em Rede. (Castells, 2019).

a segurança da informação e a gestão pública e privada. Esta visão interdisciplinar será essencial para que de forma mais adequada e proporcional, os novos conflitos sejam passíveis de prevenção e solução. Não há como se conceber um raciocínio jurídico descolado de repercussões no ambiente digital.

Todavia, antes de se adentrar nesta seara de um direito na era digital, cabe registrar a enorme honra que é estar em meio a notáveis juristas do Brasil e de Portugal, homenageando o venerável Professor Catedrático da Universidade de Coimbra, João Calvão da Silva, que de forma precoce partiu para outro plano. Ao longo de sua jornada, o Professor João Calvão da Silva educou e inspirou gerações de juristas, não apenas em seu país natal, mas também por toda a Europa e América. Com seu modo gentil, preciso e intelectualmente irretocável, cativou amizades e acima de tudo respeito, deixando um legado que sempre haverá de ser eternizado.

Assim, esta iniciativa da Academia Brasileira de Direito Civil, em parceria com a Universidade de Coimbra e o Grupo Notorium, de promover as devidas reverências a tão renomado mestre, através de um Congresso Intercontinental de Direito Civil e também por meio desta presente coletânea de artigos, é mais que necessária. Trata-se de mais um ponto de conexão entre os atuais estudantes e operadores do Direito com a vida e obra daqueles que nunca deverão ser esquecidos.

2. BENS DIGITAIS: DELIMITAÇÃO CONCEITUAL

Numa sociedade cada vez mais imersa no cenário da tecnologia é natural que surjam novos interesses para os quais o direito não poderá fechar os olhos e contribuir decisivamente com sua normatividade. Afinal, projeções materiais e imateriais da própria pessoa humana passam a ser incorporadas pelo mundo digital. O presencial confunde-se com o virtual, numa velocidade que a todos impressiona.

Ao longo da vida, bilhões de pessoas irão interagir, externar seus pensamentos e opiniões, compartilhar fotos e vídeos, adquirir bens corpóreos e incorpóreos, contratar serviços, acumular benefícios e patrimônio, dentre centenas de outras possíveis atividades, por meio da rede mundial de computadores, a internet. É possível calcular quantas opiniões já foram externadas ou recebidas por uma pessoa ao longo deste ano por meio das plataformas digitais, como as redes sociais, por exemplo? Quantos e-mails e mensagens serão trocadas num período de cinco anos? E como calcular todo este emaranhado de exercícios de direitos fundamentais ao longo de uma vida inteira?

Naturalmente, este passar dos anos fará com que sejam depositadas na rede inúmeras informações, manifestações da personalidade e arquivos com conteúdo econômico, todos esses ligados a um determinado sujeito. Cada internauta terá sua titularidade digital (ou mais de uma), tenha esta caráter econômico (patrimônio digital) ou não (existência ou personalidade digital), que necessitará ser protegida, seja porque em algum momento ele irá falecer, manifestar alguma causa de incapacidade ou mesmo sofrer violações a este legado armazenado em rede.

Para denominar esta verdadeira titularidade, dois tem sido os nomes mais usados, elaborados em especial nos Estados Unidos da América, uma vez que o tema no Brasil ainda é um neófito. Assim, é cada vez mais comum encontrar as expressões: *digital assets*[2] e *digital property*[3].

A opção mais acertada, no cenário brasileiro, conforme defendemos desde 2015, até para alinhamento à nomenclatura utilizada pelo Código Civil de 2002, é a de denominar tais ativos como bens. E, em sendo bens, como se apresentam em um ambiente diferente do convencionalmente tratado por nossa legislação, o melhor seria considera-los *bens digitais*[4], como fruto da verdadeira revolução tecnológica e digital operada em nossa sociedade nas últimas décadas. Assim, restaria claro que se está diante de legítimos bens jurídicos, com notória implicação na vida privada dos titulares e não-titulares destes ativos.

No ambiente tradicional, hoje denominado de presencial ou não-virtual, as pessoas são há bastante tempo dignas da titularidade de interesses legítimos, os quais se pode manejar conforme sua vontade, desde que sejam respeitados os limites impostos pelo ordenamento jurídico. Precisamente aí se encontra o substrato teórico mais aceito hodiernamente para a definição de direitos subjetivos (concepção mista ou eclética de Jellinek, citado por *Amaral*[5]).

No ambiente virtual, tal qual no não-virtual, há também que se falar em titularidades de direitos de caráter nitidamente econômicos, com viés patrimonial, bem como outros ligados inteiramente aos direitos da personalidade, de natureza existencial. Por tal razão, acredita-se que seja adequada a construção de duas categorias de bens: os bens digitais patrimoniais e os bens digitais existenciais. Ressalte-se ainda que alguns

2 Numa tradução nossa: *ativos digitais*.

3 Também numa tradução nossa: *propriedade digital*.

4 ZAMPIER LACERDA, Bruno Torquato. Bens Digitais. Indaiatuba: Editora Foco, 2017.

5 AMARAL, Francisco. Direito civil: introdução. 5. Ed. Rio de Janeiro: Editora Renovar, 2003.

destes bens poderão se apresentar com ambos os aspectos; patrimonial e existencial a um só tempo, numa natureza mista.

Há que se recordar ainda que os bens em geral poderão ter natureza corpórea ou incorpórea. Neste sentido, os bens digitais se aproximariam mais da segunda forma, bens incorpóreos, já que a *informação*[6] (aqui tratada como verdadeiro bem jurídico em sentido lato, conforme ensinamentos de Pietro Perlingieri) postada na rede, esteja ela armazenada localmente em um sítio ou inserida em pastas de armazenamento virtual, seria intangível fisicamente; abstrata em princípio.

Assim, tais ativos digitais poderiam se apresentar sob a forma de informações localizadas em um sítio de internet, tais como aquelas inseridas em um correio eletrônico, numa rede social, salvas num site de compras ou pagamentos, em blogs ou vlogs, numa plataforma de compartilhamento de fotos ou vídeos, em contas para aquisição de músicas, filmes e livros digitais, em contas para jogos online ou mesmo em contas para armazenamento de dados (denominadas popularmente como nuvens).

Paralelamente à noção de informação, estaria a definição de conteúdo. Este poderia ser conceituado como sendo uma expressão que englobaria todo e qualquer segmento de informação propriamente dito, ou seja, conteúdo para estes fins seria sempre uma informação digital, podendo então envolver um texto, uma imagem, um áudio ou vídeo, ou seja, qualquer dado, sendo estes posteriormente difundidos pela Internet. Os bens digitais devem ser vistos como gênero que incorporaria toda esta gama de informações e mais abrangentemente de conteúdos, postados ou compartilhados através do ambiente virtual.

Após esta apertada síntese, seria possível então arriscar um conceito, desta categoria que mais uma vez se insiste em denominar de bens digitais. Assim, bens digitais seriam aquela categoria de bens incorpóreos, os quais são progressivamente inseridos na Internet por um usuário, consistindo em informações de caráter pessoal que trazem alguma utilidade àquele, tenha ou não conteúdo econômico.

Vale registrar que ao contrário do que se passa nos Estados Unidos da América, não há, até o presente momento, qualquer regramento legal específico no Brasil em relação a estes bens. O Marco Civil da Internet

6 PERLINGIERI, 2008. É válida e necessária a utilização da percepção de Pietro Perlingieri, quando afirma ser a informação um bem jurídico, desde que se apresente útil a alguma necessidade humana, despertando assim o interesse do Direito e sua respectiva tutela. Os bens digitais são informações que em sua imensa maioria se apresentarão como úteis tendo, portanto, com relevância jurídica.

(Lei 12.965/2014) não traz nenhuma definição sequer similar ao que ora aqui se está a trabalhar, tampouco a LGPD (Lei Geral de Proteção de Dados, Lei 13.709/2018). Milita-se, aqui, em favor da construção no Brasil de um verdadeiro microssistema próprio de reconhecimento e tutela dos bens digitais, aos moldes do que vem sendo aprovado por dezenas de estados da federação norte-americana desde 2014, a partir de um projeto de lei unificado denominado de UFADAA (Uniform Fiduciary Access to Digital Assets Act). Através desta lei, há uma interessantíssima conciliação dos interesses dos titulares de bens digitais, seus familiares, terceiros e provedores de conteúdo. O mesmo caminho vem sendo seguido pela Comunidade Européia, em que se discute a formulação de sua lei geral sobre ativos digitais, com previsão de conclusão do projeto em 2021, conforme o ELI (European Law Institute).

Em resumo, os bens digitais seriam uma nova forma de apresentação do direito de propriedade, em especial quando dotados de conteúdo econômico e, também, uma maneira peculiar de projeção dos direitos da personalidade, no ambiente virtual. Por força das especificidades que esta categoria apresentaria, há uma insuficiência do ordenamento jurídico atual quanto à proteção destes ativos, razão pela qual pugna-se pela construção de um modelo legal específico, como forma, a um só tempo, de se evitar a proteção deficiente e amplificar o exercício da autonomia privada.

3. A RESPONSABILIDADE CIVIL NO CENÁRIO DOS BENS DIGITAIS

A responsabilidade civil nas fronteiras da sociedade em rede recebe cotidianamente desafios inéditos para os quais é conclamada a fornecer sua decisiva carga contributiva.

Com finalidade delimitativa, a temática dos bens digitais não está necessariamente vinculada ao desenvolvimento de ferramentas de inteligência artificial, embora haja indubitavelmente pontos de interseção. De todo modo, o objetivo do presente artigo é tratar de danos previsíveis, dentro da lógica já existente no âmbito do exercício da titularidade de bens digitais. Os denominados danos imprevisíveis, oriundos de possíveis atos praticados por robôs autônomos, guiados por sistemas de autoaprendizagem (*machine learning*), não estão compreendidos no escopo deste trabalho, embora se reconheça a urgência e importância também deste debate.

Dentre os elementos tradicionalmente apontados pela doutrina para a responsabilidade civil contemporânea, destacam-se a conduta, o nexo de causalidade e o dano. Ao exercer a titularidade de um bem digital, o sujeito poderá se autocolocar como autor de novos danos, ante a adoção de uma ou mais condutas reprováveis pelo Direito, mas também como vítima, uma vez que o ambiente virtual acaba por expor a pessoa a uma infinidade de possibilidades de lesões, em especial por meio da internet.

As ferramentas tradicionais da responsabilidade civil podem ser utilizadas com sucesso na reordenação de bens jurídicos, ameaçados ou efetivamente lesados, não sendo viável se cogitar de uma lacuna de responsabilidade, por ausência de regramento específico. Neste ponto, a existência de cláusulas gerais no ordenamento jurídico irá auxiliar e muito o magistrado a construir, conforme as vicissitudes do caso concreto, a melhor decisão que o problema estiver a exigir, como se verá a seguir.

Nesta perspectiva, o dano é, sem dúvidas, o elemento mais relevante da responsabilidade civil, uma vez que sem sua ocorrência não há pressuposto para qualquer dever jurídico consequente, tais como a indenização, a inibição de conduta, o direito de resposta, o dever de retratação ou qualquer outro. Sendo assim, é correto dizer que onde não há dano, não há que se falar em responsabilidade civil.

Aqui, o Direito Civil se distancia do Direito Penal, já que neste é possível haver responsabilização criminal pela mera conduta, independentemente de qualquer dano, como ocorre em delitos como a embriaguez ao volante, o porte ilegal de arma de fogo ou a invasão de domicílio, segundo a legislação brasileira. A responsabilidade civil requer uma alteração no mundo exterior, ou seja, um dano injustificado a bens titularizados por um sujeito, quer sejam estes danos de natureza patrimonial ou extrapatrimonial.

Na ausência de um conceito legal de dano, tem-se hoje no Brasil um conceito aberto, numa verdadeira *cláusula geral de reparação de danos*[7], como bem pontuam Farias, Rosenvald e Braga Netto. O legislador optou, de maneira proposital, por deixar a critério de cada magistrado, diante de um caso concreto, densificar o que seria considerado um dano apto a gerar efeitos jurídicos. Assim, caberá ao Poder Judiciário, ao ser provocado, verificar o prejuízo sofrido pela vítima, bem como os interesses jurídicos que foram lesados.

A adoção de uma cláusula geral traz consigo a quase certeza de que haverá discrepância de entendimentos, sobremaneira numa cultura jurídica como a brasileira em que a valorização e respeito aos precedentes

7 ROSENVALD, Nelson; FARIAS, Cristiano Chaves de; BRAGA NETTO, Felipe Peixoto. Curso de direito civil. 1. ed. Salvador: Jus Podium, 2014. v.3.

judiciais ainda está longe de alcançar seu patamar adequado, ante à deficiente incorporação de técnicas e tradições do regime do common law.

Todavia, tais incongruências no âmbito decisório não devem ser consideradas como argumentos suficientes à neutralização da utilização desta técnica legislativa. É mais conveniente, sem sombra de dúvidas, um sistema aberto a um sistema fechado, este último calcado na velha técnica da subsunção, fruto da escola da exegese. Assim, no campo dos danos, os arts. 186, 187 e 927 do Código Civil Brasileiro retratam a real existência deste tipo de cláusulas gerais, na perspectiva da responsabilidade civil.

Há que se registrar que, no campo dos bens digitais, ainda são incipientes as decisões que constatam a presença de danos, sejam estes aos bens em si, sejam àqueles decorrentes do exercício do direito subjetivo digital. Afinal, para que o Poder Judiciário possa reconhecer cada vez mais fatos que efetivamente atentam contra a titularidade destes ativos, é preciso que preliminarmente se tenha o entendimento de que se está diante de um novo tipo de interesse legítimo. Desta maneira, ao se reconhecer, haverá o consectário dever de não interferência de terceiros (*neminem laedere*) e, ao mesmo tempo, o necessário exercício do direito subjetivo dentro dos limites traçados pelo ordenamento (vedação ao abuso de direito).

Para demonstrar em caráter não exaustivo as possibilidades de lesões relacionadas à titularidade de bens digitais, serão utilizadas quatro categorias, facilitando-se o entendimento e dimensionamento de eventuais responsabilidades civis. Propõe-se a seguinte categorização: I) Lesões oriundas da conduta de outro particular; II) Lesões oriundas da conduta do próprio provedor; III) Lesões oriundas da conduta do Estado.

Quanto às lesões oriundas da conduta de outro particular, suponhamos uma hipótese extremamente comum nos dias atuais; o sequestro de dados ou sequestro digital, conduta que tecnicamente recebe o nome de *ransomware*, uma espécie do gênero *malware*[8]. Através desta prática, uma pessoa, após invadir o computador de outra, utiliza-se de criptografia para travar o acesso a todos os arquivos ali existentes. Isto envolve arquivos de texto, planilhas, vídeos, imagens, programas, entre outros. Para liberar o acesso, o violador exige da vítima o pagamento de uma espécie de resgate. E para dificultar o rastreamento desse resgate, os autores deste ilícito costumam exigir que o pagamento seja feito em

8 Malware é a junção das palavras em língua inglesa malicious e software, ou seja, programas maliciosos.

moedas digitais ou criptomoedas, como o *bitcoin*[9]. Portanto, se o titular de um bem digital vem a utilizá-lo a partir de uma máquina contaminada com um ransomware, indubitavelmente terá havido também a violação deste seu direito subjetivo pela prática de uma conduta dolosa que ocasiona danos.

Logo, para além das eventuais responsabilidades criminais envolvidas, em especial a prática do delito tipificado no *art. 154-A do Código Penal*[10], há também a configuração do ato ilícito descrito no *art. 186 do Código Civil*[11], trazendo como primeiro efeito a possibilidade da vítima exigir a reparação integral dos danos sofridos, sejam estes materiais ou morais, nos termos do *art. 927 do Código Civil Brasileiro*[12]. Aqui estaríamos diante de clara hipótese de responsabilidade civil extracontratual ou aquiliana, de natureza subjetiva.

Outros exemplos de violações de bens digitais procedidos por particulares poderiam ser a invasão de redes sociais[13], a utilização de milhas aéreas alheias sem autorização[14] e o próprio furto ou roubo de

---

9 Bitcoin é hoje a principal criptomoeda existente no mundo, descentralizada, permitindo transações ponto a ponto, ou seja, é um protocolo de comunicação que permite que todos os titulares deste ativo digital sejam ao mesmo tempo clientes e servidores deste sistema. Não há um governo ou uma empresa que venha a controlar a titularidade, transferência e uso destes bitcoins.

10 Art. 154-A. Invadir dispositivo informático alheio, conectado ou não à rede de computadores, mediante violação indevida de mecanismo de segurança e com o fim de obter, adulterar ou destruir dados ou informações sem autorização expressa ou tácita do titular do dispositivo ou instalar vulnerabilidades para obter vantagem ilícita: Pena - detenção, de 3 (três) meses a 1 (um) ano, e multa.

11 Art. 186. Aquele que, por ação ou omissão voluntária, negligência ou imprudência, violar direito e causar dano a outrem, ainda que exclusivamente moral, comete ato ilícito.

12 Art. 927. Aquele que, por ato ilícito (arts. 186 e 187), causar dano a outrem, fica obrigado a repará-lo.

13 Sejam invasões sofisticadas praticadas por grupos de hackers, como por exemplo, aquela ocorrida em 2018 no Facebook, que levou a empresa a resetar mais de 50 milhões de contas de usuários, sejam as invasões praticadas individualmente, como aquela feita por um detetive privado em busca de indícios de traições conjugais.

14 O Tribunal de Justiça do Rio Grande do Sul já teve a oportunidade de julgar, em mais de uma oportunidade, que as empresas que gerenciam os programas de milhas aéreas são responsáveis por eventuais violações indevidas a contas de titulares, em especial pela emissão não autorizada de bilhetes aéreos. Seria uma espécie de fortuito interno que obrigaria tais empresas a reporem os créditos em milhas nas contas lesadas, sem, contudo, haver condenação por danos morais, o que a nosso juízo se afigura como correto, uma vez que milhas aéreas deveriam ser en-

criptomoedas[15]. Todas estas condutas acarretam a produção de danos injustos aos titulares de bens digitais, razão pela qual é perfeitamente possível se cogitar não apenas nas indenizações, quanto em outras formas não pecuniárias de reparação de danos, conforme abalizada lição de Cícero Dantas Bisneto[16].

No que toca às lesões oriundas da conduta do provedor, faz-se necessário, *ab initio*, na esfera dos bens digitais, distinguir os tipos de provedores existentes. Conforme o Marco Civil da Internet Brasileira (Lei 12.965/2014) há que se diferenciar o *Provedor de Serviço de Acesso* e o *Provedor de Serviços Online*[17]. O primeiro tipo de provedor seria aquele que fornece o acesso ao serviço de internet, ou seja, que permite que o usuário tenha a conexão com a rede mundial de computadores. Após conectado, vem a relevância do segundo tipo de provedor, ou seja, o de serviços online (também denominados provedores de conteúdo ou de informação), figura esta que reúne desde o provedor que concede acesso a um serviço de email, a hospedagem de um site, a uma rede social ou mesmo um portal de notícias. Na linguagem adotada pela legislação brasileira, embora o citado Marco Civil não conceitue provedores especificamente, teríamos respectivamente os Provedores de Conexão à Internet (como equivalente ao que doutrinariamente se denomina de Provedores de Serviço de Acesso) e Provedores de Aplicação de Internet (assemelhados aos Provedores de Serviços Online), conforme se retira dos arts. 11 e 15 da mencionada legislação.

Dito isto, o foco da análise aqui pretendida, à toda evidência, deverá ser os Provedores de Serviços Online, por serem eles os que realizam a custódia imediata de bens digitais. Facebook, Google, Twitter, TikTok, dentre outras companhias, são provedores desta natureza. E são através dos serviços destas empresas que será exercida a titularidade de grande parte dos bens digitais, como um perfil do Instagram ou um Canal no YouTube.

quadradas como bens digitais patrimoniais. Ver Recurso Cível Nº 71005530068, Quarta Turma Recursal Cível, Turmas Recursais, Relator: Deborah Coleto Assumpção de Moraes, Julgado em 01/04/2016.

15 Notícias em sites especializados dão conta de que os furtos e roubos envolvendo criptomoedas chegou a 1,2 bilhão de dólares em 2019. Hackers estão se especializando neste tipo de violação, seja pela instalação de malwares como o *cryptoshuffler* ou falhas nos sistemas de corretoras especializadas neste tipo de transação.

16 BISNETO, Cícero Dantas. Formas não monetárias de reparação do dano moral: uma análise do dano extrapatrimonial à luz do princípio da reparação adequada. Florianópolis: Editora Tirant Lo Blanch, 2019.

17 Esta distinção é feita por Ronaldo Lemos, na obra Direito, Tecnologia e Cultura.

Nesta linha de intelecção seria possível que lesões a bens digitais partissem da conduta dos próprios provedores. A título ilustrativo, em 2018, a conta do Instagram do influenciador digital Hugo Gloss, com mais de onze milhões de seguidores, foi bloqueada pelo provedor de serviços online Facebook (proprietário do Instagram), sem qualquer notificação prévia. Apenas posteriormente a rede social esclareceu à celebridade digital que haviam sido feitas denúncias por uso indevido de imagens alheias, ou seja, que a suspensão teria sido fruto de violação a direitos autorais. Ora, não seria mais obediente aos princípios que norteiam os contratos, em especial a boa-fé objetiva e a função social do contrato, se manter contato prévio com o titular do bem digital e informar sobre tais denúncias, dando assim inclusive oportunidade de contraditório e ampla defesa.

No caso em tela, o Instagram bloqueou a conta para depois esclarecer o ocorrido e, por seis dias, a conta permaneceu suspensa. E este tem sido o procedimento desta rede social em situações semelhantes, seja junto a pessoas naturais ou jurídicas. Por vezes, o bloqueio ocorre sem que ao menos se informe ao titular por qual canal deve ser feito o contato para reativação ou esclarecimento da situação, violando-se o dever anexo de informação e transparência.

Ao proceder desta forma, o provedor de serviços online abusa de seu direito de controle, podendo então se configurar a conduta descrita no art. 187 do Código Civil Brasileiro. É perfeitamente possível imaginar os prejuízos que o influenciador digital acaba enfrentando em casos como o narrado: rompimento de contratos de patrocínios, desconfiança do mercado e de seus seguidores, perda de chance de novas contratações, lucros cessantes pela ausência de publicações já acertadas durante os dias de suspensão. Imagine a dimensão destes danos quando se suspende indevidamente a conta de uma grande empresa que realiza negócios digitais.

Desta maneira, esta lesão oriunda da conduta do próprio provedor ao bem digital ensejaria indenizações por danos materiais, danos morais, perda de chance, bem como a utilização de tutelas específicas, como a tutela de inibição do ilícito (evitando a reiteração deste tipo de conduta pelo provedor), dever de retratação (determinando assim que o provedor esclareça ao público em geral as razões da suspensão da conta), entre outras.

Outro ponto interessante deste tipo de conflito residira em se questionar se, em caso de litígio judicial com o provedor, poderia o Instagram direcionar seus algoritmos propositalmente para boicotar a conta da celebridade ou empresa prejudicada. Obviamente que não. Se assim agisse, haveria mais uma conduta em abuso do direito, violando-

-se também aquilo que hoje se convencionou denominar de *transparência algorítmica*[18].

A boa-fé objetiva, enquanto princípio regente das relações privadas, teria um fértil terreno para aplicação, pois os deveres oriundos de sua função integrativa também se fariam presentes, como a colaboração, o cuidado, a informação direta e adequada, nos termos do art. 422 do Código Civil Brasileiro. Cumprir adequadamente o contrato, evitando a sua violação positiva ou adimplemento ruim, significaria abrir e manter um canal permanente de contato entre os provedores e usuários, evitando-se que medidas como as narradas acima fossem adotadas, em completo arrepio das expectativas dos personagens envolvidos. Por tudo isto, seria possível também se cogitar numa eventual responsabilização civil por violação aos deveres impostos pelo príncipio da boa-fé objetiva, no âmbito de uma responsabilidade contratual.

Tal cenário proibiria a alteração unilateral dos contratos digitais de adesão, comumente utilizados por estes provedores? Definitivamente não. Inclusive é comum que as políticas de uso dos serviços retratadas nestes contratos sejam constantemente atualizadas. O que se espera, à toda evidência, é que seja dada a devida publicidade a estas modificações, evitando-se assim que o titular do ativo digital seja surpreendido com suspensão dos serviços, como acima narrado. Aqui há clara função preventiva da responsabilidade civil.

Por fim, é possível se imaginar que as lesões a bens digitais provenham também da conduta indevida do Estado e de seus agentes. ao refletir sobre o papel do Estado no âmbito dos bens digitais, é possível enxergar condutas comissivas ou omissivas que poderiam conduzir a possíveis responsabilizações. A primeira e mais evidente hipótese seria a daquele Estado que, a fim de monitorar os seus nacionais ou mesmo cidadãos estrangeiros, deliberadamente invade bens digitais, como e-mails ou perfis de redes sociais.

Os tradicionais órgãos de inteligência estatais estão hoje num patamar equivalente do ponto de vista informacional, quando comparados

---

18 Esta expressão tem ganhado corpo nos últimos anos, tendo-se em vista o grande volume de dados que são captados pelos provedores de conteúdo. Seria conveniente saber como os dados são coletados e para qual finalidade eles são utilizados. E tudo isto passaria também pela percepção de que algoritmos podem ser direcionados, por exemplo, para que a imagem de determinado político aparecesse mais no feed de sua rede social, ou como no caso citado, essa mesma rede viesse a boicotar as publicações de alguém que discorda de seus termos de uso ou publicamente a critica. A ausência de transparência algorítmica é um problema trazido pela sociedade em rede e que deve cada vez mais ser enfrentado pelos operadores do direito.

aos grandes provedores de conteúdo, como Google e Facebook. Tal realidade é bem retratada por *Byung-Chul Han*[19], ao afirmar que empresas como as citadas trabalham como serviços secretos de si mesmas, criando ferramentas sofisticadas de exposição da vida dos cidadãos, a fim de que seja coletado o maior número possível de informações a respeito de cada titular de um bem digital. Assim, conseguem capital, como por exemplo verbas de patrocínio, em troca da cessão destas informações capturadas dos titulares dos bens custodiados.

O tratamento indevido de informações obtidas através da análise de bens digitais mediante acordo entre Estado e provedores de conteúdo, ou mesmo diante da violação não consentida pelos titulares, poderia ensejar um profícuo ambiente para a aplicação da responsabilidade civil objetiva do Estado, conforme previsto no art. 37, §6º da CRFB/88, afora as sanções previstas na Lei 13.709/2018 (Lei Geral de Proteção de Dados). A fim de se aclarar tal situação com um exemplo, suponha-se que um órgão de Polícia Judiciária ou o Ministério Público tenha celebrado tal acordo para acesso de dados para fins investigativos, porém utilize os dados e informações obtidas para fins estranhos à persecução penal.

Por outro lado, é possível se questionar a respeito de uma responsabilização estatal pela ausência ou precariedade de mecanismos jurídicos para a adequada tutela dos bens digitais. Ao contrário do que vem se passando no Estados Unidos, onde como dito, desde o início da década passada há profundo debate sobre uma legislação que tutele adequadamente os bens digitais, o Brasil tem projetos de lei absolutamente irrisórios para a complexa regulação desta nova categoria de direitos.

Assim, o mais adequado seria que o Brasil caminhasse para o regramento próprio e específico dos bens digitais, na linha do que fora feito nos Estados Unidos, sob a coordenação da ULC (Uniform Law Comission). Redigiu-se um modelo de projeto que, cada estado da federação estadunidense, poderá optar por aprovar no âmbito de sua autonomia legislativa. E a maioria esmagadora vem aprovando leis referendando tal projeto, denominado de UFADAA (Uniform Fiduciary Access to Digital Assets Act). Um regulamento exemplar que vem sendo debatido também no âmbito da ELI (European Law Institute), para que seja elaborada um diretiva aplicável a toda comunidade europeia.

E diante de uma proteção insuficiente, como apresentado no caso brasileiro, é possível que se projete a utilização do postulado da pro-

19 HAN, Byung-Chul. No enxame: perspectivas do digital. Trad. Lucas Machado. Petrópolis: Editora Vozes, 2018.

porcionalidade. Sendo a titularidade de bens digitais uma forma de se materializar e exercitar diversos direitos fundamentais, tais como a liberdade de expressão, a imagem, a reputação, a identidade, a privacidade, o nome, apresenta-se como importante recordar que estes, para além de trazer proibições de intervenção, carregam também deveres de proteção, como bem ressaltado pelo Ministro Gilmar Mendes, ao apreciar a ADI 3510 no Supremo Tribunal Federal, seguindo as lições de *Canaris*[20].

Nesta situação de ausência de uma legislação específica e eficaz na tutela dos bens digitais, o princípio da proporcionalidade deveria assumir sua vertente de proibição de proteção deficiente (Untermassverbot). Como há um imperativo de tutela aos direitos fundamentais, esta omissão estatal acaba por não otimizar a proteção desses direitos, razão pela qual há um dever estatal de empregar o quanto antes medidas de caráter material e normativo, para que esta tutela seja, a um só tempo, adequada e suficiente, como se manifestou o Tribunal Constitucional alemão, ao julgar um caso relativo ao aborto (BverfGE 99, 203, 1993). Portanto, é tarefa sim do legislador brasileiro determinar, de forma detalhada, o tipo e extensão da proteção, observando-se a proibição de insuficiência.

Todavia, não seria possível cogitar numa responsabilidade civil do Estado por ausência desta proteção legislativa, uma vez que conforme já decidido pelo Supremo Tribunal Federal, *"o reconhecimento judicial de omissão legislativa em cumprir seu mister institucional em contrariedade a dispositivo constitucional não implica em reconhecer, de pleno direito, que durante o período de vigência do comando sem a edição da espécie legislativa houve violação ao patrimônio jurídico dos destinatários da norma, sob pena de restar caracterizada atípica hipótese de responsabilidade civil do Estado por ausência de ato legislativo."* [21]

O sistema constitucional vigente, recorde-se, possui seus próprios sistemas de controle para atuar diante de omissões legislativas, com instrumentos como o mandado de injunção e a ação direta de inconstitucionalidade por omissão. Seria por demais, neste momento, defender a existência de um dano social, ante a ausência de criação de um sistema de tutela aos bens digitais.

---

20 CANARIS, Claus-Wilhelm. Direitos Fundamentais e Direito Privado. Trad. Ingo Wolfgang Sarlet e Paulo Mota Pinto. 2. reimp. Lisboa: Almedina, 2009.

21 SEGUNDOS EMB .DECL. NO A G .REG. NA AÇÃO CÍVEL ORIGINÁRIA 792, STF. Disponível em http://redir.stf.jus.br/paginadorpub/paginador.jsp?docTP=TP&docID=13588416

4. A ANÁLISE ECONÔMICA DO DIREITO COMO CRITÉRIO HERMENÊUTICO

Objetivamente, o direito pode ser tido como a ciência que procura regulamentar o comportamento humano. Por sua vez, a economia seria aquela ciência que procura entender o processo de tomada de decisão do ser humano e seu comportamento numa sociedade de recursos escassos. A fim de se expandir a compreensão do fenômeno jurídico, surge a Análise Econômica do Direito, como método que irá coletar ferramentas teóricas e empíricas das ciências econômicas, auxiliando inclusive a tão propalada ideia de consequencialismo que por inúmeras vezes é esquecida pelos aplicadores do direito.

Nas lições de *Ivo Gico Jr.*[22], os juristas não possuem qualquer instrumental analítico robusto para descrever a realidade social sobre a qual exercem seus juízos de valor ou mesmo para poder ter um mínimo de previsão sobre as prováveis consequências de decisões judiciais. Do ponto de vista da epistemologia jurídica, a Análise Econômica do Direito quer buscar uma metodologia adequada para a compreensão dos fenômenos sociais, alcançando-se assim um maior nível de racionalidade das decisões judiciais.

Superar a intuição e o senso comum, testar hipóteses acerca do impacto de determinada norma sobre o comportamento humano (estrutura de incentivos) e proporcionar que o direito seja cada vez mais poroso às influências de outras ciências, como a estatística, a economia, a neurociência, parece ser mesmo um caminho importante no âmbito de uma sociedade multifatorial, tecnológica e em rede.

Logo, a convocação da Análise Econômica do Direito em sede de responsabilidade civil e bens digitais, tem a deliberada intenção de se sugestionar uma metodologia mais predisposta à lógica de mercado, pois sem sombra de dúvidas muitas das violações produzidas a ativos virtuais tem como deliberada intenção a profusão de lucros, independentemente do quão danoso este tipo de comportamento possa se apresentar em concreto aos titulares. Alerte-se, todavia, que não se está a defender que esta análise econômica será a solução mais propícia à solução de todo e qualquer dilema jurídico. Apenas que esta metodologia pode emprestar recursos à solução de questões ligadas à temática do presente trabalho, em caráter não exaustivo.

Do ponto de vista da responsabilidade civil, a análise econômica traz ainda mais elementos de objetivação da análise da conduta, do nexo

22 GICO JR, Ivo. Introdução ao direito e economia. In: TIMM, Luciano Benetti (coord.) *Direito e economia no Brasil*. 3ª ed. Indaiatuba: Editora Foco, 2019.

e do resultado. Sob o viés normativo, será possível perceber se uma norma é adequada se ela fornece incentivos adequados para que o agente, como por exemplo um provedor de conteúdo de internet, adota níveis ótimos de precaução no exercício de sua atividade. Isto reforçaria o tão propalado princípio da prevenção, propugnando-se por uma responsabilidade de viés antecipatório ao ilícito.

Logo, na seara dos bens digitais e possíveis responsabilizações por suas violações, a análise econômica do direito poderia auxiliar traçando parâmetros objetivos para se aferir o nível de precaução apropriado a se evitar danos indevidos aos titulares desses ativos, bem como de checagem do cumprimento das próprias regras internas de cada plataforma virtual.

A título de exemplo, numa demanda de responsabilidade civil por violação indevida a um bem digital, um juiz poderia questionar ao provedor envolvido sobre quais foram os valores investidos pela companhia no último ano em segurança da informação, a fim de se diminuírem os riscos de violação por terceiros e qual percentual isto representaria no orçamento global da empresa. Ou ainda, quanto foi investido em comunicação pela própria empresa para ampliação da educação digital de seus usuários, quanto ao bom uso da plataforma. E por fim, quais as atualizações foram procedidas na sua própria política de uso e o quanto isto resultou num ambiente digital mais amigável e seguro, a partir de uma análise de dados compilados.

Mas, cabe um alerta. Na visão acurada de Antônio José Maristrello Porto[23], estes níveis de precaução não podem ser de tal monta que inviabilizem a própria atividade da empresa em questão. Da mesma forma que a omissão na adoção de medidas razoáveis de precaução podem levar a resultados absolutamente indesejáveis, o excesso de investimento pode ocasionar perdas sociais, como cortes de postos de trabalho e inviabilização do próprio modelo de negócios da companhia.

Por esta razão, alguns modelos foram criados com a intenção de se analisar as regras jurídicas de responsabilidade civil, às quais poderiam ser aplicadas ao tema dos bens digitais.

O mais utilizado foi aquele idealizado pelo juiz norte-americano Learned Hand, no caso United States vs. Carroll Towing Co., e por isto ficou conhecido como Fórmula de Hand. Essa fórmula busca calcular quando o agente causador do dano terá agido com culpa (parâmetro de

23 PORTO, Antônio José Maristello. Análise econômica da responsabilidade civil. Luciano Benetti (coord.) *Direito e economia no Brasil*. 3ª ed. Indaiatuba: Editora Foco, 2019.

análise de condutas culposas), sob a perspectiva de uma análise econômica. Assim, o agente terá agido com culpa quando os custos marginais de precaução com os quais deixou de arcar, forem inferiores à redução marginal do dano esperado. Em apertada síntese, as medidas de precaução serão eficientes quando tiverem custo inferior aos benefícios que são capazes de produzir.

Trazendo tal fórmula à temática em exposição, suponhamos que um provedor poderia ter investido dez milhões de dólares americanos em segurança da informação, na tentativa de assim evitar que terceiros viessem a invadir com facilidade um bem digital pertencente a um titular. A não adoção deste investimento acaba por permitir que milhares de contas sejam invadidas num único final de semana, levando inclusive à queda abrupta das ações da companhia na bolsa de valores, bem como à exposição indevida de inúmeras conversas, fotografias e dados pessoais dos titulares dos ativos digitais. Como a probabilidade de ocorrência de lesões assim se acumulam numa sociedade em rede, chega-se à conclusão de que o provedor omisso agiu culposamente e consequentemente poderá vir a ser responsabilizado, quer seja pelos danos individuais a cada titular, quanto pelos possíveis danos coletivos (em *class actions* promovidas pelos órgãos legitimados).

Indo para além do senso comum e buscando-se decisões cada vez mais racionais, estabelecer níveis de precaução adequados na temática dos bens digitais é decisivo para que cada agente envolvido possa pautar seus comportamentos por critérios que sejam os mais claros possíveis, oferecendo os incentivos corretos. A aplicação da fórmula de Hand propiciaria aos juízes a produção de sentenças com nítido caráter desestimulador de ilícitos, fomentando a adoção de condutas adequadas por parte de provedores, Estado e terceiros.

Os provedores que viabilizam a titularidade de bens digitais não podem direcionar seus algoritmos apenas e tão somente como forma de amplificar seus lucros, descuidando-se da necessária proteção à pessoa humana e sua especial dignidade, como determina a Constituição da República Federativa do Brasil de 1988. Assim, a mediação feita pela análise econômica pode ser um método interessante para fins de se solver os possíveis conflitos que se instalam em meio a uma sociedade hiperconectada.

Por décadas o direito vem criando instrumentos que buscam evitar o combate aos monopólios e oligopólios em diversos segmentos de mercado. Foram construídas leis de concorrência que visam se precaver contra este deletério tipo de concentração. Quando se põe em mira os detentores do poder na internet, o fato é que um limitado número de empresas possui as informações a nosso respeito (sejam eles dados sensíveis ou não, na linha do RGPD ou LGPD), bem como controlam o próprio exercício da titularidade dos bens digitais. É preciso perceber que o Direito, de forma isolada, não tem oferecido ferramentas adequadas para mediar os conflitos surgidos no âmbito de uma sociedade em rede.

A lógica por vezes existente de que é mais vantajoso deixar que a lesão ocorra, não deveria estar presente no contexto dos bens digitais. O mundo digital merece especial atenção, face a seu caráter universal, transnacional e horizontalizado. Não deve haver espaço para a criação de uma anarquia digital. A ciência jurídica, atenta às questões econômicas que estão naturalmente por detrás de certos comportamentos, deve fazer prevalecer sua autoridade como instrumento de controle e de coerção social.

5. CONCLUSÃO

No cenário da sociedade em rede é vital que uma nova categoria de bens seja reconhecida; os bens digitais. Tendo conteúdo econômico ou sendo uma projeção virtual de direitos da personalidade, estes bens necessitam de um microssistema próprio, uma vez que grande parte da população mundial pode ser considerada titular destes ativos.

Como bem jurídico, os bens digitais podem ser objeto de indevidas violações provenientes dos próprios provedores que viabilizam sua existência, de terceiros ou mesmo do Estado. Logo, a responsabilidade civil deve ser a um só tempo um instrumento de prevenção contra tais ilícitos, bem como uma hábil expressão da normatividade jurídica a impor sanções, reparatórias ou não, àqueles que injustamente violam a titularidade alheia.

Por fim, a análise econômica do direito se apresenta como uma metodologia interessante para mediar conflitos no cenário de ativos digitais, pois permitiria aos juízes superarem os paradigmas comuns em tema novo e sensível como o direito virtualizado, trazendo-se mais racionalidade econômica aos julgamentos que envolvam questões de violações no ambiente desses bens. É urgente que a proteção aos bens digitais se dê em consonância com o respeito aos direitos e garantias fundamentais.

A economia não deve ser vista como uma adversária ao direito. É uma importante aliada que abre os olhos do jurista para uma lógica de mercado e auxilia, como último fim, a proteção da pessoa humana. O movimento estatal regulatório da internet é o momento atual da Internet no mundo. Isto é um dever, uma responsabilidade de todo e qualquer Estado. O que se deseja é uma internet que tenha responsabilidade no sentido social e multifuncional.

A PESSOA EM RELAÇÃO E O DIREITO (A FELICIDADE SOMOS NÓS)[1]

Diogo Leite de Campos

1. INTRODUÇÃO: A PESSOA EM RELAÇÃO

Num colóquio em homenagem ao grande jurista que é o Professor Doutor João Calvão da Silva, só posso falar sobre a pessoa em relação que é a base estruturante do discurso jurídico. Socorrendo-me, na análise da pessoa, de outras ciências sociais e também, e sobretudo, da psicologia, da biologia, das neurociências.

2. O "ANIMAL" "SOCIAL"

Pessoa?... assenta no animal social de Aristóteles.

Comecemos pois por aprofundar os dois termos: animal e social. Iniciando o percurso pelo social. Por muito difícil que seja distinguir as duas caraterísticas basilares da pessoa.

O Direito, ciência social, visa descobrir a solução justa nas relações sociais, humanas, próprias do ser humano em relação.

Vamos afastar desde já as conceções positivistas não inclusivas. Estas vêm, acentuadamente desde o século XVII inglês, esvaziando a dignidade da pessoa, promovendo o absolutismo do poder (real, imperial, coletivo, etc.). Afirmando que Direito é a norma, o ditame do poder; que o ser humano vive na inimizade ou na paz imposta pela força; que as relações são fundadas no poder ou na utilidade. Pelo que dizer o Direito seria ler a norma.

Doutrinas que se estratificaram no século XIX no campo do contrato: este seria a lei entre as partes; e necessariamente justo - tal como qualquer lei - pois o que foi querido é justo, é a paz possível entre os homens, depois da oposição inicial de interesses.

Vamos esquecer estas perspetivas que reduzem o Direito à norma lida e passarmos à verdade da pessoa (em relação).

Quando se afirma que o ser humano é um animal social, está a pretender-se, por vezes , que este é um elemento da natureza, sujeito a esta e às suas leis.

1 Em homenagem ao Professor Doutor João Calvão da Silva.

Tratava-se das conceções gregas e romanas, retomadas, nos seus princípios, por múltiplas doutrinas desde o século XVI.

A socialidade do ser humano é vista simplesmente como o mero viver com os outros da mesma espécie, do que deriva facilmente a uniformização e a massificação.

Contudo, o ser social não é só viver com os outros. A vida "com" dos seres humanos é radicalmente diversa da vida "com" de uma zebra ou de um gnu. É uma relação que reenvia a valores. Viver "com" é viver "para" e "por".

A pluralidade reenvia ao amor: empatia e simpatia. A história do ser humano e das suas sociedades é a história do sucesso do altruísmo. Sem ele dificilmente teria sido ultrapassado o "homo erectus".[2]

Quando o eu está face a face com o tu, há aqui um processo de reconhecimento que transforma ambos.

Por um lado, só o eu-tu tem significado, até se transformar no Nós. A sociedade humana é conjugada em nós, como relação entre o eu e o tu transformada em múltiplas relações.

Conhecer (o outro) tem a mesma etimologia de engendrar e de nascer [3]. Ambos, o que conhece e o que é conhecido se tornam o outro que passa a fazer parte do eu mesmo. O conhecimento do outro como outro eu, eu mesmo, é um conhecimento com o coração, com os sentimentos, únicos capazes de dar a imediação do conhecimento.

E é esse conhecimento por ser como é, que transforma ambas as pessoas. O encontro do outro eu não pode deixar de transformar o eu.

O eu tem duas faces, englobando o outro eu.

Só conhece quem atua pelo sentimento. É com base neste que se gera a empatia seguida de simpatia, de cuidado, esperando-se reciprocidade.

Sou responsável pelos outros, sobretudo por aqueles que sinto mais vulneráveis. O mito do estado de natureza contém a competição, o desafio, o poder, a utilidade. Este pessimismo abre a porta ao poder absoluto, poder de um soberano que está fora e acima do contrato de submissão celebrado pelos súbditos e entregue com base no medo.

Contra tudo o que é mais radical do ser humano, contra o que são os seus sentimentos naturais mais profundos.

---

2 Vd. por todos, William von Hippel, O salto social, A nova ciência evolutiva sobre quem somos, de onde vimos e o que nos faz felizes, Vogais, Lisboa, trad. do inglês, 2020.

3 Aline Lizotte, La personne humaine, Les Presses Universitaires de l'IPC,2ª ed., s.d. p. 57

O eu-tu (não o eu solitário) recusa a alteridade dos contrários. É para o outro, os outros. Sabendo que vive pelos outros.

Tenhamos alguma atenção à noção de animal, tendo acabado de ver que a socialidade apela ao amor.

Só vendo o ser humano em eu-tu se apercebe que ele é em relação, esta feita de liberdade e de amor. A pessoa interage com o outro, acolhendo-o, reconhecendo-o ao sair de si mesma, modificando a vida de ambos. O tu é inato

O ser-em e o ser-para coincidem ontologicamente. O ser que reconheço impõem-se-me ao chamar-me da sua miséria e da sua nudez sem que eu possa ser surdo ao seu chamamento. Ele suscita a minha liberdade que é necessariamente com os outros e para os outros, apelando à minha bondade/amor.

O dar é melhor do que receber. Assim, ao usar a liberdade de dar, identifico outro comigo, integro a sua história na minha história. Relação de reciprocidade. Eu atuo em ti e tua atuas em mim. A minha empatia contigo leva-me a que procure a tua felicidade como tu entendes.

Muitos tu não promovem só a multiplicidade do tu; promovem o sentimento de comunidade do Nós.

Somos capazes de conhecer o bem depois de o procurar. E sermos felizes (só) em conjunto: a felicidade somos Nós[4].

Dissemos à pouco que estes sentimentos são naturais da pessoa.

Aqui, estamos a entrar noutro domínio, na certeza de que conhecer é transpor. E vamos transpor das ciências do ser físico.

Centremo-nos na pessoa como alfa e ômega do Direito. Este tem de começar na relação intersubjetiva e terminar nela. Comecemos por fazer o elogio do sentimento - sem prejuízo da razão.

Desde há muito que as outras ciências sociais têm sido chamadas ao campo do Direito, em homenagem à socialidade da pessoa.

E a compreensão da animalidade desta tem, nos últimos decénios, feito apelo à biologia, à psicologia, às neuro ciências.

As ciências humanas estiveram desde o século XVII, pelo menos, sob forte pressão de algumas das ciências ditas exatas. O Direito pretendia-se uma física social subordinada às regras da matemática; a sociedade vista como física social, matematizada e sujeita a leis (conceção de que ainda sofrem hoje algumas correntes politicas e da história e da sociologia, por exemplo). Estava a procurar-se no local incorreto a compreensão da socialidade que arrastava um ser humano degradado.

---

4 Vd. Diogo Leite de Campos, A felicidade somos Nós, cit. infra.

Desde há decénios que as outras ciências sociais têm sido chamadas ao campo do Direito, em homenagem à animalidade da pessoa. Animalidade que exige o apelo a valores da pessoa em sociedade.

3. O ANIMAL (SOCIAL)

Mas centremo-nos no apelo às ciências do animal/pessoa.

Nas palavras de Manuel Damásio, "As emoções e os sentimentos podem assumir diversas formas e feitios e apenas um pequeno grupo funciona negativamente. A maioria das emoções e dos sentimentos é essencial para dar energia ao processo intelectual criador.[5]"

"A poderosa socialidade que foi um sustentáculo essencial do intelectual do homo sapiens e tão indispensável na emergência das culturas terá porventura tido origem na maquinaria das, motivações e emoções. Onde evoluiu a partir de processos neurais mais simples em criaturas também mais simples.".[6]

"A socialidade entra mais tarde na mente cultural humana levada pela mão do afeto"[7]. "Uma parte substancial da gloria e da tragédia humanas dependem dos afectos mesmo tendo em conta a sua modesta genealogia não humana".[8]

"Os méritos das invenções culturais acabam por ser classificados como eficazes ou não por um intermedio de uma interface de sentimentos."[9]

"Outros exemplos de reação emotiva e de resposta cultural incluem, pelo lado positivo, o desejo de aliviar o sofrimento alheio e sentir prazer em descobrir em como consegui-lo; alegria que resulta de encontrar maneira de melhorar a vida dos outros, da oferta de bens materiais às invenções que resultem em felicidade." [10]

Na ausência de sentimentos, a possibilidade humana desaparece pois nos seres humanos é a parte relativa ao sentimento que gera as nossas vulnerabilidade, aquelas que são essenciais para que se vivam um sentimento e alegria pessoais, e para que disponhamos de simpa-

---

5 Manuel Damásio, A estranha ordem das coisas,. A vida, os sentimentos e as culturas humanas, Circulo de Leitores, Lisboa, 2017,

6 Aut. e ob. cits., p.163.

7 Aut. e ob. cits., p.164, nota 10.

8 Id. ibid., p.165.

9 Id. ibid., p.236.

10 Id. ibid. p. 239.

tia e de alegria dos outros. Na ausência de sentimentos desaparecem os alicerces daquilo que constitui a moralidade e a justiça, que fornece os ingredientes da dignidade humana".[11]

Visto isto, damos por ultrapassado o jurista como mecânico do Direito. E regressemos à pessoa como alfa e ómega do Direito.

A pessoa digna, de boa fé, é uma realidade. Não é a pessoa ideal mas a que é, sem se menosprezar e degradar por isso, a que faz um reconhecimento autoconstitutivo do outro que desperta cuidado através da empatia. Estamos a falar do apelo de sempre que é o de não fazer aos outros o que não queremos que nos façam a nós e, de preferência, fazer aos outros o que gostaríamos que nos fizessem a nós.

A pessoa digna é amor - cuidado - igualdade - em prejuízo do poder e da utilidade.

O Direito é uma ciência humana, da pessoa em relação.

Criar é transpor. Vamos criar Direito assente na pessoa ser animal, através da transposição e compreensão do conteúdo de noções oriundas de outros ramos das ciências, como, por exemplo, boa fé, equilíbrio das prestações, preço justo, preço de mercado, comunhão de vida, fidelidade, uso social da propriedade, democracia, etc.

Adam Smith, aparentemente tão preocupado com o utilitarismo, o interesse pessoal, enquadra a pessoa egoísta no seu estudo "Teoria dos sentimentos morais com as seguintes palavras: por muito egoísta que o homem possa ser considerado, a sua natureza leva-o a interessar-se pelos outros sendo necessária à sua felicidade, pelo menos certeza da felicidade dos outros.

Distingamos duas faces neste percurso: a empatia e a simpatia.[12] A primeira recolhe informações sobre outra pessoa e sentimentos. A que se segue a simpatia, a vontade de praticar ações benéficas para o outro. Processo paralelo com o reconhecimento e o cuidado (amor).

Começa-se por entrar na pele do outro e partilhar os seus males e as suas alegrias, tentando satisfazer as suas necessidades, através do filtro da racionalidade.

A pessoa enquanto tal, natural, está dotada da seguinte norma de comportamento: se sentes o sofrimento do outro, vai até ele e estabelece contacto. A nossa espécie tem uma capacidade especial de se colocar no lugar do outro, tentando melhorar a vida do outro, seu igual, seu eu.

---

11 Id. ibid., p.283

12 Vd. em geral e por todos, Frans de Waal, L'âge de l'empathie, Leçons de la nature pour una société solidaire, trad, francesa, Babel, Paris, 2010.

O nosso dia a dia é feito de auxílios aos outros, uns modestos e outros grandiosos. O abrir a porta para deixar outro passar; o oferecer comida a quem está diante do restaurante ou da pastelaria; o dedicar a sua vida a uma pessoa ou a um grupo de pessoas mais necessitadas; o arriscar a sua vida tratando de doenças contagiosas. "As imagens neurológicas demonstram que o nosso cérebro é ativado do mesmo modo do que aquele com o qual nos identificamos. É um mecanismo antigo. É automático. Inicia-se cedo na vida...".[13]

As nossas comunidades têm vivido com base na empatia e no cuidado, e menos no interesse egoísta. Caso contrário estaríamos desde o começo em estado de guerra, sem progresso e sem que nós existíssemos hoje[14].

Vamos um pouco mais longe. Os membros mais bem sucedidos de qualquer comunidade são altruístas, têm forte empatia e simpatia. São eles que transmitem os seus genes e vão conformando a sociedade. Também os grupos mais altruístas costumam estar à frente dos outros na evolução social. O espelhamento conduz à imitação do altruísmo e ao progresso social.[15]

Durante o longo renascimento do Direito privado entre os séculos XII e XVII o ator principal foi a pessoa ética em relação. Capaz de valores, digna de confiança, com empatia e simpatia naturais. O Direito provinha dos valores da pessoa em relação, em comunidade. Foi por esta via que se atribuiu força vinculativa às declarações de vontade; se combateu o desequilíbrio contratual; se proibiu o abuso de conhecimento de uma das partes; etc.[16] E mais tarde se caminhou na expressão da boa fé.

Vamos afastar a pessoa átomo, isolado, defensivo e agressivo, que se transforma em mero objeto do Direito escrito e praticado positivamente. Vejamos antes a pessoa real, em relação de empatia e simpatia. E tenhamos presente a impar capacidade do amor para produzir imensas alterações pessoais e sociais. E tem de ser levado em conta na criação e na aplicação do Direito.

Animal social.. Animal (humano): ser capaz de amor; social: amor permitido e exigido pela relação com os outros.

A animalidade e a socialidade reenviam ao amor.

---

13 Frans de Waal, ob. cit.,

14 Vd. William von Hippel, ob.cit.

15 Aut. ob. ult cits.

16 Diogo Leite de Campos, A Felicidade somos Nós, Fundação Lusíada, Lisboa, 2019 e Lumen Juris, Rio de Janeiro, 2019.

RESPONSABILIDADE CIVIL DO PRODUTOR (UM BALANÇO EM TORNO DO DECRETO LEI Nº 383/89, DE 6 DE NOVEMBRO-30 ANOS APÓS A SUA ENTRADA EM VIGOR)

Filipe Miguel de Albuquerque Matos

1. INTRODUÇÃO

Na sequência da Directiva 85/374[1], o Decreto Lei nº 383/89, de 6 de Novembro, transpôs para o ordenamento jurídico positivo portu-

1 A Directiva 85/374/CEE é um diploma comunitário tendente a aproximar as disposições legislativas, regulamentares e administrativas dos Estados Membros no âmbito da responsabilidade civil por produtos defeituosos. Tendo como principal objectivo permitir uma maior e mais intensa protecção do consumidor e uma mais reforçada unidade do mercado comunitário, esta directiva não se limitou ao estabelecimento de um regime de harmonização mínima, estatuindo antes um "sistema de responsabilidade quase fechado", cfr, SILVA, J. CALVÃO, *Responsabilidade Civil do Produtor*, Coimbra, 1990, p. 455. Em lugar de permitir aos Estados-Membros uma ampla margem de liberdade na transposição das exigências comunitárias, definiram-se antes nesta directiva um conjunto de opções nucleares de regime que tinham de ser seguidas pelos legisladores nacionais, resultando ainda da mesma a definição do processo através da qual há-de ocorrer a transposição para os direitos internos das respectivas experiências normativas comunitárias. O sistema consagrado na directiva 85/374 CEE apenas não se qualifica de fechado, uma vez que permite aos Estados-Membros a opção por algumas soluções alternativas, a saber: a inclusão no âmbito objectivo dos direitos nacionais de responsabilidade civil do Produtor, das matérias-primas agrícolas e produtos de caça (art.º 15º, nº1, al.) a)), a admissibilidade ou exclusão da responsabilidade do produtor com base nos riscos de desenvolvimento (art.º 15º, nº1, al.) b)), bem como o problema da fixação de um plafond ou limite máximo de responsabilidade do produtor no caso de danos pessoais (art.º 16º, nº1), cfr, a este propósito, SILVA, J. CALVÃO DA, *Responsabilidade Civil...*, ob. cit., p. 455 (nota 2). Importa a este propósito sublinhar que se a Directiva 85/374 CEE tivesse acolhido um regime aberto ou mais aberto, não teria permitido uma tão eficaz aproximação das legislações nacionais em matéria de responsabilidade civil do produtor por produtos defeituosos. O entendimento de acordo com o qual a directiva em análise não se coaduna com a consagração de um regime mínimo de harmonização parece encontrar respaldo no art.º 13º deste diploma comunitário, o qual, apesar de salvaguardar os direitos nacionais existentes à data da respectiva notificação, não faculta, no entanto, aos Estados-Membros a possibilidade de introduzirem novas regras especiais em matéria de responsabilidade do produtor. Neste sentido, cfr, SILVA, J. CALVÃO, *Responsabilidade Civil...*, ob. cit, p. 455 (nota 3), MONTELMANS, *Harmonisation minimale et Droit de la consommation,* in "Rev. Europ. Dr. Consommation", 1988, p. 3 e ss. Porém, o entendimento doutrinal nesta matéria não criou um ambiente de unanimidade, havendo quem tenha defendido, com base nesse mesmo art.º 13º da Directiva nº 85/374 CEE, que este diploma comunitário estatuiu apenas requisitos mínimos para as

guês o regime da responsabilidade objectiva[2] do produtor por produtos defeituosos.

Ora, é precisamente sobre a disciplina estatuída neste diploma legal que se integra no vasto universo dedicado à protecção dos consumidores, que se irá debruçar a nossa análise, análise esta orientada pelo propósito de saber como evoluiu o regime consagrado no Decreto Lei nº 383/89 ao longo destes trinta anos da sua vigência.

Torna-se, na verdade, importante acentuar esta profunda influência exercida pelo movimento consumerista que emergiu no espaço norte americano da década de sessenta do século passado.[3] Em Portugal o in-

soluções legislativas nacionais em matéria de responsabilidade civil do Produtor, cfr, neste sentido, KRÄMER, *Ecc Consumer Law*, 1986, nº 84, p. 47. Importa, por fim, explicitar que este propósito de alcançar uma maior uniformização dos regimes dos direitos nacionais dos estados-Membros em matéria de responsabilidade civil do Produtor encontra no expediente da interpretação conforme o direito comunitário, mormente através do recurso ao mecanismo do recurso prejudicial, um aliado inestimável, (cfr, a este propósito, SILVA, J. CALVÃO, *Responsabilidade Civil...*, ob.cit., p. 453 e ss).

2 Como expressamente decorre do art.º 1º deste Decreto Lei, o produtor responde, independentemente de culpa pelos danos causados por defeitos dos produtos que põe em circulação (art.º 1º). Como a este propósito sugestivamente sublinha Calvão da Silva: "é o desfraldar da bandeira empunhada pela jurisprudência e pelos cultores desta complexa e dinâmica área do direito na longa marcha de "assalto à cidadela da culpa", cuja "queda" formal representa o epílogo e coroamento de muitos anos de paciente e aturado labor, cfr, SILVA, J. CALVÃO, *Responsabilidade Civil...*, ob. cit., p. 487. Uma tal posição, que se nos afigura incontestável tem, no entanto, merecido contestação de uma certa doutrina que sustenta, com base no regime consagrado no art.º 5º, nº1, al.) e) do Decreto Lei nº 383/89, a existência de um regime de responsabilidade subjectiva, posição essa sobre a qual teremos oportunidade de nos pronunciar mais adiante.

3 Como a este propósito justamente sublinha Jorge Morais Carvalho "A problemática da protecção dos consumidores, entendida como tal, tem como marco histórico o famoso discurso do presidente norte-americano John Kennedy, proferido no Congresso a 15 de Março de 1962. Nesta intervenção Kennedy salientou que "consumidores, por definição, somos todos nós", acrescentando que, apesar de não se encontrarem organizados e de não serem ouvidos, constituem o maior grupo económico a actuar no mercado, sendo influenciados por (e influenciando) todas as decisões tomadas a este nível", cfr, CARVALHO, JORGE MORAIS, *Manual de Direito do Consumo*, Coimbra, 4ª ed., 2017, p. 17. Ainda acerca da relevância deste discurso de Kennedy, no universo da protecção dos consumidores, vide, MAURÍCIO, NUNO COSTA, *A Responsabilidade do Produtor pelos Danos causados por Produtos Defeituosos-Regime legal e Implemento na Prática Forense-*, in Revista Portuguesa de Direito do Consumo, nº 25 (Março de 2001), pg.13. Este discurso de Kennedy proferido no dealbar da dita sociedade de consumo encontra-se hoje simultanea-

teresse pelas matérias do direito do consumo surge sobretudo na déca-

mente actualizado e desfasado da dinâmica das civilizações modernas. Com efeito, continua hoje com plena actualidade a afirmação, segundo a qual "consumidores, por definição, somos todos nós", uma vez que o fenómeno do consumismo se intensificou, de modo indelével, de então até aos dias de hoje. Porém, não podemos deixar de referir que, do ponto de vista institucional, já não corresponde inteiramente à realidade actual sustentar que os consumidores não se encontram organizados. Na verdade, um dos traços mais significativos da evolução registada a nível do fenómeno consumerista foi precisamente a defesa dos interesses dos consumidores através do fenómeno associativo. O surgimento destas pessoas colectivas representou um marco importantíssimo para a garantia dos interesses, não apenas individuais, como também dos interesses difusos perante a actuação abusiva dos produtores, que no âmbito de uma sociedade capitalista cada vez mais globalizada se traduzem em verdadeiros gigantes económicos. Como a este propósito justamente sublinha Calvão da Silva a propósito do fenómeno associativo surgido em torno do consumo: "Despertando da sua letargia e aproveitando a liberdade de associação, agora amplamente reconhecida, o consumidor resolve pôr termo à inércia e desorganização que o isolavam e o tornavam mais débil perante o produtor, dotado de organização e informação poderosa", cfr, SILVA, J. CALVÃO, *Responsabilidade Civil...*, ob. cit., p. 38. Importa ainda sublinhar neste universo dos organismos de defesa dos consumidores, que tanto nos deparamos com entes cuja criação resulta da livre iniciativa dos particulares, quanto daqueloutros surgidos por intervenção do estado. Cfr, a este propósito, MAURÍCIO, NUNO COSTA, *A Responsabilidade do Produtor...*, ob. cit., p. 14. Relativamente aos primeiros – as organizações de consumidores resultantes da livre iniciativa dos particulares, destacamos sobretudo as já atrás mencionadas cooperativas e associações de consumidores, enquanto no universo dos organismos públicos revelam-se muito frequentes os órgãos de natureza consultiva surgidos no âmbito da Administração Pública. Porém, a cada vez maior sensibilização das sociedades ocidentais para a matéria do consumo e da defesa dos interesses dos consumidores tem determinado o surgimento de departamentos governamentais centralizados destinados a evitar a diversidade decorrente da proliferação de vários organismos criados quer no âmbito da administração autárquica, quer em torno da administração indirecta. Podemos afirmar, sem margem para dúvidas, que cada vez mais os movimentos de cariz espontâneo surgidos neste cenário institucional emergente em torno do direito do consumo cedem terreno perante o fenómeno da criação de pessoas colectivas, de natureza privada ou pública, devidamente estruturadas em termos organizacionais e funcionalizadas à realização de programas e políticas na área do consumo, estratégias essas de actuação destinadas prioritariamente à satisfação dos interesses dos consumidores, sem ignorar, porém a defesa de interesses colectivos fundamentais dominantes nas sociedades de consumo. Como a este propósito justamente sublinham Mota Pinto e Calvão da Silva, responsabilidade do Produtor e protecção do Consumidor são dois aspectos do mesmo fenómeno, verso e reverso da mesma medalha, cfr, PINTO, CARLOS MOTA e SILVA, J. CALVÃO, *"Responsabilidade Civil do Produtor", in Mota Pinto, Direito Civil (lições ano lectivo 1979-198, ao curso complementar da Faculdade de Direito da Universidade de Coimbra)*, Coimbra, 1980, pgs. 122 e ss.

da de oitenta do século passado, na senda das tendências e projecções dogmáticas e institucionais que o movimento consumerista assumiu nos países da Europa Ocidental.

2. O REGIME JURÍDICO DA RESPONSABILIDADE CIVIL DO PRODUTOR DEFINIDO NO DECRETO LEI Nº 383/89, DE 6 DE NOVEMBRO

No breve itinerário traçado acerca da evolução registada acerca do direito do consumo ou do direito do consumidor,[4] importa destacar, a propósito do ordenamento jurídico português, que o regime estatuído pelo Decreto Lei nº 383/89, de 6 de Novembro, representou um importante marco no âmbito deste movimento consumerista caracterizado, em termos muito genéricos, nas páginas introdutórias.

Debruçamo-nos então sobre o regime jurídico-político dedicado à responsabilidade civil do Produtor no ordenamento Português, tentaremos dar uma ideia acerca do modo como o legislador luso regulou os principais problemas suscitados neste contexto, de modo a conseguir atingir uma tutela adequada e equilibrada entre os interesses dos consumidores e as reivindicações da sociedade de consumo em geral.

Como já tivemos ocasião de sublinhar, e agora se repete, o Decreto Lei nº 383/89, de 6 de Novembro consagrou *expressis verbis* uma situação de responsabilidade objectiva,[5] representando esta situação típica

4 Não nos iremos debruçar com particular enfase sobre esta querela doutrinal em torno do modo como deve ser encarado o estudo das matérias ligadas à hodierna sociedade de consumo; ou seja, se devemos proceder ao estudo das mesmas a partir de uma óptica subjectivista, onde se afirma mais correcto designar esta área temática por direito do consumidor, ou se será antes mais idóneo centrarmos a análise na relação jurídica de consumo, no âmbito da qual tem todo sentido falar de um Direito do Consumo. Sempre se dirá, no entanto, que enfileiram nas trincheiras do designado direito do consumidor autores como, MONTEIRO, ANTÓNIO PINTO, *"Sobre o Direito do Consumidor em Portugal e o Anteprojecto do Código do Consumidor"*, in E.D.C., Vol.III, 2006, pg.38, Ascensão, J. Oliveira, *"Direito Civil e Direito do Consumidor"*, in Themis, Revista da Faculdade de Direito da Universidade Nova de Lisboa- Ed. Especial- Código Civil Português (Evolução e Perspectivas actuais), 2008, pgs. 163-182, RAÚL, J. PATRÍCIO, *"Concorrência desleal-Direito do Consumidor"*, R.O.A, ano 65, 2005, pgs. 89-108. Em sentido diverso, considerando preferível a designação de Direito do Consumo, cfr, ALMEIDA, C. FERREIRA DE, *Direito do Consumo,* Coimbra, 2005, p. 51, CARVALHO, J. MORAIS, *Manual de Direito do Consumo,* 5ª ed., Coimbra, 2018, pgs. 35-36., CORDEIRO, A. MENEZES, *"Da Natureza Civil do Direito do Consumo"*, in o Direito, ano 136, 2004, p. 605 e ss, MICKLITZ, HANS, *w.§13-münchkomm B.G.B (2001) an.4.*

5 Em causa encontra-se, como resulta com toda a clareza do texto do art.º 1º deste diploma normativo, uma hipótese da responsabilidade objectiva, sendo que

mais uma hipótese (art.º 483, nº2) destinada a intensificar a posição

---

não configura uma situação típica de responsabilidade pelo risco. A este propósito, cumpre esclarecer que não é correcto identificar aprioristicamente as categorias da responsabilidade objectiva e da responsabilidade pelo risco. Em rigor, o universo da responsabilidade objectiva ocupa um espaço mais amplo que o da responsabilidade pelo risco, uma vez que o risco representa apenas um dos fundamentos para se impor ao agente a obrigação de indemnizar independentemente de culpa. Ora, no contexto da responsabilidade civil do Produtor é objectivamente responsável, quer quem coloque em circulação produtos perigosos (artefactos pirotécnicos, navalhas e outros instrumentos corto- perfurantes...), quer quem lance numa cadeia económica de distribuição produtos, que do ponto de vista do risco que lhes anda associado, absolutamente inócuos (chupetas, fraldas...). Porém, como o fundamento nuclear para a responsabilização do produtor é a falta de segurança (segurança em que legitimamente se possa esperar dos produtos-art.º 4º do Decreto Lei nº383/89), então tanto podemos responsabilizar o produtor de foguetes, quanto o produtor de chupetas, conquanto tais produtos não ofereçam os patamares mínimos de segurança exigidos pelos standards técnicos vigentes no momento da entrada em circulação dos produtos. Desta feita, mesmo não sendo a chupeta um produto que envolva particulares riscos na sua utilização, o produtor das chupetas será objectivamente responsável se a utilização das mesmas pelos bebés lhe provocar alergias na pele. Bem vistas as coisas, o regime jurídico da responsabilidade civil do Produtor encontra-se profundamente empenhado em garantir uma tutela adequada dos consumidores, revelando-se essas exigências consumeristas em fundamentos específicos e autónomos da disciplina consagrada no Decreto Lei nº 383/89. Basta tomar em consideração o modo distinto como em matéria de ressarcimento de danos em coisas surgem tratados as coisas destinadas a uso profissional e as coisas destinadas a uso ou ao consumo privado, para chegarmos à conclusão óbvia que a tutela reservada às últimas se manifesta bem mais intensa que aqueloutra dispensada às primeiras. Em sentido diverso, qualificando a responsabilidade civil do Produtor como uma responsabilidade pelo risco, Nuno Costa Maurício considera que "a consagração desta responsabilidade do produtor constitui essencialmente uma solução que representa um corolário da teoria do risco, segundo a qual quem cria ou mantém um risco em proveito próprio, deve suportar as consequências prejudiciais do seu emprego, já que lhes colhe principal benefício (é o velho brocado, conforme à justiça e solidariedade social, *ubi commoda, ibi incommoda*)...", apesar deste autor colocar também em evidência a relevância da protecção do consumidor na definição do regime do Decreto lei nº 383/89, de 6 de Novembro, cfr, MAURÍCIO, NUNO COSTA, *"A Responsabilidade do Produtor pelos Danos causados..."*, ob. cit., pg.11 e ss. Diferente no âmbito da Responsabilidade do Produtor, se revela, no entanto, a perspectiva, adoptada por quem proceda a uma abordagem penalística ou criminal da Responsabilidade por produtos Defeituosos. Não é possível ignorar que o tratamento penal desta matéria tem necessariamente de obedecer aos princípios da última *ratio* e da mínima intervenção. Razão pela qual, não admira que os autores que se debruçam sobre a temática em análise centrem as suas atenções na responsabilidade por produtos perigosos. Como a este propósito sustenta Aires de Sousa: "Com efeito, o problema principal da investigação relaciona-se com a determinação da Responsabilidade criminal pelo produto nos casos em que do uso do produto resultam danos para

jurídica do lesado, pois como claramente sabemos, a possibilidade concedida a quem sofre danos de dirigir a sua pretensão indemnizatória ao lesante sem ter de provar a respectiva culpa representa uma garantia adicional para conseguir a reposição da sua esfera jurídica na situação em que se encontraria caso não tivesse sido praticado o facto lesivo.

Uma tal conclusão acerca da natureza da responsabilidade civil do produtor que se nos afigura inequívoca ou apodítica, não tem, no entanto, obtido o acolhimento inânime na doutrina nacional.

Existe, na verdade, quem sustente que o legislador através da causa de exclusão prevista no art. 5º al.) e) do Decreto Lei nº 383/89 deixou entrar pela janela aquilo que afastou do átrio da porta do regime instituído por este diploma legal. Com efeito, a solução de compromisso[6]

---

bens jurídicos de relevância criminal como a vida e a saúde. Assim compreende-se que dos aspectos jurídico enumerados aqueles que podem ter maior relevância no estudo da questão criminal sejam os regimes legais relativos à responsabilidade por produtos defeituosos e perigosos.", cfr, SOUSA, SUSANA AIRES, *A Responsabilidade Criminal pelo Produto e o Topos causal em Direito Penal. Contributo para uma protecção penal de interesses do Consumidor.*", Coimbra, 2014, p. 102. Idênticas considerações àquelas por nós expedidas a propósito natureza da responsabilidade objectiva do produtor (art.º 500º do código civil), devem considerar-se extensíveis à responsabilidade objectiva do comitente, uma vez que ao invés de quanto sustenta a doutrina tradicional, o fundamento para a responsabilização do agente não se encontra na categoria do *risque autorité,* mas sim numa ideia de garantia de solvabilidade. Na verdade, a imposição ao agente de uma obrigação de indemnizar independentemente da existência de culpa da sua parte tem fundamentalmente em vista permitir reforçar a posição jurídica do lesado, permitindo-lhe obter com maior facilidade e mais eficazmente o ressarcimento dos prejuízos por si sofridos. De resto, se o fundamento para a responsabilidade objectiva do comitente fosse o risco, não se compreenderia a razão de ser pela qual ao comitente é atribuído o direito de regresso previsto no nº3 do art.º 500º do código civil. Todas as considerações expostas até ao momento não impedem, porém, o reconhecimento da existência de algumas hipóteses em que se regista uma identidade entre a responsabilidade objectiva e a responsabilidade pelo risco, tal como sucede com as responsabilidades previstas nos art.os 502º e 503º do código civil. Na verdade, como *expressis verbis* decorre do primeiro preceito quem utilizar animais no seu próprio interesse apenas responde pelos danos resultantes do perigo especial que envolve a sua utilização, e no âmbito da segunda das normas atrás mencionadas o detentor do veículo apenas responde pelos danos derivados do perigo especial que envolve a sua utilização.

---

6 Na verdade, esta solução de compromisso foi fomentada pelo art.º 15º da Directiva 85/374/CEE, que permitiu a alguns Estados manterem esta causa de exclusão da responsabilidade, enquanto outros vieram a considerar desnecessária esta causa de exoneração por representar "uma restrição injustificada da protecção dos consumidores", cfr, LEITÃO, LUÍS MENEZES, *Direito das Obrigações I...*, ob. cit., p. 393.

acolhida no preceito atrás mencionado suscita o problema de indagar "... se a admissibilidade do estado da arte ou estado da ciência e da técnica como prova liberatória não acaba por ser a via da reintrodução ou a persistência de culpa[7] no edifício jurídico da responsabilidade do produtor ora erguido, e em cujo pórtico se encontra cinzelado a divisa: responsabilidade objectiva".[8]

Ao estipular-se a bitola do estado da ciência e da técnica como limiar de exclusão da responsabilidade civil do produtor acaba por se remeter para o cumprimento por parte deste de deveres de cuidado ou de comportamento específicos. Desta feita, uma vez ocorrida a inobservância pelo produtor dos mais especializados e avançados conhecimentos da ciência e da técnica poderá então equacionar-se uma questão de culpa.

Importa então debruçarmo-nos atentamente sobre o critério da definição do que seja o estado da ciência e de técnica e a esse propósito, cumpre explicitar que "o critério da lei é objectivo...", requerendo-se assim uma "impossibilidade absoluta e objectiva de descobrir a existência do defeito por falta ou insuficiência de meios técnicos e científicos idóneos, e não a impossibilidade subjectiva do produtor em causa.[9]

Desta feita, o produtor para ver afastada a sua responsabilidade nos termos do art. 5º, al.) e) do Decreto Lei nº 383/89, de 6 de Novembro terá de provar que de acordo com os conhecimentos mais desenvolvidos e actualizados do respectivo sector de actividade, o defeito não era cognoscível no momento em que colocou o produto numa cadeira económica de distribuição. Importa, porém, apurar em que nível se deve fixar o estado de desenvolvimento e actualização dos conhecimentos científicos, ou seja, em que termos deve ser definido o estado da arte.

Ora, a este propósito não basta que o produtor demonstre ter conhecimento dos Standards dominantes ou maioritários do respectivo sector de actividade, exigindo-se ainda o conhecimento de posições, artigos ou concepções minoritárias que se encontrem a emergir em tais

---

7 Cf., a este propósito, LEITÃO, LUÍS MENEZES, *Direito das Obrigações, Vol. I, 14ª edição*, Coimbra, 2017, p. 393: "Especialmente criticável parece-nos ser o da alínea e) que, ao excluir os danos resultantes dos riscos de desenvolvimento, aproxima bastante esta responsabilidade de uma responsabilidade por culpa".

8 Cf., SILVA, J. CALVÃO, *Responsabilidade Civil...*, ob. cit., p. 505. A favor desta orientação explicitada por Calvão da Silva neste trecho da sua obra, cfr, na doutrina nacional, FERREIRA, BRUNO BOM, *(Responsabilidade Civil do Produtor: notas às Jurisprudência do Supremo Tribunal de Justiça (artigo em publicação nos Cadernos de Direito Privado).*

9 Cf., SILVA, J. CALVÃO, *Responsabilidade Civil...*, ob. cit., p. 510.

universos,[10] uma vez que a aquisição de conhecimento técnico-científicos corresponde a um processo dinâmico e as inovações, por regra, começam por se traduzir em posições minoritárias.

Fundamental, porém, para que tais conhecimentos sejam atendíveis no âmbito do estado de arte para cada sector de actividade é o seu *reconhecimento,* verificação e a susceptibilidade de serem utilizados.[11]

Bem vistas as coisas, no âmbito da delimitação do estado da ciência e da técnica fundamental é a impossibilidade geral do estado de arte para identificar a existência do defeito, e não a impossibilidade subjectiva do produtor.

Tendo em conta estas considerações, então a problemática da exclusão da responsabilidade do produtor com fundamento no art.º 5º, al.) e) não deve ser ponderada a nível do pressuposto da culpa. Para além de tais ponderações, importa ter em conta que o critério abstracto da culpa (art.º 487º, nº2 do Código Civil) cujo ponto de referência é o modelo do Bom Pai de Família, não permite captar a multiplicidade de situações em que o produtor não consegue afastar a responsabilidade por não fazer a prova positiva de impossibilidade de detectar a existência do defeito, atento o estado da arte.

Mesmo sufragando o critério da culpa como deficiência da conduta, critério esse particularmente exigente, por pretender ir de encontro às exigências do princípio da confiança na actuação dos outros,[12] esta bitola de apreciação da culpa não se revela tão rigorosa como o modelo de produtor que se encontra pressuposto no regime previsto no art.º 5º, al.) e) do Decreto Lei nº 383/89, de 6 de Novembro.

Apesar do critério da culpa como deficiência da conduta impor ao agente a correcção das suas imperícias, inaptidões ou inabilidades para que este não seja considerado responsável, certo é que o estalão de diligência associado a um tal critério é o imposto a um homem médio (ao comummente designado Bom Pai de Família).

---

10 Como a este propósito sugestivamente sublinha Calvão da Silva "...se a questão não é a de um contar de cabeças, não basta, porém, um ou outro artigo especulativo, publicado em um qualquer jornal ou em revista porventura de pouca circulação, para ser incluído e considerado no estado de ciência e de técnica; há que ver da sua experimentação e da sua acessibilidade aos cientistas e técnicos e que apreciar a força da nova corrente", cfr, SILVA, J. CALVÃO, *Responsabilidade Civil...*, ob. cit., p. 512.

11 Cf., a este propósito, SILVA., J. CALVÃO, *Responsabilidade Civil...*, ob. cit., p. 512.

12 Cf., neste sentido, VARELA, J. ANTUNES, *Das Obrigações em Geral, I, 10ª ed.*, Coimbra, 2005, p. 580.

Ora, o mesmo não sucede com o padrão[13] do produtor subjacente ao regime previsto no art.º 5º, al.) e) do Decreto Lei nº 383/89, de 6 de Novembro, uma vez que, como tivemos ocasião de sublinhar, em causa deve estar um produtor ideal ou óptimo, e não um produtor médio. Exigindo-se um produtor profundamente conhecedor dos mais avançados e recônditos conhecimentos prevalecentes nos respectivos sectores de actividade, então o critério tradicional da culpa acolhido pelo código civil português não se manifesta adequado para uma averiguação da impossibilidade objectiva do produtor concreto, sendo que, como atrás ficou referido, também é este o critério por nós secundado, a propósito da aferição de uma tal impossibilidade, situando-nos a este propósito, na linha de orientação propugnada por Calvão da Silva.

Relativamente ao momento da entrada em circulação a que se reporta o art.º 5º, al.) e) afigura-se-nos inequívoco que o mesmo se identifica com o da colocação do produto na cadeia económica de distribuição,[14] e não o da verificação do dano, nem o da respectiva apreciação judicial.

---

13 Cf., a este propósito, SILVA, J. CALVÃO DA, *Responsabilidade Civil...*, ob. cit., p. 510.

14 O momento da entrada em circulação revela-se um elemento essencial na delimitação do âmbito do regime da responsabilidade civil do produtor, podendo assim considerar-se colocado no mesmo plano dos demais pressupostos, a saber: - Produtor; - Produto e o Defeito. A relevância deste momento para efeitos do regime positivo da responsabilidade civil do produtor manifesta- se, desde logo, na circunstância do mesmo funcionar como causa da exclusão da responsabilidade, nos termos previstos na al.) a) do art.º 5º do Decreto Lei nº 383/89, de 6 de Novembro. Na verdade, se o produtor demonstrar que não colocou livre e voluntariamente o produto defeituoso numa cadeia económica de distribuição, então não poderá afirmar-se a existência de responsabilidade civil. Desta feita, se o produto defeituoso vem a causar danos a terceiros ainda numa fase de testes, ou se o mesmo é colocado no mercado em virtude de um furto perpetrado ao produtor, então não haverá lugar à aplicação do regime consagrado no Decreto Lei 383/89. (A propósito da caracterização deste momento como o "... momento em que o produtor, consciente e voluntariamente, o lança no tráfico para comercialização", cfr, SILVA. J. CALVÃO, *Responsabilidade Civil...*, ob. cit., p. 669). De igual modo, como já ficou referido em texto, o momento da entrada em circulação do produto assume ainda uma particular importância relativamente ao funcionamento de uma outra causa de exclusão da responsabilidade civil do produtor-art.º 5º, al.) e) do Decreto Lei nº 383/89. Nesta sede, revela-se ainda decisiva a convocação deste momento para que se proceda à importante destrinça entre os defeitos de desenvolvimento (art.º 5º, al.) e)) e os produtos velhos ou desactualizados (art.º 4º, nº2). Tendo em conta o disposto no art.º 4º, nº2, não pode considerar-se defeituoso um produto pela circunstância de terem sido entretanto lançados no mercado produtos mais sofisticados ou confortáveis. Na verdade, se um produto no momento em que foi colocado numa cadeia económica de distribuição obedecia aos standards de segurança então vigentes, então

Com efeito, na eventualidade de aceitarmos como momento decisivo para definir o momento da entrada em circulação o da verificação do dano ou o da respectiva apreciação judicial, estaríamos a sufragar uma avaliação retroactiva da medida da responsabilidade civil do produtor.

Após estas breves considerações em torno dos defeitos de desenvolvimento, cumpre fazer uma apreciação crítica sobre a opção do legislador Português em face da abertura dada pela Directiva 85/374 CEE para os Estados Membros escolherem as soluções tidas por mais conformes com as realidades mencionadas. Do ponto de vista da adequação da solução contida no art.º 5º, al.) e), cumpre sublinhar que a mesma se revelou e continua a revelar-se certeira, em virtude do tecido industrial Português ser ao tempo, e ainda hoje se manter como pouco desenvolvido e estruturado.

Na verdade, a adopção de solução diferente teria constituído um forte obstáculo ao incremento da indústria nacional, para além de inviabilizar a introdução no mercado de produtos particularmente úteis para a satisfação de necessidades e interesses públicos nucleares da vida social. Ao admitir-se a responsabilização do produtor com fundamento em defeitos de desenvolvimento estar-se-iam a criar, com toda a probabilidade, obstáculos significativos ao lançamento na cadeia económica de distribuição de produtos essenciais, como os produtos farmacêuticos inovadores,[15] contexto esse que tem necessariamente de ser perspectivado como um universo propício à emergência de defeitos de desenvolvimento.

---

não é pela circunstância de terem surgido no mercado produtos do mesmo tipo mais modernos, do ponto de vista estético, técnico e de conforto..., que o produto mais antigo passa a ser considerado pouco seguro, *et pour cause*, um produto defeituoso. Basta ter em conta o exemplo paradigmático de quanto ocorre no plano do tráfego automóvel, com a circulação em simultâneo nas nossas estradas de *Wolkswagen* "carocha" velhos (dos anos 30-40) e *Wolkswagen* "carocha" novos, para podermos confirmar o acerto das nossas considerações anteriores. Em termos conclusivos, no âmbito dos defeitos de desenvolvimento, deparamo-nos perante a categoria de defeitos, enquanto em sede de produtos desactualizados ou antiquados não nos encontramos em face de uma tal categoria, sendo que para estabelecer o confronto entre estas duas realidades se torna decisiva a referência ao momento da entrada em circulação dos produtos.

---

15 A propósito da relevância dos defeitos de desenvolvimento no âmbito de "...sectores como o da medicina e dos medicamentos...", cfr, SOUSA, SUSNA AIRES, *A Responsabilidade Criminal pelo Produto...*, ob. cit., p. 111.

3. A EXCLUSÃO DO REGIME DA RESPONSABILIDADE CIVIL DO PRODUTOR DOS PRODUTOS AGRÍCOLAS NÃO TRANSFORMADOS

Para além da opção deixada em aberto pela Directiva 85/ 374 CEE no tocante à inclusão nos regimes nacionais da responsabilidade civil do produtor dos defeitos de desenvolvimento, também a propósito dos produtos do solo, da pecuária e da pesca não transformados, este diploma comunitário permitiu aos legisladores dos Estados-Membros decidirem, tendo em conta as especificidades das respectivas realidades, incluir ou excluir do âmbito da responsabilidade objectiva do produtor os produtos acabados de mencionar. O Legislador Português em 89, no art.º 3º, nº2 do regime dedicado à responsabilidade civil do Produtor prescreveu o seguinte: "exceptuam-se os produtos do solo, da pecuária e da pesca quando não tenham sofrido qualquer transformação". Desta feita, os pequenos e médios agricultores que para conseguirem um complemento remuneratório para a economia familiar procedessem à venda de animais domésticos (galinhas, porcos, coelhos, ...), não seriam responsabilizados como produtores, para efeitos do disposto no Decreto Lei nº383/89, de 6 de Novembro.

Porém, quando estivessem em causa produtos resultantes da transformação de matérias primas oriundas dos sectores agrícolas, da pesca ou da pecuária, então o universo destes produtos já se encontrava abrangido pela disciplina fixada no âmbito da responsabilidade civil do produtor. A título meramente exemplificativo, o agricultor que se dedicasse à produção de alheiras ou de outros enchidos, já seria atingido ao tempo pelo regime da responsabilidade objectiva. Uma tal conclusão revelava-se óbvia em face de quanto se encontrava expressamente prevista na parte final do nº2 do art.º 3º do Decreto Lei nº 383/89, de 6 de Novembro.

Esta derrogação à regra prevista no nº1 do art.º 3º do diploma legal que entrou em vigor há trinta anos teve como principal objectivo assegurar uma especial protecção às economias de base rural, tal como ao tempo se configurava a realidade portuguesa.

Porém, uma tal realidade económico-social da pátria lusa foi mudando ao longo dos tempos muito por influência da necessidade sentida a nível europeu, de criar uma verdadeira União Europeia, revelando-se para tal necessário o surgimento de um mercado económico onde a regulação seja assegurada através de padrões comuns ou uniformes a todos os Estados-Membros.

Com efeito, um dos grandes anseios da União Europeia traduziu-se (e traduz-se) precisamente em consolidar neste território um mercado de produtos caracterizados pela sua qualidade e segurança.[16]

16 A Directiva 2001/95/CE, que foi transposta para direito nacional pelo Decreto Lei 69/2005, 17 de Março representa inequivocamente um exemplo paradigmático das

Expressão típica deste tipo de preocupações manifestou-se, desde logo, na qualificação como produtor dos importadores comunitários que coloquem em circulação no mercado europeu produtos oriundos de países terceiros (art.º 2º, nº2, al.) a) a do Decreto Lei nº 383/89, de 6 de Novembro).[17]

Esta enorme preocupação em elevar o nível de qualidade e segurança dos produtos que circulam no mercado único europeu, constitui uma das razões decisivas para que o legislador português em 2001 (Decreto Lei nº 131/2011, de 24 de Abril) tivesse revogado o disposto no nº 2 do art.º 3º, tendo a excepção originariamente prevista no Decreto Lei nº 383/89, de 6 de Novembro sido eliminada por exigências do Direito da União Europeia.

4. AFASTAMENTO DO PLAFOND INDEMNIZATÓRIO NOS DANOS PESSOAIS – O ART.º 9º DO DECRETO LEI Nº 383/89, DE 6 DE NOVEMBRO

Uma medida igualmente destinada a fomentar o desenvolvimento de um tecido industrial nascente e incipiente foi claramente o critério adoptado pelo legislador Português de 89, a propósito dos danos pessoais, que são danos, atenta a natureza, susceptíveis de atingirem valores particularmente elevados.

O Legislador Português fazendo uso do regime optativo definido da Directiva 85/374/CEE, fixou no art.º 9º do Decreto Lei nº 383/89, um limite máximo de 10.000 milhões de escudos para as hipóteses "... de morte ou lesão de várias pessoas causada por produtos idênticos que apresentem o mesmo defeito". Com esta disciplina jurídica, teve- se fundamentalmente em vista acautelar a posição dos produtores nas hipóteses dos defeitos de produtos em série.[18]

---

preocupações suscitadas pela segurança dos produtos que circulam no mercado europeu.

---

17 Considera-se igualmente como produtor absolutamente presumido o reimportador comunitário. Entende-se por reimportador comunitário aquele que envia matérias primas da união europeia para países terceiros, com o propósito de vir a colocar no mercado europeu os produtos fabricados em tais países, Cfr, SILVA, J. CALVÃO, *Responsabilidade Civil...*, ob. cit., p. 556.

18 O Legislador ao reportar-se na formulação legal a danos causados por *produtos idênticos que apresentem o mesmo defeito*, ter-se-á querido referir quer aos defeitos de fabrico, quer aos defeitos de concepção. Em qualquer uma destas categorias, encontramo-nos perante os comummente designados defeitos originários, sendo que no âmbito dos defeitos de concepção são necessariamente atingidos todos os produtos da série, enquanto que no âmbito dos defeitos de fabrico, por regra, os

Bem vistas as coisas, esta opção legislativa, à semelhança da exclusão da responsabilidade civil do Produtor por defeitos de desenvolvimento (art.º 5º, al.) e)), bem como daqueloutra respeitante do afastamento do âmbito normativo da responsabilidade civil do Produtor, dos produtos do solo, da pecuária e da pesca, quando os mesmos não tenham sofrido qualquer transformação (art. 3º, nº2) representa uma medida destinada a proteger o tecido industrial do nosso país, atenta a sua estrutura incipiente. Razão pela qual não podemos deixar de aplaudir a opção que ao tempo foi levada a cabo pelo legislador nacional.

Porém, esta medida ao revelar-se particularmente *favorável para* os produtores, acabava por não acautelar integralmente a posição jurídica dos consumidores, quando o montante total dos danos por si sofridos na sequência de defeitos dos causados por uma pluralidade de produtos atingidos pelo mesmo vício (ou defeito), se viesse a revelar superior ao plafond estabelecido no art.º 9º do Decreto Lei nº 383/89, de 6 de Novembro. Razão pela qual, a adopção desta solução legislativa não mereceu um acolhimento unânime, porquanto sempre se levantaram vozes a sustentar que a posição jurídica dos consumidores poderia ser devidamente acautelada através da imposição aos produtores da obrigação de celebrar um seguro de responsabilidade civil, destinado precisamente a garantir a cobertura integral dos danos pessoais. Não pode deixar de se invocar a favor de uma tal solução a circunstância de a falta de cobertura integral dos prejuízos traduzidos em danos pessoais ser susceptível de colocar as vítimas numa situação de particular fragilidade, as quais em hipóteses limite podem a ficar indelevelmente afectadas na sua dignidade humana.

Todavia, sempre se dirá que aos consumidores ficará aberta a possibilidade de recurso ao direito comum ou geral da responsabilidade, atento o disposto no art.º 13º. Contudo, um tal argumento padece de alguma consistência, uma vez que os pressupostos para o recurso ao direito comum revelam-se diversos e bem mais exigentes, porquanto pressupõem a prova da culpa pelo lesado, atenta a regra geral prevalecente no universo da responsabilidade civil extracontratual.

Ponderados todos estes argumentos, ou seja, os interesses respeitantes aos produtores, bem como aqueloutros atinentes à posição dos

---

mesmos apenas acabam por afectar os produtos fabricados em determinada linha de fabrico, acabando tais defeitos por ser identificados no confronto entre os produtos fabricados na linha onde ocorreu o vício e os produtos produzidos numa outra linha onde não se registou a anomalia. Na verdade, torna-se frequente que o defeito ocorra apenas em certa e determinada linha de montagem..., cf., SILVA, J. CALVÃO DA, *Responsabilidade...*, ob. cit., p. 692.

consumidores, acabou por ter algum peso para na opção legal pelo plafonamento a nossa tradição de estabelecer limites indemnizatórios no âmbito das hipóteses em que se encontra consagrada a responsabilidade objectiva,[19] bem como ainda o argumento de acordo com o qual o seguro, por regra, apenas aceita cobrir a responsabilidade objectiva quando se encontram definidos limites para a mesma.[20]

Desta feita, este argumento acaba por neutralizar aqueloutro atrás referido, segundo o qual a inexistência de limites máximos indemnizatórios poderia vir acompanhada daqueloutra medida de imposição obrigatória aos produtores da realização de seguros, porquanto mesmo admitindo a estatuição de uma tal obrigação, a "indústria" seguradora, atentas razões de ordem económica, manifesta sempre uma particular relutância na celebração de seguros de responsabilidade ilimitada.[21] Para além disso, os acréscimos dos custos de celebração de contratos de seguros para os produtores sempre acabariam por atingir a posição dos consumidores, porquanto os mesmos acabarão sempre por ser internalizados no preço dos produtos colocados no mercado.[22]

Na abordagem temática em torno desta questão não podemos deixar de levar em linha de conta as directrizes contidas no art.º 128º da lei do contrato de seguro a propósito do princípio do indemnizatório. No tocante à caracterização deste princípio, torna-se mister, desde logo, atentar na regra geral contida no preceito acabado de mencionar, e de

---

19 Cf., a propósito da hipótese do art.º 503º, nº1, (onde se encontram previstos no art.º 508º limites máximos indemnizatórios), Antunes Varela sublinha que as graves dificuldades que as indemnizações particularmente elevadas podem causar ao detentor de um veículo quando não haja culpa da sua parte no acidente permitem em certa medida justificar a imposição dos limites máximos indemnizatórios. No fundo, dir-se-á que o plafonamento da responsabilidade sempre será visto como o reverso da medalha do maior rigor imposto ao detentor do veículo pela circunstância de sobre ele decair uma responsabilidade independente de culpa, cfr, VARELA, J. ANTUNES, *Das Obrigações em Geral, I, ...,* ob. cit., pgs. 690 e ss.

20 Cf., a este propósito, SILVA, J. CALVÃO, *Responsabilidade Civil...,* ob. cit., p. 691.

21 Cf., neste sentido, não considerando razoável a imposição da obrigação de seguro, GHESTIN, JACQUES, *La directive communautaire et son introduction en droit français, in "securité" des consommateurs et responsabilité du fait des produits deféctueux,* 1987, p. 127.

22 Sobre esta questão amplamente referida na doutrina, cfr, SOUSA, SUSANA AIRES, *A Responsabilidade Criminal pelo Produto...,* ob.cit., p. 116:"...O princípio de que o produtor é aquele que está em melhor posição para satisfazer os danos causados por produtos defeituosos é acompanhado por uma ideia de redistribuição dos custos dos danos, na medida em que o produtor tende a incluir esses custos no valor dos preços, repartindo-os pelos consumidores, ou seja, pela colectividade".

acordo com a qual a prestação da seguradora se encontre limitada pelo dano decorrente do sinistro até ao montante do capital seguro. Bem vistas as coisas, neste preceito estabelecem-se dois limites: o limite da cobertura definido pelo dano decorrente do sinistro e que nos remete para as regras constantes no art.º 566º, nº1, bem como o limite do capital seguro (parte final do art.º 128º da lei do contrato de seguros).

Em face desta dupla limitação simpõe-se concluir que o princípio do indemnizatório constitui uma importante regra de ordenação social, cujo objectivo primordial se reconduz na proibição do enriquecimento sem causa ou no combate à fraude.[23] Assim se compreende que nas hipóteses em que o plafond ressarcitório garantido pelos seguradores se revele superior ao dano sofrido pelo lesado, este apenas poderá exigir à companhia de seguros o montante correspondente ao prejuízo que o atingiu, pois de outra forma estaria a locupletar-se à custa da seguradora.

Importa para efeitos da caracterização deste princípio estruturante do direito dos seguros tomar em consideração o tipo de contrato que está em causa; mormente se nos encontramos perante um seguro de coisas ou em face de um seguro de responsabilidade civil.[24]

Relativamente ao seguro de coisas, o art.º 130º da lei do contrato de seguro considera como decisivamente relevante para efeitos de concretização das exigências do princípio do indemnizatório o valor do interesse seguro ao tempo do sinistro. A propósito dos lucros cessantes susceptíveis de se virem a registar no âmbito destes seguros, o nº 2 deste preceito estabelece, por seu turno, como regime supletivo a exclusão da cobertura, admitindo, no entanto, convenção diversa das partes.

Atentas tais limitações, nem sempre se revela linear a admissibilidade de cobertura deste tipo de prejuízos pelas seguradoras, sendo uma tal matéria frequentemente tratada no âmbito das comummente designadas "Perdas de exploração".

Tendo em conta estas considerações, poder-se-á concluir que se os produtores garantissem a cobertura dos danos causados pelos produtos defeituosos através da técnica dos seguros de danos, revelar-se-ia difícil em muitas situações o ressarcimento dos lesados quanto aos lucros cessantes por si sofridos. Como é obvio, uma tal possibilidade encontra-

23 Cf., a este propósito, MARTINEZ, PEDRO ROMANO (E OUTROS), *Lei do Contrato de Seguro Anotada, 3ª ed.*, Coimbra, 2016 (anotação ao art.º 128º da L.C.S, Oliveira, Arnaldo Costa), p. 412.

24 Quer o seguro de coisas, quer o seguro de responsabilidade civil representam modalidades da categoria mais ampla do seguro de danos, tendo em conta a clássica distinção entre seguros de pessoas e seguros de danos.

-se afastada, uma vez que o regime definido no Decreto Lei nº 383/89 reporta-se unicamente aos danos causados pelos produtos defeituosos a terceiros (sejam estes danos em coisas ou em pessoas), porquanto os danos causados nas próprias coisas defeituosas encontram-se excluídos desta disciplina jurídica de matriz delitual.

Porém, como em causa se encontram seguros de responsabilidade civil, importa ter em conta a disciplina reservada pela lei do contrato de seguro neste contexto quanto ao princípio do indemnizatório. Revela-se então fundamental atentar ao disposto no nº2 do art.º 138, o qual nos remete para o regime do código civil constante do art.º 565º e ss (e de um modo particular para o consagrado no art.º 566º).

Apesar dos danos a ser ressarcidos no âmbito da responsabilidade civil do produtor serem os causados a terceiros pelos produtos defeituosos, certo é que o nº 2 do art.º 138º da lei do contrato de seguros, permite que as partes, por acordo, deixem de fora da cobertura danos susceptíveis de ser ressarcidos nos termos da lei substantiva. Em face desta possibilidade de exclusão convencional de certas categorias de danos, podem no âmbito da responsabilidade civil do produtor os lesados vir a sentir dificuldades no ressarcimento dos lucros cessantes por si sofridos. Estas limitações podem, na verdade, revelar-se significativas, uma vez que é normal andarem associados às hipóteses da responsabilidade civil do produtor, os lucros cessantes.

Afirmando-se tais dificuldades de obter um ressarcimento integral dos prejuízos no âmbito dos lucros cessantes, cuja admissibilidade não é minimamente contestada em termos de direito material da responsabilidade, então os obstáculos à aceitação do ressarcimento da perda de chance[25] sofrida pelo lesado revela-se exponencial.

Na verdade, não se manifesta nada pacífica no plano do direito substantivo da responsabilidade a questão da atribuição de um montante indemnizatório aos lesados pelo dano da perda de chance, uma vez que uma tal categoria de prejuízos levanta particulares dificuldades

25 Tratando-se o dano da perda de chance duma expectativa gorada de obter uma vantagem ou uma perda de oportunidade, torna-se, desde logo, difícil apurar se nos encontramos perante um dano emergente, ou em face de um lucro cessante. Para além disso, e no tocante à questão do nexo de causalidade, torna-se muito difícil aceitar o ressarcimento desta perda de chance tendo em conta o enquadramento desta categoria de prejuízos no âmbito dos cânones da doutrina de causalidade. Partindo esta concepção dogmática dos contributos da *conditio*, torna-se muito difícil, identificar nesta sede a existência da *conditio,* uma vez que não é certo se a oportunidade se viria de alguma forma a concretizar, caso não tivesse ocorrido a prática de facto ilícito.

de enquadramento no tocante à verificação dos pressupostos clássicos da responsabilidade civil, mormente no tocante às questões nessa sede suscitadas pela própria categoria do dano e ainda pelas especificidades por ela colocadas no âmbito do requisito do nexo de causalidade.

Para além de todas estas dificuldades, acresce ainda uma outra, traduzida no problema de reconduzir a um *quantum* indemnizatório o prejuízo correspondente à perda de chance. Em relação a um tal argumento sempre se poderá contrapor a circunstância de também a propósito dos lucros cessantes, tais dificuldades se suscitarem e tais aporias não constituem um obstáculo intransponível em sede de ressarcimento. Importa, no entanto, sublinhar que procedendo a um confronto acerca do teor das dificuldades de cálculo mencionadas a propósito das duas categorias, ter-se-á de concluir que as mesmas se revelam exponenciais a propósito da perda de chance. Não admira assim que a doutrina e a jurisprudência nacionais manifestem uma particular relutância em aceitar a compensação deste tipo de dano.

Podemos concluir, em face de quando deixámos atrás referido, que para além das dificuldades susceptíveis de ser levantadas pelas seguradoras, atento o disposto no nº2 do art.º 138º da lei do contrato de seguro, os problemas suscitados quando à cobertura da Perda de chance revelam-se exponenciais, em virtude dos problemas por esta figura suscitados a nível do próprio direito substantivo da responsabilidade civil.

Após estas breves considerações em torno das dificuldades levantadas pelo direito dos seguros, importa ainda referir em abono da solução legal acolhida no art.º 9º do Decreto Lei nº 383/89, de 6 de Novembro, a circunstância do limite aí estabelecido ser particularmente elevado, contrabalançando assim, de algum modo, os consumidores das desvantagens resultantes da existência de um plafond no universo dos danos pessoais em sede de responsabilidade civil do produtor.

Debruçando-nos ainda mais especificamente sobre a moldura indemnizatória fixada pelo art.º 9º do Decreto Lei nº 383/89, de 6 de Novembro, importa esclarecer que apesar do preceito se referir na sua letra tão somente à morte ou lesão corporal de várias pessoas causada por produtos idênticos, o que nos remete claramente para o universo dos danos em série,[26] certo é que, tal como sublinha Calvão da Silva "...o limite global previsto deve considerar-se aplicável no caso de morte ou lesão de várias pessoas causada por um produto, como será o caso de

26 Cf., a este propósito, TRIGO, MARIA DA GRAÇA, *Responsabilidade Civil, Temas Especiais*, Lisboa, 2015, p. 109.

grave acidente de avião que cai numa cidade ou num local onde estarão reunidos milhares de pessoas...".[27]

Segundo o entendimento do autor, por nós secundado, o recurso ao argumento lógico a *maiori ad minus* da interpretação anunciativa, permite compreender se a lei permite o ressarcimento de danos pessoais em série causados por produtos idênticos, então constituiria um contra - senso não o permitir quando estivesse em causa a produção do mesmo tipo de danos provocados, desta feita, por um só produto.[28]

Cumpre ainda fazer uma menção específica à problemática suscitada pela existência de um plafond global indemnizatório e que se traduz na possibilidade de algumas das vítimas poderem ficar excluídas da faculdade de efectivarem o seu direito à indemnização, quando o montante exigido pela pluralidade dos outros lesados exceder o quantitativo global fixado no art. 9º. Apesar do valor fixado neste preceito se revelar particularmente generoso, certo é que não são de afastar hipóteses em que na sequência de satisfação integral dos pedidos indemnizatórios apresentados por vários lesados, a certa altura o plafond indemnizatório tenha ficado esgotado, podendo, desta feita, levantar-se a questão do rateio do montante global.

Não se registando neste contexto causas legítimas de preferência para o exercício do direito dos credores, atento o disposto no art. 604º,[29] poderão suscitar-se aqui situações de flagrante injustiça, no âmbito das quais se garante o ressarcimento integral dos prejuízos dos que chegam primeiro, não recebendo nada em contrapartida, os que chegam mais tarde.[30]

Estando ciente das situações de profunda injustiça susceptíveis de serem criadas pela regra do art.º 9º do decreto Lei nº 383/89, de 6 de Novembro, Calvão da Silva, aplaudiu a faculdade aberta ao decidente no nº 2 do art. 9º do Decreto Lei nº 383/89 para a fixação de um montante provisório, a cada lesado, revelando-se esta forma como a mais adequa-

27 Cf., SILVA, J. CALVÃO, *Responsabilidade Civil...*, ob. cit., pgs. 692-693.

28 Como a este propósito justamente sublinha o autor "Entender de modo diferente, seria aceitar teoricamente que no caso de danos de uma só pessoa causados por um só produto pudesse ultrapassar- se o limite estabelecido, o que seria um contra-senso e uma clara violação da razão de ser da opção feita pelo legislador Português de se afastar da regra da responsabilidade objectiva ilimitada, cf., SILVA, J. CALVÃO, *Responsabilidade Civil...*, ob.cit., p. 693.

29 No âmbito desta hipótese normativa regista-se um concurso entre credores e uma vez que os seus direitos possuem apenas eficácia relativa não se pode admitir a prevalência do direito de uns face ao de outros.

30 Cf., a este propósito, SILVA, J. CALVÃO, *Responsabilidade Civil...*, ob. cit., p. 694.

da de levar a cabo a aplicação da regra da redução proporcional da indemnização devida a cada lesado quando a mesma tenha de ser convocada.

Como a este propósito sublinha este cultor maior do Direito Civil: "... confiando que o juiz estará atento a toda a comunicação social de massa e a dados disponíveis acerca de danos pessoais em série causados por produtos idênticos que apresentam o mesmo defeito, dá-se a possibilidade de as vítimas receberem um montante provisório da indemnização a que têm direito – e já provada – sem o sacrifício daqueles outros lesados que possam sucessivamente vir a juízo deduzir as suas pretensões, com os limites, claro está, da observância dos prejuízos de prescrição e de caducidade".[31]

Esta solução legislativa acolhida na versão originária da disciplina dispensada à responsabilidade civil do produtor foi, entretanto, revogada, pelo Decreto Lei nº 131/2001, e com uma tal revogação deixou de se estabelecer relativamente aos danos decorrentes de morte ou lesão corporal[32] o plafond indemnizatório que se encontrava previsto no art. 9º do Decreto Lei nº 383/89, de 6 de Novembro.

Em face destas alterações legislativas, os produtores deixaram de beneficiar da medida de salvaguarda patrimonial que o anterior art. 9º do regime da responsabilidade civil do Produtor lhes atribuía, revelando-se assim expectável que os mesmos se sintam compelidos a celebrar seguros de responsabilidade civil ilimitada.[33]

Em contrapartida, uma tal solução afasta as dificuldades atrás enunciadas de alguns consumidores vítimas destes danos em série virem a conseguir obter a indemnização integral dos seus prejuízos.

---

31 Cf., SILVA, J. CALVÃO, *Responsabilidade Civil...*, ob. cit., p. 695. Porém, uma tal solução não é susceptível de se confundir com a indemnização provisória fixada no art.º 565º, porquanto nestas hipóteses o montante ressarcitório apenas será definido em execução de sentença. Ao invés, no âmbito do art.º 9º, nº2 do Decreto Lei nº 383/89, o montante indemnizatório provisório já se encontra definido.

32 Porém, o Decreto Lei nº 131/2001, de 24 de Abril manteve a franquia indemnizatória prevista no art.º 9º do decreto Lei nº 383/89 relativa aos danos em coisas. Tendo em conta a natureza dos diferentes prejuízos indicados neste preceito, o legislador, atenta a sua menor gravidade, considerou-os como danos meramente bagatelares.

33 Como a propósito desta questão observa Graça Trigo: "Entretanto, este limite foi eliminado pelo Decreto Lei nº 131/2001, pelo que, na prática, será prudente que todo e qualquer fabricante de produtos em série disponha de um seguro ilimitado de responsabilidade civil", cfr, TRIGO, MARIA DA GRAÇA, *Responsabilidade Civil -Temas...*, ob. cit., p. 109.

Apesar de profundamente inspirada por exigências de política consumerista, esta medida introduzida pelo legislador Português de 2001 acaba por causar uma pressão significativa sobre os produtores.

Desde logo, os produtores com o objectivo de garantir a incolumidade do seu património na hipótese de ocorrência de danos em série tenderão a celebrar contratos de seguro de responsabilidade ilimitada. Ora, não se revela inteiramente pacífica a disponibilização pelas seguradoras de seguros de responsabilidade civil ilimitada. Na verdade, não se pode ignorar que, encontrando-nos situados no universo dos danos pessoais decorrentes da morte ou de lesão pessoal, se torna frequente a emergência neste contexto, quer dos lucros cessantes, quer da novel figura do dano da perda de chance.

Cumpre então a este propósito frisar o que atrás ficou referido quanto ao modo como a técnica legislativa dos seguros aborda esta matéria da cobertura dos lucros cessantes e da perda de chance.

Em face de todas as considerações anteriores, somos da opinião que esta alteração legislativa acaba por provocar uma significativa insegurança aos produtores.[34] Desta feita, não nos encontramos tão optimistas como alguns autores da doutrina nacional, segundo a opinião dos quais a abertura do mercado segurador à celebração de seguros de responsabilidade ilimitada livrou os produtores das dificuldades inerentes à eliminação do plafond indemnizatório previsto no art.º 9º do Decreto Lei nº 383/89.[35]

Uma tal perspectiva que parte de um pressuposto ainda por demonstrar, não leva, porém, em devida conta os argumentos de uma perspectiva diferente, à qual aderimos, e de acordo com a mesma as vantagens decorrentes para os consumidores da eliminação do plafond indemnizatório por danos pessoais poderiam ter sido eficazmente alcançadas com a elevação do montante do tecto máximo fixado no artigo revogado.[36]

---

34 Cf., a este propósito, LEITÃO, LUÍS MENEZES, *Direito das Obrigações, Vol.I,* 14ª ed., Coimbra, 2017, p. 393 (nota 903). O autor considera: "...criticável essa opção, uma vez que estabelecer uma responsabilidade ilimitada neste momento só poderá servir para agravar a insegurança jurídica dos produtores, retraindo a actividade económica".

35 Cf., a este propósito, TRIGO, MARIA DA GRAÇA, *Responsabilidade Civil - Temas...,* ob. cit., p. 109 (nota 120).

36 Cf., neste sentido, LEITÃO, LUÍS MENEZES, *Direito das Obrigações,* Vol.I..., ob. cit., pgs. 393-394. Segundo o autor "O objectivo de incrementar a defesa dos interesses dos consumidores seria muito melhor assegurado através de uma mera elevação deste limite".

5. A INOVADORA SOLUÇÃO DO CONCURSO DA CULPA DO LESADO COM A RESPONSABILIDADE OBJECTIVA DO PRODUTOR – O ART. 7º DO DECRETO LEI Nº 383/89 DE 6 DE NOVEMBRO

Não seria possível concluir este estudo sem fazer referência a uma solução legislativa que ao tempo em que foi consagrada representou uma verdadeira inovação, face à arquitectura legal então vigente no âmbito do direito comum da responsabilidade civil. Reportamo-nos à questão do Concurso da Responsabilidade Objectiva do produtor com a culpa do lesado prevista pelo art. 7º do decreto Lei nº 383/89, de 6 de Novembro.

De acordo com este preceito legislativo, verificando-se uma hipótese de concorrência de culpa do lesado para a produção dos prejuízos por si sofridos,[37] tal não implica necessariamente o afastamento da responsabilidade objectiva do produtor (art.º 1º do Decreto Lei nº 383/89).

Como resulta do critério normativo estatuído no preceito atrás mencionado, poder-se-á então registar uma diminuição da responsabilidade do produtor,[38] ou até em certas situações, atentas as específicas circunstâncias do caso, uma exclusão da obrigação de indemnizar daquele, mas o que não pode ocorrer é uma apriorística ou automática exclusão da responsabilidade objectiva do produtor pela circunstância de para a ocorrência dos danos ter havido uma contribuição causal do comportamento culposo do lesado.

De acordo com esta regra, a responsabilidade objectiva do produtor só se considera excluída quando houver culpa exclusiva do lesado. Este critério normativo representou uma importante ruptura com os ensinamentos dogmáticos ao tempo dominantes na problemática em torno da concorrência da culpa com o risco,[39] matéria com particular acuidade a

---

37 Importa a este propósito explicitar algo que se revela desde logo evidente: apenas se pode admitir a aplicação da regra do concurso se houver defeito do produto pelo qual o produtor possa ser considerado responsável, cfr, a este propósito, *Acórdão do S.T.J. de 25 de Outubro de 2018*, in www.dgsi.pt. Ainda a propósito do defeito como requisito essencial da responsabilidade civil do produtor, vide, *Acórdão do S.T.J de 5 de Março de 1996*, in C.J. (Acórdãos do S.T.J, ano IV, tomo I, 1996).

38 No plano jurisprudencial, podemos deparar-nos com arestos judiciais onde esta regra do concurso se encontra consagrada, cfr, *Acórdão S.T.J. de 16 de Outubro de 2003*, in www.dgsi.pt.

39 A propósito da disciplina estatuída no art. 7º do Decreto Lei nº 383/89 falámos sempre de concorrência de responsabilidade objectiva com a culpa do lesado, e não de concurso do risco com a culpa, uma vez que, tal como na parte inicial deste trabalho tivémos ocasião de sublinhar, a responsabilidade civil do produtor não se configura como uma verdadeira hipótese de responsabilidade pelo risco. Porém, a propósito do art. 503º, relativamente ao qual se aplicam as causas de ex-

propósito da questão de saber se no âmbito do art. 505 se podem convocar os contributos da regra do concurso consagrada no nº 1 do art. 570º para as hipóteses de concorrência de culpas.

Ora, de acordo com o entendimento dominante que pontificou desde a entrada em vigor do código de 66, a culpa do lesado, conquanto muito leve, determinava a automática exclusão da responsabilidade.

Uma tal orientação capitaneada por Antunes Varela, baseava-se fundamentalmente na arquitectura legal definida a propósito da regra do Concurso estatuída no art.º 570º. Importa então debruçarmo-nos sobre o modo como era interpretado este preceito pela comummente designada orientação clássica ou tradicional. De acordo com a perspectiva acabada de mencionar, a regra do Concurso encontra-se apenas expressamente prevista no nº1 do art.º 570º para as hipóteses de concorrência de culpa do lesante com a culpa do lesado. Com efeito, no nº 2 do preceito em análise, prevê-se que a culpa efectiva do lesado determina a exclusão da culpa presumida do lesante. Tendo em conta este quadro normativo, Antunes Varela considerava que se a culpa efectiva do lesado basta para afastar a culpa presumida do lesante, então por maioria de razão (a *fortiori*), a culpa do lesado determina a exclusão da responsabilidade objectiva que recaia sobre o lesante.[40]

Desta feita, aplicando uma tal orientação ao universo dos acidentes de viação, ter- se-ia de concluir que a culpa do lesado (conquanto se trate de uma culpa muito leve ou ligeira) determinava automaticamente a exclusão da responsabilidade pelo risco estatuída no nº1 do art. 503º. Razão pela qual, no tocante a um qualquer facto imputável[41] ao lesado[42]

clusão de responsabilidade previstas no art. 505º, já poderemos falar de concurso de risco com a culpa, porquanto o detentor é responsável pelos riscos próprios do veículo (art. 503º, nº 1).

40 Cf., neste sentido, VARELA, J. ANTUNES, *Das Obrigações I...*, ob. cit., p. 675 e ss.

41 Questão diversa, apesar de estritamente conexionada com a problemática do concurso, prende-se com a querela em torno da interpretação do termo imputável utilizado no art.º 505º. Importa, na verdade, indagar se a expressão imputável ao lesado e imputável a terceiro deve ser entendida no sentido técnico- jurídico do termo – acidente atribuído a título de culpa –, ou se ao invés deve ser compreendida no sentido causalístico de acidente causado ou provocado pelo lesado. Importa a este propósito explicitar que mesmo a perspectiva clássica, propende para entender a expressão imputável no sentido de acidente causado ou provocado pelo lesado, cf., VARELA, J. ANTUNES, *Das Obrigações I...*, ob. cit., pgs. 678-679.

42 A este propósito cumpre referir que a as considerações expendidas pela doutrina quanto aos acidentes imputáveis ao lesado devem considerar-se extensíveis aos acidentes imputáveis a terceiro. Idênticas observações não poderão ser formula-

a que se refere o art.º 505º, a responsabilidade objectiva do detentor ficaria automaticamente afastada, mesmo quando o comportamento do lesado se tenha traduzido numa atitude meramente precipitada ou irreflectiva resultante de perturbação, medo ou susto, tal como sucede muitas vezes com as franjas mais vulneráveis da população (idosos e crianças), que acabam por provocar acidentes e contribuir para os danos por si sofridos, em virtude de um tal tipo de condutas.

Cumpre ainda sublinhar no âmbito desta problemática, que a posição clássica era dominante num contexto no âmbito do qual não existia ainda seguro obrigatório de responsabilidade civil automóvel, recaindo então os encargos decorrentes da obrigação de indemnizar por acidentes de viação sobre o património do detentor do veículo. Porém, já no âmbito dos trabalhos preparatórios do actual código civil, Vaz Serra sufragava a consagração da regra do concurso do risco com a culpa,[43] solução essa que acabou por não vingar.

Com o decurso do tempo, os ensinamentos de Vaz Serra foram tendo eco em vozes autorizadas da moderna civilística Portuguesa, (Calvão da Silva, Sinde Monteiro e Brandão Proença), tendo-se esta tendência doutrinal revelado cada vez mais sensível às considerações de justiça que resultavam beliscadas com a admissibilidade da automática exclusão do risco com o concurso de uma qualquer conduta culposa do lesado.

Na verdade, foi trilhando caminho a ideia de que não faz sentido admitir que um qualquer grau de culpa, conquanto muito leve ou ligeira do lesado seja suficiente para excluir a responsabilidade pelo risco do detentor do veículo. Este argumento, associado aqueloutro da incolumidade patrimonial do lesante decorrente da existência de seguro obrigatório,[44] para além do reconhecimento por parte de certos autores

das em relação ao regime da responsabilidade civil do produtor a propósito da intervenção de facto de terceiro para a produção dos danos. Com efeito, tendo em conta o disposto no nº do art.º 7º, a prática de um facto de terceiro não implica a diminuição da responsabilidade de terceiro, não se podendo nesta sede problematizar a questão da concorrência da responsabilidade objectiva do produtor com a culpa do terceiro.

43 Cf., SERRA, A. VAZ., *Conculpabilidade do Prejudicado*, in B.M.J., nº 86º, *Anteprojecto Vaz Serra*, in B.M.J., nº 86.

44 Cf., SILVA, J. CALVÃO, *Anotação do Acórdão do S.T.J. de 4 de Outubro de 2007*, in R.L.J., ano 137, (2007), p. 49 e ss., *Acidentes de viação, concorrência do risco com a culpa do lesado (art.º 505º)*, in R.L.J. nº 134 (2001), p. 122 e ss, MONTEIRO, J. SINDE, *Responsabilidade por culpa, Responsabilidade objectiva, seguro de acidentes*, in "Revista de Direito e Economia", 1980/1981, p. 139 e ss, PROENÇA, J. BRANDÃO, *A conduta do lesado...*, ob. cit., p. 795 e ss.

que a letra do art. 505º constitui argumento favorável à tese do concurso, contribuíram, de modo significativo para a viragem ocorrida no plano jurisprudencial cujo marco significativo se registou com o acórdão do Supremo Tribunal de Justiça de 4 de Outubro de 2007.

Na verdade, este aresto judicial representou um momento decisivo de viragem, porquanto o mesmo veio a admitir com clareza o concurso do risco com a culpa, a propósito de uma situação de colisão de veículos.[45]

Importa ainda sublinhar que para esta tendência de viragem da orientação dogmática e jurisprudencial clássica em matéria de concorrência do risco com a culpa contribuiu de modo muito decisivo um argumento de índole sistemática, argumento esse retirado da consagração pelo Decreto Lei nº 383/89 da regra do concurso no seu art.º 7º.

Bem vistas as coisas, em termos sistemáticos, o regime da responsabilidade civil do produtor representou em termos legislativos o primeiro momento em que o ordenamento jurídico nacional acolheu a regra do concurso entre a responsabilidade objectiva e a culpa do lesado. Ora assim sendo, não podemos deixar de sublinhar este sinal de viragem, que acabou por vir a ser repercutido noutros diplomas legislativos posteriores,[46] reforçando assim, de modo significativo, os argumentos avançados na doutrina no mesmo sentido.

Em face de toda esta evolução aqui traçada em termos muito sumários, constitui hoje entendimento pacífico a nível doutrinal e juris-

---

45 Apesar da questão submetida à respectiva apreciação ser uma hipótese de colisão de veículos (art.º 506º), certo é que nunca é feita menção no Acórdão de 4 de outubro de 2007 a uma tal circunstância. Ora, esta referência ao facto de estar em causa uma hipótese de colisão de veículos ter-se-ia revelado muito importante, uma vez que, de acordo com a letra deste preceito, o regime legal aí previsto encontra- se sobretudo pensado para as situações de concorrência de riscos. Na verdade, de acordo com a formulação liberal do preceito em análise, parece sugerir-se que a existência de culpa de um dos veículos determina automaticamente a exclusão do risco. Porém, pensamos que tendo em conta as razões subjacentes à regra do concurso entre o risco e a culpa, a mesma não deverá ser afastada deste universo específico da colisão. Não se vislumbram, com efeito, motivos ponderosos para afastar deste universo específico, o critério normativo do concurso, em virtude do legislador ter equacionado que a maior parte das situações de colisão se ficam a dever ao concurso dos riscos dos veículos.

46 Regime jurídico reservado à náutica de recreio (Decreto Lei nº 93/2018, de 13 de Novembro - art.º 32º) e ainda a disciplina relativa à responsabilidade do proprietário e do piloto de aeronaves e ultraleves (Decreto Lei nº 238/2004 de 18 de Dezembro – art.º 40º nº1, com as modificações que lhe foram introduzidas pelo Decreto Lei nº 283/2007 de 13 de Agosto).

prudencial, que a culpa do lesado pode determinar uma atenuação ou diminuição da responsabilidade objectiva do agente, mas não provoca automaticamente a sua exclusão.

Prescindimos nesta sede, por tal extravasar os propósitos da nossa exposição, de nos debruçarmos sobre a questão da *ratio* ou da fundamentação da lógica subjectiva subjacente ao art. 570º nº1, mormente a temática do entrecruzamento no âmbito deste regime jurídico de considerações quer de natureza causal, quer de natureza sancionatória. Dir-se-á, porém, em termos muito sucintos, que para alguns autores a solução da redução ou diminuição do dever de indemnizar se funda em exigências de boa-fé,[47] ou num ónus jurídico,[48] ou numa ideia de auto-responsabilização do lesado.[49]

Propendemos nesta sede para sufragar o entendimento de Irene Girão (situado na linha de orientação definida por Brandão Proença), de acordo com o qual "Também a nós parece inegável esta lógica subjectiva do art. 570º, que consciente ou inconscientemente se funde numa exigência de auto-responsabilização, com relevo preventivo e uma função educativa...".[50]

6. O REGIME DA COMPRA E VENDA DE BENS DEFEITUOSOS (DECRETO LEI Nº 67/2003, DE 8 DE ABRIL)

Podemos afirmar sem equívocos que o regime da responsabilidade civil do produtor foi o primeiro marco significativo do ordenamento jurídico português na resposta aos desafios hodiernos colocados por uma sociedade de consumo globalizada, onde a produção artesanal foi cedendo lugar à produção em massa; e no circuito económico entre a produção e a distribuição comercial dos produtos deixou de prevalecer

---

47 Nesta linha de orientação se situa Calvão da Silva, considerando que não se revela admissível que tendo o lesado contribuído para o dano por si sofrido possa vir a exigir uma indemnização de outrem, configurando uma tal conduta do lesado como um *Venire Contra Factum Proprium*, cfr, SILVA, J. CALVÃO, *Responsabilidade Civil...*, ob. cit., p. 731.

48 Cf., neste sentido, OLIVEIRA, NUNO PINTO, *Princípios de Direito dos Contratos*, Coimbra, 2011, p. 726 e ss.

49 Neste sentido, cfr, PROENÇA, J. BRANDÃO, A Conduta do lesado como pressuposto..., ob. cit., p. 142, GIRÃO, IRENE SEIÇA, "A culpa do lesado. Do concurso de culpas à relevância de causalidade não homogénea (artigo em publicação nos cadernos de Direito Privado).

50 Cf., neste sentido, GIRÃO, IRENE SEIÇA, -A "culpa" do lesado. Do concurso de culpas..., ob. ant. cit.

o modelo do contacto directo entre o produtor e o cliente, para passar a afirmar-se o arquétipo de uma larga e complexa cadeia económica de distribuição.[51]

Na verdade, longe vão os tempos em que o adquirente dos produtos, sem intermediação de quaisquer outros comerciantes, concluía com o produtor um contrato de compra e venda. Em contrapartida, no actual modelo de distribuição comercial dos produtos, a identificação por parte do consumidor da pessoa responsável pela produção dos produtos passou a constituir, numa grande esmagadora maioria dos casos, uma tarefa verdadeiramente diabólica.

Não admira que em face da nova configuração associada à moderna sociedade de consumo se renha feito sentir mais intensamente a necessidade de proteger o consumidor anónimo que pura e simplesmente ignora a pessoa contra quem poderá dirigir a sua pretensão indemnizatória.[52]

Esta disciplina fixada no Decreto Lei 383/89 representou então um marco significativo no ordenamento jurídico português, no âmbito do qual a matéria dos defeitos ou vícios das coisas se encontrava disciplinada apenas a propósito do contrato de compra e venda, onde pontifica o dogma da culpa (art.º 913º e ss). Bem vistas as coisas, o Decreto Lei nº 383/89, veio preencher uma lacuna colocada bem em evidência pela dinâmica da moderna sociedade de consumo onde a existência de relações negociais entre o produtor dos bens e o adquirente dos mesmos se revela como algo meramente evanescente.

Para além desta nova oportunidade aberta na coutada extracontratual, o regime da responsabilidade civil do produtor ofereceu ainda uma enorme vantagem aos lesados por defeitos dos produtos consubstancia-

---

51 Cfr, SILVA, J. CALVÃO, Responsabilidade Civil do Produtor, Coimbra, 1990, p. 22 e ss, FERREIRA, BRUNO BOM, (Responsabilidade Civil do Produtor: notas à Jurisprudência do Supremo Tribunal de Justiça (artigo em publicação nos Cadernos de Direito Privado), DIERDERICHSEN, V., Die Haltung des Wahrenhrstellers München-Berlim, 1967, p. 273 e ss.

52 A responsabilidade civil do produtor como modalidade integrada no universo extracontratual deve ser categorizada a partir da nota de anonimato. Ao invés, a responsabilidade civil contratual resulta da violação de relações de colaboração, no âmbito das quais prevalece a nota de inter subjectividade humanamente significante. Acerca da distinção entre estas modalidades de responsabilidade (extracontratual e contratual) a partir das notas de anonimato e de colaboração, respectivamente, cfr, MONTEIRO, J. SINDE, Rudimentos da Responsabilidade Civil, in revista da Faculdade de Direito da Universidade do Porto, ano II-2005, pgs. 349-350.

da na dispensa da prova da culpa, atenta a sua natureza objectiva (art. 9º do decreto Lei nº 383/89).[53]

A propósito deste trajecto evolutivo trilhado em direcção ao reforço da posição jurídica do lesado, cumpre, porém, salientar que os âmbitos objectivos do regime de compra e venda de coisas defeituosas (art. 913º e ss) e o da responsabilidade civil do produtor se revelam diversos. Por um lado, quanto a esta nova disciplina jurídica, a mesma gravita em torno da noção de segurança (art. 4º- Decreto Lei nº 383/89),[54] enquanto a propósito da compra e venda de coisas defeituosas, o seu núcleo central encontra-se na categoria da falta de aptidão ou de idoneidade do bem para o fim a que se destina.[55]

Uma tal substituição da categoria nuclear da aptidão ou idoneidade dos bens, numa perspectiva funcional, por uma ideia nuclear de segurança, representou uma tentativa do legislador de 89 responder adequadamente às solicitações do hodierno tráfico jurídico mercantil, por se entender que naquele momento da evolução económico social, mais importante que os bens se apresentarem como funcionais, se revelava a observância de standards de segurança, evitando assim que os produtos assumam uma potencialidade danosa.[56]

---

53 Acerca da relevância do regime da responsabilidade civil do produtor para suprir as ineficácias da disciplina comum da venda de coisas defeituosas, cf., MONTEIRO, ANTÓNIO PINTO e PINTO, PAULO MOTA, La Protection de L´acheteur de choses Defectueuses en Droit Portugais, in Boletin da Faculdade de Direito, 1993, pgs. 274-275, RAPOSO, VERA LÚCIA, "A Responsabilidade do Produtor por danos causados por dispositivos médicos", R.I.D.B, ano II (2013), nº5, pgs. 4287-4288.

54 No art.º 4º nº1 do Decreto Lei nº 383/89, o legislador utiliza uma fórmula vaga para definir o que se entende por defeito, considerando a esse propósito defeituoso o produto quando o mesmo não ofereça a "segurança com que legitimamente se pode contar". Com o objectivo de densificar esta cláusula geral, Calvão da Silva considera que não é exigível uma "...segurança absoluta, mas apenas a segurança com que se possa legitimamente contar. Isso significa por um lado, que o sujeito das espectativas da segurança não é o consumidor ou o lesado concreto, e, por outro, que só as expectativas legítimas são de ter em atenção". Clarificando o que se deve entender por expectativas legítimas o civilista que homenageamos com este estudo explicita ainda que em causa estão as expectativas do "público em geral", cfr, neste sentido, SILVA, J. CALVÃO, Responsabilidade Civil..., ob. cit., pgs. 635-636, SILVEIRA, DIANA MONTENEGRO DA, Responsabilidade Civil por danos causados por medicamentos defeituosos, Coimbra 2010, p. 141.

55 Sobre a destrinça entre o conceito de defeito nos âmbitos da responsabilidade comum e da responsabilidade civil do produtor, cfr, SILVA, J. CALVÃO, *Responsabilidade Civil...*, ob. cit., MONTEIRO, A. PINTO, PAULO MOTA, *La Protection de L´acheteur...*, ob. cit., p. 274.

56 Ao ligar-se a ideia de segurança ao objectivo nuclear de neutralizar a potencialidade danosa dos produtos, não estamos, de modo algum, a circunscrever o âmbito

Tendo, no entanto, em conta que não se regista uma sobreposição entre os produtos ou coisas abrangidas em cada um dos universos em confronto, sempre se dirá que o regime da responsabilidade civil do produtor não estende o seu manto de protecção a todas as anomalias ou vícios que os produtos podem ser portadores.

Com vista a colmatar a lacuna registada no âmbito da responsabilidade objectiva quanto à falta de aptidão ou idoneidade dos bens aos fins a que são destinados, o Decreto Lei nº 67/2003 de 8 de Abril,[57] transpôs para o ordenamento jurídico nacional a Directiva nº 1999/44/CE, conseguindo assim suprir algumas das insuficiências deixadas em aberto pelo Decreto Lei nº 383/89. Importa, no entanto, sublinhar que a cobertura jurídica garantida pelo regime jurídico da compra e venda de bens de consumo se reporta, como resulta óbvio da própria designação, ao universo estritamente contratual.

Para além do âmbito objectivo do Decreto Lei nº 67/2003 de 8 de Abril se circunscrever ao universo contratual, verifica-se ainda uma limitação do mesmo à venda de bens de consumo. Ora, a este propósito, importa sublinhar que o âmbito material do Decreto Lei nº 383/89 de 6 de Novembro se revela bem mais amplo, porquanto este diploma tanto se aplica aos danos causados em coisas destinadas a uso profissional, quanto aos prejuízos em coisas afectas ao uso e ao consumo privado.

Não obstante o regime do art.º 8º da Lei de 89 evidenciar um tratamento bem mais favorável aos danos com repercussões específicas na posição dos consumidores,[58] certo é que, ao invés de quanto se verifica a propósito do regime de venda de bens de consumo, não nos encontramos perante um diploma específico da área do consumo.

Com efeito, o Decreto Lei nº 67/2003, de 8 de Abril encontra-se no epicentro da tutela dispensada pelo ordenamento jurídico português aos consumidores. Esta pertinência material do regime de venda de bens de consumo ao universo do direito do consumo suscitou, desde logo, uma

---

material do Decreto Lei nº 383/89 aos produtos perigosos. Como já atrás tivemos oportunidade de referir, certos produtos em si mesmos inócuos (ou não perigosos) tais como as chupetas, bolas, ou brinquedos (peluches) podem, em virtude das matérias primas utilizadas no seu fabrico (substâncias químicas, ...) serem qualificadas como inseguras.

---

57 Este Decreto Lei foi, entretanto, modificado pelo Decreto Lei nº 84/2008, de 21 de Maio.

58 Sobre a projecção no âmbito do Decreto Lei 383/89 das preocupações consumeristas, as quais assumem uma particular acuidade no art.º 8º deste diploma, já atrás nos pronunciámos.

viva discussão doutrinal acerca do método de transposição da Directiva 1999/44 CE para o Direito português, que se traduziu como se sabe numa objectivação das exigências comunitárias num diploma avulso.[59]

Em termos sistemáticos, a integração no âmbito da lei da Defesa do consumidor das exigências normativas impostas pela Directiva 1999/74 CE, correspondente à opção comummente designada por transposição mínima representava uma das soluções possíveis e alternativa aquela que veio a ser adoptada e que se traduziu na elaboração de um diploma avulso – o Decreto Lei nº 67/2003, de 8 de Abril.

Em face da ausência de uma definição de consumidor no regime dedicado à venda de bens de consumo, e revelando-se uma tal categoria absolutamente essencial para aplicação do Decreto Lei de 2003, torna-se então mister o recurso à noção de consumidor vertida no nº1 do art.º 2º da Lei nº 24/96.

Porém, a adopção de uma concepção restrita de consumidor,[60] tal como é a sufragada por Calvão da Silva não obteve um acolhimento unâ-

---

59 Este método de transposição da Directiva 1999/74 CE através de diploma avulso foi, de resto, desaconselhado pelo autor do Anteprojecto do Decreto Lei nº67/2003. Com efeito, num tal anteprojecto, Paulo Mota Pinto desaconselha a adopção deste método (pelo autor designado por segunda possibilidade, possibilidade essa que se traduzia numa alternativa a uma outra – a primeira possibilidade – que consistia na proposta de levar a cabo uma altercação do código civil e da lei de defesa do consumidor, cfr, a este propósito, PINTO, PAULO MOTA PINTO, *"Cumprimento Defeituoso do Contrato de Compra e Venda. Anteprojecto do Diploma de Transposição da Directiva 1999/74 CE para o Direito Português. Exposição de Motivos e Articulado"*, Instituto do Consumidor, 2002. Cumpre referir nesta sede que o modelo identificado por Paulo Mota Pinto como primeira possibilidade era o mais aplaudido na doutrina portuguesa, cfr, MONTEIRO, J. SINDE, *Proposta de Directiva do Parlamento Europeu e do Conselho relativa à venda e às garantias dos bens de consumo*, in "revista jurídica da Universidade Moderna", 1998, p. 474, SILVA, J. CALVÃO, *Venda de Bens de Consumo, 4ª ed.* Coimbra, 2010, p. 39. Convocando o pensamento a este propósito manifestado pelo grande civilista nestas actas homenageado, dir-se-á que uma opção "...mais ousada e ambiciosa, teria a minha preferência: a transposição alargada ao código civil, com a extensão ao direito comum da compra e venda de exigências da Directiva e da Lei da Defesa do Consumidor, deixando para esta tão somente algumas (poucas) regras específicas da compra e venda de consumo". Não tendo sido esta "solução grande" adoptada pelo legislador português em 2003, Calvão da Silva considerou que teria sido então aconselhável a via da transposição mínima, traduzida na inclusão na lei da defesa do consumidor já existente entre nós, das soluções da directiva neste ainda não incorporadas, bem como ainda das eventuais incompatibilidades do regime normativo ditado pela União Europeia com a disciplina consagrada na lei nº 24/96 de 31 de Julho.

60 Sobre esta noção restrita de consumidor, Calvão da Silva esclarece que tal corresponde à perspectiva acolhida no art. 2º da Lei nº 94/96. Segundo o autor "Alargar

nime na doutrina, colocando a mesma, desde logo, algumas dificuldades quanto à questão da aplicabilidade do regime do Decreto Lei nº 67/2003 às hipóteses em que o comprador dê uma utilização mista (pessoal e profissional) aos bens por si adquiridos.[61]

Expressão incontestável do objecto de protecção do consumidor subjacente ao regime estatuído no Decreto Lei nº 67/2003 encontra-se plasmado no art.º 2º nº2, onde estão previstas várias presunções de não conformidade dos bens com o conteúdo acordado no contrato de compra e venda. Em face deste regime, podemos constatar que não obstante o seu ponto de partida seja o clássico conceito de aptidão ou idoneidade,[62] a verdade, porém, é que, em nome da protecção do consumidor, este beneficia das presunções de não conformidade, revelando-se as mesmas como um auxiliar precioso em termos probatórios.

Em ordem a reforçar a tutela do consumidor, o legislador no art. 6º do regime da venda de bens de consumo, relativamente ao exercício dos seus direitos à reparação ou substituição da coisa permite o recurso à acção directa contra o produtor.[63] Trata-se de uma acção directa

---

mais e desmesuradamente a noção de consumidor, coração do Direito do Consumo na concepção finalista ou funcional que há muito defendemos – conjunto de regras que tem por finalidade proteger os consumidores –, corresponderia a estender este novo direito em construção para fora das suas fronteiras naturais, com perda da sua unidade, da sua coerência interna e da sua especificidade, na gula de procurar equivaler-se ao direito civil, a fazer lembrar a rã que quis ser boi", cf., SILVA, J. CALVÃO, *Compra e Venda de Coisas Defeituosas. Conformidade e Segurança, 5ª ed.*, Coimbra 2008, p. 144

---

61 Sobre esta matéria, cf., CARVALHO, JORGE MORAIS, *Os Contratos de Consumo*, Coimbra, 2012, pg 33.

62 Um tal conceito de idoneidade ou aptidão do bem para os fins a que se destina acolhido no regime comum estatuído nos art.os 913º e ss encontra no Decreto Lei 67/2003 paralelo na categoria da conformidade do bem com as finalidades contratuais. Verdadeiramente a obrigação de conformidade com o contrato constante do nº 1 do art.º 2º do regime da venda de bens de consumo traduz-se num corolário do princípio da pontualidade do cumprimento dos contratos, cf., SILVA., J. CALVÃO, *Venda de Bens de Consumo...*, ob. cit., pg.81.

63 Enquanto no nº1 do art.º 6º do Decreto Lei nº 67/2003 se encontra prevista a acção directa contra o produtor, no nº3 deste mesmo preceito consagra-se a responsabilidade solidária do representante do produtor na zona de domínio do consumidor. Desta feita, o consumidor pode "intentar a acção directa só contra o produtor, só contra o seu representante ou contra ambos (regime do litisconsórcio voluntário - art.º517º do código civil)...", cf., SILVA, J. CALVÃO, *Venda de bens...*, ob. cit., p. 126. Esta solução da acção directa contra o produtor era, de resto, há muito reclamada por Calvão da Silva, cfr, SILVA, J. CALVÃO, *Responsabilidade Civil...*, ob. cit., p. 327.

cujo âmbito objectivo se cinge à efectivação dos direitos do consumidor à reparação ou à substituição da coisa. Para além disso, e no tocante ao âmbito subjectivo da acção prevista no art. 6º do Decreto Lei nº 67/2003, o recurso à mesma é facultada apenas ao consumidor – adquirente final contra o produtor (nº 1 deste preceito), sem prejuízo dos direitos que lhe assistem perante o vendedor (parte inicial do nº1 do art. 6º). Desta feita, "... a action directa contra o produtor nao exclui a acção contratual do consumidor lesado contra a pessoa que lhe vendeu directamente o produto defeituoso".[64]

Ainda a propósito da delimitação do âmbito deste expediente previsto no art. 6º nº 1 do Decreto Lei nº 67/2003, importa referir que o recurso à "acção directa própria e não cedida" ao último adquirente do produto apenas é permitido se a falta de conformidade do produto já se registava no momento da sua entrada em circulação, pois se a mesma apenas decorre da actuação de um dos intervenientes da cadeia económica de distribuição (por ex: no primeiro grossista), então o consumidor final já não poderá intentar a acção directa contra o produtor. Com a consagração deste regime, além de se respeitar uma tendência doutrinal e jurisprudencial do nosso ordenamento jurídico para aceitar o concurso de responsabilidade contratual e extracontratual,[65] consegue-se ainda suprir algumas dificuldades suscitadas pelo regime da responsabilidade contratual vertido no próprio Decreto Lei nº 63/2007.

Apesar do regime contido neste diploma respeitante à compra e venda de bens de consumo já não apresentar as debilidades próprias da disciplina plasmada nos art.os 913º e ss decorrentes do dogma da culpa, certo é que o encadeamento e a interdependência funcional de contratos sucessivos poderia constituir um significativo obstáculo ao exercício dos direitos do consumidor previstos no art. 4º, nº 1 do Decreto Lei nº 67/2003, entre os quais se contabiliza o direito à reparação ou à substituição da coisa.

Não ficaria completa esta exposição se não fosse feita ainda uma referência, conquanto breve e sumária, á obrigação geral de segurança prevista no Decreto Lei nº 69/2005 de 17 de Março.[66] Estando em causa um regime legal aplicável a todos os produtos e serviços não abrangidos por legislação especial, extraem-se do mesmo um conjunto de definições acerca de segurança, permitindo assim auxiliar o intérprete naquilo que

64 Cf., neste sentido, SILVA. J. CALVÃO DA, *Venda de bens...*, ob. cit., p. 126.

65 Cf., a este propósito, SILVA., J. CALVÃO, *Responsabilidade civil...*, ob. cit., p. 327.

66 Este Decreto Lei nº 69/2005 de 17 de Março transpôs para a ordem jurídica nacional a Directiva 2001/95/CE.

possa ser entendido por segurança razoavelmente esperada dos produtos (art. 4º do Decreto Lei nº 383/89).

Através das directrizes de segurança definidas para a delimitação do âmbito da obrigação geral de segurança, consegue o decidente mais facilmente identificar a existência de uma conduta ilícita do produtor ou de outro intermediário na cadeia económica de distribuição. Importa, na verdade, para proceder a essa identificação do ilícito comprovar a existência de hipóteses de violação de concretos deveres neste diploma impostos aos produtores ou aos distribuidores de bens, entre os quais avultam os deveres de informação.

Em rigor, o âmbito objectivo deste diploma não se revela coincidente com aqueloutro definido pelo regime da responsabilidade civil do produtor, uma vez que, para efeitos de aplicação do Decreto Lei nº 69/2005 de 17 de Março tanto se consideram abrangidos os bens, quanto os serviços, sejam estes disponibilizados, a título oneroso ou gratuito. Ora, como resulta claramente do disposto no art. 5º, al.) a), quando o produtor prove não ter colocado o produto numa cadeia económica de distribuição, ao mesmo não pode ser imputada responsabilidade. Assim sendo, para efeitos do regime da responsabilidade civil do produtor, apenas se consideram abrangidos bens ou produtos, cuja transação seja marcada pela característica da onerosidade.

Este diploma legislativo de 2005 transpôs para o ordenamento jurídico nacional a Directiva 2001/95,[67] sendo que uma tal directiva versando sobre a segurança geral dos produtos deveria no âmbito do processo legislativo ter precedido a Directiva 85/374, porquanto esta se centra apenas na problemática da responsabilidade civil. Acerca deste iter cronológico da legislação europeia em matéria de consumo, convocamos a lição sábia deixada por Calvão da Silva: "Naturalmente, porque vale mais prevenir do que remediar, seria lógico o processo legislativo ter conduzido primeiro à directiva sobre a segurança geral dos produtos, complementado pela directiva respeitante à separação dos danos. Mas na "real politic" também da política legislativa, a política dos pequenos passos "só tornou possíveis aqueles resultados naqueles momentos, de resto sem inconvenientes de maior: primeiro porque a responsabilidade civil também desempenha uma função preventiva,...segundo, porque a constatação da dificuldade ou mesmo impossibilidade prática de legislação comunitária para cada produto viabilizou directivas horizontais, a imporem aos agentes económicos a obrigação geral de comercializarem

67 Este diploma normativo veio revogar a anterior Directiva respeitante à segurança geral dos produtos- Directiva 92/59/CEE.

apenas produtos seguros, colmatando assim a falta ou as insuficiências específicas para cada produto existente ou futuro (cf., art.º 2º do Decreto Lei nº69/2005)".[68]

Porém, em face de toda esta breve exposição em torno do modo como foi evoluindo a protecção de quem é vítima de prejuízos provocados por produtos defeituosos ou portadores de vícios, chega-se à conclusão que o entrecruzamento das disciplinas contratual e extracontratual, suprindo reciprocamente debilidades de uma e de outra, bem como o abandono progressivo da regra da culpa em prol de um modelo de responsabilidade objectiva, conduziriam, de modo inequívoco, a um reforço da tutela dos lesados por produtos ou bens defeituosos.

68 Cf., SILVA, J. CALVÃO., Compra e Venda..., ob. cit., pgs. 184-185.

MULTIPROPRIEDADE IMOBILIÁRIA: QUESTÕES CONTROVERTIDAS

Guilherme Calmon Nogueira da Gama
Luiz Gustavo Lopes Pereira

1. CONTORNOS DA MULTIPROPRIEDADE IMOBILIÁRIA

Um registro inicial refere-se à homenagem que a Academia Brasileira de Direito Civil (ABDC) prestou ao Professor da Faculdade de Direito da Universidade de Coimbra, Professor Doutor João Calvão da Silva, e que é retratada nesta obra coletiva em reconhecimento ao Professor Catedrático não apenas pelo legado deixado no âmbito do Direito português, mas também para "além-mar". Pesquisador erudito e preocupado com os institutos do Direito Privado, o Professor João Calvão foi eleito por aclamação pelos fundadores da ABDC para se tornar seu primeiro acadêmico internacional em virtude não apenas de seus atributos científicos e suas contribuições essenciais ao Direito, mas por haver se tornado pessoa fundamental para o desenvolvimento das atividades acadêmicas, tais como os Congressos realizados pela ABDC em Coimbra e em Salamanca em 2012. Este trabalho representa uma contribuição para a justíssima e merecedíssima homenagem ao amigo João Calvão da Silva que nos deixou, mas que sempre será lembrado como um grande jurista e responsável pelo aperfeiçoamento das instituições e dos institutos jurídicos em Portugal, no Brasil, em Macau e em todos os lugares do planeta que tiveram sua presença para compartilhar seu vasto conhecimento.

O tema escolhido para este artigo é aquele desenvolvido na palestra intitulada "Multipropriedade imobiliária: perspectiva comparatista Brasil-Portugal" proferida em 2019 no Congresso Intercontinental de Direito Privado realizado em Coimbra em homenagem ao Professor Doutor João Calvão da Silva e, por isso, será abordada a multipropriedade imobiliária.

A multipropriedade refere-se à relação jurídica de aproveitamento econômico de coisa móvel ou imóvel, dividida em unidades fixas de tempo, de forma que múltiplos titulares possam utilizar-se da coisa de modo exclusivo e perpétuo, cada um a seu turno. Vislumbra-se, assim, um direito que pode ser perpétuo quanto à duração, ainda que temporário quanto ao seu exercício. Na França, Itália, Portugal, Espanha e Estados Unidos, esse fenômeno recebeu variadas denominações, todas indicando a percepção visual de uma pluralidade de direitos individuais sobre a mesma base material, repartida em frações de tempo[1]. A origem do instituto se deu no continente europeu como expressão da autonomia privada na busca de soluções para a crise no setor imobiliário dos anos setenta, mas que também teve reflexos no mercado de bens móveis, além de haver incidido sobre vagas de estacionamento de veículos automotores nos grandes centros urbanos.

Em Portugal, a multipropriedade imobiliária foi instituída sob o nome "direito real de habitação periódica", no período em que houve grande procura pela "casa de férias", sendo uma nova opção de investimento[2]. O Decreto-Lei n° 355, de 31/12/1981, tratou do referido direito através da previsão sobre a promoção de um negócio por pessoa física ou jurídica consoante o qual o proprietário de um "conjunto imobiliário" – posteriormente denominado de "clube" – sobre o qual incidiam os direitos limitados, assegurava aos titulares a utilização do bem imóvel por uma semana no período de um ano, reiteradamente, em cunho limitado ou perpétuo.

Na multipropriedade imobiliária, objeto específico do presente trabalho, diversos proprietários repartem o aproveitamento econômico do imóvel em turnos intercorrentes, frequentemente semanais, designando-os detalhadamente a cada um dos titulares, com caráter exclusivo e perpétuo, de modo que a cada multiproprietário seja conferido o direito de aproveitamento econômico de uma fração espaço-temporal, recaída sobre determinada unidade imobiliária em período certo do ano, sem o concurso dos demais[3].

Em termos econômicos, a titularidade de numerosos direitos sobre um mesmo complexo imobiliário abre o mercado a camadas sociais sem recursos para aquisição de imóvel unifamiliar, principalmente em termos de casa de férias. Famílias que desejam a segunda casa somente para o período de repouso anual satisfazem sua necessidade desembolsando quantia relativamente modesta, reduzindo-se, notadamente, os custos de manutenção e guarda do imóvel[4]. Por outro lado, o sistema

---

1 TEPEDINO, Gustavo. Multipropriedade imobiliária. 1ª ed. São Paulo: Saraiva, 1993, pp. 1-2.

2 SANTOS, Aline Atília Alexandrina Bezerra dos; OLIVEIRA, Catarina de Almeida. Multipropriedade imobiliária e a concretização da função social na garantia do acesso à moradia de lazer. Revista Síntese de Direito Imobiliário. n. 48. Porto Alegre: Editora Síntese, nov.-dez. 2018, p. 20.

3 GAMA, Guilherme Calmon Nogueira da. Direitos reais. 1ª ed. São Paulo: Atlas, 2011, p. 410.

4 Ibidem, p. 410.

multiproprietário majora as margens de lucros por imóvel em razão da grande quantidade de titulares, sob a perspectiva do empreendedor. Com preços diferenciados ao longo do ano, atrelados à valorização do mês escolhido (inserido nas estações anuais, em especial no verão ou no inverno, época de férias escolares ou período letivo), os adquirentes moldam o investimento de acordo com seu estilo de vida e poder aquisitivo[5].

Do ponto de vista da indústria turístico-hoteleira e de serviços, a economia das regiões envolvidas se mantém aquecida em todos os períodos do ano, livrando-se da sazonalidade típica desse segmento. Ao se promover maior equilíbrio no comércio e nos serviços locais, fomenta-se, ao mesmo tempo, a estabilidade das relações trabalhistas e a sustentabilidade, com a redução da proliferação indiscriminada de construções subutilizadas ou descuidadas[6].

As primeiras experiências de multipropriedade no Brasil surgiram nos anos oitenta do século XX, destituídas de estável disciplina jurídica. Desde então, desenvolveram-se conflitos concernentes à natureza da situação jurídica de multipropriedade, ora concebida como instituto de direito real ora como direito obrigacional, semeando insegurança a adquirentes e empreendedores inseridos na dinâmica da multipropriedade imobiliária[7]. Duas fórmulas foram apresentadas no Brasil quanto ao início das operações de multipropriedade imobiliária[8], acompanhadas de significativa campanha publicitária: i) a multipropriedade imobiliária veiculada através da noção de "apart-hotel"; ii) a multipropriedade hoteleira também organizada sob a forma imobiliária. Neste segundo caso, o multiproprietário adquire o direito ao aproveitamento econômico de um apartamento, por exemplo, localizado em região de praia do Rio de Janeiro, a baixo custo, dispondo de toda estrutura de um hotel de alta categoria, associado à campanha de oferecimento de um sistema de intercâmbio através do qual os multiproprietários podem utilizar apartamentos em diversos países cujos titulares se disponham a usar outra fração espaço-temporal no mesmo período, com reciprocidade. O primeiro modelo, por sua vez, corresponde à aquisição de unidade (tal como um apartamento) em compropriedade, sobre a qual haverá

5 TEPEDINO, Gustavo. A nova Lei da Multipropriedade Imobiliária. Revista Brasileira de Direito Civil – RBDCivil, v. 19, jan./mar. 2019, p. 11.

6 TEPEDINO, op. cit., nota 7, p. 11.

7 TEPEDINO, op. cit., nota 3, p. 2.

8 SANTOS, Aline Atília Alexandrina Bezerra dos; OLIVEIRA, Catarina de Almeida. Multipropriedade (...), op. cit., p. 25.

52 (cinquenta e dois) multiproprietários, cada um deles titular de uma fração ideal de 1/52 da unidade e signatário de um pacto de utilização da coisa comum, com atribuição a cada qual do direito de uso da unidade apenas em determinada semana do ano.

Quase quarenta anos depois, o tema permanece pertinente, instigando manifestações jurisprudenciais e legais. Em setembro de 2016, o Superior Tribunal de Justiça apreciou o Recurso Especial nº 1.546.165-SP, relacionado à questão de um dos multiproprietários imobiliários ser devedor em outra relação jurídica diversa da multipropriedade imobiliária, atravessando-se, no julgamento, a natureza jurídica do instituto e a possibilidade de que a execução promovida contra o titular do direito de multipropriedade atingisse o bem objeto do sistema[9]. Em dezembro de 2018 foi publicada a Lei nº 13.777, que alterou o Código Civil, na parte que cuida do condomínio edilício, e a Lei de Registros Públicos, trazendo disposições minuciosas acerca do regime jurídico da multipropriedade imobiliária e do seu registro no cartório imobiliário.

2. REALIDADE DO DIREITO, PRINCÍPIO DO *NUMERUS CLAUSUS* E AUTONOMIA PRIVADA

A multipropriedade imobiliária manifesta caráter real, visto que o vínculo jurídico formado adere imediatamente ao bem imóvel sobre o qual incide, servindo o contrato, conquanto fundamental, tão somente para definir o objeto do direito e regular a relação entre os multiproprietários, e o vínculo entre estes e a empresa promotora, a quem se atribui a função de gerir o imóvel. Contudo, a limitação espaço-temporal de poderes não é o fato de intermediação, mas de mera coordenação e demarcação de esferas jurídicas, não afastando a natureza real do direito do multiproprietário[10].

A partir da incidência direta da Constituição nas relações patrimoniais de natureza privada, conforme ensinam Milena Donato Oliva e Pablo Rentería, depreende-se que "os princípios da taxatividade e da tipicidade não podem significar o aprisionamento formalista dos direitos reais, já que sua finalidade axiológica limita-se a evitar entraves socialmente inúteis ao aproveitamento dos bens". Não podem, igual-

9 CHALHUB, Melhim. Multipropriedade: uma abordagem à luz do Recurso Especial 1.546.165-SP. Revista de Direito Imobiliário. v. 82. São Paulo: Editora Revista dos Tribunais, jan.-jun. 2017, p. 71-86.

10 TEPEDINO, op. cit., nota 3, p. 59.

mente, significar a supressão da liberdade contratual em matéria de direitos reais[11].

Adjacentes às regras imperativas, que estabelecem o conteúdo de cada tipo real, estão os preceitos dispositivos, prometidos à autonomia privada. Se a criação de um novo direito real está a cargo do legislador, que deve respeitar os limites de utilidade social definidos pela Constituição, certo é que no terreno do conteúdo de cada tipo real há um vasto jardim por onde atua a autonomia privada. O debate sobre o *numerus clausus* deve ser redimensionado, mesmo admitindo-se que a reserva legal para a predisposição de uma nova figura real é irrefutável por representar princípio de ordem pública. Muito mais fértil é averiguar, na dinâmica da atividade privada, os negócios jurídicos que, no contexto dos tipos reais prefixados pelo Código Civil, possam sobreviver sem a reprovação do sistema[12].

Os tipos reais são abertos, coexistindo, no interior de cada tipo, regras essenciais e outras que podem ser livremente alteradas pelas partes. Admite-se que a autonomia privada possa atuar a fim de moldar o conteúdo do direito real aos legítimos interesses das partes[13]. A modelação do tipo de direito real, por atuação da autonomia privada, deve respeitar interesses coletivos, interesses de terceiros e interesses dos próprios titulares da situação jurídica de direito real[14].

Com base no princípio da relatividade dos contratos, a autonomia privada não pode construir vínculos que atinjam situações jurídicas de terceiros, de modo que se obsta a criação de direitos reais que, providos de eficácia *erga omnes*, provocariam o dever genérico de abstenção, sem o anterior consenso da coletividade e sem a generalidade e abstração próprias da norma jurídica. Só a lei, no sistema democrático, carrega o consenso social capaz de autorizar a produção de efeitos *erga omnes*[15].

Abraçando-se como disposição categórica o elenco taxativo de direitos reais gestado pelo legislador, remanesce aberto um significativo es-

11 OLIVA, Milena Donato; RENTERÍA, Pablo. Autonomia privada e direitos reais: redimensionamento dos princípios da taxatividade e da tipicidade no direito brasileiro. Civilistica.com. Rio de Janeiro, a. 5, n. 2, 2016, pp. 6-7. Disponível em: <http://civilistica.com/autonomia-privada-e-direitos-reais/>. Acesso em 08.06.19.

12 TEPEDINO, op. cit., nota 3, p. 83.

13 OLIVA, Milena Donato; RENTERÍA, Pablo. op. cit., nota 13, pp. 7-8.

14 GONDINHO, André Pinto da Rocha Osório. Direitos reais e autonomia da vontade: o princípio da tipicidade dos direitos reais. Rio de Janeiro: Renovar, 2000, p. 137.

15 TEPEDINO, op. cit., nota 3, p. 84.

paço, concedido à autonomia privada nesta seara[16]. Independentemente da natureza contratual ou real atribuída aos respectivos direitos, certo é que o ordenamento jurídico permite o estabelecimento de situações jurídicas com eficácia real, que traduzem normativa convencional, tendo de se sujeitar a um controle de legitimidade sob pena de se estipularem verdadeiros direitos reais atípicos à margem do sistema[17].

Nem sempre o Código Civil e as leis especiais disciplinam expressamente a atividade privada assim desenvolvida. O controle pelo Poder Judiciário, no entanto, é inderrogável por força da tutela constitucional da propriedade e da iniciativa econômica, ambas funcionalizadas aos valores existenciais que guiam todo o ordenamento, erguidos como princípios fundamentais da Constituição. Descansa aí o verdadeiro significado que envolve o princípio da tipicidade, capaz de impedir vínculos prejudiciais para os contratantes e para a coletividade[18].

O controle de legalidade não pode restringir-se, por conseguinte, ao princípio do *numerus clausus*, no sentido de impedir o advento de situações reais, e tampouco à legislação ordinária[19]. Deve abarcar a tutela constitucional da iniciativa privada e da propriedade, de forma que a atividade econômica se sujeite aos princípios constitucionais, fazendo incidir, nas relações privadas, na esfera das quais se inserem as relações de multipropriedade, os valores existenciais e sociais assinalados no vértice do ordenamento[20].

3. OBJETO DEMARCADO NO TEMPO E NO ESPAÇO

O interesse dos multiproprietários aponta para uma posição jurídica de amplos poderes, de conteúdo exclusivo, perpétuo e transmissível a qualquer título, ainda que incidente sobre objeto exíguo, circunscrito a um turno de utilização de uma fração imobiliária. Na correta individuação do objeto do direito está a chave para a qualificação jurídica da multipropriedade. A utilização periódica do bem não resulta de uma restrição imposta aos poderes do comproprietário, mas desvela uma adequação do modo de fruir do proprietário à natureza do bem objeto de seu direito. Assim, a multipropriedade seria um direito de propriedade caracterizado pela incidência sobre um objeto demarcado no espaço e

16 GONDINHO, op. cit., nota 16, p. 81.

17 TEPEDINO, op. cit., nota 3, pp. 84-85.

18 Ibidem. p. 85.

19 TEPEDINO, op. cit., nota 3, p. 85.

20 GONDINHO, op. cit., nota 16, p. 138.

no tempo, identificador da unidade imobiliária em determinado turno anual[21]. O que é realmente importante é o tempo como definidor de unidades fixas, em compartimentos formados por unidade preestabelecidas, mensuráveis e utilizáveis de maneira perpétua, sendo o elemento temporal associado à unidade (apartamento ou casa, por exemplo): é a coisa no tempo que deve ser considerada.

Os princípios do *numerus clausus* e da tipicidade, embora afastem da autonomia privada o poder de alterar o conteúdo típico dos direitos reais elencados pelo legislador, não impedem a livre individuação do objeto do direito de propriedade, desde que observados os limites de licitude e da possibilidade material da apropriação econômica. Não é difícil admitir, logo, a compatibilidade do princípio do *numerus clausus* com a individuação do objeto do direito do multiproprietário por meio de sua dimensão temporal e do usual critério espacial adotado para a individuação dos bens imóveis[22].

A multipropriedade importaria, assim, em um direito de uso e fruição, em caráter exclusivo e perpétuo, de uma fração espaço-temporal do imóvel, formando unidade autônoma, de titularidade exclusiva, potencialmente plena, cuja peculiar utilização por turno decorreria da conformação da disciplina do direito ao seu objeto, delimitado no tempo e no espaço[23].

Cada multiproprietário apresenta-se como titular de um direito de propriedade, estabelecendo-se tantos bens quantos forem os turnos demarcados em cada ano, todos incidentes sobre a mesma base material. Tem-se um direito que não é temporário, já que sua duração é ilimitada no tempo, sendo exíguo unicamente o seu objeto. Por consequência, nos demais dias do ano o apartamento, por exemplo, é de propriedade alheia, pertencendo aos demais multiproprietários[24].

Do ponto de vista científico, individuar um bem imóvel, com a transcrição no registro de imóveis do ato de aquisição negocial ou judicial, significa definir um novo bem sobre o qual se faz incidir um direito. É o interesse do proprietário, objetivando certa utilidade, que justifica a individuação de novos bens perante o Registro de Imóveis, desde que seja lícita a constituição do novo bem[25].

21 TEPEDINO, op. cit., nota 3, p. 87.

22 GONDINHO, op. cit., nota 16, pp. 92-93.

23 GAMA, op. cit., nota 5, p. 412.

24 Ibidem, pp. 412-413.

25 TEPEDINO, op. cit., nota 3, pp. 93-95.

Uma porção do imóvel, mesmo que aparentemente constitua objeto de um direito autônomo, apenas configura entidade isolada se for promovida específica individuação. Em nenhuma hipótese, portanto, a divisão horizontal ou o condomínio do edifício de apartamento surge de modo espontâneo. Propriedade horizontal haverá quando, por destinação do proprietário ou por convenção entre coproprietários, se institua, por meio de ato unilateral de vontade ou através de declarações de vontade[26].

O procedimento de individuação será informado pelo interesse que a utilidade da base material possa despertar no proprietário, limitado unicamente pela legislação imobiliária ou por posturas municipais. Da divisão material resultam direitos de propriedade plenos e ilimitados em sua dimensão espacial e temporal. A qualificação anterior da coisa, da qual se extrai o bem individuado, não vincula o novo direito, firmando-se direitos de propriedade autônomos. Ao se estabelecer o empreendimento de multipropriedade, busca-se individuar propriedades particulares, através da demarcação espacial e temporal, diferenciando-se do interesse presente nas situações de comunhão e de propriedade resolúvel, já que o multiproprietário visa a um direito de cunho exclusivista e sem termo final[27].

A individuação ora suscitada difere da individuação tradicional das unidades por recorrer ao fator tempo a caracterizar cada um dos direitos individuais de domínio. Nos arranjos tradicionais de aquisição, as linhas limítrofes territoriais bastam a evitar conflitos com outros interesses, sem a necessidade de se mencionar a dimensão temporal da coisa. A dimensão temporal, nessas hipóteses, embora não explicitada, existe, constando de forma implícita em qualquer realidade espacial[28].

O modelo clássico da multipropriedade é a de um edifício constituído por diversos apartamentos, de modo que cada unidade (apartamento) seja compartilhada, no tempo, por diferentes titulares. Há, assim, uma pluralidade de direitos individuais sobre a mesma "base material" (ou seja, sobre o apartamento), dividida em frações de tempo, com implicações na consideração de "diversos domínios, sucessivamente encadeados e decorrentes da divisão modular"[29].

---

26 PEREIRA, Caio Mário da Silva. Condomínio e Incorporações. 13ª ed. Rio de Janeiro: Forense, 2018, p. 86.

27 TEPEDINO, op. cit., nota 3, pp. 95-97.

28 Ibidem, pp. 97-98.

29 OLIVEIRA JÚNIOR, Dario da Silva; CHRISTOFARI, Victor Emanuel. Multipropriedade (*time sharing*). Rio de Janeiro: Lumen Juris, 2000, p. 4.

4. COMPATIBILIDADE COM O CONDOMÍNIO EDILÍCIO

Na multipropriedade, o tempo circunscreve seus efeitos em módulos que se repetem a cada ano, de tal sorte que, repartido o ano em períodos predeterminados, os turnos retornam cíclica e indefinidamente. Cada ano se renova exatamente com doze meses, cada mês, em regra, com trinta dias e assim sucessivamente, formando elementos rígidos, que delimitam o período temporal, como o metro demarca a dimensão espacial. Nada impede, no ordenamento jurídico, o estabelecimento de múltiplos direitos subjetivos de propriedade, mesmo que envolvam apenas alguns centímetros, metros, hectares, meses ou semanas de cada ano[30].

A coisa em sentido jurídico, individuada nas dimensões espacial e temporal, não perde a sua materialidade, eis que ambos os critérios são complementares. O bem jurídico assim caracterizado é passível de acurada identificação e descrição, tendo de peculiar tão somente a impossibilidade de visualização da demarcação. Sob esse prisma, o direito do multiproprietário atende à exclusividade dominical. No plano da coisa que constitui o objeto do seu direito, o multiproprietário rechaça a ingerência alheia. O fato de um mesmo suporte físico abarcar dois diversos e autônomos objetos, cada um de propriedade exclusiva, encontra-se nos condomínios de edifícios[31].

Postula-se, com a multipropriedade, uma configuração dominical necessariamente inserida na relação com os demais multiproprietários, cada qual em atitude de cooperação recíproca para o aproveitamento econômico do próprio bem. Todavia, o liame entre o sujeito e o objeto é imediato. Tem-se uma situação jurídica subjetiva de natureza real, marcada pelo aproveitamento econômico imediato e pelo dever genérico de abstenção[32].

Ressalta-se que a existência de relações obrigacionais no âmbito de direitos reais não é atípica, notadamente no usufruto, nas servidões prediais, no domínio, em certas relações de vizinhança e nos condomínios de edifícios. O aproveitamento econômico da coisa caminha junto com a participação de outros sujeitos determinados, sem que por isso se enfraqueça o traço de realidade entre o titular do direito e a coisa. A relação de multipropriedade, traduzindo direito de propriedade sobre uma mesma base imobiliária, requer vínculos obrigacionais atinentes

30 TEPEDINO, op. cit., nota 3, p. 100.

31 TEPEDINO, op. cit., nota 3, pp. 102-103.

32 Ibidem, p. 104.

ao exercício dos poderes dos titulares, sem embargo da natureza real do direito[33].

A disciplina dos vários direitos de multipropriedade justapostos sobre um mesmo apartamento, por exemplo, exige um regime legal que concilie o aproveitamento econômico individual com as necessidades provenientes do empreendimento imobiliário que se interliga às unidades autônomas e as assimila. Não há multipropriedade sem o panorama da relação jurídica complexa, com múltiplos titulares e uma base imobiliária sobre a qual todos tenham uma fração ideal. A multipropriedade demanda uma disciplina que concilie a utilização por turno das unidades exclusivas (propriedades individuais) com as áreas comuns, integradas em complexo imobiliário, compostas não só pelo solo e demais espaços de propriedade coletiva, mas também pelas frações de tempo interpostas entre os turnos dos multiproprietários (propriedade comum)[34].

No caso brasileiro, vislumbra-se a compatibilidade do sistema positivo da duplicidade de regime jurídico (propriedade exclusiva e compropriedade), reclamada pela multipropriedade, com o condomínio de edifícios. As divergências na individuação da unidade autônoma do multiproprietário e o apartamento tradicionalmente identificado no edifício não tornam divergente o sistema condominial misto de ambas as situações. A disciplina do condomínio especial encontra aplicação direta, não se falando em analogia[35]. Ademais, o Enunciado nº 89 da I Jornada de Direito Civil, aprovado no âmbito do Conselho da Justiça Federal, dispõe que à multipropriedade imobiliária se aplica a disciplina dos arts. 1.331 a 1.358 do Código Civil, que se refere ao condomínio edilício.

Tanto nos prédios de apartamentos quanto nos empreendimentos de multipropriedade podem inexistir áreas comuns diversas do solo e da construção, apesar de normalmente serem munidos de estruturas de lazer, objetivando o conforto dos usuários. Fundamental ao condomínio edilício, contudo, não é a regulação de tais áreas suplementares, e sim a harmonização da convivência obrigatória dos direitos exclusivos sobre solo e construção comum, condição de existência do sistema[36].

Ante à reconstrução da multipropriedade como espécie dominical, definindo-se seu objeto através dos elementos espaço e tempo,

---

33 Ibidem, pp. 104-106.

34 GAMA, op. cit., nota 5, p. 413.

35 TEPEDINO, op. cit., nota 3, pp. 108-109.

36 Ibidem, p. 109.

constituindo direito exclusivo necessariamente vinculado à co-titularidade dos multiproprietários sobre o solo e a construção comuns, parece adequado seu enquadramento no regime da propriedade horizontal, cuja disciplina, no Direito positivo, abre significativa margem de atuação para a autonomia privada, tanto no que tange à individuação das unidades autônomas, quanto em relação à convivência interna, regida substancialmente pela convenção, de livre estipulação pelos condôminos[37].

O Superior Tribunal de Justiça, no julgamento do Recurso Especial nº 1.546.165-SP, em 06/09/16, a partir do voto-vista do Ministro João Otávio de Noronha, se alinhou à tese de que a multipropriedade imobiliária possui natureza jurídica de direito real. O caso discutido nos autos versava sobre ordem de penhora oriunda de execução movida pelo condomínio recorrido em virtude de dívida condominial. A recorrente alegava ser detentora da propriedade de 2/52 avos de imóvel registrado na modalidade de *time-sharing*, que fora subdividido em 52 frações ideais, pertencendo a titulares diversos, o que impossibilitaria a constrição judicial sobre a totalidade do imóvel.

O Ministro João Otávio de Noronha concluiu que a multipropriedade imobiliária possui natureza jurídica de direito real, harmonizando-se com os institutos do art. 1.225 do Código Civil, e que o multiproprietário, em hipótese de penhora do imóvel objeto do *time-sharing*, tem, nos embargos de terceiro, o instrumento judicial a proteger o bem objeto de constrição[38]. O voto do relator Ministro Ricardo Villas Bôas Cueva, que restou vencido, entendia que o contrato de *time-sharing* não garantia direito real, mas mero direito pessoal, sendo possível a penhora do imóvel sobre o qual incide a multipropriedade, fundamentando que as diferenças entre a multipropriedade e as formas típicas de direitos reais não seriam poucas.

Antes da edição da Lei n° 13.777/18, houve quem defendesse a posição segundo a qual o instituto se aproximaria mais "da conformação do usufruto e da concessão do direito real de uso (...) do que do regime condominial misto, com vantagens em relação a este, pois, além do direito real de uso exprimir com precisão e clareza o direito atribuído ao adquirente, é menos complexo e menos oneroso do que a transmissão do domínio pleno"[39]. Contudo, com a introdução dos

37 Ibidem, pp. 109-110.

38 CHALHUB, Melhim. Multipropriedade (...), op. cit., p. 79.

39 CHALHUB, Melhim. Multipropriedade (...), op. cit., p. 84.

arts. 1.358-B a 1.358-U ao Código Civil, tal orientação não tem como ser observada.

5. APLICAÇÃO DA LEI Nº 4.591/64, INFLUÊNCIA DO CÓDIGO CIVIL DE 2002 E A EDIÇÃO DA LEI Nº 13.777/18

A Lei nº 4.591/64, Lei de Condomínio Edilício e Incorporações Imobiliárias, consignou a concepção moderna de propriedade horizontal. O seu art. 1º alista nesse regime toda edificação ou conjunto de edificações, de um ou de vários pavimentos, com a construção sob a forma de unidades autônomas isoladas entre si. As unidades autônomas devem ser tratadas objetivamente como tais e assinaladas por uma identificação numérica ou alfabética, para fins de identificação e discriminação. A cada unidade deve corresponder uma quota ou fração ideal do terreno e das partes e coisas comuns, expressa sob a forma decimal ou ordinária, conforme a regra prevista no § 2º do art. 1º da Lei nº 4.591 e incorporada no art. 1.331, § 3º, do Código Civil[40].

O art. 2º da Lei nº 4.591 exige que cada unidade tenha acesso à via pública, não se admitindo a apropriação da rota de comunicação por uma só pessoa, ou que ela se efetue por meio da unidade pertencente a um condômino[41]. Previsão similar consta no § 4º do art. 1.331 do Código Civil, que prima o acesso ao logradouro público dispensando a passagem por outras unidades[42]. A doutrina não postula outros requisitos para a configuração da propriedade horizontal, bastando as condições legais veiculadas nos dispositivos supracitadas, presentes na relação de multipropriedade[43].

Com a publicação da Lei nº 13.777, de 20 de dezembro de 2018, o Código Civil sofreu um acréscimo na parte que cuida do condomínio edilício, passando a regular expressamente, nos arts. 1.358-B a 1.358-U o regime jurídico da multipropriedade. A referida lei também ofereceu nova redação aos arts. 176 e 178 da Lei nº 6.015/73, a Lei de Registros Públicos. O art. 1.358-B do Código Civil estabelece que o fenômeno da multipropriedade deve ser regido supletiva e subsidiariamente pela Lei nº 4.591/64 e pela Lei nº 8.078/90 - o Código de Defesa do Consumidor[44].

---

40 PEREIRA, op. cit., nota 28, p. 40.

41 PEREIRA, op. cit., nota 28, p. 40.

42 GAMA, op. cit., nota 5, p. 398.

43 TEPEDINO, op. cit., nota 3, p. 111.

44 VENOSA, Sílvio de Salvo. Multipropriedade (time-sharing). Disponível em: <https://www.migalhas.com.br/dePeso/16,MI295907,61044-Multipropriedade+time+sharing>. Acesso em 06.04.2019.

O art. 1.358-C, do CC, define a multipropriedade como regime de condomínio, fazendo menção à titularidade da fração de tempo por cada proprietário, que confere a faculdade de uso e gozo, com exclusividade, da totalidade do imóvel, a ser exercida pelos proprietários de forma alternada. O dispositivo restringe o alcance da Lei nº 13.777 aos bens imóveis, no âmbito do condomínio edilício. O parágrafo único do art. 1.358-C, do CC, dispõe que a multipropriedade não se extingue automaticamente se todas as frações de tempo passarem a pertencer ao mesmo multiproprietário[45].

É indicada no art. 1.358-D, do CC, a indivisibilidade do condomínio, afastando qualquer ação de divisão ou extinção de condomínio[46]. O art. 1.358-E atribui a característica da indivisibilidade à fração de tempo, impedindo seu parcelamento pelo titular. Este pode adquirir mais de uma fração de tempo, não cabendo reparti-la em períodos de tempo inferiores àquele previsto no ato constitutivo do direito[47].

Estabeleceu-se o período mínimo de tempo de sete dias, a serem usufruídos de forma seguida ou intercalada, como três dias em um mês e quatro dias no mês seguinte. Dessa maneira, tem-se o condomínio em multipropriedade com, no máximo, 52 multiproprietários[48]. A lei autoriza, ainda, no art. 1.358-N, que o instituidor ressalve fração de tempo adicional destinada à realização de reparos do imóvel, a que constará da matrícula de cada unidade, como área (espaço-temporal) comum, sem matrícula específica, para compartir-se o ônus da manutenção das unidades[49].

O art. 1.358-E, do CC, em seu § 1º, abre margem de atuação à autonomia privada quando prescreve que a fração de tempo pode se dar de três maneiras. Na forma fixa, a fração de tempo se refere sempre ao mesmo período de cada ano. No sistema flutuante, estabelece-se um período de tempo diverso em cada ano, hipótese em que o titular do direito deve ser informado previamente acerca dos critérios objetivos da determinação do intervalo de tempo em que exercerá o domínio, observando-se a isonomia de tratamento na escolha da unidade de tempo. Na forma mista, possibilita-se a combinação de um período fixo e outro flutuante[50].

---

45 MELO, Marco Aurélio Bezerra de. Direito Civil: coisas. 3ª ed. Rio de Janeiro: Forense, 2019, pp. 292-293.

46 VENOSA, op. cit., nota 46.

47 MELO, op. cit., nota 47, p. 293.

48 MELO, op. cit., nota 47, pp. 292-293.

49 TEPEDINO, op. cit., nota 7, p. 14.

50 MELO, op. cit., nota 47, p. 293.

O art. 1.358-G, do CC, impõe como cláusulas obrigatórias na convenção de condomínio as que estipulam os poderes e deveres dos multiproprietários, sobretudo em matéria de instalações, equipamentos e mobiliário do imóvel, de manutenção ordinária e extraordinária, de conservação e limpeza, de pagamento da contribuição condominial, e acerca do número máximo de pessoas que podem ocupar simultaneamente o imóvel no período correspondente a cada fração de tempo. Outra questão ofertada à autonomia privada concerne à possibilidade de que o ato de instituição de condomínio ou a convenção disponha sobre o limite máximo de frações de tempo a cada titular, na forma do art. 1.358-H, do CC. Busca-se evitar possíveis comportamentos abusivos por parte daquele que figurar com uma copropriedade amplamente majoritária em desfavor dos minoritários[51].

Aos multiproprietários cabe eleger uma pessoa para administrar a coisa comum, que não será necessariamente condômino, resolvendo questões importantes relativas ao imóvel, como despesas correntes, obras indispensáveis à manutenção e conservação e limpeza. Conforme o art. 1.358-M, do CC, o administrador carrega a atribuição de coordenar a utilização do imóvel, considerando o direito de cada multiproprietário e definindo o período de gozo a ser exercido no prazo de um ano[52]. Ao administrador compete, também, elaborar orçamento anual e cobrar as quotas de cada um dos coproprietários, pagando as despesas comuns[53].

Na hipótese de multipropriedade imobiliária destinada à fruição, pelos multiproprietários, de alugueres por meio de um sistema de locação, a administração é confiada a uma pessoa jurídica especializada. Nesse caso, o administrador, com base na convenção de condomínio, poderá receber, diante da inadimplência de algum multiproprietário, poderes excepcionais que extrapolam a simples gestão, com base no parágrafo único do art. 1.358-S, do CC. O inciso I do dispositivo prevê a possibilidade de proibição de que o inadimplente utilize o imóvel até a integral quitação de dívida. Marco Aurélio Bezerra de Melo entende, no entanto, que a inadimplência, ainda que reiterada, não pode acarretar a privação do uso da unidade autônoma, fundamentando-se na proteção constitucional da propriedade privada, carreada nos arts. 5º, XXII e 170,

51 Ibidem, p. 294.

52 Ibidem, pp. 295-296.

53 SCHREIBER, Anderson. Multipropriedade Imobiliária e a Lei 13.777/18. Disponível em: <http://www.cartaforense.com.br/conteudo/colunas/multipropriedade-imobiliaria -e-a-lei-1377718/18333>. Acesso em 06.04.2019.

inciso II, bem como o direito fundamental social à moradia, expresso no art. 6º, todos da Constituição da República[54].

No que tange ao *caput* do art. 1.358-S do Código Civil, Gustavo Tepedino entende que a adjudicação ao condomínio edilício da fração de tempo correspondente, no caso de inadimplemento das taxas condominiais, é medida temporária, com o propósito de preservar o empreendimento, e caracteriza uma espécie de anticrese legal. Afirma o autor que "tal providência deve ser regulada na convenção, assegurando-se o amplo direito de defesa de cada titular"[55].

É lícito a qualquer condomínio, já instituído ou a se instituir, que preveja cláusula na convenção que limite ou obste a instituição da multipropriedade nos respectivos imóveis, sendo que essa vedação só pode ser alterada, no mínimo, pela maioria absoluta dos condôminos, em acordo com o art. 1.358-U, do CC. Além disso, o art. 1.358-P, no inciso VI, refere-se à possibilidade de a multipropriedade voltar-se para o incremento do turismo e da consequente hospedagem[56].

6. ASPECTOS REGISTRAIS: MATRÍCULAS INDIVIDUALIZADAS

O condomínio edilício pode constituir-se por destinação do proprietário do edifício, por incorporação imobiliária, ou por testamento, sendo mister que haja a manifestação de vontade direcionada à adoção do regime do Código Civil e da lei especial sobre condomínio e incorporação imobiliária. Os negócios de constituição de condomínio edilício devem ser levados a registro no Cartório Imobiliário, deles constando a individualização de cada unidade, sua fração ideal sobre o terreno e partes comuns e o fim a que se destinam as unidades, em sintonia com o art. 1.332 do Código Civil[57]. A previsão do Código Civil não representa uma inovação em face do art. 7º da Lei nº 4.591/64. O legislador apenas acrescentou a exigência da fixação da finalidade do condomínio no ato da sua constituição[58].

Ambos os dispositivos descartam a necessidade da individuação das unidades por repartição física, perceptível materialmente, posto que amarram o condomínio por unidades autônomas somente ao dever for-

54 MELO, op. cit., nota 47, p. 296.

55 TEPEDINO, op. cit., nota 7, p. 14.

56 MELO, op. cit., nota 47, p. 297.

57 GAMA, op. cit., nota 5, p. 401.

58 FEDOZZI, Marcos Eduardo Goiana. Condomínio Edilício no novo Código Civil. 1ª ed. Rio de Janeiro: Forense, 2007, p. 20.

mal de registro do título constitutivo, momento em que se identificam e se discriminam as propriedades exclusivas. As leis denotam que o registro é requisito formal *ad substantiam*, e que sem ele não há condomínio por unidades autônomas. Mesmo que o prédio se encontre fisicamente dividido em unidades autônomas, para surgir a propriedade horizontal é ainda imprescindível um ato de divisão jurídica[59].

Nota-se que é a operação jurídica, não a arquitetônica, que contempla a exigência legal de individuação. A divisão das partes comuns em frações ideais se apresenta intransponível à multipropriedade imobiliária, dado que sempre haverá projeção das unidades, determinadas no tempo e no espaço, sobre o solo e a construção comuns, bem como sobre as frações de tempo intercorrentes entre os turnos individuais. Ademais, a multipropriedade comumente se desenvolve em complexo imobiliário com estruturas de serviços e recreação (e lazer), área comum sobre a que também incidem as frações ideais dos multiproprietários[60].

Os direitos reais sobre imóveis são adquiridos com o registro, como regra, consoante o art. 1.227 do Código Civil. O registro é dotado de fé-pública e de presunção *juris tantum*, admitindo-se prova em contrário. A inscrição se vincula ao princípio da publicidade, no sentido de possibilitar o conhecimento, por qualquer interessado, da existência de direito real sobre um imóvel, que, por ser *erga omnes*, deve ser respeitado por todos[61].

O registro, portanto, atua como fator de publicidade, previsibilidade para terceiros e oponibilidade irrestrita. Cristiano Chaves de Farias e Nelson Rosenvald sustentam que, no momento do registro da multipropriedade imobiliária, sejam "inauguradas tantas matrículas autônomas quantos forem os períodos delimitados para cada proprietário". Fundamentam que, "quando o § 1º do art. 1.331 do Código Civil faz menção à propriedade exclusiva das unidades habitacionais, em nenhum momento exclui a possibilidade de tal exclusividade ser temporal e periódica". Os autores acrescentam que, "estabelecendo-se na convenção de condomínio os períodos de fruição de cada titular, haverá a necessária segurança jurídica, eis que, na qualidade de obrigação *propter rem*, a convenção de condomínio possuirá eficácia perante os demais proprietários, atuais e futuros"[62].

---

59 TEPEDINO, op. cit., nota 3, pp. 112-113.

60 Ibidem, p. 113.

61 AVVAD, Pedro Elias. Direito Imobiliário: teoria geral e negócios imobiliários. 2ª ed. Rio de Janeiro: Renovar, 2009, pp. 304-305.

62 FARIAS, Cristiano Chaves de; ROSENVALD, Nelson. Curso de direito civil: direitos reais. 13ª ed. Salvador: Ed. JusPodivm, 2017, p. 281.

Salienta-se que, em momento algum o legislador procurou reduzir o regime dualista (propriedade exclusiva e compropriedade) às hipóteses de unidades precisadas apenas espacialmente. Exige simplesmente a individualização, identificação e discriminação da fração ideal que representa, referindo-se ao objeto do domínio por meio da expressão unidade autônoma, recusando terminologia vinculada à dimensão puramente espacial, como seria o termo "apartamento"[63].

A Lei nº 13.777/18 reconheceu a autonomia de cada unidade, individualizada no espaço e no tempo com sua matrícula no registro de imóvel, inserida em regime de condomínio edilício. Nesse sentido, caracterizada a multipropriedade como unidade autônoma, o IPTU há de ser individualizado e cobrado de cada multiproprietário, assim como as despesas de luz, gás e água próprias da respectiva unidade, sendo dedicadas a cada multiproprietário as taxas condominiais que, como obrigações *propter rem*, oneram seu patrimônio pessoal[64] (§§ 10 e 11 do art. 176 da Lei nº 6.015/73 - Lei de Registros Públicos).

Com base nas alterações proporcionadas pela Lei nº 13.777/18, Carlos Eduardo Elias de Oliveira explica que, "no condomínio multiproprietário, a instituição operacionaliza-se por meio do registro do ato de instituição na matrícula-mãe (a do imóvel-base) e da abertura das matrículas-filhas (as de cada unidade periódica)", em acorde com o art. 1.358-F do Código Civil e o art. 176, § 1º, II, "6" e §§ 10 e 12 da Lei de Registros Públicos. O ato de instituição é um instrumento que deve conter as informações essenciais da anatomia jurídico-real do condomínio multiproprietário. O art. 1.358-F, do CC, foi suscinto ao listar as informações, exigindo a complementação, no que couber, pelo art. 1.332, I do Código Civil e pelo § 2º do art. 1º da Lei nº 4.591/64, dispositivos que cuidam dos requisitos formais do ato de instituição do condomínio edilício[65].

O ato de instituição deve conter a indicação de todas as unidades periódicas, com referência ao respectivo período do ano, além de nele ter que constar a fração ideal dessa unidade periódica no imóvel-base e a finalidade de uso das unidades periódicas. Apresenta-se essencial

---

63 TEPEDINO, op. cit., nota 3, p. 113.

64 TEPEDINO, op. cit., nota 7, p. 13.

65 OLIVEIRA, Carlos Eduardo Elias de. Análise detalhada da multipropriedade no Brasil após a Lei nº 13.777/2018*:* pontos polêmicos e aspectos de registros públicos. Brasília: Núcleo de Estudos e Pesquisas/CONLEG/Senado, março/2019, p. 23. Disponível em: <www.senado.leg.br/estudos>. Acesso em 11 de março de 2019.

identificar cada unidade. A lei não impõe nenhum critério, de maneira que a identificação pode ser numérica ou por letra. Com base no princípio da veracidade, recomenda-se que a identificação guarde correlação com a identificação do imóvel-base, acrescentando-se algarismo ou letra ao número atribuído ao imóvel-base, após um hífen ou ponto final (como, por exemplo, a identificação das unidades periódicas sob a forma de nº 800.1, 800.2)[66].

Carlos Eduardo Elias de Oliveira ensina também que, quando o imóvel-base sobre o qual será instituído o condomínio em multipropriedade é uma unidade autônoma de um condomínio edilício, três espécies de matrículas estarão envolvidas no Cartório de Imóveis. Haverá (i) a matrícula-mãe, que é matrícula do terreno que recebeu o registro de instituição do condomínio edilício; (ii) matrículas-filhas, que são as de cada unidade autônoma que se originou com o registro da instituição do condomínio edilício; e (iii) as matrículas-netas, que são matrículas das unidades periódicas nascidas com o registro da instituição do condomínio em multipropriedade em cada uma das matrículas-filhas[67].

7. CONVENÇÃO DE CONDOMÍNIO E AUTONOMIA PRIVADA

A fusão, em um único instituto jurídico, dos conceitos de propriedade singular e plural é capaz de acender inconvenientes sociais, resultantes da vizinhança próxima e da comunhão de direitos sobre as partes comuns, de forma que a lei obriga a elaboração de um estatuto disciplinar das relações internas dos condôminos[68]. A convenção condominial é o ato-regra celebrado com o propósito de se opor ao meio condominial que abarca os direitos e deveres recíprocos dos proprietários das unidades[69].

Em sua formação, a convenção condominial representa negócio jurídico plurilateral. Após o registro, a convenção se converte em regra de direito, tornando-se a referência normativa no perímetro do condomínio. A convenção carrega a missão de completar a organização e a administração do condomínio, lapidando normas que a lei não teria condições de abranger para não ser casuística e detalhista em demasia. Vislumbra-se, nesse aspecto, a natureza negocial do estatuto disciplinar[70].

66 Ibidem, p. 23.

67 Ibidem, p. 27.

68 GONDINHO, op. cit., nota 16, pp. 106-107.

69 GAMA, op. cit., nota 5, p. 401.

70 Ibidem, p. 401.

A obrigatoriedade da convenção condominial foi inaugurada no art. 9º, *caput*, da Lei nº 4.591/64. Há que ser feita por instrumento público ou particular e averbada no Registro de Imóveis para ser oponível a terceiros (art. 9º, § 1º da Lei nº 4.591/64 e arts. 1.333 e 1.334, § 1º do Código Civil)[71]. Uma vez aprovada e registrada, a convenção torna-se obrigatória para todos os titulares de direitos sobre as unidades, assim como todas as pessoas que, por qualquer motivo, em caráter permanente ou habitual, adentrarem o meio condominial, normalmente representado por um edifício[72].

A disciplina da relação de multipropriedade pode ser especificada pela convenção de condomínio, desde que aprovada por quórum que represente ao menos 2/3 das frações ideais[73]. Adverte-se que não cumpre reconhecer à convenção uma força ilimitada de criar restrições que bem entender aos direitos dos condôminos. As restrições convencionais à propriedade apenas se justificam quando correspondem à aplicação do princípio que impede o mau uso da propriedade, nas relações de vizinhança. Qualquer outra forma de restrição, não relacionada às normas de boa vizinhança, configurariam ofensa ao exercício lícito e normal do direito de propriedade[74].

O conteúdo da convenção condominial inclui a discriminação das partes comuns e privativas, seu destino e finalidade, a quota proporcional e a forma de pagamento das contribuições condominiais, normas de administração do condomínio, a competência das assembleias, a maneira de sua convocação e o quórum para as deliberações e as sanções para violações às regras do condomínio (art. 1.334, *caput* do Código Civil e art. 9º, § 3º da Lei nº 4.591/64)[75].

O art. 10 da Lei nº 4.591/64 impõe uma série de vedações, de caráter imperativo, à autonomia da vontade, referentes à utilização do bem. Isso se reflete na limitação ao estabelecimento de normas convencionais em sentido contrário, sobretudo em razão do efeito real dessas disposições[76]. Verifica-se preocupação do legislador com a manutenção da destinação do imóvel, o que acorda com interesse fundamental da

71 Ibidem, p. 402.

72 PEREIRA, Caio Mário da Silva. Instituições de direito civil, vol. IV. 25ª ed. rev. e atual. por Carlos Edison do Rêgo Monteiro Filho. Rio de Janeiro: Forense, 2017, p. 169.

73 TEPEDINO, op. cit., nota 3, p. 113.

74 GONDINHO, op. cit., nota 16, p. 109.

75 GAMA, op. cit., nota 5, p. 402.

76 GONDINHO, op. cit., nota 16, p. 110.

multipropriedade, no sentido de que não possa o multiproprietário dar à sua unidade destinação inconciliável com o empreendimento, associado à finalidade turística e residencial. Na medida em que a alínea "b", § 3º do art. 9º da Lei nº 4.591/64 prevê a determinação do destino das diferentes partes do imóvel, sendo vedado ao condômino qualquer alteração que afete a finalidade do prédio, conforme o art. 10, III da Lei nº 4.591/64 e o art. 1.336, IV do Código Civil, conforta-se a imprescindibilidade do vínculo de destinação, inerente à multipropriedade[77].

Os arts. 10, IV e 19 da Lei nº 4.591/64, assim como o art. 1.335, I do Código Civil autorizam que o intérprete, ao se debruçar sobre a validade das cláusulas convencionais da multipropriedade, considere a natureza do bem individuado. É lícita a cláusula convencional que, atendendo às características físicas derivadas da conjugação material das unidades, isoladas pela dimensão temporal, estipule limites ao aproveitamento das unidades individuais para não comprometer, direta ou indiretamente, o uso das partes comuns ou da propriedade alheia[78].

Merecem atenção as cláusulas contratuais que, restringindo os poderes do multiproprietário ao seu próprio turno, decorrem especificamente da natureza do objeto, tornando-se insuperáveis à realização da multipropriedade. O rateio das despesas de conservação de cada unidade individual e a atribuição de poderes excessivos ao administrador, com ingerência, inclusive, nas unidades autônomas, não são consequência de mera opção convencional, mas resultam da demarcação do bem jurídico, como consequência de sua inserção em imóvel que funcione como suporte material para diversos proprietários[79].

No que tange ao controle de legitimidade, demandam especial análise as cláusulas convencionais que vedam o uso regular da propriedade, sobretudo se frutos de alterações posteriores ao estatuto primitivo, ou se não constarem de registro público. O direito de propriedade, assegurado no art. 5º, inciso XXI da Constituição Federal e com conteúdo delineado no art. 1.228 do Código Civil pode sofrer restrições voluntárias, além das restrições impostas pelo ordenamento jurídico, desde que sejam livremente aceitas pelo proprietário quando da celebração da escritura de convenção e suas alterações posteriores[80].

77 TEPEDINO, op. cit., nota 3, p. 114.

78 Ibidem, pp. 114-116.

79 TEPEDINO, op. cit., nota 3, p. 116.

80 GONDINHO, op. cit., nota 16, pp. 112-113.

Certas situações jurídicas cotidianas exigem especial atenção dos operadores jurídicos, para se averiguar o compasso das mesmas com o ordenamento jurídico e seus princípios tutelares. A ilustrar, cita-se, no âmbito do condomínio edilício, a controvertida legalidade da cláusula convencional que obste a locação de vaga de garagem quando esta se encontra devidamente individualizada como de propriedade de um dos condôminos e não decorra, da locação, prejuízo aos interesses condominiais[81].

Outra situação jurídica cotidiana concerne à possibilidade de permanência de animais em apartamentos, na existência de vedação por parte da convenção. A análise dessa possibilidade demanda distinções, como o fato de a convenção de condomínio ser expressa, proibindo a guarda de animais de qualquer espécie, ou se a Convenção é expressa apenas no sentido de vedar a guarda de animais que causem incômodo ou risco à segurança e à saúde dos demais condôminos[82].

Nessa segunda hipótese, não há dúvida quanto à validade deste tipo de disposição convencional, eis que a restrição imposta pela autonomia de vontade simboliza um critério seguro de legitimidade no bem-estar da comunidade condominial. Em contrapartida, a proibição de qualquer espécie animal, sem ordem justificadora que não a vontade dos subscritores da escritura de convenção, merece melhor controle de legalidade. Assim, toda vez que houver fundamento para a guarda de animal sem prejuízo para a comunidade condominial, tal procedimento é lícito independentemente da proibição expressa na convenção[83].

O multiproprietário se situa em condições particulares de proximidade com outros titulares de análogos direitos, de forma que são lícitas as cláusulas que compatibilizam a normativa dualista com o respectivo objeto, mesmo em detrimento da propriedade individual, por meio da Convenção, à autonomia privada, desde que direcionadas a cumprir a função social da multipropriedade. À convenção de condomínio cabe especificar normas de conduta dos multiproprietários no que diz respeito ao uso das partes comuns, à administração do complexo imobiliário e aos limites de cada utente ao aproveitamento de sua própria unidade autônoma. A validade das normas da Convenção não é ameaçada pelo fato de intervirem na unidade autônoma, sendo habitual na propriedade horizontal tal interferência[84].

---

81 Ibidem, p. 114.

82 Ibidem, pp. 114-115.

83 Ibidem, pp. 115-116.

84 TEPEDINO, op. cit., nota 3, p. 117.

O critério de aferição da legalidade da convenção da multipropriedade deve ser, em cada cláusula, o da compatibilidade com as regras ditadas pela Lei nº 4.591/64 e pelo Código Civil, e, principalmente com os princípios constitucionais, alocados no ápice do ordenamento, evidenciando o condomínio em perspectiva de relação jurídica de cooperação e solidariedade, fadada a cumprir a função social[85]. A função social da multipropriedade diz respeito à utilização, por múltiplos titulares, do mesmo suporte físico e à oportunização do efetivo aproveitamento dos bens econômicos, de modo distributivo e racional, no tempo e no espaço, em benefício do interesse constitucional e extrapatrimonial, individual e familiar, correspondente ao acesso à segunda casa e ao lazer, como manifestação da personalidade humana[86].

A regra geral, extraída do § 3º do art. 9º da Lei nº 4.591/64 é a da liberdade para a determinação dos preceitos a encaminhar a vida condominial, acatando o interesse da relação jurídica estabelecida e às conveniências dos participantes. A cláusula que arbitrariamente restringir o aproveitamento da unidade autônoma deve ser considerada inválida. Nesse sentido, é duvidosa a validade da proibição de reprodução das chaves do apartamento pelo multiproprietário, mesmo que seja lícita a previsão de multa para o ingresso no imóvel em período indevido[87].

Observa-se que autonomia da vontade é capaz, a partir da margem de liberdade deferida pelo legislador, aprovar normas de seu interesse e desenhar o estatuto da propriedade às suas conveniências, contanto que não sejam feridos preceitos de ordem pública ou o conteúdo do direito real. Observa-se a idoneidade da convenção para regular a multipropriedade, principalmente na preservação das unidades imobiliárias, na imutabilidade da destinação e no estreito respeito ao domínio alheio[88]. Sob esse prisma, a atuação da autonomia da vontade no âmbito da elaboração de um estatuto jurídico com eficácia real, indiretamente, representa a própria modelação do direito real do proprietário da unidade autônoma[89].

O controle de validade das cláusulas convencionais recebe distinto realce na multipropriedade devido à maior e mais intensa incidência de direitos de propriedade sobre uma mesma base material, daí decorrendo uma gama de recíprocas interferências. A multipropriedade repre-

---

85 Ibidem, p. 120.

86 GAMA, op. cit., nota 5, p. 414.

87 TEPEDINO, op. cit., nota 3, p. 122.

88 TEPEDINO, op. cit., nota 3, p. 116.

89 GONDINHO, op. cit., nota 16, pp. 117-118.

senta um marco característico do processo de evolução e transformação do direito de propriedade, concebido como instrumento de complexa função social, incorporado em relações jurídicas diferenciadas, no plano das quais se estabelece a sua concreta disciplina jurídica[90].

8. CONDÔMINO ANTISSOCIAL

Como forma de proteção da convivência coletiva, o art. 1.337 do Código Civil busca sancionar o condômino ou possuidor que descumpre de forma reiterada seus deveres perante o condomínio. Refere-se aos deveres *ex lege*, como os dispostos no art. 1.336, ou aos deveres previstos na Convenção e no regimento interno[91].

À época da edição da Lei nº 4.591/64 o legislador já vedava o uso nocivo da propriedade exclusiva, por meio do art. 10, III, sugerindo a vinculação do uso normal à relação interna do condomínio, e não ao que, externamente, pudesse ser considerado imissão intolerável. O legislador criou, pois, um paradigma próprio para a disciplina dos condomínios, a ser ajustado pelas conveniências e interesses dos proprietários, traduzidos na Convenção e no uso normal que se estabelece no cotidiano da vida consorciada[92].

O *caput* do art. 1.337 do Código Civil prevê o pagamento de multa na hipótese de o condômino ou possuidor sistematicamente desatender aos comandos da lei ou da convenção de condomínio. Esse descumprimento reiterado enseja a cobrança de cinco vezes o valor da cota condominial, segundo os critérios estipulados na Convenção, sem prejuízo de eventuais perdas e danos sofridos pelo condomínio. A título ilustrativo, imagine-se a hipótese de condômino que já pagou diversas vezes a multa simples, arbitrada em razão das festas que realiza todas as segundas-feiras e adentram a madrugada, com uma poluição sonora incompatível e insuportável para os moradores[93].

O parágrafo único do art. 1.337, do Código Civil, traz previsão mais impositiva. Nesse caso, o comportamento do condômino ou possuidor é tão grave que torna a convivência insuportável, como seria o caso de uma pessoa que tivesse dois cães ferozes no interior da unidade imobi-

90 TEPEDINO, op. cit., nota 3, p. 126.

91 TEPEDINO, Gustavo; BARBOZA, Heloisa Helena; MORAES, Maria Celina Bodin de. Código Civil interpretado conforme a Constituição da República – vol. III. 2ª ed. Rio de Janeiro: Renovar, 2014, p. 705.

92 TEPEDINO, op. cit., nota 3, p. 115.

93 MELO, op. cit., nota 47, p. 278.

liária e, em função desse fato, já tivesse pago múltiplas multas ao condomínio, mantendo a mesma postura abusiva. Para essa hipótese a lei estabelece multa correspondente ao décuplo do valor da contribuição condominial mensal, até o pronunciamento posterior de nova assembleia[94]. Ao condômino considerado infrator devem ser garantidos os direitos equivalentes, no que for possível, ao devido processo legal e seus corolários da ampla defesa, contraditório e motivação das decisões, em consonância, inclusive, com o Enunciado nº 92 da III Jornada de Direito Civil do CEJ/CJF[95].

A figura do condômino antissocial, como aponta Martinho Neves Miranda, é um "exemplo paradigmático do choque de visões patrimonialistas e personalistas dentro do Direito Civil", sendo que, a partir da visão humanista das relações jurídicas, discute-se a possibilidade de exclusão do convívio condominial do condômino que, reiterada e abusivamente, torne insuportável a vida dos demais moradores, com base no parágrafo único do art. 1.337 do Código Civil. O mesmo autor pontua que "o enigma a ser decifrado versa sobre o limite deliberativo da eventual nova assembleia", tendo em vista que o legislador não definiu expressamente o conteúdo da deliberação[96].

O legislador não define o que tipifica o comportamento antissocial nem elenca as condutas que autorizariam a sanção, cabendo aos juízes, diante do caso concreto, fazê-lo. O legislador optou por referir-se apenas à incompatibilidade de convivência. É evidente, todavia, que não se pode confundir uma conduta ou temperamento reservado ou diferente do comum, a traduzir até mesmo uma educação deficiente, como não cumprimentar os vizinhos ou não comparecer às Assembleias, ou às festas de confraternização dos condôminos, com a postura antissocial, que deve ser visualizada como a que invade as mais elementares regras de convivência civilizada, suficiente a colocar em risco a integridade física ou moral dos demais. Ademais, configura conduta antissocial aquela que é reiterada, e não um ato isolado, decorrente de um descontrole episódico[97].

Conduta antissocial pode ser apresentada como a que extrapola os padrões da normalidade e afronta os princípios éticos e os convencio-

94 Ibidem, p. 278.

95 TEPEDINO, Gustavo; BARBOZA, Heloisa Helena; MORAES, Maria Celina Bodin de. op. cit., nota 93, pp. 705-706.

96 MIRANDA, Martinho Neves. A Possibilidade Jurídica de Exclusão do Condômino Antissocial. Revista da EMERJ, v. 13, nº 49, 2010, pp. 212-213.

97 PEREIRA, op. cit., nota 28, pp. 128-130.

nalismos sociais, quando não caracteriza práticas ilícitas, como crimes, contravenções e atos ilícitos. É a conduta abusiva, desrespeitosa, indisciplinada, ocasionadora de constrangimento aos demais condôminos e outras pessoas[98].

Sobre a possibilidade da exclusão do condômino antissocial, há controvérsia entre os juristas. De um lado, parte da doutrina, representada aqui por Flávio Tartuce, afirma o descabimento da expulsão, mesmo em casos graves, com base no princípio de proteção da dignidade da pessoa humana (art. 1º, III da Constituição Federal), na solidariedade social (art. 3º, I da Constituição Federal) e na concreção da tutela da moradia (art. 6º da Constituição Federal). Explica que a tese da expulsão do condômino antissocial viola preceitos máximos de ordem pública, sendo alternativas viáveis as sanções pecuniárias apontadas no art. 1.337 do Código Civil[99].

Por outro lado, segundo Martinho Neves Miranda, caso se entenda que basta pagar multas para que se libere o condômino antissocial, está-se dando ao instituto conotação satisfativa e indenizatória, sendo que o pagamento da multa não tornaria suportável a conduta do condômino, além de a incompatibilidade de convivência não ser simplesmente questão de preço. Sustenta, assim, que, se as penalizações pecuniárias não produzirem o efeito desejado, devem ser empregadas providências mais graves a fim de que o objetivo da coerção, que é o de devolver a paz ao condomínio, seja alcançado[100].

A partir da sistemática punitiva do Código Civil para sancionar o condômino faltoso, o autor conclui que o exercício irregular do direito ao uso da unidade condominial pode acarretar, como pena máxima, o impedimento de utilização da referida unidade pelo infrator. Explica que é da essência do Direito brasileiro permitir que as pessoas dissolvam relações jurídicas que importem em coligações de relativa permanência e proximidade com os demais. Assim ocorre no casamento, em que se concede aos consortes desatarem o laço matrimonial que os vincula, ou no condomínio em geral, em que se assegura ao condômino exigir a divisão da coisa em comum[101].

Martinho Neves Miranda acrescenta, ainda, que, o condômino antissocial não cumpre a função social no exercício do direito de propriedade,

---

98 GAMA, op. cit., nota 5, p. 232.

99 TARTUCE, Flávio. Direito civil, v. 4: Direito das Coisas. 10ª ed. Rio de Janeiro: Forense, 2017, p. 388.

100 MIRANDA, op. cit., nota 98, p. 217.

101 MIRANDA, op. cit., nota 98, p. 218.

o que legitimaria a perda do seu direito. Contudo, diante do princípio da razoabilidade, não se faz necessária a retirada do direito de propriedade do condômino antissocial, mas somente de um dos seus atributos, qual seja, o direito de uso, permanecendo intactos os demais, já que essa restrição já basta a atender ao objetivo final da norma[102].

Segue essa linha de pensamento o Enunciado nº 508, da V Jornada de Direito Civil do Conselho da Justiça Federal/STJ, que reconhece a possibilidade de exclusão do condômino antissocial desde que a ulterior assembleia, mencionada no parágrafo único do art. 1.337 do Código Civil, delibere a propositura de ação judicial com esse fim, asseguradas as garantias inerentes ao devido processo legal. O fundamento é que o direito de propriedade não é absoluto, como preconiza o art. 5º, XXIII da Constituição Federal, sendo a ele atribuída uma função social, além de que, como se depreende do § 2º do art. 1.228 do Código Civil, caracteriza-se como ato ilícito o abuso do direito, inclusive no que toca à propriedade[103].

Melhim Namem Chalhub e Sylvio Capanema de Souza, em atualização da obra de Caio Mário da Silva Pereira, explicam que, cabe ao juiz, ante ao caso concreto, adotar a medida que ponderar mais adequada e útil para a segurança dos demais condôminos. Não defendem a perda compulsória da propriedade, e sim a sua limitação, com o afastamento do condômino infrator, que poderá alugar sua unidade ou dá-la em comodato. Esclarecem que a matéria é polêmica, mas que existe tendência no sentido de, em casos extremos, aplicar a exclusão do condômino antissocial, restaurando-se a qualidade de vida e a segurança dos demais moradores. Pontuam, no entanto, que a exclusão é medida extrema, que só se justifica e recomenda em situações excepcionais, quando não surtiram efeito as sanções pecuniárias[104].

O autor Marco Aurélio Bezerra de Melo entende que a disposição "até ulterior deliberação da assembleia", presente na parte final do parágrafo único do art. 1.337, pode funcionar como a reserva legal para que a assembleia ministre remédio ainda mais rígido a conter o condômino recalcitrante em sua insuportabilidade. Propõe que a assembleia, com o *quórum* especial de três quartos, fixado no *caput*, possa deliberar a interdição temporária do uso da unidade habitacional ou a privação da coisa por parte do condômino ou do possuidor[105].

---

102 Ibidem, p. 225.

103 PEREIRA, op. cit., nota 28, p. 130.

104 Ibidem, p. 131.

105 MELO, op. cit., nota 47, p. 280.

No âmbito do regime da multipropriedade imobiliária, a partir das alterações provocadas pela Lei nº 13.777/18 no Código Civil, o descumprimento pelo multiproprietário de suas obrigações enseja a cominação de multa progressiva, consoante a disposição na convenção de condomínio. O inciso II do § 1º do art. 1.358-J, do Código Civil, prevê a privação temporária do direito de utilização do imóvel no período correspondente à sua fração de tempo, no caso de descumprimento reiterado de deveres[106].

Marco Aurélio Bezerra de Melo sustenta que a previsão do inciso II do § 1º do art. 1.358-J funciona como novo fundamento à interpretação de que é cabível a privação temporária e até definitiva do condômino que, com seu comportamento antissocial, acarreta insuportabilidade de convivência, desde que assegurada a ampla defesa e o contraditório em demanda judicial, precedida por autorização expressa pela assembleia com *quórum* qualificado de dois terços dos condôminos[107].

No que tange à discussão sobre a possibilidade da proibição definitiva do multiproprietário de utilizar o imóvel durante sua fração de tempo no caso de ele se mostrar antissocial, tem-se que a resposta passa pelos mesmos aspectos que permeiam os casos de condomínio edilício. Conforme ensina Carlos Eduardo Elias de Oliveira, o banimento do multiproprietário antissocial deve ser admitido se as penas pecuniárias e de suspensão temporária previstas no inciso II do § 1º do art. 1.358-J do Código Civil se mostrarem ineficazes ou se houver fundada ameaça à vida dos demais condôminos[108].

Revela-se correto o raciocínio desenvolvido a esse respeito, ainda que seja medida extrema e aplicada com base na ponderação dos interesses envolvidos no caso concreto, à luz da normativa constitucional e infraconstitucional aplicável.

9. NOTAS CONCLUSIVAS

Merece tutela privilegiada a relação jurídica que, potencializando o aproveitamento econômico dos bens, multiplica-os, no sentido de facilitar o acesso à propriedade e ao lazer comunitário a mais famílias, além de incentivar a indústria hoteleira, turística e de construção civil. A multipropriedade representa um marco sintomático e característico do processo de evolução e transformação do direito de propriedade, hoje

106 Ibidem, p. 295.

107 Ibidem, p. 295.

108 OLIVEIRA, op. cit., nota 67, p. 26.

concebido através de noção múltipla, instrumento de uma complexa função social e integrante de relações jurídicas diferenciadas.

A multipropriedade imobiliária assegura a socialização, prestigiada constitucionalmente e representada pelo acesso à segunda casa, sendo objetivo fundamental da República a promoção do bem de todos, a redução das desigualdades sociais e a tutela do princípio fundamental da dignidade da pessoa humana, que implica a proteção dos direitos da personalidade, cuja expressão máxima se associa à vida familiar e comunitária.

A pesquisa empreendida teve como escopo apresentar aspectos que se destacam e atraem posicionamentos variados por parte dos juristas em matéria de multipropriedade imobiliária. Espera-se ter contribuído ao desenvolvimento e amadurecimento de ideias no assunto, tendo em vista a suscetibilidade a inconvenientes sociais da vizinhança próxima e da fusão, em um único instituto jurídico, dos conceitos de propriedades singulares, incidentes sobre a mesma base material e plural. Com o recente advento da Lei nº 13.777/18, hão de surgir novos questionamentos. Não se pretendeu, portanto, esgotar o tema, eis que o campo de discussão acerca das soluções jurídicas é muito vasto.

Cuida-se de um ponto de partida a ensejar maiores reflexões e críticas pelos estudiosos. A partir dessa perspectiva, passa-se a enunciar, de modo objetivo e sintético, as principais conclusões elucidadas:

1) A multipropriedade imobiliária possui caráter de direito real. Os princípios da taxatividade e da tipicidade não podem representar o aprisionamento formalista dos direitos reais. Admite-se que a autonomia privada molde o conteúdo do direito real aos legítimos interesses das partes, desde que respeite interesses coletivos, de terceiros e dos próprios titulares da situação jurídica de direito real.

2) Na correta individuação do objeto do direito se encontra a chave para a qualificação jurídica da multipropriedade. Cada multiproprietário figura como titular de um direito de propriedade, estabelecendo-se tantos bens quanto forem os turnos demarcados em cada ano, todos incidentes sobre a mesma base material.

3) Postula-se com a multipropriedade uma configuração dominical necessariamente inserida na relação com os demais multiproprietários. O sistema da duplicidade de regime jurídico (propriedade exclusiva e compropriedade), reclamado pela multipropriedade, é compatível com o condomínio de edifícios.

4) A Lei nº 13.777/18 reconheceu a autonomia de cada unidade, individualizada no espaço e no tempo com sua matrícula no registro de imóvel, inserida em regime de condomínio edilício. A instituição do con-

domínio multiproprietário sucede o registro do ato de instituição na matrícula-mãe, relativa ao imóvel-base, e a abertura das matrículas-filhas, referentes a cada unidade periódica.

5) A disciplina da relação de multipropriedade há que ser especificada pela convenção de condomínio. A atuação da autonomia da vontade no âmbito da elaboração de um estatuto jurídico com eficácia real, indiretamente, representa a própria modelação do direito real do proprietário da unidade autônoma. O controle de validade das cláusulas convencionais se ampara na vinculação da função social do direito de multipropriedade às qualidades do objeto sobre o que incide e que serve de referência objetiva à sua plena atuação.

6) A fim de restaurar a qualidade de vida e a segurança dos demais moradores, observa-se tendência de, em casos extremos, se aplicar a proibição definitiva do multiproprietário antissocial de utilizar o imóvel durante sua fração de tempo. A medida só se justifica em situações excepcionais, como na hipótese de as penas pecuniárias e de suspensão temporária se mostrarem ineficazes, ou de haver fundada ameaça à vida digna dos demais condôminos.

REGULAÇÃO PÚBLICA DOS *MEDIA* (EM PORTUGAL)[1]

João Nuno Calvão da Silva

1. MODELO DA REGULAÇÃO INDEPENDENTE: BREVES REFLEXÕES

Em geral, temos revelado inequívoco *cepticismo quanto à moda do modelo da regulação (dita) independente* no seio do aparelho da administração pública (portuguesa e europeia).[2]

Compreendemos as *vantagens* apontadas pelos defensores deste arranjo institucional administrativo para o agir público, em especial as decorrentes das razões de especialização técnica, de neutralização política ou em matéria de cumprimento das obrigações de serviço público nos denominados serviços de interesse económico geral.

No contexto europeu, a causa fundamental do apelo às virtudes do modelo em análise – o incentivo à concorrência no quadro de privatizações e liberalizações que marcaram a emergência do chamado Estado Regulador no último quartel do século XX – rapidamente conduziu à expansão da denominada administração independente pelos aparelhos de Estado dos países da União Europeia, muito por impulso de directivas comunitárias.

Administração independente concebida, inicialmente, para evitar o *perigo da captura do regulador pelo regulado* mas que, num beliscar

---

1 Artigo em Homenagem a João Calvão da Silva, fruto do Congresso co-organizado em novembro de 2019 pela Academia Brasileira de Direito Civil (ABDC)/Grupo Notorium e pelo Instituto Jurídico da Comunicação (IJC) da Faculdade de Direito da Universidade de Coimbra no Auditório da Reitoria da Universidade de Coimbra. Enquanto filho, não posso deixar de salientar, eternamente agradecido e com profunda emoção, a amizade demonstrada pelos Professores Roger Aguiar (Presidente da ABDC) e Pedro Costa Gonçalves (Presidente do IJC/FDUC) tanto na realização do Congresso como na presente publicação das intervenções aí proferidas. Perpetua-se assim o nome do Académico e Professor que marcou indelevelmente o Direito Luso-Brasileiro (e de várias outras paragens), mas também, seguramente, do Homem que tantas saudades deixou nos Amigos, no fundo, a família que escolhemos ao longo das nossas vidas. Por fim, lamento, de modo doloroso, que restrições várias de ordem prática tenham impedido tantos nomes de se associar a estas iniciativas da ABDC e do IJC. A todos os que o meu Pai tanto gostaria de aqui ver presentes e não puderam estar, as minhas sinceras desculpas... na certeza de que tudo farei para colmatar esta (minha) falha noutras oportunidades.

2 Exemplificativamente, *vide* as nossas dissertações (respetivamente, de Mestrado e Doutoramento), *Mercado e Estado – Serviços de Interesse Económico Geral*, Almedina, Coimbra, 2008, em especial pp. 179-209, e *Agências de Regulação da União Europeia*, Coleção *Thesis*, Gestlegal, Coimbra, 2017 pp. 549-578.

claro do princípio da subsidiariedade, rapidamente se converteu na apologia da *despolitização da burocracia administrativa*, em nome da vantagem da imunização das decisões técnicas em face de ingerências políticas e de ciclos eleitorais.

Numa palavra: o modelo da administração independente, importado dos Estados Unidos – onde, ironicamente, surge para moderar os excessos da concorrência... -, constitui hodiernamente marca fundamental da *res publica* nos Estados membros da União.

Duas razões (principais) afastam-nos do entusiasmo geral com a independência dos aparelhos administrativos em relação aos decisores políticos:

> 1) a administração independente constitui inequívoca *ruptura com o modelo clássico da Administração Pública, assente no princípio da democracia representativa, e os fundamentos legitimadores alternativos convocados – em particular, os ideais da transparência e da participação (due process) – , sob a capa de (maior) democraticidade (directa) apenas servem para sufragar a preponderância dos lobbies e do poder económico sobre o poder político* emergente de eleições... neste sentido, consideramos haver uma *crise de representatividade*, sério risco para o projecto europeu (veja-se, por exemplo, como o *referendo* do Brexit abalou a Europa...) e para a própria ideia de democracia;
>
> 2) *a concentração de poderes (de tipo legislativo, executivo e para-jurisdicional, entre outros) em entidades administrativas (independentes) colide com o tradicional princípio da separação de poderes, suscitando as maiores dúvidas do ponto de vista democrático.*

2. COMUNICAÇÃO SOCIAL EM PORTUGAL: UM MODELO DE REGULAÇÃO INDEPENDENTE

2.1. ERC: natureza bifronte

Com a revisão constitucional de 2004 e a extinção da Alta Autoridade para a Comunicação Social, a Entidade Reguladora da Comunicação Social[3] foi criada pela Lei nº 53/2005, de 8 de Novembro, *autoridade administrativa independente*[4] *(fundamentalmente) vocacionada para a protecção de direitos fundamentais* – daí a sua previsão constitucional[5], mas encarregada de *relevantes funções reguladoras*.

3 Doravante, ERC.

4 Cfr. artigos 1º, nº 1, e 4º dos Estatutos da ERC (abreviadamente, de ora em diante Estatutos).

5 Sob a epígrafe de regulação da comunicação social, dispõe o artigo 39º da Constituição da República Portuguesa (CRP):

2.2. ERC: autonomia administrativa, financeira e patrimonial

Enquanto autoridade administrativa independente, a ERC é dotada de *autonomia*. Nos termos do artigo 1º, nº 1, dos respectivos Estatutos:

> "A ERC – Entidade Reguladora para a Comunicação Social, abreviadamente designada por ERC, é uma pessoa colectiva de direito público, *dotada de autonomia administrativa e financeira e de património próprio*, com natureza de entidade administrativa independente, exercendo os necessários poderes de regulação e de supervisão."[6]

Autonomia administrativa, com o Conselho Regulador a regulamentar a organização e funcionamento internos e a criar departamentos ou serviços;[7] *autonomia patrimonial e financeira*[8], com a ERC a financiar-se através da cobrança de taxas aos operadores[9], de coimas[10], de multas[11] e de sanções pecuniárias compulsórias[12]. Prevê-se também a percepção de receitas do erário público, a "constar do orçamento da Assembleia da República"[13], bem como a utilização de saldos de gerência do ano anterior[14], prerrogativa importante em termos de eficiência de gestão.

"1. Cabe a uma entidade administrativa independente assegurar nos meios de comunicação social:
a) O direito à informação e a liberdade de imprensa;
b) A não concentração da titularidade dos meios de comunicação social;
c) A independência perante o poder político e o poder económico;
d) O respeito pelos direitos, liberdades e garantias pessoais;
e) O respeito pelas normas reguladoras das actividades de comunicação social;
f) A possibilidade de expressão e confronto das diversas correntes de opinião;
g) O exercício dos direitos de antena, de resposta e de réplica política.
2. A lei define a composição, as competências, a organização e o funcionamento da entidade referida no número anterior, bem como o estatuto dos respectivos membros, designados pela Assembleia da República e por cooptação destes."

---

6 Itálico nosso.

7 Cfr. artigos 24º, nº 2, alínea e), e e 29º, nº 3, alíneas d) e e), dos Estatutos.

8 Cfr. artigo 48º e ss dos Estatutos.

9 Cfr. artigos 50º, alíneas b) e c), e 51º e ss dos Estatutos.

10 Cfr. artigo 50º, alínea d), dos Estatutos.

11 Cfr. artigo 50º, alínea f), dos Estatutos.

12 Cfr. artigo 50º, alínea e), dos Estatutos.

13 Cfr. artigo 48º, nº 5, dos Estatutos.

14 Cfr. artigo 50º, alínea j), dos Estatutos.

2.3. ERC: poderes

Sinteticamente, podemos afirmar que a ERC goza de poderes diversos e impressivos: poderes regulamentares, de supervisão, sancionatórios, de resolução de litígios e consultivos.

2.3.1. Poderes regulamentares

No exercício das prerrogativas normativas, a cargo do Conselho Regulador[15], a ERC emite *regulamentos* que devem obedecer a amplas exigências de *participação* (*v.g.* consultas públicas[16]) e de *publicidade* (*v.g.* divulgação no sítio electrónico[17] e publicação em Diário da República dos regulamentos com eficácia externa[18]).

2.3.2. Poderes de supervisão

Para além da competência para emitir normas, à ERC incumbe *supervisionar*, em geral, o cumprimento das leis, regulamentos e requisitos técnicos aplicáveis no âmbito das suas atribuições[19]; em especial, destacamos, pela sua relevância prática, as prerrogativas de a ERC zelar pelo rigor das sondagens e inquéritos de opinião[20], de *fiscalizar* as campanhas publicitárias do Estado[21] e o adimplemento das obrigações de serviço público no sector da Comunicação Social[22], bem como de realizar *auditorias* para verificação do cumprimento das obrigações fixadas nas licenças ou autorizações dos operadores de rádio e de televisão[23].

No exercício das tarefas de fiscalização, os funcionários e agentes da ERC, os respectivos mandatários, bem como as pessoas ou entidades qualificadas devidamente credenciadas, quando se encontrem no exercício das suas funções e apresentem título comprovativo dessa qualidade, são equiparados a *agentes de autoridade*,[24] a poder suscitar, *in concretu*, problemas em sede de responsabilidade civil.

---

15 Cfr. artigos 24º, nº 2, alínea c), e 29º, nº 3, alínea b), dos Estatutos.

16 Cfr. artigo 62º, nºs 1, 3 e 4, dos Estatutos.

17 Cfr. artigo 62º, nº 2, dos Estatutos.

18 Cfr. artigo 65º, nº 1, dos Estatutos.

19 Cfr. artigo 24º, nº 3, alínea c), dos Estatutos.

20 Cfr. artigo 24º, nº 3, alínea z), dos Estatutos.

21 Cfr. artigo 24º, nº 3, alínea x), dos Estatutos.

22 Cfr. artigo 12º, alínea c), dos Estatutos.

23 Cfr. artigo 24º, nº 3, alínea i), dos Estatutos.

24 Cfr. artigo 45º, nº 1, dos Estatutos.

Por outro lado, a ERC dispõe de poderes de *licenciamento* – *maxime* a atribuição de títulos habilitadores de exercício de actividade de rádio e televisão,[25] de promover *registos*[26] e adoptar *decisões vinculativas* diversas em relação a entidades que prossigam actividades de comunicação social[27].

Não obstante o *sigilo profissional* a que estão obrigados os titulares dos órgãos da ERC, os respectivos mandatários, as pessoas ou entidades devidamente credenciadas, bem como os seus trabalhadores e outras pessoas ao seu serviço, independentemente da natureza do vínculo,[28] suscitam-se amiúde delicados problemas de harmonização com os *segredos comerciais* que possam ser invocados pelas entidades, públicas e privadas, que cooperam com a ERC na sua acção fiscalizadora, a impor eventualmente ponderação judicial.[29]

2.3.3. Poderes sancionatórios e de resolução de litígios

Prolongamento natural das competências de supervisão, a ERC goza de *prerrogativas sancionatórias* impressivas. Pela sua relevância prática, destacamos: a *suspensão ou revogação de títulos habilitadores do exercício de actividade de rádio e televisão*;[30] a *suspensão provisória da difusão de campanhas publicitárias* do Estado, autarquias locais ou Regiões Autónomas;[31] a imposição de *coimas* e *sanções acessórias* para punir contra-ordenações várias[32] e a fixação de *sanções pecuniárias compulsórias*[33].

Por outro lado, cumpre salientar os *poderes de tipo para-jurisdicional* da ERC, em especial, de *arbitrar* e *resolver litígios* no âmbito das actividades da Comunicação Social[34] e a competência para *apreciar e decidir queixas quanto aos direitos de resposta, de antena e de réplica política*[35].

25 Cfr. artigos 24º, nº 3, alínea e), e 29º, nº 3, alínea c), dos Estatutos.

26 Cfr. artigo 24º, nº 3, alínea g), dos Estatutos.

27 Cfr. artigo 64º dos Estatutos.

28 Cfr. artigo 54º dos Estatutos.

29 Cfr. artigo 53º, nº 4, dos Estatutos.

30 Cfr. artigo 24º, nº 3, alínea f), dos Estatutos.

31 Cfr. artigo 24º, nº 3, alínea x), dos Estatutos.

32 Cfr. artigos 66º a 71º dos Estatutos.

33 Cfr. artigo 72º dos Estatutos.

34 Cfr. artigo 24º, nº 3, alínea t), dos Estatutos.

35 Cfr. artigos 24º, nº 3, alínea j), e 55º e ss dos Estatutos.

Não somos da opinião de que as prerrogativas sancionatórias e quasi-jurisdicionais da ERC configurem uma violação do princípio constitucional da reserva de jurisdição. Entre outras razões, é de realçar a previsão de *recurso judicial*: da actividade de órgãos e agentes da ERC cabe recurso para os *tribunais administrativos*; as decisões de resolução de litígios do regulador da comunicação social podem ser impugnadas nos *tribunais judiciais*, pressupondo-se assim que elas constituem autênticas sentenças arbitrais e não meros actos administrativos de resolução de litígios.[36]

2.3.4. Poderes consultivos

Não podemos olvidar, pelo grande relevo prático, as *funções consultivas* da ERC, desde logo, em geral, a *pronúncia sobre todas as matérias das suas atribuições que sejam alvo de iniciativas legislativas*[37].

Impõe-se realçar também a emissão de *pareceres* em assuntos de importância considerável: o parecer (prévio e vinculativo) sobre a nomeação e a destituição de directores e directores-adjuntos de órgãos de comunicação social do Estado nas áreas de programação e informação;[38] o parecer (prévio e não vinculativo) sobre contratos de concessão de serviço público de rádio e de TV, bem como as suas alterações;[39] a pronúncia sobre a aquisição de propriedade ou práticas de concentração entre entidades com actividade na área da comunicação social[40], a suscitar o problema da adequada articulação entre os reguladores sectorial (ERC) e transversal (Autoridade da Concorrência).

Last but not least, as *directivas* e *recomendações* ("destinadas a incentivar padrões de boas práticas no sector da comunicação social"), não obstante desprovidas de vinculatividade jurídica (formal), produzem efeitos – práticos e (mesmo) de direito – não despiciendos. Trata-se do delicado problema, na terminologia da doutrina teutónica, do *hoft law*.

36 Cfr. artigo 75º dos Estatutos.

37 Cfr. artigo 25º dos Estatutos.

38 Cfr. artigo 24º, nº 3, alínea l), dos Estatutos.

39 Cfr. artigo 24º, nº 3, alínea m), dos Estatutos.

40 Cfr. artigo 24º, nº 3, alínea p), dos Estatutos.

2.4. ERC: independência

Analisaremos a *independência* da ERC[41] sob um duplo ponto de vista: *em relação aos regulados*, para evitar o *perigo da captura do regulador*; *face ao Governo*, no contexto da denominada *desgovernamentalização da regulação.*

2.4.1. Independência em relação aos regulados

Para salvaguardar o risco de o regulador se tornar num entreposto dos interesses dos regulados, a lei fixa (*ex ante*) um conjunto de *incompatilidades*, não podendo ser designado para membro do Conselho Regulador da ERC quem seja ou, nos últimos dois anos, tenha sido membro de órgãos executivos de empresas, de sindicatos, de confederações ou associações empresariais do sector da comunicação social[42].

Por outro lado, *no cumprimento do mandato*, impede-se o exercício de qualquer outra função pública ou actividade profissional. Somente funções docentes no ensino superior, em tempo parcial, constituem excepção a este regime de *exclusividade* dos membros do Conselho Regulador da ERC.[43]

Estamos perante uma excepção legal razoável: a impossibilidade de remuneração por exercício de funções docentes ou de investigação, conforme resulta da Lei-Quadro[44], configuraria, em nossa opinião, um "regime discriminatório face a outros cargos públicos e solução, de certa forma, lesiva para os próprios interesses da educação nacional."[45]

Findo o mandato (*ex post*), os membros do Conselho Regulador da ERC não podem exercer qualquer cargo com funções executivas em empresas, em sindicatos, em confederações ou em associações empresariais do sector da comunicação social durante um período de dois anos contados da data da sua cessação de funções.[46]

---

41 Cfr. artigos 1º e 4º dos Estatutos.

42 Cfr. artigo 18º, nº 4, dos Estatutos.

43 Cfr. artigo 18º, nº 7, dos Estatutos.

44 Cfr. artigo 19º, nº 2, da Lei-Quadro das entidades administrativas independentes com funções de regulação da actividade económica dos sectores privado, público e cooperativo.

45 *Vide* JOÃO NUNO CALVÃO DA SILVA, "Poderes e instrumentos regulatórios das entidades reguladoras ao abrigo da Lei-Quadro das entidades administrativas independentes com funções de regulação da actividade económica dos sectores privado, público e cooperativo", *in*

46 Cfr. artigo 18º, nº 8, dos Estatutos.

Trata-se da fixação do denominado *período de nojo*, destinado a combater os perigos derivados da existência de *revolving doors* entre o público e o privado. Esta solução, porém, na medida em que não se prevê qualquer compensação pela imposição desta inactividade, pode configurar uma inconstitucionalidade, por violação (desproporcionada) do princípio do livre exercício da profissão[47].

2.4.2. Independência face ao Governo

A. Independência orgânica

Não obstante a previsão legal da percepção de receitas do erário público[48] – "constituindo receita proveniente do Orçamento do Estado *aquela que constar do orçamento da Assembleia da República*, em rubrica autónoma discriminada nos mapas de receitas e de despesas globais dos serviços e fundos autónomos, por classificação orgânica" [49] (itálico nosso) -, a ERC goza de *autonomia financeira*[50] e de *património próprio*[51].

Na perspectiva de blindagem da independência em relação ao poder político, o *mandato* dos membros do Conselho Regulador da ERC é de *cinco anos, superior à duração da legislatura parlamentar*, e acautela-se a regra da sua *irrenovabilidade*[52]. Em princípio, o mandato é *irrevogável*[53], mas pode haver *demissão* de algum membro do Conselho Regulador da ERC – "decidida por resolução da Assembleia da República, aprovada por dois terços dos deputados presentes, desde que superior à maioria absoluta dos deputados em efectividade de funções, em caso de grave violação dos seus deveres estatutários, comprovadamente cometida no desempenho de funções ou no cumprimento de qualquer obrigação

---

47 Diferentemente, dispõe o artigo 19º, nº 2, da Lei-Quadro das entidades administrativas independentes com funções de regulação da actividade económica dos sectores privado, público e cooperativo: "Depois da cessação do seu mandato e durante um período de dois anos os membros do conselho de administração não podem estabelecer qualquer vínculo ou relação contratual com as empresas, grupos de empresas ou outras entidades destinatárias da atividade da respetiva entidade reguladora, *tendo direito no referido período a uma compensação equivalente a 1/2 do vencimento mensal*." (itálico nosso)

48 Cfr. artigo 50º, alínea a), dos Estatutos.

49 Cfr. artigo 48º, nº 5, dos Estatutos.

50 Cfr. artigo 50º dos Estatutos.

51 Cfr. artigo 49º dos Estatutos.

52 Cfr. artigo 19º dos Estatutos.

53 Cfr. artigo 22º dos Estatutos.

inerente ao cargo"[54] – ou *dissolução do Conselho Regulador* – efectivada "por resolução da Assembleia da República, aprovada por dois terços dos deputados presentes, desde que superior à maioria absoluta dos deputados em efectividade de funções, em caso de graves irregularidades no funcionamento do órgão"[55].

B. Independência funcional

Sob a epígrafe de independência, dispõe o artigo 4º dos Estatutos da ERC:

> "A ERC é independente no exercício das suas funções, definindo livremente a orientação das suas actividades, sem sujeição a quaisquer directrizes ou orientações por parte do poder político, em estrito respeito pela Constituição e pela lei."

Diferentemente dos demais reguladores (com a excepção do Banco de Portugal), a *vocação primordial da ERC é a protecção de direitos fundamentais* e goza, por isso, de uma verdadeira *independência* face ao poder governamental, *inexistindo traços de tutela ou superintendência ministeriais* sobre o seu Conselho Regulador[56].

2.5. ERC: *accountability*

Em termos de prestação de contas, é de destacar, em primeiro lugar, a responsabilização parlamentar: o envio mensal da colectânea de deliberações e actividades, do relatório anual (e audição) sobre as actividades de regulação e dos relatórios de actividades e contas, bem como as audições realizadas pelas comissões parlamentares competentes quando tal for entendido como pertinente[57] demonstram a *importância da Assembleia da República em termos de controlo e de legitimação democrática da ERC*.

Para além do *controlo judicial*[58] (ínsito ao princípio do Estado de Direito) e da *fiscalização do Tribunal de Contas*[59], a adopção de decisões pela ERC através de *procedimentos participados e transparentes* (*due*

54 Cfr. artigo 22º, nº 1, alínea e), dos Estatutos.

55 Cfr. artigos 22º, nº 1, alínea f), e 23º, nº 1, dos Estatutos.

56 Cfr. artigo 24º dos Estatutos.

57 Cfr. artigo 73º dos Estatutos.

58 Cfr. artigo 75º dos Estatutos.

59 Cfr. artigo 76º dos Estatutos.

process of law) é também relevante para a aceitação, *rectius* legitimidade, da sua actividade enquanto poder público.

Quanto à *participação*, salientamos a possibilidade da presença (excepcional) de interessados em reuniões do Conselho Regulador[60], a existência de um Conselho Consultivo na sua estrutura orgânica[61] - ainda que apenas com a competência para a emissão de pareceres não vinculativos[62], a observância do princípio da participação na elaboração de regulamentos[63], bem como a incumbência de a ERC promover a *co-regulação*[64] e incentivar a adopção de mecanismos de *auto-regulação* pelas entidades que prosseguem actividades de comunicação social e pelos sindicatos, associações e outras entidades do sector[65].

Em relação à *transparência* e abertura, realçamos os seguintes aspectos:

1) publicação da lista dos eleitos na 1.ª série-A do Diário da República, sob a forma de resolução da Assembleia da República, nos cinco dias seguintes ao da eleição da totalidade dos membros designados do Conselho Regulador;[66]

2) divulgação pública de relatório anual sobre a situação das actividades de comunicação social e sobre a sua actividade de regulação e supervisão;[67]

3) publicação integral de auditorias anuais às empresas concessionárias dos serviços públicos de rádio e de televisão;[68]

---

60 Cfr. artigo 28º, nº 3, dos Estatutos.

61 Cfr. artigo 38º e ss dos Estatutos. Nos termos do artigo 38º dos Estatutos, "o Conselho Consultivo é o órgão de consulta e de participação na definição das linhas gerais de actuação da ERC, contribuindo para a articulação com as entidades públicas e privadas representativas de interesses relevantes no âmbito da comunicação social e de sectores com ela conexos."

62 Cfr. artigo 40º, nº 1, dos Estatutos.

63 Cfr. artigo 62º, nº 1, dos Estatutos.

64 Em bom rigor, a antecessora da ERC – a Alta Autoridade para a Comunicação Social (AACS) -, composta por onze elementos (solução menos funcional do que a resultante do actual Conselho Regulador da ERC, com cinco membros) consubstanciava um organismo de co-regulação.

65 Cfr. artigo 9º dos Estatutos.

66 Cfr. artigo 16º, nº 9, dos Estatutos.

67 Cfr. artigo 24º, nº 2, alínea d), dos Estatutos.

68 Cfr. artigo 24º, nº 3, alínea n), dos Estatutos.

4) possibilidade de o Conselho Regulador optar, em cada caso concreto, por reuniões públicas;[69]

5) as deliberações do Conselho Regulador que afectem interessados são tornadas públicas, sob a forma de resumo, imediatamente após o termo da reunião, sem prejuízo da necessidade de publicação ou de notificação quando legalmente exigidas;[70]

6) os regulamentos (não destinados a regular exclusivamente a organização e o funcionamento interno dos serviços da ERC) devem observar o princípio da publicidade, com divulgação prévia (no sítio electrónico) à aprovação ou alteração dos respectivos projectos, a fim de que os interessados se possam pronunciar (parecer não vinculativo);[71]

7) os regulamentos da ERC que contêm normas de eficácia externa são publicados na 2.ª série do Diário da República, sem prejuízo da sua publicitação por outros meios considerados mais adequados à situação;[72]

8) as recomendações e decisões da ERC são obrigatória e gratuitamente divulgadas nos órgãos de comunicação social a que digam respeito;[73]

9) os regulamentos, as directivas, as recomendações e as decisões da ERC são obrigatoriamente divulgados no seu sítio electrónico;[74]

10) disponibilização pela ERC de um sítio na Internet, com dados relevantes, nomeadamente: o diploma de criação, os Estatutos, os regulamentos, as decisões e orientações, bem como a composição dos seus órgãos, os planos, os orçamentos, os relatórios e contas referentes aos dois últimos anos da sua actividade e ainda todas as deliberações que não digam respeito à sua gestão corrente; a divulgação de modelos e formulários para a apresentação de requerimentos por via electrónica, visando a satisfação dos respectivos pedidos e obtenção de informações em linha, nos termos legalmente admitidos; sentenças ou acórdãos proferidos em matéria de direito de resposta ou de crimes cometidos através dos

69 Cfr. artigo 28º, nº 3, dos Estatutos.

70 Cfr. artigo 28º, nº 4, dos Estatutos.

71 Cfr. artigo 62º dos Estatutos.

72 Cfr. artigo 65º, nº 1, dos Estatutos.

73 Cfr. artigos 64º, e 65º, nºs 2 e 3, dos Estatutos.

74 Cfr. artigo 65º, nº 6, dos Estatutos.

meios de comunicação social, bem como em processos por ofensa ao direito de informar.[75]

3. HETERO-REGULAÇÃO (PÚBLICA) INDEPENDENTE E MODELOS ALTERNATIVOS DE REGULAÇÃO DA COMUNICAÇÃO SOCIAL EM PORTUGAL

Diferentemente do que defendemos quanto à regulação independente em geral (cfr. acima, I), *no domínio da Comunicação Social e no caso da ERC somos favoráveis ao modelo de (hetero) regulação pública independente* consagrado no artigo 39º da Constituição da República Portuguesa e concretizado na Lei nº 53/2005, de 8 de Novembro, diploma que cria a ERC e extingue a Alta Autoridade para a Comunicação Social.

Duas razões fundamentais para sustentar a solução regulatória em vigor:

1) a ERC, não obstante assumir relevantes funções de regulação (do mercado audiovisual), constitui, primordialmente, uma *autoridade vocacionada para a protecção de direitos fundamentais*, com os *perigos da censura a desaconselharem uma regulação governamental*;

2) a íntima ligação da ERC à Assembleia da República, importante em termos de legitimação democrática (e não meramente procedimental). Exemplos desta denominada *parlamentarização* (da ERC):

a) os mecanismos de *prestação de contas aos Deputados* (cfr. acima, II, 5.);

b) a *designação parlamentar (por Resolução) de quatro dos cinco membros do Conselho Regulador* – após *audição* na comissão competente dos candidatos propostos para verificação dos requisitos necessários ao desempenho do cargo e *eleição da lista que obtiver o voto de dois terços dos deputados presentes, desde que superior à maioria absoluta dos deputados em efectividade de funções*;[76]

c) a *demissão dos membros do Conselho Regulador decidida por Resolução da Assembleia da República, aprovada por dois terços dos deputados presentes, desde que superior à maioria absoluta dos deputados em efectividade de funções, (apenas) em caso de grave violação dos seus deveres estatutários*, comprovadamente cometida no

75 Cfr. artigo 77º dos Estatutos.

76 Cfr. artigos 15º e 16º dos Estatutos. De referir que cabe aos membros designados pela Assembleia da República cooptarem o quinto membro do conselho regulador (cfr. artigos 15º, nº 3, e 17º dos Estatutos).

desempenho de funções ou no cumprimento de qualquer obrigação inerente ao cargo;[77]

d) *a dissolução do Conselho Regulador por Resolução da Assembleia da República, aprovada por dois terços dos deputados presentes, desde que superior à maioria absoluta dos deputados em efectividade de funções, em caso de graves irregularidades no funcionamento do órgão.*[78]

Pelo exposto, defendemos um *modelo de regulação independente forte e devidamente respaldado, do ponto de vista democrático, na Assembleia da República*; um regulador cometido com uma missão meramente residual e dotado de prerrogativas reduzidas não acautela devidamente o interesse público no domínio da Comunicação Social (em Portugal).

Nesta linha, *recusamos propostas (liberais) assentes na ideia de bastar a ("mão invisível" da) liberdade de imprensa para assegurar os valores da independência, isenção e pluralismo, cabendo aos tribunais a aplicação do quadro legal nos casos (residuais) de lesão de direitos de personalidade. Nem cremos que a eventual ausência de regulação administrativa estadual pudesse ser (melhor) suprida pela criação de uma Ordem profissional (auto-regulação),* apresentada muitas vezes como essencial para afastar o papão da censura estatal e reforçar o comportamento ético e deontológico dos profissionais dos *media*.

É o *interesse público* (não o corporativismo) que deve guiar a Regulação (da Comunicação Social): soluções de auto-regulação (e de co-regulação) fundam-se primordial ou mesmo exclusivamente na defesa da liberdade de imprensa – projeção dos princípios fundamentais da liberdade de expressão e de informação -, pilar estruturante do regime democrático (*media* como *cão de guarda da democracia*). No entanto, o receio do *lápis azul* não esgota a dignidade da pessoa humana e é cada vez mais essencial e urgente salvaguardar relevantes direitos de personalidade, como os direitos ao bom nome, à reputação, à imagem, à reserva da intimidade da vida privada e à palavra (direito ao que é dito e no contexto em que é dito).

Porque a liberdade de imprensa tem de ser perspectivada como uma delegação do público e do seu direito à informação em jornalistas e editores – daí a *ratio essendi* da exigência constitucional de um Serviço Público (em sentido subjectivo, de titularidade estadual) de Televisão e de Rádio

77 Cfr. artigo 22º, nº 1, alínea e), dos Estatutos.

78 Cfr. artigos 22º, nº 1, alínea f), e 23º dos Estatutos.

-, *só um regulador público independente e forte pode defender o interesse público e conciliar adequadamente a liberdade de imprensa com outros direitos de personalidade* não menos fundamentais para a sobrevivência e qualidade da democracia.

PROPRIEDADE FIDUCIÁRIA – EXPERIÊNCIA LEGISLATIVA BRASILEIRA

Melhim Namem Chalhub

1. NOTA INTRODUTÓRIA

Sinto-me lisonjeado em compartilhar com tão ilustres professores dessa justa homenagem ao querido e saudoso Professor João Calvão da Silva.

Antes mesmo de ter desfrutado da amistosa e profícua convivência em já colhia valiosos ensinamentos na sua densa e vasta obra, na qual destaco aquelas mais estreitamente ligadas aos meus estudos – *Titularização de Créditos – Securitization, Banca, Bolsa e Seguros*, e *Direito Bancário*.

Na sua obra colhi subsídios indispensáveis para levar a cabo meus trabalhos sobre obrigações, contratos e direitos reais, na perspectiva das questões de maior interesse na sociedade contemporânea notadamente em relação à efetividade das garantias, à segregação e prevenção de riscos e à limitação da responsabilidade, nos negócios típicos da atualidade, entre eles os fundos de investimentos e a securitização de créditos.

Neste singelo artigo procurarei sintetizar alguns dos aspectos que considero relevantes na experiência brasileira relacionada à legislação sobre a propriedade fiduciária.

2. CARACTERIZAÇÃO GERAL DA PROPRIEDADE FIDUCIÁRIA E SEU EMPREGO NO DIREITO BRASILEIRO

Estruturada sobre a matriz da propriedade resolúvel, a *fiduciária* corresponde a um domínio *imperfeito*,[1] desfalcado do feixe de direitos caracterizadores do domínio pleno por ser atribuído ao adquirente (fiduciário) apenas para que dê ao bem transmitido em caráter fiduciário a destinação definida pelo transmitente (fiduciante).

Lafayette realça a causa da transmissão fiduciária como elemento que a distingue da transmissão plena ao concebê-la como espécie de domínio "que, por virtude do título de sua constituição, é revogável ou resolúvel, fenômeno que ocorre quando a *causa* da aquisição do domínio

1 POTHIER, Robert Joseph, *Traité du droit de domaine de la propriété*, in *Oeuvres de Pothier, contenant les traités du droit français*, *apud* BARRIÈRE, François, *La réception du trust au travers de la fiducie*. Paris: LITEC, 2004, p. 315. FREITAS, Augusto Teixeira de, Código Civil – Esboço, arts. 4.072 e 4.314, cujo teor é reproduzido nos arts. 2.507, 2.661 e 2.662 do Código Civil argentino.

encerra em si um princípio ou condição resolutiva do mesmo domínio, expressa ou tácita."[2]

Efetivamente, não se trata de troca de bens por dinheiro, pela qual o adquirente os incorpora plena e definitivamente ao seu patrimônio para utilização no seu próprio interesse, mas, diferentemente, de atribuição, ao fiduciário, de uma propriedade limitada, que lhe confira somente os poderes necessários e suficientes para dar ao bem objeto da transmissão fiduciária destinação e a restitua ao fiduciante ou a quem este indicar, extinguindo-se o domínio (imperfeito), portanto, quando da execução dessa finalidade.

A definição dessa destinação e a limitação dos poderes do (adquirente) fiduciário é definida em um *pactum fiduciae*, que anula parcialmente o efeito real da transmissão, como observa Tullio Ascarelli, ao salientar que o efeito de direito real da transmissão é parcialmente neutralizado por uma convenção entre as partes, de modo que o adquirente (fiduciário) deve exercer a propriedade "apenas para o fim especial visado pelas partes, sendo obrigado a devolvê-la desde que aquele fim seja preenchido (...); é assim possível o uso da transferência da propriedade para finalidades indiretas (ou seja, para fins de garantia, de mandato, de depósito)."[3]

Por efeito da atribuição fiduciária o transmitente (fiduciante), ou quem este indicar, fica investido em direito de propriedade sob condição suspensiva, que, uma vez implementada, importa na resolução da propriedade fiduciária e na incorporação da propriedade plena ao patrimônio daquele a quem é destinada.

Importa sublinhar que a condição resolutiva a que se subordina a propriedade fiduciária é definida por lei e, portanto, caracteriza-se como *conditio juris*; é esse um dos traços peculiares da propriedade fiduciária, como ressalta José Carlos Moreira Alves, significando que a propriedade se extingue simplesmente em virtude da ocorrência de *evento definido por lei*, e não de evento *estipulado por livre convenção* das partes, operando seus efeitos independentemente da vontade dessas.[4]

Arruda Alvim destaca esse sinal distintivo da condição resolutiva a que se subordina a propriedade fiduciária, salientando que "não se confunde a resolubilidade decorrente de *condição* (art. 1.359) com

2 PEREIRA, Lafayette Rodrigues, *Direito das Coisas*. Rio de Janeiro: Editora Rio, edição histórica, 1977, v. I, p. 113.

3 ASCARELLI, Tullio, *Problemas das Sociedades Anônimas e Direito Comparado*. São Paulo: Saraiva, 2. ed., 1969, p. 96.

4 ALVES, José Carlos Moreira, *Da alienação fiduciária em garantia*. São Paulo: Saraiva, 1979, p. 129.

a resolubilidade da propriedade fiduciária, a cujo sistema é inerente a *conditio juris* dessa resolubilidade, de tal forma que o perfil do direito de propriedade, como consta da Lei n° 9.514/1997 (alienação fiduciária de bem imóvel), é diferente do direito de propriedade *propriamente dito*" (destaques do autor).[5]

Trata-se, assim, de uma propriedade resolúvel com características peculiares, que confere transitoriamente ao adquirente (fiduciário) poderes restritos, no limite necessário ao cumprimento da afetação para a qual foi constituída, na qual se pode vislumbrar um desdobramento dos elementos da propriedade, uma espécie de *propriedade-poder*, atribuída ao (adquirente) fiduciário, e uma *propriedade-riqueza*, conferida ao transmitente (fiduciante),[6] com a formação de distintas situações proprietárias – uma jurídica e outra econômica –, concepção originada do direito alemão, a que se refere Claude Witz[7] pela qual, embora a propriedade seja nominalmente atribuída ao fiduciário, é economicamente reservada ao fiduciante, ou aos beneficiários por ele indicados.[8]

Entre os atos e negócios que dão origem à propriedade fiduciária destacam-se o *fideicomisso*; o *fundo de investimento*, pelo qual a propriedade dos bens integrantes da carteira de investimento é atribuída à sociedade administradora, que se torna proprietária fiduciária, com poderes apenas para administrá-los em favor dos subscritores das cotas do fundo; a *propriedade fiduciária em garantia*, pela qual o proprietário de determinado bem o transmite ao credor, em caráter resolúvel, em garantia do cumprimento de certa obrigação.

3. A PROPRIEDADE FIDUCIÁRIA NO DIREITO POSITIVO BRASILEIRO

O direito positivo brasileiro contempla mais de duas dezenas de leis versando sobre a titularidade fiduciária e a afetação patrimonial,[9] no-

5 ARRUDA ALVIM, José Manuel, *Comentários ao Código Civil brasileiro* – Livro Introdutório ao Direito das Coisas e o Direito Civil. Rio de Janeiro: GEN-Forense. 2009, p. 249.

6 GRIMALDI, Michel, La fiducie: réflexions sur l'institution e sur l'avant-projet de loi qui la consacre. *El fideicomiso en el Derecho Comparado*, Panamá: Imprenta Universitaria, 1993, pp. 33 e ss.

7 BARRIÈRE, François, ob. cit., p. 335, nota 1.395.

8 Tratamos da matéria mais detidamente em nossos trabalhos *Alienação Fiduciária – Negócio Fiduciário* (Editora Gen-Forense, Rio de Janeiro, 6. ed., 2019) e *TRUST – Perspectivas do direito contemporâneo na transmissão da propriedade para administração de investimentos e garantia* (Editora Renovar, Rio de Janeiro, 2001).

9 Temos criticado a forma assistemática pela qual a matéria é tratada no processo legislativo brasileiro. Em nossa monografia *Negócio Fiduciário*, elaborado em cur-

tadamente no âmbito dos fundos de investimento, da securitização de créditos imobiliários e no sistema de garantias.

Em relação à securitização, o direito brasileiro regulamenta especificamente a securitização de créditos imobiliários na Lei n° 9.514/1997, ao instituir o sistema de financiamento imobiliário (SFI), cujo art. 9º prevê a possibilidade de atribuição da propriedade fiduciária sobre os créditos que constituírem lastro da operação de securitização.[10]

Embora o direito brasileiro contemple apenas uma *faculdade* de blindagem dos créditos, mediante atribuição fiduciária, observa João Calvão da Silva que a segregação patrimonial está indissociavelmente ligada ao sentido e ao fim da securitização, para tutela dos interesses dos investidores, como mecanismo que assegure a existência de ativos conversíveis em dinheiro especificamente para resgate dos títulos. Ao comentar a legislação portuguesa, ressalta João Calvão da Silva que "através da figura jurídica do património autónomo procura a lei assegurar aos investidores que o dinheiro por eles despendido – directamente na subscrição das UT [Unidades de Titularização] e indiretamente na compra pela STC [Sociedade de Titulariuzação de Crédito] dos créditos que as mesmas representam – se destina a satisfazer os seus interesses na remuneração e no reembolso das obrigações precisamente emitidas para o financiamento da aquisição dos créditos nelas incorporados. E foi nesses créditos que os investidores confiaram: por um lado, cientes de que só esse patrimônio autónomo responde pelas obrigações titularizadas que suporta (...); por outro lado, seguros da sua afectação exclusiva às OT [Obrigações Titularizadas] neles baseadas e da sua impermeabilidade a processos de cumprimento e execução de outras dívidas da sociedade até ao pagamento integral dos seus direitos, dos direitos inerentes às OT de que são detentores (art. 62°, n° 1, *in fine*)".[11]

---

so de Especialização em Direito Privado na Universidade Federal Fluminense em 1996/1997, apresentamos anteprojeto de lei de sistematização das normas sobre a matéria, que veio a ser recomendado ao Poder Executivo em 2019 pelo Instituto dos Advogados Brasileiros.

---

10 Art. 9º A companhia securitizadora poderá instituir regime fiduciário sobre créditos imobiliários, a fim de lastrear a emissão de Certificados de Recebíveis Imobiliários, sendo agente fiduciário uma instituição financeira ou companhia autorizada para esse fim pelo BACEN e beneficiários os adquirentes dos títulos lastreados nos recebíveis objeto desse regime.

11 SILVA, João Calvão da, *Titularização de créditos – Securitization*. Coimbra: Almedina, 2003, pp. 130/131.

A Lei n° 9.514/1997 prevê que a instituição do regime fiduciário importa na segregação dos créditos securitizados em um "patrimônio separado, que não se confunde com o da companhia securitizadora" e é objeto de demonstrações financeiras independentes.[12]

A afetação do bem a uma específica destinação é elemento comum à transmissão fiduciária para fins de administração ou de garantia. Por ela, o adquirente (fiduciário) recebe a propriedade apenas e tão somente para "executar a afetação que constitui a causa da fidúcia",[13] devendo fiduciário manter o bem num patrimônio de afetação,[14] por efeito do qual os bens transmitidos em fidúcia são subtraídos da garantia patrimonial genérica dos credores do fiduciário.[15]

Disso é exemplo o § 4º do art. 11 da Lei n° 8.668/1993, que dispõe sobre a propriedade fiduciária atribuída à sociedade administradora dos fundos de investimento imobiliário e, ao tratar da transferência do acervo para outra administradora, em razão de liquidação extrajudicial da administradora, explicita que não se equipara à transferência da propriedade plena e, portanto, não constitui hipótese de incidência do imposto de transmissão *inter vivos*.[16]

---

12 Lei n° 9.514/1997: "Art. 12. Instituído o regime fiduciário, incumbirá à companhia securitizadora administrar cada patrimônio separado, manter registros contábeis independentes em relação a cada um deles e elaborar e publicar as respectivas demonstrações financeiras".

13 BARRIÈRE, François, ob. cit., p. 331.

14 O Código Civil francês dispõe sobre a separação patrimonial e a imunidade dos bens fiduciados em relação ao patrimônio próprio do fiduciário, ao regulamentar a operação de fidúcia (*"Article 2011 La fiducie est l'opération par laquelle un ou plusieurs constituants transfèrent des biens, des droits ou des sûretés, ou un ensemble de biens, de droits ou de sûretés, présents ou futurs, à un ou plusieurs fiduciaires qui, les tenant séparés de leur patrimoine propre, agissent dans un but déterminé au profit d'un ou plusieurs bénéficiaires."*).

15 LUPOI, Maurizio, *Istituzioni del Diritto dei Trust e degli affidamenti fiduciari*. Milano: Cedam, 2008, p. 234.

16 Lei n° 8.668/1993: "Art. 11. Nas hipóteses de renúncia da instituição administradora, seu descredenciamento pela Comissão de Valores Mobiliários, destituição pela assembleia de cotistas ou sua sujeição ao regime de liquidação judicial ou extrajudicial, a ata da assembleia de cotistas que eleger nova instituição administradora para substituí-la, devidamente aprovada e registrada na Comissão de Valores Mobiliários, constitui documento hábil para averbação, no Registro de Imóveis, da sucessão da propriedade fiduciária dos bens móveis integrantes do patrimônio do Fundo (...). § 4º *A sucessão da propriedade fiduciária de bem imóvel integrante de patrimônio de Fundo de Investimento Imobiliário não constitui transferência de propriedade"* (grifamos).

A lei define com clareza a separação dos patrimônios, com o que, de um lado, assegura a imunidade dos direitos econômicos dos subscritores, em relação a eventuais situações de crise da administradora, e, de outro lado, exclui da responsabilidade da administradora as obrigações e encargos incidentes sobre os bens objeto da propriedade fiduciária, que são imputados ao patrimônio de afetação de que são titulares os subscritores das cotas do fundo (Lei n° 8.668/1993, arts. 6º e 7º, e Lei n° 9.514/1997, art. 11).[17]

A expressão material da neutralidade patrimonial é registrada em demonstrações financeiras independentes, registros em contas de compensação ou mesmo notas explicativas.[18]

---

17 O *caput* do art. 7º da Lei n° 8.668/1993 explicita que os bens atribuídos à proprietária fiduciária "não se comunicam com o patrimônio desta" e não integram seu ativo, afastando-os do risco de constrição por dívidas dela, administradora, e excluindo de sua responsabilidade as obrigações e os encargos incidentes sobre os bens fiduciados: "Art. 7º Os *bens e direitos* integrantes do fundo de investimento imobiliário, em especial os bens imóveis *mantidos sob a propriedade fiduciária da instituição administradora*, bem como seus frutos e rendimentos, *não se comunicam com o patrimônio desta*, observadas, quanto a tais bens e direitos, as seguintes restrições: I – *não integrem o ativo da administradora*..." (grifamos). O mesmo tratamento legal é definido pela Lei n° 9.514/1997 para os créditos securitizados pelo regime fiduciário, nos termos do art. 11, I e V e VI: "Art. 11. Os créditos objeto do regime fiduciário: I – constituem patrimônio separado, que não se confunde com o da companhia securitizadora; (...) III – destinam-se exclusivamente à liquidação dos títulos a que estiverem afetados, bem como ao pagamento dos respectivos custos de administração e obrigações fiscais; (...) V – não são passíveis de constituição de garantias ou de excussão por quaisquer dos credores da companhia securitizadora, por mais privilegiados que sejam".

18 Nos casos de propriedade fiduciária para administração, os direitos e obrigações correspondentes ao bem objeto de propriedade fiduciária são objeto de demonstrações financeiras independentes e no caso da propriedade fiduciária em garantia o bem é registrado em contas de compensação ou em notas explicativas. A contabilização separada é prevista expressamente no direito positivo, e disso são exemplos o art. 7º da Lei n° 8.668/1993, o art. 12 da Lei n° 9.514/1997, do seguinte teor: "Art. 12. Instituído o regime fiduciário, incumbirá à companhia securitizadora administrar cada patrimônio separado, manter registros contábeis independentes em relação a cada um deles e elaborar e publicar as respectivas demonstrações financeiras". No direito francês a contabilidade separada das operações fiduciárias está prevista na Lei n° 2007-211, que dispõe: "*Article 12 Les éléments d'actif et de passif transférés dans le cadre de l'opération mentionnée à l'article 2011 forment un patrimoine d'affectation. Les opérations affectant ce dernier font l'objet d'une comptabilité autonome chez le fiduciaire*".

4. PROPRIEDADE FIDUCIÁRIA EM GARANTIA

A transmissão fiduciária para fins de garantia foi introduzida no direito brasileiro pela Lei n° 4.7281965, que, no contexto da organização do mercado de capitais, regulamentou a *alienação fiduciária em garantia de bens móveis infungíveis*, à qual estavam legitimadas apenas as instituições financeiras, visando a constituição de garantia de financiamento da aquisição de bens de consumo duráveis.

A partir dessa lei, passaram a ser regulamentadas outras figuras de natureza fiduciária mediante legislação esparsa, vindo o Código Civil de 2002 a inserir a propriedade fiduciária na parte relativa ao Direito das Coisas, entre as espécies de propriedade, mas ressalvando no seu art. 1.367 que a propriedade fiduciária regulada por essas disposições submete-se ao regime jurídico dos direitos reais de garantias.[19]

As garantias fiduciárias em geral distinguem-se das garantias reais tradicionais de hipoteca e penhor porque ao constituir estas o devedor vincula o bem ao cumprimento de determinada obrigação, mas conserva-o em seu patrimônio, enquanto na garantia fiduciária o devedor, ao constituí-la, se demite do bem e o transmite ao credor fiduciário, que o aloca num patrimônio de afetação, aí permanecendo até que se extinga a obrigação garantida.

A despeito da presença do vocábulo *propriedade* na expressão que designa essa garantia real, o bem é transmitido ao *adquirente* (fiduciário) desfalcado das faculdades inerentes ao feixe de direitos subjetivos inerentes à propriedade, de que trata o art. 1.228 do Código Civil.[20]

Como todo e qualquer direito real de garantia, a propriedade fiduciária é direito acessório da obrigação principal; constitui-se pelo registro do título; confere ao credor fiduciário o direito de sequela; é indivisível, isso significando que o pagamento parcial da dívida não importa em liberação proporcional da garantia, salvo se expressamente convencionada; e não integra a massa concursal, tendo em vista que o bem transmitido em garantia fiduciária é excluído do patrimônio do devedor e passa a integrar um núcleo patrimonial separado.

---

19 Código Civil: "Art. 1.367. A propriedade fiduciária em garantia de bens móveis ou imóveis sujeita-se às disposições do Capítulo I do Título X do Livro III da Parte Especial deste Código e, no que for específico, à legislação especial pertinente, não se equiparando, para quaisquer efeitos, à propriedade plena de que trata o art. 1.231."

20 Código Civil: "Art. 1.228. O proprietário tem a faculdade de usar, gozar e dispor da coisa, e o direito de reavê-la do poder de quem quer que injustamente a possua ou detenha."

Merece atenção a legislação sobre a propriedade fiduciária de bens imóveis em garantia, em razão do seu largo emprego na atividade do financiamento da produção e comercialização de imóveis em geral.

4.1. O contrato de alienação fiduciária de bens imóveis em garantia: caracterização geral

De acordo com a tipificação instituída pelos arts. 22 a 33 da Lei nº 9.514/1997, a alienação fiduciária é o negócio jurídico pelo qual o devedor, ou o fiduciante (que pode ser terceiro prestador da garantia fiduciária), contrata a transferência da propriedade resolúvel de bem imóvel ao adquirente-credor fiduciário, exclusivamente com escopo de garantia.

Trata-se de negócio jurídico de transmissão condicional, que serve de título à constituição da propriedade fiduciária em garantia, e esta considera-se constituída mediante registro desse título no Registro de Imóveis.

Por efeito do registro desse contrato, o fiduciário torna-se titular de propriedade sob condição resolutiva e o fiduciante é investido em direito real de aquisição sob condição suspensiva, conservando consigo a posse do bem (art. 22).[21]

4.2. Natureza jurídica dos direitos do devedor fiduciante e do credor fiduciário

Os eventos que ensejam a recuperação do bem pelo fiduciante e sua consolidação no fiduciário são elementos da tipificação desse negócio jurídico, não tendo as partes autonomia para criar condições diversas daquelas constantes da lei, de modo que as condições resolutiva e suspensiva do contrato de alienação fiduciária não o são em sentido próprio, mas caracterizam-se como requisitos, condições legais ou condições *impróprias*, pois "enquanto as condições, em sentido próprio, são postas pelo manifestante ou pelos manifestantes, as *condiciones iuris* são-no pela lei."[22]

---

21 "Art. 22. A alienação fiduciária regulada por esta lei é o negócio jurídico pelo qual o devedor, ou fiduciante, com o escopo de garantia, contrata a transferência ao credor, ou fiduciário, da propriedade resolúvel de coisa imóvel."
"Art. 23. Constitui-se a propriedade fiduciária de coisa imóvel mediante registro, no competente Registro de Imóveis, do contrato que lhe serve de título. Parágrafo único. Com a constituição da propriedade fiduciária, dá-se o desdobramento da posse, tornando-se o fiduciante possuidor direto e o fiduciário possuidor indireto da coisa imóvel."

22 PONTES DE MIRANDA, Francisco Cavalcanti, Francisco Cavalcanti, *Tratado de Direito Privado*. Rio de Janeiro: Borsoi, 1954, § 577.

Assim, a condição suspensiva que a doutrina, majoritariamente,[23] identifica na posição do devedor fiduciante deve ser tomada na acepção de *condicio iuris*, que opera independentemente da vontade das partes e "é, por definição, suspensiva, no sentido de que, antes da sua verificação, ou não há contrato, ou o mesmo não é eficaz."[24]

Os direitos do credor fiduciário (sob condição resolutiva) e do devedor fiduciante (sob condição suspensiva) são "direitos opostos e complementares, e o acontecimento que aniquila o direito de um consolidará, fatalmente, o do outro (...); isso decorre da feição complementar atribuída às duas condições, de maneira que a todo proprietário sob condição suspensiva corresponde um proprietário sob condição resolutiva, e reciprocamente."[25]

O implemento da condição retrotrai os seus efeitos ao tempo da aquisição, daí porque que (1°) aquele em favor de quem se opera a resolução do domínio é considerado como se nunca o tivesse alienado de si e (2°) o proprietário em favor de quem se resolve o domínio pode reivindicar a coisa de quem quer que a detenha (Código Civil, arts. 1.359 e 1.360).[26]

Em relação à alienação fiduciária de bem imóvel, a reversão da propriedade ao fiduciante ou sua consolidação no fiduciário são inerentes à dinâmica da propriedade resolúvel e se efetivam automaticamente, tão logo seja paga a dívida; nesse sentido, o art. 25 da Lei n° 9.514/1997 dispõe que a resolução da propriedade fiduciária se dá com o pagamento da dívida e encargos e seu art. 27 prevê a consolidação da propriedade no patrimônio do credor uma vez caracterizado o inadimplemento da obrigação garantida.

Os atos praticados no Registro de Imóveis correspondem ao assentamento dos eventos caracterizadores das condições a que está subordinada a propriedade fiduciária.

---

23 Registrem-se, nesse sentido, GOMES, Orlando (*Alienação fiduciária em garantia*. São Paulo: Editora Revista dos Tribunais, 1975, p. 38); VIANA, Marco Aurélio S. Comentários ao novo Código Civil – Dos direitos reais. 2. ed. Rio de Janeiro: Forense, 2004, v. XVI, p. 533. Coordenador: Sálvio de Figueiredo Teixeira); RESTIFFE NETTO, Paulo (*Garantia fiduciária*. São Paulo: Editora Revista dos Tribunais, 1976, p. 325) e CHALHUB, Melhim Namem, *Alienação Fiduciária – Negócio Fiduciário*. Rio de Janeiro: Editora Gen-Forense, 6. ed., 2019, pp. 139/147).

24 MESSINEO, Francesco, *apud* GONÇALVES, Aderbal da Cunha, *Da propriedade resolúvel*, cit., p. 91.

25 GONÇALVES, Aderbal da Cunha, *Da propriedde resolúvel*. São Paulo: Revista dos Tribunais, 1979, p. 67, nota 82.

26 LAFAYETTE, *Direito das Coisas*, cit., p. 114.

Verificado o evento que constitui a condição, não é necessário novo *registro* em nome daquele em favor do qual a condição opera, seja o fiduciante ou o fiduciário, bastando a *averbação* do evento e dos atos dela resultantes; se verificada a condição suspensiva, correspondente ao cumprimento da obrigação, a averbação faz reverter a propriedade plena ao patrimônio do fiduciante; ao contrário, se falha a condição suspensiva, pelo inadimplemento, a simples averbação desse evento opera a consolidação da propriedade no patrimônio do fiduciário.

Veja-se a lição de Serpa Lopes: "sobrevindo a resolução de um negócio com a verificação da condição, não há certamente um negócio novo destruindo os efeitos do precedente, não há retrocesso de direito; assim, o comprador sob condição resolutiva não se torna vendedor, ocorrida a condição, nem vice-versa. A operação consistirá no cancelamento de todas as inscrições resultantes do ato resolutivo, restaurando a situação primitiva, dada a força retroativa da condição e sua natureza eminentemente resolutiva, sendo aplicável a lição de Coviello, 'quando um ato é por lei retroativo, deve-se considerá-lo isento de transcrição."[27]

4.3. Extinção do contrato

Sendo contrato acessório, a alienação fiduciária é vinculada a um contrato principal, no qual foi constituída a obrigação objeto da garantia e, portanto, segue a sorte desse contrato, extinguindo-se diretamente por efeito da extinção desse negócio jurídico principal.

A extinção normal do contrato de alienação fiduciária se dá por efeito do cumprimento dessas obrigações; a extinção anormal, por efeito do inadimplemento, mediante execução do crédito e excussão do bem objeto da garantia.

Da extinção normal do contrato de alienação fiduciária resulta o cancelamento do registro da propriedade fiduciária no Registro de Imóveis, mediante averbação do "termo de quitação" fornecido pelo fiduciário, da qual resulta a reversão da propriedade plena ao patrimônio do fiduciante.

Dispõe o art. 25 da Lei n° 9.514/1997 que, "com o pagamento da dívida e seus encargos, resolve-se, nos termos deste artigo, a propriedade fiduciária do imóvel," que é cancelada por efeito da averbação do "termo de quitação" no Registro de Imóveis.

Já a extinção anormal, decorrente do inadimplemento da obrigação garantida, se efetiva mediante procedimento extrajudicial realizado no

27 SERPA LOPES, Miguel Maria, Tratado dos registros públicos. Rio de Janeiro: Freitas Bastos, 1955, 3. ed., v. 3, p. 376.

Registro de Imóveis da circunscrição onde se situa o imóvel objeto da garantia, que compreende a intimação do devedor para purgação da mora, a consolidação da propriedade no patrimônio do fiduciário, caso se caracterize o inadimplemento absoluto da obrigação do devedor, seguida de oferta do imóvel para venda em leilão e acertamento de haveres.

O procedimento é regulamentado pelos arts. 26 e 27, articulados aos arts. 24 e 30.

Vindo o devedor a incidir em mora, o credor fiduciário deverá abrir prazo de 15 dias para purgação da mora mediante intimação do devedor (e do fiduciante, se terceiro o prestador da garantia), ou seu representante legal, que deverá ser feita pelo Oficial do Registro de Imóveis, que poderá delegá-la a Oficial do Registro de Títulos e Documentos ou, ainda, promovê-la pelo Correio. Nos condomínios ou conjuntos imobiliários assemelhados a intimação poderá ser feita mediante entrega da carta ao funcionário encarregado do recebimento de correspondência.

Purgada a mora, convalescerá o contrato, que voltará a seguir seu curso normal, devendo o Oficial do Registro entregar ao credor o *quantum* recebido no prazo de 3 dias.

A expiração do prazo sem a purgação caracteriza o inadimplemento absoluto da obrigação garantida, da qual decorre a consolidação da propriedade no patrimônio do fiduciário.

Nos financiamentos destinados a aquisição ou construção de moradia do devedor, a purgação da mora poderá ser efetivada até a data da averbação da consolidação da propriedade, para a qual a lei fixa o prazo de 30 dias após expirado o prazo de 15 dias da intimação, nessa espécie de operação de crédito.

Não purgada a mora, o Oficial do Registro de Imóveis certificará esse fato, que caracteriza o inadimplemento absoluto da obrigação garantida, e o credor requererá a averbação da consolidação da propriedade na matrícula do imóvel, instruindo o requerimento com o comprovante do pagamento do imposto de transmissão *inter vivos* e, se for o caso, do laudêmio.

Nos trinta dias que se seguirem à averbação da consolidação da propriedade no Registro de Imóveis, o credor deve ofertar o imóvel para venda por meio de dois leilões, dispensada essa exigência caso a consolidação resulte de dação em pagamento.

Uma vez averbada a consolidação, o antigo fiduciário[28] estará legitimado a promover a ação de reintegração de posse no imóvel e, nos 30

28 Referimo-nos a *antigo* fiduciário e *antigo* fiduciante porque ao se consolidar a propriedade no patrimônio do fiduciário já não há mais a relação jurídica de direito

dias que se seguirem à consolidação, promover o leilão do imóvel cuja propriedade, então, já se encontra em seu patrimônio.[29]

Para acertamento de haveres decorrente da extinção anormal do contrato, o credor deverá oferecer o imóvel à venda em dois públicos leilões. No primeiro leilão, o imóvel será ofertado pelo maior entre os valores de (i) avaliação estabelecido pelas partes no contrato, observados os critérios de revisão que tiverem convencionado ou de (ii) avaliação realizada pela autoridade competente para cálculo do Imposto de Transmissão *Inter Vivos* (Lei n° 9.514/1997, art. 24, VI, e parágrafo único) e, no segundo, pelo valor da dívida, encargos e despesas. Os leilões são extrajudiciais. Se o produto da venda não bastar para o resgate integral da dívida ou se não houver licitantes, o fiduciário conservará consigo a propriedade e o devedor fiduciante considerar-se-á exonerado de pagamento de eventual saldo remanescente da dívida garantida.[30]

O Código Civil admite o pagamento mediante dação do direito eventual do fiduciante (art. 1.365, parágrafo único) e o § 8° do art. 26 da Lei n° 9.514/97[31] dispensa a realização do leilão nesse caso, tendo em vista que essa forma de pagamento encerra uma negociação específica, que comporta proposta e aceitação, processo no qual se presume que, ao celebrá-la, as partes já tenham negociado satisfatoriamente o acertamento de seus haveres.

---

real que qualifica as partes como *fiduciante* e *fiduciário*, remanescendo apenas a relação obrigacional correspondente ao acerto de contas. Observe-se que, no leilão, o antigo fiduciário oferta imóvel dele próprio, pois a propriedade plena já estará consolidada no seu patrimônio.

---

29 Lei nº 9.514/1997: "Art. 27. Uma vez consolidada a propriedade em seu nome, o fiduciário, no prazo de trinta dias, contados da data do registro de que trata o § 7º do artigo anterior, promoverá público leilão para a alienação do imóvel."

30 Temos defendido a necessidade de restringir a exoneração da responsabilidade aos financiamentos habitacionais de interesse social, sustentando que não se justifica sua concessão para construção ou aquisição de moradias de padrão alto, nem para operações de crédito destinadas às atividades empresariais em geral ou para operações de autofinanciamento denominadas *consórcio*, sobretudo porque, neste último caso, os demais consorciados adimplentes é que terão que pagar, por rateio, a diferença entre o produto do leilão e o valor da dívida do inadimplente (artigo *A alienação fiduciária de bens imóveis*, publicado em 13 de abril de 2007 no jornal Valor Econômico).

31 "Art. 26... § 8º o fiduciante pode, com a anuência do fiduciário, dar seu direito eventual ao imóvel em pagamento da dívida, dispensados os procedimentos previstos no art. 27."

4.3.1. O contorno peculiar da vedação do pacto comissório na alienação fiduciária em garantia

A apropriação do bem pelo credor fiduciário, mediante consolidação, não caracteriza violação da proibição da cláusula comissória, pois, como bem pondera Pablo Renteria, essa proibição "apresenta, na alienação fiduciária em garantia, contorno específico, vedando-se não a apropriação do bem em caso de inadimplemento – o que sequer seria concebível haja vista fundar-se tal modalidade de garantia na transmissão do domínio – mas a manutenção do bem na titularidade do credor após o vencimento da dívida".[32]

É que a atribuição da propriedade ao credor fiduciário é afetada à função de garantia, e essa afetação não desaparece nem mesmo depois que o credor fiduciário se torna proprietário pleno, mas apenas passa a ser *residual*, observando Francisco Eduardo Loureiro que, mesmo depois da consolidação, "não pode o credor, agora proprietário pleno da coisa, mas com afetação residual à satisfação de um crédito, ficar com ela, devendo promover sua alienação a terceiros".[33]

Assim, o direito subjetivo do credor proprietário fiduciário é condicionado e limitado pela afetação do bem à satisfação do crédito, a partir de critérios peculiares de avaliação do bem e excussão, como dispõem as normas especiais sobre a realização da garantia fiduciária a que nos referimos acima.

Observem-se o art. 3º do Decreto-Lei n° 911/1969, relativo à execução de créditos de instituições financeiras, previdenciários e fiscais garantidos por propriedade fiduciária de bens móveis infungíveis, e os arts. 26 e 27 da Lei n° 9.514/1997, que dispõem sobre a realização da garantia fiduciária de bens imóveis.[34]

No primeiro caso, uma vez caracterizado o inadimplemento, efetiva-se liminarmente a consolidação da propriedade no credor, em ação de busca e apreensão, facultada ao devedor fiduciante a reaquisição do bem mediante pagamento da integralidade da dívida nos cinco dias que se seguirem à intimação da liminar. Expirado esse prazo sem o pagamento, o credor, já proprietário pleno, deverá vender o bem, devendo

32 RENTERÍA, Pablo, *Penhor e autonomia privada*. Rio de Janeiro: GEN-Atlas, 2016, p. 165.

33 LOUREIRO, Francisco Eduardo, *Código Civil comentado*. Coord. Ministro Cezar Peluso. 10. ed. São Paulo: Manole. 2018, comentário ao art. 1.364, p. 1.356.

34 Os procedimentos são tratados nos itens 5.8 a 5.12 e 6.8 a 6.10.

prestar contas ao antigo devedor e lhe entregar a quantia que eventualmente exceder ao valor do seu crédito e despesas.[35]

No segundo caso, a consolidação é efetivada mediante procedimento extrajudicial realizado no Registro de Imóveis da situação do imóvel, pelo qual, uma vez certificado o inadimplemento por certidão do oficial do Registro, procede-se à averbação da consolidação da propriedade à vista de requerimento do credor instruído com comprovação do pagamento do ITBI e do laudêmio, se for o caso; nos trinta dias seguintes à consolidação, o credor deve ofertar o imóvel à venda em dois leilões, destinando-se o produto aí obtido ao credor, para satisfação do crédito, e o saldo, se houver, ao devedor (arts. 26 e 27).

Nesse caso, a realização da garantia fiduciária de bens imóveis é regulamentada detalhadamente pela Lei n° 9.514/1997, merecendo atenção seus principais aspectos.

Uma vez consolidada a propriedade do bem imóvel, o credor fiduciário, já na qualidade de proprietário pleno, deverá ofertar o imóvel à venda em dois leilões. Se não se alcançar quantia suficiente para satisfação do crédito em nenhum dos dois leilões, considera-se extinta a dívida e exonerado o devedor da responsabilidade pelo eventual saldo remanescente, salvo em relação a operações de autofinanciamento denominado *consórcio* e determinadas operações de abertura de crédito de instituições financeiras.

As normas sobre comprovação da mora, caracterização do inadimplemento e, ainda, sobre a expropriação do direito aquisitivo do devedor fiduciante, avaliação do imóvel e realização do leilão visam adaptar a propriedade resolúvel ao regime jurídico dos direitos reais de garantia.

Com relação à avaliação para leilão, a lei dispõe que o imóvel será ofertado no primeiro leilão pelo valor fixado no contrato de alienação fiduciária, revisto por ocasião do leilão (art. 24, VI).[36]

Mas não basta a revisão da avaliação em data próxima do leilão, pois, para ajustar o valor do imóvel ao preço de mercado, a lei exige que o valor revisto seja comparado com o da avaliação realizada pela

35 V. itens 5.9 a 5.12.

36 No mercado da incorporação imobiliária, para efeito de oferta no primeiro leilão, indica-se no contrato de alienação fiduciária, usualmente, o preço de venda do imóvel atualizado pelos mesmos índices de atualização do saldo devedor. Embora se trate de mecanismo de adequação de um valor pecuniário em face da depreciação da moeda, a atualização monetária não cumpre a função da revisão da avaliação, que compreende a articulação de diferentes fatores de aferição dos dados no mercado real, que pode discrepar do valor atualizado.

Prefeitura para cálculo do ITBI exigível para consolidação da propriedade, que antecede o leilão,[37] dispondo que prevalecerá o maior dos dois como lance mínimo para o primeiro leilão.

Essa avaliação por um ente público, terceiro, imparcial, realizada em data próxima à do leilão, atende à *ratio* da vedação da cláusula comissória, pois visa dotar o procedimento de realização da garantia de mecanismos de controle que assegurem a efetividade dessa proibição,[38] impedindo a excussão do bem "sem que este seja avaliado, ou quando a avaliação seja realizada só pelo credor (e não por um terceiro independente das partes, como deverá, em regra, suceder) e, consequentemente, um potencial prejuízo do seu anterior titular."[39]

Além desse rigoroso critério de avaliação, o procedimento de excussão também é objeto de tratamento peculiar: embora a propriedade plena já esteja incorporada ao patrimônio do credor fiduciário, este é obrigado a ofertar o imóvel à venda, limitada essa diligência, entretanto, à realização de dois leilões.

Outra peculiaridade desse procedimento é a extinção da dívida, com a consequente exoneração da responsabilidade patrimonial do devedor fiduciante pelo saldo remanescente, caso nesses dois leilões não se alcance lance igual ou superior ao saldo devedor. Essa regra excepcional tem como precedente legislativo o tratamento especial dado pela Lei nº 5.741/1971 à execução judicial de créditos hipotecários habitacionais vinculados ao Sistema Financeiro da Habitação.[40]

---

37 Lei nº 9.514/1997: "Art. 24. O contrato que serve de título ao negócio fiduciário conterá: (...); VI – a indicação, para efeito de venda em público leilão, do valor do imóvel e dos critérios para a respectiva revisão; (...). Parágrafo único. Caso o valor do imóvel convencionado pelas partes nos termos do inciso VI do *caput* deste artigo seja inferior ao utilizado pelo órgão competente como base de cálculo para a apuração do imposto sobre transmissão *inter vivos*, exigível por força da consolidação da propriedade em nome do credor fiduciário, este último será o valor mínimo para efeito de venda do imóvel no primeiro leilão".

38 A adoção da avaliação realizada por ente público como referencial para definição do preço mínimo de oferta do bem em leilão atende aos pressupostos e ao propósito da vedação do pacto comissório, ao dotar o procedimento de realização da garantia de mecanismos "que assegurem, com efectividade e actualidade, que o valor do bem apropriado não é superior ao valor da dívida garantida ou que, sendo aquele superior a este, o credor não se apropriará do valor que exceda o necessário para a satisfação do crédito" (PIRES, Catarina Monteiro, *Alienação em garantia*. Coimbra: Almedina, 2010, p. 272).

39 VASCONCELOS, Luís Miguel Delgado Paredes Pestana de. *A cessão de créditos em garantia e a insolvência*. Coimbra: Coimbra Editora, 2007, p. 629.

40 A dispensa do pagamento de eventual saldo remanescente na execução hipotecária é objeto do art. 7º da Lei nº 5.741/1971, que institui procedimento especial de

É como dispõe o § 5º do art. 27 da Lei nº 9.514/1997, segundo o qual, em caso de frustração dos dois leilões, "considerar-se-á extinta a dívida e exonerado o credor da obrigação de que trata o § 4º [pagamento de sobejo ao devedor]".[41]

De acordo com essa regra, exaurido o procedimento dos leilões sem que tenha havido arrematação, a propriedade anteriormente incorporada ao patrimônio do credor pela consolidação aí permanece, agora exonerada do ônus da oferta pública para venda nos termos da lei, como anotam Paulo Restiffe Neto e Paulo Sérgio Restiffe: "na eventualidade de não haver no segundo público leilão licitante ou lance igual ou superior ao valor da dívida, considera *in extremis* a lei *extinta* a dívida e quitado o devedor (§§ 5º e 6º), desonerando o credor do encargo de novas tentativas de excussão, mas não da prestação de contas e entrega ao devedor do que eventualmente sobejar".[42]

5. EFEITOS EM RELAÇÃO À FALÊNCIA E AO PROCEDIMENTO DE RECUPERAÇÃO DE EMPRESA

Sabendo-se que a constituição da garantia fiduciária se efetiva mediante transmissão da propriedade do fiduciante ao fiduciário, fica claro que, vindo o fiduciante a se tornar insolvente, o bem objeto de propriedade fiduciária não é alcançado pelos efeitos de sua falência ou do procedimento de sua recuperação judicial porque não se encontra no seu patrimônio.

---

execução judicial de crédito hipotecário vinculado a financiamento habitacional do Sistema Financeiro da Habitação, do seguinte teor: "Art. 7º Não havendo licitante na praça pública, o juiz adjudicará, dentro de quarenta e oito horas, ao exequente o imóvel hipotecado, ficando exonerado o executado da obrigação de pagar o restante da dívida". Tratamos da matéria mais detidamente no item *6.10.1 – Exoneração da responsabilidade pelo pagamento integral da dívida*, sustentando a necessidade de alteração legislativa que restrinja o benefício aos tomadores de financiamento habitacional e aos contratantes de autofinanciamento do tipo *consórcio*, mantendo as operações de crédito em geral subordinadas às normas dos arts. 586 e 1.366 do Código Civil.

---

41 Lei nº 9.514/1997: "Art. 27. (...). § 5º Se, no segundo leilão, o maior lance oferecido não for igual ou superior ao valor referido no § 2º, considerar-se-á extinta a dívida e exonerado o credor da obrigação de que trata o § 4º".

42 RESTIFFE NETO, Paulo, e RESTIFFE, Paulo Sérgio, *Propriedade fiduciária imóvel* (regime jurídico, questionamentos, jurisprudência). São Paulo: Malheiros, 2009, p. 175.

Tratando-se de contrato de empréstimo ou financiamento com garantia fiduciária, o devedor continuará obrigado a pagar normalmente as parcelas da dívida exatamente nos termos contratados; de outra parte, se em recuperação a empresa credora fiduciária, mantém-se também íntegro seu direito creditório, assim como sua obrigação restitutória, operando-se o cancelamento da propriedade fiduciária quando da satisfação integral do seu crédito e a consequente reversão da propriedade plena do bem ao devedor fiduciante. Se o devedor fiduciante incidir em mora, mesmo em estado de recuperação judicial, o credor fiduciário estará legitimado a promover todas as medidas legais necessárias ao recebimento do seu crédito, de acordo com o procedimento especial estabelecido pela Lei n° 9.514/1997.

A lei de falência e recuperação da sociedade empresária dispõe que os bens objeto de propriedade fiduciária ou de afetação não são atingidos pelos efeitos da quebra ou do processo de recuperação, permanecendo separados do patrimônio do falido, e, portanto, fora do ativo da massa, até que cumpram sua finalidade, quando, então, será arrecadado à massa o saldo positivo ou nela habilitado o saldo negativo.[43]

43 Lei n° 11.101/2005: "Art. 49. Estão sujeitos à recuperação judicial todos os créditos existentes na data do pedido, ainda que não vencidos. (...). § 3º Tratando-se de credor titular da posição de proprietário fiduciário de bens móveis ou imóveis, de arrendador mercantil, de proprietário ou promitente vendedor de imóvel cujos respectivos contratos contenham cláusula de irrevogabilidade ou irretratabilidade, inclusive em incorporações imobiliárias, ou de proprietário em contrato de venda com reserva de domínio, seu crédito não se submeterá aos efeitos da recuperação judicial e prevalecerão os direitos de propriedade sobre a coisa e as condições contratuais, observada a legislação respectiva, não se permitindo, contudo, durante o prazo de suspensão a que se refere o § 4º do art. 6º desta Lei, a venda ou a retirada do estabelecimento do devedor dos bens de capital essenciais a sua atividade empresarial." (...)
"Art. 119. Nas relações contratuais a seguir mencionadas prevalecerão as seguintes regras:" (...) "IX – os patrimônios de afetação, constituídos para cumprimento de destinação específica, obedecerão ao disposto na legislação respectiva, permanecendo seus bens, direitos e obrigações separados dos do falido até o advento do respectivo termo ou até o cumprimento de sua finalidade, ocasião em que o administrador judicial arrecadará o saldo a favor da massa falida ou inscreverá na classe própria o crédito que contra ela remanescer."

VENDA DE BENS DE CONSUMO – APONTAMENTO SOBRE A TRANSPOSIÇÃO DA DIRETIVA (UE) 2019/771 E O DIREITO PORTUGUÊS

Paulo Mota Pinto

1. INTRODUÇÃO

Um dos temas a que João Calvão da Silva dedicou parte relevante da sua produção científica, e de que mais gostava, foi o da *venda de coisas defeituosas*, tendo-o tratado na sua dissertação de Doutoramento[1], e, depois, quer em exposição monográfica adrede[2], quer em comentário às normas sobre a venda de bens de consumo[3], aprovadas pelo Decreto-Lei nº 67/2003, de 8 de abril (alterado pelo Decreto Lei nº 84/2008, de 21 de maio), em transposição da Diretiva 1999/44/CE do Parlamento Europeu e do Conselho, de 25 de maio de 1999, relativa a certos aspetos da venda de bens de consumo e das garantias a ela relativas. Num ano em que na União Europeia foram aprovadas *duas diretivas* como que *"gémeas"* sobre *conformidade de bens e serviços e de conteúdos serviços digitais* com contratos de celebrados com consumidores[4], uma das quais (a Diretiva 2019/771) revogou a citada Diretiva de há duas décadas (1999/44/CE) e irá implicar *alterações relevantes ao regime nacional* da venda de bens de consumo, é sem dúvida adequado homenagear o grande Civilista que foi Calvão da Silva tratando da comparação entre o regime comunitário e o direito português vigente da *venda de bens de consumo*.

Em 2000, dedicámos um estudo à comparação entre o *regime europeu* que fora introduzido para a venda de bens de consumo, pela Diretiva

---

1 *Responsabilidade civil do produtor*, Coimbra, Almedina, 1990, esp. pp. 181 e segs.

2 *Compra e venda de coisas defeituosas (Conformidade e Segurança)*, 5.ª ed., Coimbra, Almedina, 2008.

3 *Venda de Bens de Consumo – DL nº 67/2003, de 8 de Abril / Directiva nº 1999/44/CE – Comentário*, 4.ª ed., Coimbra, Almedina, 2010.

4 Diretiva (UE) 2019/771 do Parlamento Europeu e do Conselho, de 20 de maio de 2019, relativa a certos aspetos dos contratos de compra e venda de bens que altera o Regulamento (UE) 2017/2394 e a Diretiva 2009/22/CE e que revoga a Diretiva 1999/44/CE, e Diretiva (UE) 2019/770 do Parlamento Europeu e do Conselho, de 20 de maio de 2019, sobre certos aspetos relativos aos contratos de fornecimento de conteúdos e serviços digitais, ambas no *Jornal Oficial*, L 136, de 22 de maio de 2019, pp. 1 e segs., 28 e segs. Para uma visão geral das duas Diretivas, v. JORGE MORAIS CARVALHO, "Sale of Goods and Supply of Digital Content and Digital Services – Overview of Directives 2019/770 and 2019/771", *EuCML*, 5/2019, pp. 194-201.

1999/44/CE relativa a certos aspetos da venda de bens de consumo e das garantias a ela relativas, e o *regime português* da venda de bens de consumo[5], em que nos apoiámos depois para o *anteprojeto de diploma de transposição* dessa Diretiva[6], o qual, por sua vez, serviu de base (não sem ter sofrido relevantes modificações) ao Decreto-Lei nº 67/2003, de 8 de abril (que veio a ser alterado pelo Decreto-Lei nº 84/2008, de 21 de maio), sobre venda de bens de consumo[7].

Hoje, não podemos fazer aqui mais do que um *breve apontamento*, sobretudo na perspetiva da *necessidade* e de algumas *opções para a transposição* da Diretiva 2019/771, sob reserva de um estudo mais profundo e alargado – sendo certo que a comparação entre esta Diretiva e a anterior, de 1999, e com o direito nacional, foi já feita na doutrina portuguesa[8], na sequência, aliás, da abundante literatura que desde 2003 se vem pronunciando sobre o regime nacional da venda de bens de consumo[9].

---

5 Paulo Mota Pinto, "Conformidade e garantias na venda de bens de consumo/A Directiva 1999/44/CE e o direito português", in *Estudos de Direito do Consumidor*, 2 (2000), Coimbra, Centro de Direito do Consumo, pp. 199-331.

6 Paulo Mota Pinto, "Anteprojecto de diploma de transposição da Directiva 1999/44/CE para o Direito português/Exposição de motivos e articulado", in *Estudos de Direito do Consumidor*, nº 3 (2001), Coimbra, Centro de Direito do Consumo, pp. 165-279; idem, *Cumprimento defeituoso do contrato de compra e venda – anteprojecto de diploma de transposição da Directiva 1999/44/CE para o direito português (exposição de motivos e articulado)*, Lisboa, Instituto do Consumidor, 2002.

7 V., posteriormente, também Paulo Mota Pinto, "Die Verbrauchsgüterkaufrichtlinie und das portugiesische Gewährleistungsrecht", nota informativa em Martin Josef Schermaier (org.), *Verbraucherkauf in Europa. Altes Gewährleistungsrecht und die Umsetzung der Richtlinie 1999/44/EG*, München, Sellier, 2003, pp. 493-494; idem, "O anteprojecto de Código do Consumidor e a venda de bens de consumo", in *Estudos de Direito do Consumidor*, nº 7 (2005), Coimbra, Centro de Direito do Consumo, pp. 263278, também in Luís Menezes Leitão, org., *Estudos do Instituto do Direito de Consumo*, Coimbra, Almedina, 2005, pp. 119-134).

8 Jorge Morais Carvalho, "Venda de Bens de Consumo e Fornecimento de Conteúdos e Serviços Digitais – As Diretivas 2019/771 e 2019/770 e o seu Impacto no Direito Português", *Revista Electrónica de Direito*, Universidade do Porto, outubro 2019, nº 3 (vol. 20), pp. 63-87, Mafalda Miranda Barbosa, "O futuro da compra e venda (de coisas defeituosas)", *Revista da Ordem dos Advogados*, Lisboa, ano 79, nº 3-4 (2019), pp. 723-751, e o estudo alargado de Nuno Manuel Pinto Oliveira, "O direito europeu da compra e venda 20 anos depois. Comparação entre a Directiva 1999/44/CE, de 25 de maio de 1999, e a Directiva 2019/771/UE, de 20 de maio de 2019", *Revista de direito comercial*, 2020, pp. 1217-1376.

9 Além das obs. cits. de João Calvão da Silva, v. (sem pretensões de exaustividade): António Pinto Monteiro, "Garantias na venda de bens de consumo: a transposição da Directiva 1999/44/CE para o direito português", *Estudos de Direito do*

2. HARMONIZAÇÃO FIXA E PRAZO DE TRANSPOSIÇÃO

Segundo o artigo 24º da Diretiva 2019/771[10], os Estados-Membros têm de a transpor para a respetiva ordem-jurídica *até 1 de julho de 2021*, por forma a que a mesma comece a *vigorar a partir do dia 1 de janeiro de 2022.*

Consumidor, Coimbra, nº 5 (2003), pp. 123-137, ANTÓNIO PINTO MONTEIRO/JORGE MORAIS CARVALHO, "Direitos do consumidor em caso de falta de conformidade do bem com o contrato", *Revista de Legislação e de Jurisprudência*, Coimbra, ano 145, nº 3997 (mar.-abr. 2016), pp. 237-248, ANTÓNIO PINTO MONTEIRO/MAFALDA MIRANDA BARBOSA, "A imposição das obrigações decorrentes do DL nº 67/2003, de 8 de abril, ao intermediário na venda", *Revista de Legislação e de Jurisprudência*, ano 147, nº 4011 (jul.-ago. 2018), pp. 368-386, idem, "Harmonização da linguagem jurídica ao nível do direito contratual europeu: breves notas", *Estudos de Direito do Consumidor*, Coimbra, nº 8 (2006-2007), pp. 109-126; LUÍS MENEZES LEITÃO, "O novo regime da venda de bens de consumo", in DÁRIO MOURA VICENTE (coord.), *Direito comparado = Comparative Law: perspectivas luso-americanas = portuguese-american perspectives*, Coimbra, Almedina, 2006, pp. 97-129, JOANA GALVÃO TELES, "Venda de bens de consumo: garantia das peças inseridas num bem no âmbito da sua reparação", in *Conflitos de consumo*, org. por JORGE MORAIS CARVALHO/MARIANA FRANÇA GOUVEIA, Coimbra, Almedina, 2006, pp. 225-244, MANUEL JANUÁRIO DA COSTA GOMES, "Ser ou não ser conforme, eis a questão: em tema de garantia legal de conformidade na venda de bens de consumo", in *Cadernos de Direito Privado*, Braga, nº 21 (jan-mar. 2008), pp. 3-20, JORGE MORAIS CARVALHO, *Manual de direito do consumo*, 2.ª ed., Coimbra, Almedina, 2014, pp. 108 e segs., idem, "Direitos do consumidor na compra de bens de consumo", *Estudos de Direito do Consumidor*, Coimbra, nº 12 (2017), pp. 35-73, e já idem, *Os contratos de consumo: reflexão sobre a autonomia privada no direito do consumo*, Coimbra, Almedina, 2012, MARIA JOÃO SARMENTO PESTANA DE VASCONCELOS, "Considerações sobre a transferência do risco na venda de bens de consumo: confronto entre o regime consagrado do Decreto-Lei nº 67-2003, de 8 de abril (alterado), e as regras gerais consagradas no Código Civil", in *Estudos em Homenagem ao Professor Doutor Heinrich Ewald Hörster*, coord. por Luís Couto Gonçalves *et alii*, Coimbra, Almedina, 2012, pp. 463-478, ALEXANDRE MOTA PINTO, "Venda de bens de consumo e garantias. O direito vivido nos tribunais", in *I Congresso de direito do consumo*, coord. JORGE MORAIS CARVALHO, Coimbra, Almedina, 2016, RUI ATAÍDE, "A venda de bens de consumo: os meios de tutela do comprador", *Revista Portuguesa de Direito do Consumo*, Coimbra, nº 87 (set. 2016), pp. 11-33, JOSÉ EUSÉBIO ALMEIDA, "A compra e venda defeituosa: o confronto na aplicação do Código Civil e outros diplomas", in Centro de Estudos Judiciários (org.), *Direito dos contratos*, novembro de 2017, pp. 57-106, PEDRO FALCÃO, "O regime da venda de bens de consumo na jurisprudência portuguesa recente", *Revista Jurídica Luso-Brasileira*, Lisboa, ano 5 (2019), nº 2, pp. 1649-1670.

---

10 Diploma adiante designado apenas como "Diretiva", e a que pertencem as disposições doravante citadas sem indicação especial. Os itálicos na transcrição de disposições legais são aditados.

O primeiro aspeto que chama a atenção, quando se tenta determinar o âmbito da necessidade de transposição, é o de que a Diretiva 2019/771 é uma diretiva de *harmonização plena* ou *fixa*: nos termos do artigo 4º, os Estados-Membros *não podem* manter ou introduzir no seu direito nacional disposições divergentes das previstas na diretiva, incluindo disposições mais ou menos estritas que tenham por objetivo garantir um nível diferente (superior ou inferior) de proteção dos consumidores. Em várias disposições, a Diretiva concede aos legisladores nacionais *espaços de opção*, seja para determinar o seu âmbito de aplicação, seja quanto a certos aspetos de regime[11]. Mas fora deles, o legislador comunitário visou uma harmonização plena, abandonando a limitação do âmbito de vinculação da diretiva à uma *harmonização mínima*, que se encontrava, por exemplo, na Diretiva 1999/44/CE, cujo artigo 8º permitia aos legisladores nacionais "adotar ou manter, no domínio regido pela presente diretiva, disposições mais estritas, compatíveis com o Tratado, com o objetivo de garantir um nível mais elevado de proteção do consumidor".

Esta mudança de abordagem[12] vem *justificada* nos considerandos 6 a 10 da Diretiva, entendendo-se que conveniente terminar com a situação atual em que as disposições nacionais que transpõem a Diretiva 1999/44/CE divergem atualmente de forma significativa *relativamente a elementos essenciais*, tais como a ausência ou existência de uma hierarquia de meios de ressarcimento, divergência devida à exigência apenas de harmonização mínima. Tal situação constituiria uma *barreira relevante* para empresas e consumidores[13]. A previsão de uma harmoniza-

---

11 Um elenco desses *espaços de opção* do legislador nacional encontra-se em J. Morais Carvalho, "Venda de Bens de Consumo e Fornecimento de Conteúdos e Serviços Digitais – As Diretivas 2019/771 e 2019/770 e o seu Impacto no Direito Português", cit., pp. 67-70.

12 Inaugurada, no domínio do direito europeu do consumidor, com a harmonização fixa ou plena prevista pela Directiva 2005/29/CE do Parlamento Europeu e do Conselho, de 11 de Maio de 2005, relativa às práticas comerciais desleais das empresas face aos consumidores no mercado interno.

13 Considerando 7: "as empresas que dirigem as atividades a consumidores de outros Estados-Membros têm de ter em conta as disposições imperativas do direito nacional em matéria de direito dos contratos do país de residência habitual do consumidor. Uma vez que estas normas diferem entre Estados-Membros, as empresas podem ser confrontadas com custos adicionais. Por conseguinte, muitas empresas podem preferir continuar a comercializar no mercado nacional ou a exportar apenas para um ou dois Estados-Membros. Esta opção pela minimização da exposição a custos e riscos relacionados com o comércio transfronteiriço resulta na perda de oportunidades de expansão comercial e de economias de escala. As PME são especialmente afetadas"; considerando 8: "a fragmentação jurídica afeta

ção plena traduz, por outro lado, a ideia de que o diploma comunitário não visou estabelecer apenas uma *proteção mínima dos consumidores* na venda de bens de consumo, mas antes um *certo equilíbrio* entre os seus interesses e os dos profissionais, que seja aplicável em todos os países da União. Isso A harmonização incide, porém, apenas sobre "regras aplicáveis às vendas de bens, inclusive bens com elementos digitais, apenas em relação aos elementos-chave contratuais necessários para superar os obstáculos relacionados com o direito dos contratos no mercado interno", isto é, "regras em matéria de requisitos de conformidade, meios de ressarcimento à disposição dos consumidores por falta de conformidade dos bens com o contrato e principais modalidades para o seu exercício", que são "plenamente harmonizadas", dizendo-se que "o nível de proteção do consumidor, em comparação com a Diretiva 1999/44/CE, deverá ser aumentado"[14].

Fora do âmbito da harmonização introduzida ficam *aspetos gerais* do direito nacional dos contratos, como as regras relativas à *formação*, à *validade*, à *nulidade* ou aos *efeitos* dos contratos, incluindo as *consequências da "rescisão"* de um contrato, na medida em que estes não sejam regulados pela diretiva, e o *direito a indemnização* (artigo 6º, nº 6).

3. ÂMBITO DE APLICAÇÃO

Quanto ao *âmbito de aplicação* – e excetuando a norma sobre o direito de regresso, contida no artigo 18º, que já estava previsto na Diretiva 1999/44/CE – a Diretiva 2019/771/UE limita-se a *relações entre profissionais e consumidores*, tal como o regime nacional da venda de bens de consumo. O legislador comunitário continuou a limitar a *noção de consumidor* a *pessoas singulares*, diversamente do que, literalmente, se prevê

também negativamente os níveis de confiança dos consumidores nas transações transfronteiriças. Embora vários fatores contribuam para esta desconfiança, a incerteza sobre os principais direitos contratuais destaca-se entre as preocupações dos consumidores".

14 Deve notar-se que não é a primeira vez que o legislador comunitário, depois da Diretiva 1999/44/CE, tenta uma *harmonização do direito europeu da compra e venda* – embora seja a primeira vez que o faz com efeitos vinculativo e em termos de harmonização plena. V. a Proposta de Regulamento do Parlamento Europeu e do Conselho relativo a um direito europeu comum da compra e venda, de outubro de 2011 – COM (2011) 635 final (e, sobre esta iniciativa, MARIA RAQUEL GUIMARÃES, "A compra e venda 'transnacional' de bens de consumo. Algumas reflexões sobre as iminentes novidades legislativas", *Revista Electrónica de Direito*, Universidade do Porto, junho 2013, nº 1, vol. 20, pp. 1-19.

no regime nacional da venda de bens de consumo (artigo 1º-B, alínea *a)*, do Decreto-Lei nº 67/2003: "aquele a quem"). E, embora não se refira a esta hipótese no articulado, nem esteja regulada também entre nós, parece apenas considerar consumidor aquele que atua com *finalidade exclusiva* ou *predominantemente não comercial, industrial, artesanal ou profissional*. Permite, porém, nos contratos com *dupla finalidade*, em que "a finalidade comercial é de tal modo limitada que não é predominante no contexto global do contrato", que os Estados-Membros *possam "continuar a ser livres* de determinar se, e em que condições, essa pessoa deverá ser igualmente considerada um consumidor"[15].

Não parece, pois, que exista necessidade de alteração da legislação nacional quanto à noção de consumidor. Aliás, nada impede também o legislador nacional de alargar, total ou parcialmente, o âmbito das disposições adotadas em transposição da Diretiva, no regime geral da compra e venda[16].

Quanto à *definição de vendedor*, inclui qualquer pessoa singular ou coletiva, pública ou privada, que atue, inclusivamente através de qualquer outra pessoa em seu nome ou por sua conta para fins relacionados com a sua atividade comercial, industrial, artesanal ou profissional, no que respeita aos contratos abrangidos pela presente diretiva (artigo 2º, nº 2). O Decreto-Lei nº 67/2003 considera como vendedor qualquer pessoa singular ou coletiva que, ao abrigo de um contrato, vende bens de consumo no âmbito da sua atividade profissional. Embora por interpretação da noção prevista na lei nacional se possa já chegar à mesma conclusão, talvez seja útil explicitar que a atuação do vendedor pode ter lugar *"através de qualquer outra pessoa em seu nome ou por sua conta"*.

Quanto ao *âmbito objetivo* da Diretiva, inclui (artigo 3º, nº 2) não só contratos de compra e venda como *contratos para fornecimento* de mercadorias *a fabricar ou a produzir* – tal como o regime nacional é aplicável aos contratos de empreitada e de locação de bens de consumo (artigo 1º-A, nº 2, do Decreto-Lei nº 67/2003).

A Diretiva aplica-se a *bens móveis tangíveis* – artigo 2º, nº 5, alínea *a)* –, incluindo *"bens com elementos digitais"*, definidos como "qualquer

15 Referência, esta, à *continuação dessa opção* que se estranha, quando se confronta com o considerando 17 da Diretiva 2011/83, do Parlamento Europeu e do Conselho, de 25 de outubro de 2011, relativa aos direitos dos consumidores, segundo o qual no caso dos contratos com dupla finalidade, se o objetivo da atividade "for tão limitado que não seja predominante no contexto global do contrato, essa pessoa *deverá ser igualmente considerada consumidor*".

16 Defendemos essa solução, para a transposição da Diretiva 1999/14/CE, em 2001, nas obs. cits. *supra*, n. 6.

bem móvel tangível que incorpore ou esteja interligado com um conteúdo ou serviço digital, ou que com este esteja interligado, de tal modo que a falta desse conteúdo ou serviço digital impeça os bens de desempenharem as suas funções" (alínea *b)*). O legislador nacional pode, porém, *alargar* o âmbito do regime da venda de bens de consumo aos bens *imóveis* (considerando 12), como fez o legislador português em 2003 (artigo 1º-B, alínea *b)*, do Decreto-Lei nº 67/2003), e poderá também excluir do âmbito de aplicação do regime nacional de transposição os bens em segunda mão vendidos em hasta pública e os animais vivos (artigo 3º, nº 5).

Importante é também a *delimitação em relação ao âmbito de aplicação da Diretiva 2019/770/UE*, que estabelece regras aplicáveis a certos requisitos relativos aos *contratos de fornecimento de conteúdos digitais ou à prestação de serviços digitais*. Já a Diretiva *2019/771/UE não é aplicável ao fornecimento de conteúdos ou serviços digitais* (artigo 3º, nº 3), nem a qualquer *material que sirva exclusivamente de portador de conteúdos digitais*, como um CD, DVD, ou uma *pen* ou cartão de memória ou com uma chave ou código (artigo 3º, nº 4, alínea *a)*). No entanto, o regime da venda de bens de consumo é aplicável a *conteúdos ou serviços digitais* que estejam *incorporados* em bens, ou com eles estejam *interligados*, e que sejam *fornecidos com os bens nos termos de um contrato de compra e venda*, independentemente de os conteúdos ou serviços digitais serem fornecidos pelo *vendedor* ou por um *terceiro*. Em caso de dúvida sobre se o fornecimento de conteúdos ou serviços digitais incorporados ou interligados fazem parte do contrato de compra e venda, *presume-se* que os conteúdos ou serviços digitais *estão abrangidos* pelo contrato de compra e venda (artigo 3º, nº 3, 2.ª parte).

O critério é, portanto, o da inclusão dos conteúdos ou serviços digitais *no contrato de compra e venda do bem* no qual estão incorporados ou com o qual estão interligados. A *incorporação* ou *interligação* deve ser entendida "de tal forma que a ausência desse conteúdo ou serviço digitais impediria os bens de desempenhar as suas funções", podendo tratar-se de "quaisquer dados produzidos ou fornecidos em formato digital, tais como sistemas operativos, aplicações e qualquer outro *software*", "estar pré-instalado no momento da celebração do contrato de venda ou, nos termos desse contrato, ser instalado posteriormente", e "incluir serviços que permitem criar, tratar, aceder ou armazenar dados em formato digital, tais como o *software* enquanto serviço disponibilizado no ambiente de computação em nuvem, o fornecimento contínuo de dados de tráfego num sistema de navegação, ou o fornecimento contínuo de programas de treino personalizado no caso dos relógios inteligentes" (considerando 14). No considerando 15 e 16 o legislador comunitário concretizou melhor a relação de incorporação ou interligação relevantes, tendo em conta não só a sua *necessidade para a funcionalidade* dos bens como a *interpretação do contrato*, em face do que é *habitual* e das *expetativas razoáveis do consumidor*[17] sobre a presença dos conteúdos ou serviços digitais[18].

Já se a falta de conteúdos ou serviços digitais incorporados ou interligados *não impedir* os bens de desempenharem as suas funções ou

17 Considerando 15, "incluindo os bens com elementos digitais sempre que, na falta dos conteúdos ou serviços digitais incorporados ou interligados, a funcionalidade dos bens se torne inoperante e sempre que esses conteúdos ou serviços digitais forem fornecidos com os bens ao abrigo do contrato de compra e venda relativo aos mesmos bens. A inclusão do fornecimento dos conteúdos ou serviços digitais incorporados ou interligados no contrato de compra e venda celebrado com o vendedor deverá depender do conteúdo desse contrato. A presente diretiva deverá incluir conteúdos ou serviços digitais incorporados ou interligados cujo fornecimento seja explicitamente exigido pelo contrato. Deverá também incluir os contratos de compra e venda que podem ser entendidos como abrangendo o fornecimento de conteúdos específicos ou a prestação de um de um serviço digital específico, atendendo a que esses conteúdos e serviços são habituais nos bens do mesmo tipo e que o consumidor pode razoavelmente esperar a sua presença, dada a natureza dos bens e tendo em conta qualquer declaração pública feita pelo vendedor ou em nome deste ou por outras pessoas em fases anteriores da cadeia de transações, incluindo o produtor".

18 "Se, por exemplo, uma televisão inteligente tiver sido anunciada como incluindo uma determinada aplicação de vídeo, considerar-se-á que tal aplicação faz parte do contrato de compra e venda. Esta solução deverá aplicar-se independentemente de os conteúdos ou serviços digitais estarem pré-instalados nos próprios bens ou terem de ser descarregados posteriormente noutros dispositivos e estarem apenas interligados aos bens. A título de exemplo, um telemóvel inteligente pode vir com uma aplicação normalizada pré-instalada fornecida nos termos do contrato de compra e venda, como por exemplo uma aplicação de alarme ou uma aplicação de câmara. Outro exemplo possível é o de um relógio inteligente. Nesse caso, o próprio relógio seria o bem que integra elementos digitais, que só podem desempenhar as suas funções com uma aplicação fornecida nos termos do contrato de compra e venda, mas que deverá ser descarregada pelo consumidor num telemóvel inteligente; nesse caso, a aplicação seria assim o elemento digital interligado. Tal deverá aplicar-se também se os conteúdos ou serviços digitais incorporados ou interligados não forem fornecidos pelo próprio vendedor, mas sim, nos termos do contrato de compra e venda, por terceiros. A fim de evitar incertezas para os operadores e para os consumidores relativamente à questão de saber se o fornecimento dos conteúdos ou serviços digitais faz parte do contrato de compra e venda, deverão aplicar-se as regras da presente diretiva. Além disso, a determinação de uma relação contratual, entre o vendedor e o consumidor, da qual faz parte o fornecimento dos conteúdos ou serviços digitais incorporados ou interligados, não deverá ser afetada pelo simples facto de o consumidor dar o seu consentimento a um acordo de licenciamento com um terceiro a fim de beneficiar dos conteúdos ou serviços digitais".

se o consumidor celebrar um contrato de fornecimento de conteúdos ou serviços digitais *que não faça parte de um contrato de compra e de bens* com elementos digitais, esse contrato deverá considerar-se *distinto do contrato de compra e venda* dos bens, mesmo que o vendedor atue como intermediário nesse segundo contrato com o operador terceiro, e poderá estar abrangido pelo âmbito de aplicação da Diretiva 2019/770/UE, caso estejam preenchidas as condições nela previstas[19].

Ora, o regime nacional sobre a venda de bens de consumo aplica-se apenas a "qualquer bem imóvel ou móvel corpóreo, incluindo os bens em segunda mão" (artigo 1º-B, alínea *b)*, do Decreto-Lei nº 67/2003), e *não prevê a noção de "bens com elementos digitais"* ou qualquer regime específico de conteúdos ou serviços digitais. O legislador português está confrontado, desde logo, com a opção de saber se irá transpor as Diretivas de 2019 num *único diploma*, que regula a venda de bens de consumo e o fornecimento de serviços e conteúdos digitais ao consumidor, ou se *separará os respetivos regimes*, quer totalmente, quer apenas nas suas especificidades em relação a um eventual regime geral.

Seja como for, é claro que é necessário, para transposição da Diretiva 2019/771, alterar o regime português da venda de bens de consumo para que este *passe também a incluir bens com elementos digitais* – independentemente, portanto, do regime que for previsto para a transposição da Diretiva 2019/770/UE, sobre fornecimento de conteúdos e serviços digitais.

19 Considerando 16, com os seguintes exemplos: "se o consumidor descarregar uma aplicação de jogo de uma loja de aplicações para um telemóvel inteligente, o contrato de fornecimento da aplicação de jogo é distinto do contrato de compra e venda do próprio telemóvel inteligente. Por conseguinte, a presente diretiva deverá apenas aplicar-se ao contrato de compra e venda do telemóvel inteligente, enquanto o fornecimento da aplicação de jogo deverá estar abrangido pela Diretiva (UE) 2019/770, caso se encontrem preenchidas as condições nela previstas. Outro exemplo é o caso em que é expressamente acordado que o consumidor compra um telemóvel inteligente sem um sistema operativo específico e posteriormente celebra com um terceiro um contrato para o fornecimento de um sistema operativo. Nesse caso, o fornecimento do sistema operativo comprado em separado não faz parte do contrato de compra e venda e, por conseguinte, não é abrangido pelo âmbito de aplicação da presente diretiva, mas poderá estar abrangido pelo âmbito de aplicação da Diretiva (UE) 2019/770, caso se encontrem preenchidas as condições nela previstas."

4. CONFORMIDADE COM O CONTRATO

No que diz respeito à conformidade dos bens com o contrato, a Diretiva mantém o *dever de entrega pelo vendedor de bens em conformidade com o contrato.* No entanto, em vez de considerar os critérios que enuncia relevantes para uma *presunção de não conformidade* (como no artigo 2º, nº 2, do regime nacional da venda de bens de consumo), ou para uma presunção de conformidade (artigo 2º, nº 2, da Diretiva 1999/44/CE), formula verdadeiros *requisitos de conformidade.* Embora alguns destes, nas suas linhas gerais e mais frequentemente relevantes, tendam a coincidir com os critérios anteriores, há diferenças que obrigarão também à transposição da Diretiva alterando o regime do Decreto-Lei nº 67/2003.

Assim, desde logo, os requisitos de conformidade são divididos em requisitos *subjetivos* (artigo 6º) e requisitos *objetivos* (artigo 7º) de conformidade, prevendo-se também a relevância para a conformidade da *instalação incorreta* dos bens (artigo 8º) e de *"vícios de direito"* consistentes em direitos ou pretensões de terceiros (artigo 9º). Esta divisão dos requisitos é nova, não se encontrando no regime anterior.

Quanto aos requisitos *subjetivos* – assim designados por resultarem da relação entre os dois sujeitos no contrato – mantém-se na necessidade de correspondência à *descrição* dos bens feita pelo devedor, e a exigência de *adequação à finalidade ou uso específico* ao qual o consumidor os destine, que tenham sido comunicados ao vendedor e com os quais este tenha concordado (artigo 6º, alíneas *a)* e *b)* da Diretiva, e artigo 2º, nº 2, alíneas *a)* e *b)* do Decreto-Lei nº 67/2003).

No entanto, acrescenta-se a exigência de que os bens correspondam também (alínea *a)* do artigo 6º, citado) *"ao tipo, à quantidade e à qualidade"*, e de que tenham "a *funcionalidade*, a *compatibilidade*, a *interoperabilidade* e as *demais características*, tal como exigidas pelo contrato de compra e venda", exigências, estas, que carecem de ser transpostas, na medida em que *especificam características relevantes* para a conformidade, descritas no contrato de compra e venda[20]. A menção ao *tipo* e *quantidade* suscita, aliás, a questão de saber se a entrega de *coisa diver-*

20 A Diretiva define o que deve entender-se por ""compatibilidade ("a capacidade de os bens funcionarem com hardware ou software com que os bens do mesmo tipo são normalmente usados, sem necessidade de converter os bens, o hardware ou o software"), "funcionalidade" ("a capacidade de os bens desempenharem as suas funções tendo em conta a sua finalidade" e "interoperabilidade" ("a capacidade de os bens funcionarem com hardware ou software diferentes dos normalmente usados com bens do mesmo tipo") – artigo 2º, nºs 8), 9) e 10).

sa (*aliud pro alio*) está também compreendida no âmbito dos requisitos de conformidade[21]. Esta questão pode ser relevante na medida em que estamos perante uma harmonização *máxima*, e esta pode levar a excluir a possibilidade de recurso pelo comprador consumidor ao *regime geral* do não cumprimento[22].

Além disso, exige-se que os bens sejam "entregues juntamente com todos os *acessórios* e *instruções*, inclusivamente de instalação, tal como estipulado no contrato de compra e venda" e de que sejam "fornecidos *com todas as atualizações*, tal como estipulado no contrato de compra e venda" (alíneas *c)* e *d)* do artigo 6º), exigências igualmente *não previstas especificamente* no direito português vigente – embora resultantes logo do dever de cumprimento do estipulado, segundo as regras gerais. Afigura-se que também estes requisitos subjetivos *terão de ser previstos especificamente* no direito português, sendo o último, referente às *atualizações*, particularmente relevante para bens tecnológicos e bens com elementos digitais.

Quanto aos requisitos *objetivos*, exigidos além dos requisitos subjetivos[23], a Diretiva prevê os bens devem (alínea *a)* do nº 1 do artigo 7º) ser "adequados às *utilizações a que os bens do mesmo tipo normalmente se destinam*, tendo em conta, sendo caso disso, o direito da União e os direitos nacionais aplicável, as normas técnicas, ou, na falta de tais normas técnicas, os códigos de conduta específicos do setor que forem aplicáveis". No regime português vigente exige-se simplesmente a adequação

---

21 No sentido de que o *aliud pro alio podia ser equiparado* a uma falta de conformidade -diversamente da falta de realização da prestação – nos pronunciámos, perante a Diretiva 1999/44/CE, em "Conformidade e garantias na venda de bens de consume", cit., pp. 232-3, e n. 85.

22 Em caso de *total falta de realização* da prestação pelo vendedor (em que não existe sequer prestação que possa dizer-se desconforme com o contrato), aplicar-se-á o regime do artigo 9º-B, da Lei de Defesa do Consumidor – Lei nº 24/96, de 31 de julho: o consumidor tem o direito de fixar um prazo adicional adequado às circunstâncias, e, não cumprido este, de resolver imediatamente o contrato (nºs 4 e 5 do artigo 9º-B, citado). A fixação de *prazo adicional* é *desnecessária* quando o fornecedor se *recusa* a entregar os bens, quando o prazo fixado para a entrega é *essencial* atendendo a todas as circunstâncias que rodearam a celebração do contrato, ou quando o consumidor informou o fornecedor de bens, antes da celebração do contrato, de que a entrega dentro de um determinado prazo ou em determinada data era essencial (nº 6 do artigo 9º-B).

23 A tradução portuguesa da Diretiva contém uma gralha no início do nº 1 do art. 7º, devendo a este propósito ler-se "além de todos os requisitos subjetivos" onde ser lê "além de todos os requisitos objetivos", como resulta claramente do confronto com outras versões linguísticas.

"às utilizações habitualmente dadas aos bens do mesmo tipo", sem a especificação dos *fatores relevantes a considerar*: o *direito da União, direitos nacionais, normas técnicas* e *códigos de conduta específicos* do setor. Além disso, os bens devem "possuir a *qualidade* e corresponder à *descrição* de uma amostra ou modelo que o vendedor tenha disponibilizado ao consumidor antes da celebração do contrato" (alínea *b)* do nº 1 do artigo 7º), enquanto no artigo 2º, nº 2, alínea *a)*, do Decreto-Lei nº 67/2003 se indica a exigência – substancialmente equivalente, segundo cremos – de que os bens possuam "*as qualidades* do bem que o vendedor tenha apresentado ao consumidor como amostra ou modelo".

Especifica-se, também, como requisito objetivo de conformidade, que os bens sejam "entregues juntamente com os *acessórios*, incluindo a embalagem, instruções de instalação ou outras instruções que o consumidor possa razoavelmente esperar receber" – alínea *c)* do artigo 7º, nº 1. Esta exigência, assente no *critério das expetativas razoáveis* do consumidor, não é formulada na lei nacional, embora aquele critério possa ser relevante já para a *interpretação do contrato* de venda, de modo a dever incluir os acessórios, embalagem e instruções em causa, e também para a concretização, segundo a boa fé, dos *deveres acessórios* de prestação que acompanham o dever de prestação principal. Afigura-se, porém, que tais *exigências específicas* deverão igualmente se objeto de transposição.

Quanto ao critério da *habitualidade* e das *expetativas razoáveis* do comprador consumidor, a Diretiva prevê também, como requisito objetivo de conformidade, que os bens devem corresponder "à quantidade e possuir as qualidades e outras características, inclusive no que respeita à durabilidade, funcionalidade, compatibilidade e segurança, que são habituais nos bens do mesmo tipo e que o consumidor possa razoavelmente esperar, dada a natureza dos bens e tendo em conta qualquer declaração pública feita pelo vendedor ou em nome deste ou por outras pessoas em fases anteriores da cadeia de transações, incluindo o produtor, particularmente através de publicidade ou de rotulagem" (artigo 7º, nº 1, alínea *d)*). Este requisito aproxima-se do previsto no artigo 2º, nº 2, alínea *d)*, do Decreto-Lei nº 67/2003, que resultava já da Diretiva 1999/44/CE. É, no entanto, *mais específica* a formulação da Diretiva de 2019, ao incluir inclusiva a "*durabilidade, funcionalidade, compatibilidade* e *segurança*"[24], e ao especificar a relevância de decla-

24 A Diretiva define também "durabilidade", como sendo "a capacidade de os bens manterem as suas funções e desempenho previstos através da utilização normal – art. 2º, 11).

rações públicas feitas não só pelo vendedor ou em nome deste, como também "por outras *pessoas em fases anteriores da cadeia de transações*".

Deve recordar-se, porém, no tocante à relevância contratual de *declarações publicitárias* que contenham informações concretas e objetivas, que vigora entre nós, já *desde 1996*, o artigo 7º, nº 5, da Lei de Defesa do Consumidor (Lei nº 24/96, de 31 de julho), com o seguinte teor: "[a]s informações concretas e objectivas contidas nas mensagens publicitárias de determinado bem, serviço ou direito consideram-se integradas no conteúdo dos contratos que se venham a celebrar após a sua emissão, tendo-se por não escritas as cláusulas contratuais em contrário"[25]. Justamente por isso, o legislador nacional não transpôs em 2001 – numa solução *mais favorável ao consumidor* – a possibilidade de *exclusão da relevância das declarações públicas* para efeitos de determinação do critério da conformidade, já prevista no artigo 2º, nº 4, da Diretiva 1999/44/CE e mantida no artigo 7º, nº 2, da Diretiva 2019/771/UE. Segundo esta norma, o vendedor "não fica vinculado pelas declarações públicas" para efeitos do requisito objetivo de conformidade se demonstrar que: não tinha, nem podia razoavelmente ter, conhecimento da declaração pública em causa; no momento da celebração do contrato, a declaração pública em causa tinha sido corrigida de forma igual ou comparável à forma por que tinha sido feita; ou a decisão de comprar os bens não poderia ter sido influenciada pela declaração pública. Perante a exigência de *harmonização plena* contida na Diretiva de 2019/771/UE, o legislador nacional será, porém, forçado a *abdicar da natureza imperativa da relevância contratual, para efeitos da determinação do padrão de conformidade, das declarações publicitárias*, constante do artigo 7º, nº 5, da Lei de Defesa do Consumidor – uma solução prevista entre nós já desde 1996. Trata-se de caso em que, claramente, a Diretiva 2019/771/UE irá determinar uma *redução do nível de proteção* legalmente assegurado no direito português ao comprador consumidor, pois o vendedor passará a poder provar que não tinha, nem podia razoavelmente ter, conhecimento da declaração pública em causa (feita, por exemplo, por um terceiro importador), que no momento da celebração do contrato, a declaração pública em causa tinha sido *corrigida* de forma igual ou comparável à forma por que tinha sido feita, ou mesmo, simplesmente que a decisão de comprar os bens *não poderia ter sido influenciada* pela declaração pública (porque o consumidor não a pode ter conhecido e ter sido concretamente influenciado por esta).

25 Norma cuja relevância é sublinhada por J. Calvão da Silva, *Venda de bens de consumo*, cit., pp. 86-88.

Ainda quanto aos requisitos objetivos de conformidade, a Diretiva 2019/771/UE contém exigências sobre as *atualizações*, relevantes designadamente nos *bens com elementos digitais* (artigo 7º, nº 3). O vendedor deve assegurar que o consumidor *seja informado* sobre as atualizações e que estas lhe sejam fornecidas, incluindo atualizações de segurança, que sejam necessárias para colocar tais bens em conformidade. Esta exigência refere-se ao *período em que o consumidor pode razoavelmente esperar essas atualizações*, dado o tipo e finalidade dos bens e dos elementos digitais, e tendo em consideração as circunstâncias e natureza do contrato, caso o contrato de compra e venda estipule um *único fornecimento* do conteúdo ou serviço digital; ou, mesmo, durante *todo o prazo de garantia legal* de conformidade, sempre que o contrato de compra e venda estipule um *fornecimento contínuo do conteúdo ou serviço digital* durante determinado período. Embora se continue em geral a remeter, como momento relevante para a aferição da conformidade, para o momento em que os bens são *entregues* ao comprador, introduz-se, pois, para os bens com elementos digitais, e em relação às atualizações, uma noção de *"conformidade contínua"* ou *"prolongada"*, durante todo o "período em que o consumidor pode razoavelmente esperar" as atualizações, quando existiram (um ou vários) atos momentâneos de fornecimento do conteúdo ou serviço digital, ou mesmo durante *todo o período da garantia* caso se preveja um fornecimento *contínuo* do conteúdo ou serviço digital durante determinado período.

Em contrapartida, como a instalação das atualizações relevantes para conformidade dos bens com o contrato necessita da colaboração do comprador – é um ato *que incumbe ao comprador*, um *ónus* que sobre ele impende, não existindo um dever geral de realização diretamente da atualização pelo vendedor –, o legislador comunitário previu, no artigo 7º, nº 4, da Diretiva, que, se o *consumidor não proceder à instalação*, num prazo razoável, das atualizações fornecidas, o *vendedor não é responsável* por qualquer falta de conformidade resultante unicamente da falta de atualização em causa, desde que tenha informado o consumidor sobre a disponibilidade da atualização e as consequências da sua não instalação, e que a não instalação ou a instalação incorreta da atualização pelo consumidor se não tenha ficado a dever a deficiências nas instruções de instalação fornecidas ao consumidor. Deve, além disso, notar-se que, mesmo em geral – isto é, não só para bens com elementos digitais e para as faltas de conformidade resultante de faltas de atualizações – se previu que os Estados-Membros podem regular a questão de saber se e em que medida o facto de *o consumidor contribuir para a falta de conformidade* afeta o seu direito a meios de ressarcimento (artigo 13º, nº 7).

Também estas soluções normativas sobre bens como elementos digitais e suas atualizações – incluindo o dever de as prestar, a sua relevância para uma "conformidade contínua" ao longo de certo período, e o ónus do comprador e consequências do seu não cumprimento – *não encontram hoje expressão* na legislação nacional. Carecem, pois, de ser transpostas para o direito português.

Deve, ainda, salientar-se que se manteve na Diretiva 2019/771/UE o *primado da convenção das partes* sobre as características relevantes – e, portanto, da determinação subjetiva da conformidade – em relação a *requisitos objetivos*, como é exigido pelo princípio da autonomia privada. Dessa forma, o legislador considerou que não existirá falta de conformidade relevante se "no momento da celebração do contrato, o consumidor tiver sido especificamente informado de que uma caraterística particular dos bens se desviava dos requisitos objetivos de conformidade estabelecidos", e "o consumidor tiver expressa e separadamente aceitado esse desvio aquando da celebração do contrato de compra e venda". O referido primado encontra expressão hoje no artigo 2º, nº 3, do Decreto-Lei nº 67/2003, onde se dispõe que se não considera existir falta de conformidade, "se, no momento em que for celebrado o contrato, o consumidor tiver conhecimento dessa falta de conformidade ou não puder razoavelmente ignorá-la ou se esta decorrer dos materiais fornecidos pelo consumidor" – isto, por se dever então partir do princípio que o comprador aceitou tal estado dos bens cuja compra foi acordada. É certo, porém, que a norma europeia é hoje *claramente mais exigente*, ao requerer que o consumidor tenha sido "*especificamente informado* de que uma caraterística particular dos bens se desviava dos requisitos objetivos", e que tenha "*expressa e separadamente aceitado esse desvio* aquando da celebração do contrato" – sendo, portanto, *insuficiente* o *conhecimento* do desvio ou o facto de *não poder ser razoavelmente ignorado*. Também esta delimitação mais exigente da falta de conformidade *carece de ser transposta* para o direito nacional.

Quanto à falta de conformidade resultante de *instalação incorreta dos bens* (artigo 8º), o artigo 2º, nº 4, do Decreto-Lei nº 67/2003 prevê já *solução semelhante* à da Diretiva: a equiparação da falta de conformidade resultante da instalação incorreta dos bens à falta de conformidade desses bens se a instalação fizer parte do contrato de compra e venda e tiver sido realizada pelo vendedor ou sob a sua responsabilidade, ou se a instalação, destinada a ser realizada pelo consumidor, tiver sido realizada por este e a instalação incorreta se ficar a dever a deficiências nas instruções de instalação fornecidas pelo vendedor. A *extensão à instalação de bens com elementos digitais*, e a relevância de instruções erradas fornecidas seja pelo vendedor seja pelo fornecedor do conteúdo ou serviço digital (artigo 8º, alínea *b)*, parte final) carece, porém, de ser trasposta para o direito nacional.

Do mesmo modo, também a relevância, para a falta de conformidade, dos *direitos* ou *pretensões de terceiros*, prevista no artigo 9º da Diretiva, não está especificamente prevista na legislação nacional – isto, sendo discutível se podem incluir-se no regime vigente, obre a conformidade dos bens com o contrato de venda de bens de consumo, hipóteses de *venda de bens onerados*, ou se se trata apenas de hipóteses de vícios de facto dos bens. De qualquer modo, a Diretiva 2019/771/UE inclui nas hipóteses referidas vícios de direito – veio expressamente prever que, se uma restrição resultante de uma violação de quaisquer direitos de terceiros, em especial direitos de propriedade intelectual, impedir ou limitar a utilização dos bens, o consumidor deve ter direito aos meios de ressarcimento por falta de conformidade previstos, salvo se o direito nacional determinar a nulidade ou a rescisão do contrato de compra e venda nesses casos. O regime do artigo 905º e seguintes do Código Civil prevê, justamente, a *anulabilidade*, por erro ou dolo, do contrato em caso de venda de bens onerados. Mas, para além da *limitação* da noção de *ónus* ou *limitação* relevante, tal regime do Código Civil também não respeita as exigências da Diretiva, desde logo ao exigir a *prova do erro* do comprador ou do *dolo* como vício da vontade e seus *requisitos de relevância*. Também terá, portanto, de ser transposto o *alargamento da noção de falta de conformidade* aos casos de existência de *direitos* ou *pretensões de terceiros* que afetem a utilização dos bens.

Em relação ao regime do *ónus da prova* da existência de falta de conformidade, o direito nacional (artigo 3º, nº 2, do Decreto-Lei nº 67/2003) cumpre as exigências da Diretiva, uma vez que esta (artigo 11º, nºs 1 e 2) permite aos Estados-membros alargar até ao prazo de dois anos a presunção de que a falta de conformidade que se manifeste nesse período, a contar da data em que os bens foram entregues, se considera existente à data em que os bens foram entregues (salvo prova em contrário, ou se tal presunção for incompatível com a natureza dos bens ou com a natureza da falta de conformidade). Também a *extensão desta presunção aos bens com elementos digitais*, e o alargamento da presunção, em caso de previsão contratual de fornecimento contínuo de conteúdos ou serviços digitais durante um determinado período, a todo o período da garantia (artigo 11º, nº 3), carecem, porém, de ser previstos pelo legislador nacional, que nada dispôs a este respeito.

5. DIREITOS DO COMPRADOR

Relativamente aos direitos do consumidor, eles incluem os já previstos na Diretiva 1999/44/CE: a *reparação* ou *substituição* do bem desconforme, a *redução do preço* ou a *resolução do contrato*, que a Diretiva qualifica como "rescisão" (artigo 13º). A Diretiva de 2019 previu, porém, ao contrário da anterior, também a *exceção de não cumprimento* do contrato, dispondo que o consumidor tem o direito de recusar o pagamento de qualquer parte remanescente do preço ou de parte do preço até que o vendedor tenha cumprido as obrigações que lhe incumbem por força da presente diretiva, apenas podendo os legisladores nacionais determinar as condições e modalidades em que o consumidor pode exercer o direito de recusar o pagamento (artigo 13º, nº 6). No nosso direito, a *exceptio non adimpleti contractus* é também aplicável ao contrato de venda de bens de consumo[26], mas está regulada em geral, no artigo 428º e seguintes do Código Civil. Neste ponto, afigura-se que não existem especificidades relevantes a requerer transposição (salvo eventualmente a imperatividade deste meio de tutela do consumidor).

Quanto à *indemnização ao comprador* em caso de falta de conformidade, a Diretiva 2019/771/UE deixou de fora o seu regime, prevendo que não afeta a faculdade de os legisladores nacionais regularem o direito a indemnização.

No considerando 61 da Diretiva (que não tem, porém, valor preceptivo, no sentido de impor um dever de transposição, apenas servindo para interpretar outras disposições da Diretiva), o legislador comunitário notou que o *princípio da responsabilidade do vendedor* por danos é um *elemento essencial* dos contratos de compra e venda, e que, por esta razão, "o consumidor deverá ter o direito de exigir uma indemnização por quaisquer danos sofridos em razão de uma violação da presente diretiva por parte do vendedor, nomeadamente por danos sofridos em consequência de uma falta de conformidade", e que, "[n]a medida do possível, tal indemnização deverá repor a situação em que o consumidor se encontraria se o bem estivesse em conformidade". No entanto, explica que a Diretiva não prejudica as normas nacionais relativas à indemnização de consumidores por danos resultantes da sua violação, por considerar que o *direito de indemnização está "já assegurado* em todos os Estados-Membros", e que os Estados-Membros também continuam "a ser livres de regular o direito do consumidor a indemnização nos casos

26 Assim também, por ex., João Calvão da Silva, *Conformidade e segurança...*, cit., nº 38, idem, *Venda de bens de consumo*, cit., pp. 113-114.

em que a reparação ou substituição tiver causado inconvenientes significativos ou tiver sofrido atrasos".

Quanto ao direito de indemnização do comprador consumidor, *não existem, portanto, necessidades de transposição* da Diretiva para o direito nacional Mas não deve deixar de notar-se que o legislador comunitário *pressupõe que o direito de indemnização esteja já assegurado*, e que ele se refira, "na medida do possível", ao interesse no cumprimento ou *interesse contratual positivo* – o que não é cumprido pelo regime geral da venda de coisas defeituosas, que apenas reconhece (nos artigos 908º e 909º do Código Civil, aplicáveis por remissão do artigo 913º, nº 1) ao comprador uma indemnização pelo *interesse contratual negativo*[27], e apenas poderá resultar, portanto, da aplicação do *regime geral* da responsabilidade contratual (artigo 798º e seguintes do Código Civil), eventualmente complementado, para a venda de bens de consumo, pelo artigo 12º, nº 1, da Lei de Defesa do Consumidor (direito à reparação de danos).

É quanto à *relação entre os quatro direitos* reconhecidos ao comprador – substituição ou reparação da coisa, "rescisão" (resolução) do contrato ou redução do preço – que se verifica a *maior diferença* comparativamente ao regime atualmente em vigor entre nós pelo Decreto-Lei nº 67/2003.

Da Diretiva 1999/44/CE resultava já uma preferência pelos meios de ressarcimento consistentes na *reposição da conformidade*, prevendo-se, no artigo 3º, nº 3, que, em primeiro lugar, o consumidor pode exigir do vendedor a *reparação* ou a *substituição* do bem, em qualquer dos casos sem encargos, a menos que isso seja *impossível* ou *desproporcionado*, presumindo-se que uma solução é desproporcionada se implicar para o vendedor *custos que, em comparação com a outra solução, não sejam razoáveis*, tendo em conta o valor que o bem teria se não existisse falta de conformidade, a importância da falta de conformidade, a possibilidade de a solução alternativa ser concretizada sem grave inconveniente para o consumidor. A avaliação da desproporção de custos era relevante para a *escolha entre a reparação e a substituição* – desproporção relativa entre estes dois meios de reposição da conformidade –, e *não para a recusa da reposição em conformidade*[28]. Além disso, a Diretiva de 1999 era um

27 V., sobre este ponto, o nosso o nosso *Interesse contratual negativo e interesse contratual positivo*, vol. II, Coimbra, Coimbra Editora, 2008, pp. 1198 e segs.

28 O Tribunal de Justiça da União Europeia (TJUE) decidiu, assim, no conhecido caso *Weber e Putz*, de 16 de junho de 2011 (proc. C-65/09 e C-87/09), que o artigo 3º, nº 3, da Diretiva 1999/44 devia ser interpretado no sentido de se opor a que uma legislação nacional conferisse "ao vendedor o direito de recusar a substituição de um bem não conforme, único modo possível de ressarcimento, pelo facto de esta

instrumento de harmonização *mínima*, pelo que, embora previsse uma "hierarquia" ou ordem dos direitos, dando preferência à reposição de conformidade, não parecia impedir que o legislador nacional fosse *mais longe*, em benefício do comprador consumidor, prevendo uma *alternatividade* dos seus direitos, com *escolha pelo consumidor*. O que justamente fez o legislador nacional, tendo em conta que essa alternatividade era a *solução já vigente* em Portugal, segundo o artigo 12º da Lei de Defesa do Consumidor, e que o regime geral da venda de coisas defeituosas previsto no Código Civil também *não limita o comprador a pedir primeiro a reparação ou substituição* da coisa, permitindo-lhe, pelo contrário, logo anular o contrato ou pedir uma redução do preço (artigos 905º e 911º, aplicáveis por remissão do artigo 913º, nº 1, do Código Civil). Em conformidade, o Decreto-Lei nº 67/2003 atribuiu os quatro direitos referidos – reparação ou substituição do bem, resolução do contrato ou redução do preço – em *alternatividade* ao consumidor comprador, *cabendo a este escolher* qual exerce[29].

É certo que, numa leitura segundo a qual a Diretiva 1999/44/CE visara estabelecer um *equilíbrio* entre as posições do comprador consumidor e do vendedor, e não apenas proteger o primeiro[30], resultava da Diretiva a possibilidade de o *vendedor primeiro reparar ou substituir* o bem desconforme – e o correspondente *direito a "curar"* a falta de conformidade, ou de uma *"segunda tentativa"* de cumprimento perfeito, tendo a jurisprudência europeia aceite esta perspetiva[31]. No entanto, a

---

lhe impor, devido à obrigação de proceder à remoção deste bem do local onde foi instalado e de aí instalar o bem de substituição, custos desproporcionados em relação ao valor que o bem teria se fosse conforme e à importância da falta de conformidade. Todavia, esta disposição não se opõe a que o direito do consumidor ao reembolso das despesas de remoção do bem defeituoso e de instalação do bem de substituição seja, em tal caso, limitado à tomada a cargo, pelo vendedor, de um montante proporcionado". Sobre a interpretação da relevância da desproporção na Diretiva 1999/44/CE, v. já o nosso "Conformidade e garantias...", cit., p. 261.

29 É a posição dominante na doutrina e na jurisprudência. V., por todos, A. Pinto Monteiro/J. Morais Carvalho, "Direitos do consumidor em caso de falta de conformidade do bem com o contrato", cit., p. 247.

30 V., enquadrando assim este ponto, N. Pinto Oliveira, "O direito europeu da compra e venda...", cit., pp. 1287 e segs.

31 Assim, no acórdão *Fülla*, de 23 de maio de 2019 (proc. C-52/18), em cujos nºs 59 a 61 se pode ler: "59. Assim, nos termos do artigo 3º, nº 3, primeiro parágrafo, da referida diretiva, o consumidor, num primeiro momento, pode exigir do vendedor a reparação ou a substituição do bem, a menos que isso seja impossível ou desproporcionado. 60. Unicamente no caso de o consumidor não ter direito à reparação nem à substituição do bem não conforme ou de o vendedor não ter procedido

possibilidade de os legisladores nacionais irem mais longe, *in melius* para o consumidor, tornava possível a previsão de uma alternatividade, com escolha para o consumidor, como era já a previsão da Lei de Defesa do Consumidor, e tendo em conta que, como se disse, de acordo com o *regime geral* da compra e venda o comprador também não está limitado inicialmente a exigir a reparação ou substituição da coisa – e não sendo facilmente compreensível que a posição do comprador consumidor seja *pior* do que a que resulta para o comprador do regime geral da compra e venda.

A previsão da *"hierarquia de remédios"* no artigo 13º, nºs 2 a 4, da Diretiva 2019/771/UE, em termos de *harmonização fixa* ou plena, e não já só mínima, vem alterar as exigências dirigidas ao legislador nacional, e obrigar, também neste ponto, a alterar o regime da venda de bens de consumo.

Em primeiro lugar, terá de prever-se que o comprador *só pode pedir a reposição da conformidade*, pela *reparação* ou *substituição* da coisa, dependendo a possibilidade de *escolha*, que é do consumidor (nos termos do artigo 13º, nº 2), entre estes direitos, da sua *possibilidade* e do facto de o meio escolhido, em comparação com o outro, *não impor ao vendedor custos que sejam desproporcionados*, tendo em conta todas as circunstâncias, incluindo o valor que os bens teriam se não se verificasse a falta de conformidade, importância da falta de conformidade, e a possibilidade de recorrer ao meio de ressarcimento alternativo sem inconvenientes significativos para o consumidor.

Em segundo lugar, o legislador nacional deve prever o direito do vendedor de *recusar tanto a substituição como a reparação* – os meios de reposição da conformidade – não só se ambos foram impossíveis como *se impuserem custos ao vendedor que sejam desproporcionados*, tendo em

a uma dessas soluções num prazo razoável ou sem grave inconveniente para o consumidor é que o consumidor pode, nos termos do artigo 3º, nº 5, da mesma diretiva, exigir a resolução do contrato, salvo se, de acordo com o artigo 3º, nº 6, da Diretiva 1999/44, a falta de conformidade do bem for insignificante. 61. A este propósito, na medida em que resulta do artigo 3º, nºs 3 e 5, da Diretiva 1999/44, lido em conjugação com o considerando 10 da mesma, que esta diretiva privilegia, no interesse das duas partes no contrato, a execução deste último, através das duas alternativas de solução previstas em primeiro lugar, em detrimento da resolução do contrato ou da redução do preço de venda (v., neste sentido, Acórdão de 16 de junho de 2011, Gebr. Weber e Putz, C-65/09 e C-87/09, EU:C:2011:396, n.o 72), a referida diretiva estabelece, para este efeito, em caso de não conformidade de um bem, determinadas obrigações positivas tanto para o consumidor como para o vendedor".

conta todas as referidas circunstâncias (artigo 13º, nº 3)[32]. O vendedor pode, pois, exigir, nesse caso, que o contrato seja resolvido ou que seja reduzido o seu preço.

Em terceiro lugar, o direito do comprador consumidor a resolver o contrato ou a pedir uma redução de preço depende, nos termos do artigo 13º, nº 4, de:

a) o vendedor *não ter efetuado a reparação* ou a *substituição*, de todo ou nos termos exigidos (designadamente, a expensas suas e incluindo, se aplicável, a retirada dos bens não conformes e a instalação de bens de substituição ou bens reparados, ou a assunção dos custos da mesma), ou ter *recusado* a reposição de conformidade por impossível ou por implicar custos desproporcionados;

b) existir falta de conformidade *mesmo depois da tentativa do vendedor de repor* os bens em conformidade[33];

c) a falta de conformidade ser *de natureza tão grave que justifica a imediata redução* do preço ou a *rescisão* do contrato de compra e venda; ou

32 Alterando, assim, a orientação que fora firmada, em face da Diretiva 1999/44/CE, com o citado acórdão do TJUE *Weber e Putz*, de 16 de junho de 2011.

33 O articulado da Diretiva prevê apenas no art. 14º, nº 4, alínea *b)*, como circunstância que permite ao consumidor resolver o contrato u pedir uma redução de preço, o facto de se verificar uma falta de conformidade "apesar da tentativa do vendedor de repor os bens em conformidade" – não esclarecendo se se trata apenas de *uma tentativa* (como parece resultar da letra da Diretiva), ou se o consumidor *terá de aceitar novas tentativas* de reposição. No entanto, no considerando 52 afirma-se que, caso "o vendedor tenha tomado medidas para repor a conformidade dos bens, mas subsequentemente se verifique uma falta de conformidade, deverá determinar-se, de forma objetiva, se o consumidor deverá aceitar novas tentativas, por parte do vendedor, de reposição dos bens em conformidade, tendo em conta todas as circunstâncias do caso, como o tipo e o valor dos bens e a natureza e a gravidade da falta de conformidade. No caso, nomeadamente, de bens dispendiosos ou complexos, poderá justificar-se que o vendedor tenha a possibilidade de tentar novamente solucionar a falta de conformidade". Isto, sendo certo que "[i] mporta igualmente ter em conta a questão de saber se é expectável que o consumidor mantenha ou não a confiança na capacidade do vendedor de repor os bens em conformidade, designadamente, se o mesmo problema se tiver manifestado duas vezes". Além disso, "em certas situações, a falta de conformidade pode ser tão grave que o consumidor não pode manter a confiança na capacidade do operador de repor os bens em conformidade, como no caso de a falta de conformidade afetar gravemente a capacidade do consumidor de efetuar uma utilização normal dos bens", e de não ser "expectável que o consumidor confie na reparação ou substituição pelo vendedor para solucionar o problema".

d) ter o vendedor *declarado*, ou *ser evidente das circunstâncias que não irá repor os bens em conformidade* num prazo razoável ou sem inconvenientes importantes para o consumidor.

O legislador nacional terá, pois, de *eliminar a alternatividade* de direitos prevista no artigo 4º, nº 1, do Decreto-Lei nº 67/2003, limitada apenas pela *possibilidade* de exercício desse direito e pela proibição do abuso de direito, para passar a prever a *primazia, num primeiro momento, da reparação e substituição, limitadas pela eventual desproporção de custos* para o vendedor. A concessão dos direitos de resolução ou redução do preço terá de ficar dependente da *falta de reposição de conformidade* pelo vendedor (por recusa, em absoluto ou nos termos devidos), do *falhanço de uma primeira tentativa* de reposição da conformidade, da *gravidade* desta (em termos de abalar a confiança do consumidor e tornar inexigível que aceite a reposição de conformidade), ou de *declaração do vendedor* ou de *ser evidente que não irá ser reposta* a conformidade.

A exclusão geral do direito de imediata resolução e de redução do preço – com a correspondente concessão ao vendedor de bens de consumo do direito a "curar" a falta de conformidade, numa "segunda tentativa" de cumprimento – parece corresponder, é certo, a um *ponto de equilíbrio mais adequado* entre os interesses do comprador consumidor e os do vendedor, designadamente para os casos em que o comprador pretende resolver o contrato, ou reduzir o preço quando o vendedor pode facilmente reparar os bens ou substituí-los. Deve dar-se em regra primazia aos "remédios" que permitem realizar aquilo que as partes acordaram, isto é, *cumprir o contrato* entregando bens conformes. Não deixa, no entanto, em comparação com a situação atual do comprador no regime nacional da venda de bens de consumo, de representar uma *redução do nível de proteção* que é atualmente assegurado ao consumidor comprador – enquanto hoje este *pode imediatamente recusar a reposição da conformidade* pela reparação ou substituição, resolvendo o contrato ou requerendo redução do preço, salvo se tal constituir abuso de direito, futuramente deixará de o poder fazer.

O ponto referido agrava-se, também, tendo em conta a comparação com o *regime geral da venda de coisas defeituosas*, que também *não limita o comprador a primeiro exigir a reparação* ou a *substituição* da coisa. Pelo contrário, o comprador pode, nos termos dos artigos 905º e 913º, nº 1, do Código Civil, imediatamente anular o contrato, desde que se verifiquem os requisitos de relevância do erro ou do dolo. E pode também, se as circunstâncias mostrarem que sem erro ou dolo teria igualmente adquirido a coisa, ainda que por menor preço (erro ou dolo incidentais), pedir imediatamente a redução do preço, sem ter de primeiro passar pela exigência de reparação ou substituição da coisa (artigo 911º, nº 1, do Código Civil, aplicável por força do artigo 913º, nº 1).

Ou seja: segundo o novo regime da Diretiva 2019/771/UE não só o *nível de proteção do comprador na venda de bens de consumo se reduzirá* em relação ao direito vigente, como existiria mesmo o risco de o comprador consumidor ficar, quanto aos "remédios" que pode invocar, *em pior situação do que a do comprador segundo o regime geral* do Código Civil (o comprador profissional, ou em geral fora de uma venda por profissional a consumidor)[34]. Esta comparação só poderia ser contraditada na medida em que se pudesse concluir que a necessidade de o comprador invocar e *provar os requisitos de relevância* do erro e do dolo (que, porém, se refere aos pressupostos da falta de conformidade relevante, e não aos direitos que ele pode exercer), bem como o facto de a anulação exigir necessariamente uma *ação*, como direito de *exercício judicial* (e, portanto, não ser unilateral, de exercício extrajudicial, como a resolução prevista na Diretiva – artigo 16º, nº 1), fazem com que, *tudo ponderado*,

34 O que, quanto a este último ponto, suscitaria, aliás, também a questão de saber se, e em que medida, o comprador *pode invocar o regime geral da compra e venda* em seu benefício. Sem dúvida que, prevendo o regime da venda de bens de consumo um *equilíbrio* entre as posições do vendedor e do comprador, ordenando os direitos conferidos a este em termos mais restritivos do que o regime geral, esta proteção *não pode ser disponível por parte do comprador*. Para beneficiar do regime geral, parece, pois, que o comprador consumidor teria de recusar a sua própria *qualificação* como tal, não invocando o facto de atuar para finalidades estranhas à sua atividade profissional – suscitando-se, então, o problema de saber se o profissional vendedor pode, por sua vez, fazer essa prova. Estas dificuldades mencionadas no texto resultam da circunstância de, sendo o regime geral mais favorável ao comprador nalgum ponto, poder existir um *interesse do comprador em submeter-se antes ao regime* geral, seja da venda de coisas defeituosas, seja do não cumprimento, e o correspondente interesse do vendedor em remeter o comprador para o regime da venda de bens de consumo. Mas tal problema só não existiria se o regime especial da venda de bens de consumo fosse *mais favorável em todos os pontos para o comprador* do que o *regime geral da venda de coisas defeituosas e do que o regime geral do não cumprimento* (admitindo-se que o comprador de coisas defeituosas possa também invocar este regime). O que já não era o caso antes da Diretiva de 2019, bastando para o concluir comparar, por ex., os *prazos* para o exercício de direitos previstos no regime da venda de bens de consumo e os prazos a que estão submetidos os direitos do comprador segundo o regime geral do não cumprimento.
Para evitar, ou pelo menos atenuar, estes problemas, a transposição da Diretiva 1999/44/CE efetuada em 2003 teve como linha orientadora *evitar a redução do nível de proteção* do consumidor não só em *relação ao direito então vigente nas relações entre profissionais e consumidores*, como em *relação ao regime geral* da compra e venda previsto no Código Civil.

o comprador no regime da venda de coisas defeituosas *não esteja afinal em situação melhor* do que aquela que resulta do regime previsto na Diretiva. Mas uma comparação *ponto por ponto*, tendo em conta os pressupostos da resolução ou redução do preço, parece contradizer esta conclusão.

É certo que, nos termos do artigo 3º, nº 7, 2.ª parte, da Diretiva, esta não afeta *regras nacionais que não sejam específicas dos contratos celebrados por consumidores* que prevejam *meios de ressarcimento específicos para certos tipos de defeitos* que *não eram evidentes* no momento da celebração do contrato de compra e venda. Mas não é claro que o regime geral da compra e venda caia no âmbito desta exceção, na medida em que, se se refere a defeitos que *não eram evidentes* no momento da celebração do contrato – pois exige um erro ou dolo do comprador, e, neste sentido, diz respeito à responsabilidade por vícios ocultos (mencionada no considerando 18 da Diretiva) –, não parece que se limite a prever *"meios de ressarcimento específicos"* dessa responsabilidade por vícios ocultos. Parece, pois, que, para respeitar a harmonização plena visada pela Diretiva 2019/771/UE, incluindo a ordenação dos "meios de ressarcimento" previstos, o comprador consumidor *não deverá poder recorrer ao regime geral* da venda de coisas defeituosas[35].

Deve, ainda, notar-se que o legislador comunitário ressalvou a possibilidade de os legisladores nacionais preverem o direito de os consumidores escolherem um "meio de ressarcimento específico" – incluindo a resolução do contrato ou a redução do preço – caso a falta de conformidade dos bens se *manifeste dentro de um prazo curto após a entrega, que não deve exceder 30 dias* (artigo 3º, nº 7). A prioridade da reposição da conformidade – correspondente à prioridade do cumprimento – é atenuada segundo um *critério temporal* (e não de gravidade), num prazo relativamente curto após a manifestação da falta de conformidade, podendo prever-se a possibilidade de o consumidor resolver o contrato ou reduzir o preço nesse prazo. O legislador nacional pode, assim, manter o mecanismo previsto em geral no artigo 8º, nº 4, da Lei de Defesa do Consumidor, nos termos do qual caso "se verifique falta de informação, informação insuficiente, ilegível ou ambígua que comprometa a utilização adequada do bem ou do serviço, o consumidor goza do direito de retratação do contrato relativo à sua aquisição ou prestação, no prazo de sete dias úteis a contar da data de receção do bem ou da data de ce-

35 Sobre este problema no direito italiano, v. Francesca Bertelli, "L'armonizzazione massima della direttiva 2019/771 UE e le sorti del principio di maggiore tutela del consumatore", in *Europa e Diritto Privato*, Milano, nº 4 (2019), pp. 953-993.

lebração do contrato de prestação de serviços". E no sentido de atenuar a redução do nível de proteção do consumidor, pode também prever-se a possibilidade de o consumidor, quando a falta de conformidade se manifestar no prazo de 30 dias após a entrega, resolver de imediato ou reduzir o preço.

Ainda quanto aos *pressupostos da resolução*, nota-se que o consumidor não terá o direito de resolver o contrato se a falta de conformidade for *menor*, recaindo o ónus da prova de que a falta de conformidade é menor *sobre o vendedor* (artigo 13º, nº 5). Também esta limitação – correspondente, aliás, ao regime do Código Civil português (artigo 802º, nº 2: "escassa importância") – *carece de ser transposta* para o regime da venda de bens de consumo, uma vez que atualmente apenas se limita o direito de resolução por aplicação do critério geral, e vago, do *"abuso de direito"*, nos termos gerais (artigo 4º, nº 5, do Decreto-Lei nº 67/2003).

Quanto aos *termos de realização dos direitos* a invocar pelo consumidor, exige-se (artigo 14º, nº 1) que a reparação ou substituição dos bens sejam efetuadas *a título gratuito*, num *prazo razoável* a contar do momento em que o vendedor tenha sido informado pelo consumidor da falta de conformidade, e *sem inconveniente importante* para o consumidor, tendo em conta a natureza dos bens e a finalidade a que o consumidor os destina – o que corresponde ao exigido pelo artigo 4º, nº 1, do Decreto-Lei nº 67/2003. Já o *prazo máximo fixo de 30 dias*, introduzido neste diploma pelo Decreto-Lei nº 84/2008, de 21 de maio, parece ir além do previsto na Diretiva de 2019, e, portanto, *não poder ser mantido* para uma harmonização plena das disposições nacionais, tratando-se de uma solução mais estrita para o vendedor, e mais favorável para o consumidor, do que a prevista na Diretiva. Tratar-se-á, pois, de um terceiro ponto (a par da exclusão da relevância negocial de declarações publicitárias e do desaparecimento da alternatividade dos direitos do consumidor, à sua escolha), em que será necessário *reduzir o nível de proteção* dos consumidores nacionais.

Em contrapartida, a Diretiva prevê, no artigo 14º, nºs 2 a 4, outras exigências para a reparação ou substituição que carecerão de ser transpostas para o direito português, por não estarem previstas entre nós. Assim, em caso de reparação ou substituição dos bens, o *consumidor deve disponibilizar os bens ao vendedor*, e o vendedor deve *receber os bens substituídos a expensas suas*, e, sempre que a reparação exija a retirada de bens que tinham sido instalados de uma forma compatível com a sua natureza e finalidade antes de a falta de conformidade se ter manifestado, ou sempre que esses bens sejam substituídos, a obrigação de reparar ou substituir os bens deve *incluir a retirada dos bens não conformes* e a *instalação de bens de substituição* ou bens reparados, ou a assunção dos custos da mesma[36]. Além disso, e seguindo a jurisprudência do TJUE[37], previu-se que o consumidor *não é obrigado a pagar pela utilização normal* dos bens substituídos durante o período anterior à sua substituição (artigo 14º, nº 4), aspeto que não é também objeto de disciplina específica no direito nacional.

Quanto ao modo de realização da *redução do preço*, prevê a Diretiva que a redução do preço deve ser *proporcional à diminuição do valor* dos bens que foram recebidos pelo consumidor, em comparação com o valor que os bens teriam se estivessem em conformidade (artigo 15º). Embora tal não esteja explicitado entre nós, é também este *já hoje o critério aplicável*, correspondendo também ao previsto no artigo 911º do Código Civil (redução "em harmonia com a desvalorização" decorrente dos defeitos)[38].

A "rescisão" - *rectius*, a *resolução* do contrato - é exercida *extrajudicialmente*, mediante declaração do comprador ao vendedor, em que comunica a decisão de pôr termo ao contrato de compra e venda, como acontece também já hoje entre nós (artigo 436º, nº 1, do Código Civil). A Diretiva previu, porém, em termos que não estão previstos no direito nacional, a extensão da resolução quanto *a outros bens, adquiridos juntamente* com os bens defeituosos (artigo 16º, nº 2). Assim, se a falta de conformidade disser respeito apenas a uma parte dos bens entregues no âmbito do contrato de compra e venda, e não existir fundamento para a resolução de todo o contrato de compra e venda, nos termos previstos na Diretiva, o consumidor pode, ainda assim, resolver o contrato de compra e venda apenas em relação aos bens não conformes e "em relação a quaisquer outros bens que o consumidor adquiriu juntamente com os bens não conformes se não se puder razoavelmente esperar do consumidor que aceite ficar apenas com os bens conformes". Também esta regra *carece de ser transposta* para o direito português, evitando-se a aplicação do regime da redução do negócio jurídico.

---

36 Este problema estava em causa, como referimos, no citado acórdão do TJUE no caso *Weber e Putz*, de 16 de junho de 2011 (proc. C-65/09 e C-87/09).

37 Acórdão do TJUE de 17 de abril de 2008, no caso *Quelle*, proc. C-404/06, onde se decidiu que o "artigo 3.° da Directiva 1999/44/CE do Parlamento Europeu e do Conselho, de 25 de Maio de 1999, relativa a certos aspectos da venda de bens de consumo e das garantias a ela relativas, deve ser interpretado no sentido de que se opõe a uma legislação nacional que permite que o vendedor, no caso de ter vendido um bem de consumo não conforme, exija ao consumidor uma indemnização pelo uso do bem não conforme até à sua substituição por um novo bem".

38 Sobre os critérios para calcular a redução do preço, v. o nosso *Interesse contratual negativo e interesse contratual positivo*, cit., pp. 1434 e segs.

Além disso, prevê-se na Diretiva que, quando o consumidor rescindir o contrato no seu conjunto ou em relação a alguns dos bens entregues no âmbito do contrato de compra e venda, deve *devolver* os bens ao vendedor, a *expensas deste*, e o vendedor deve *reembolsar o consumidor* do preço pago pelos bens após a receção dos bens ou da prova do envio dos bens apresentada pelo consumidor, podendo as modalidades de devolução e reembolso. Trata-se, aqui, de aplicação das consequências gerais da resolução, já *resultantes entre nós do regime geral* (artigos 433º e 289º, nº 1, do Código Civil).

Importa, ainda, notar – uma vez que estamos perante um regime comunitário que impõe uma harmonização plena dos direitos nacionais – que a Diretiva não prevê alguns pontos relativos aos pressupostos da resolução que estão *regulados no direito nacional*.

Assim, nada se diz sobre a possibilidade de exercício dos direitos de *resolução* do contrato e de *redução do preço* mesmo que *a coisa tenha perecido* ou *se tenha deteriorado por motivo não imputável* ao comprador. Esta possibilidade está salvaguardada no artigo 4º, nº 5, do Decreto-Lei nº 67/2003, que evita a aplicação à resolução da venda de bens de consumo pelo consumidor, com fundamento na falta de conformidade, do limite previsto em geral para a resolução no artigo 432º, nº 2, do Código Civil (norma que, ao prever que a parte que, "por circunstâncias não imputáveis ao outro contraente, não estiver em condições de restituir o que houver recebido não tem o direito de resolver o contrato", faz correr sobre o credor resolvente o risco do perecimento ou deterioração não imputável ao devedor). Afigura-se, porém, que esta norma *deve poder ser mantida*, desde logo para *evitar a restrição ao direito de resolução* pelo comprador consumidor que resultaria do citado artigo 432º, nº 2, do Código Civil.

Também nada se diz na Diretiva sobre a questão de saber se os direitos do consumidor se *transmitem a terceiro adquirente* do bem, como se prevê no artigo 4º, nº 6, do Decreto-Lei nº 67/2003. Afigura-se, porém, que se trata de questão que ficou *fora do âmbito de harmonização* visado pelo instrumento comunitário, pois não diz já apenas respeito à relação entre o vendedor profissional e o comprador consumidor, mas com um terceiro. Por isso, parece que a harmonização plena visada pela Diretiva não obstará à manutenção da solução prevista no direito nacional.

6. PRAZOS DE GARANTIA, DE DENÚNCIA E DE EXERCÍCIO DOS DIREITOS

Quanto aos prazos, as principais novidades, que obrigarão à sua transposição para o direito nacional, prendem-se com os prazos de garantia para os bens com elementos digitais.

Em geral, e à semelhança do que dispunha a Diretiva de 1999, prevê-se que o vendedor será responsável pela falta de conformidade existente no momento da entrega do bem, desde que *se manifeste no prazo de dois anos* (artigo 10º, nº 1, da Diretiva 2019/771/UE), podendo, porém, os Estados-Membros alargar este prazo (artigo 10º, nº 3), tendo-se mantido, pois, neste aspeto uma harmonização mínima, em benefício do consumidor. Caso os direitos nacionais não prevejam qualquer prazo dentro do qual se deverá manifestar a falta de conformidade (o que também é possível), deverão, porém, estabelecer um *prazo de prescrição* para o exercício dos direitos do consumidor, o qual deverá permitir ao consumidor exercer os meios de ressarcimento previstos, por qualquer falta de conformidade pela qual o vendedor seja responsável e que se manifeste no prazo "de garantia", de pelo menos dois anos a contar da entrega (artigo 10º, nºs 4 e 5). Para bens em segunda mão, permite-se a redução do prazo de responsabilidade ou de prescrição até o mínimo de um ano (artigo 10º, nº 6).

O direito nacional *está em conformidade* com os prazos referidos, na medida em que, para os bens móveis (únicos aos quais se aplica a Diretiva) prevê o prazo de dois anos a contar da entrega como prazo durante o qual a falta de conformidade tem de manifestar-se, para o consumidor ter os direitos que lhe são reconhecidos por lei (artigo 5º, nº 1, do Decreto-Lei nº 67/2003). E prevê também a *redução para um ano em caso de venda de coisa móvel usada* (artigo 5º, nº 2, do citado Decreto-Lei). Já o prazo mais longo, e cinco anos, previsto para os *imóveis* no direito português *não é afetado pela harmonização visada pela Diretiva*. Também a previsão legal de um prazo de dois anos a contar da denúncia, para *exercício dos direitos*, no artigo 5º-A, nº 3, do Decreto-Lei nº 67/2003, não contraria a Diretiva, na medida em que tal prazo *nunca se esgota antes de decorridos dois anos a contar da entrega do bem* (e, quanto ao prazo de três anos para os imóveis, tal prazo não é abrangido pela Diretiva).

As *suspensões dos prazos* de garantia e de exercício de direitos previstas, respetivamente, no artigo 5º, nº 7, do Decreto-Lei nº 67/2003 ("durante o período em que o consumidor estiver privado do uso dos bens"), e no artigo 5º-A, nº 4, do mesmo diploma ("durante o período em que o consumidor estiver privado do uso dos bens com o objetivo de realização das operações de reparação ou substituição, bem como durante o período em que durar a tentativa de resolução extrajudicial do conflito de consumo que opõe o consumidor ao vendedor ou ao produtor, com exceção da arbitragem"), poderão igualmente *ser mantidas*. Como se esclarece no considerando 44 da Diretiva, esta *não regula* "as condições que permitem uma suspensão ou interrupção do período de responsabilidade", ou de um prazo de prescrição, pelo que "os Estados-Membros deverão poder prever a suspensão ou interrupção do período de responsabilidade ou do prazo de prescrição, por exemplo, em caso de reparação ou de substituição ou em caso de negociações entre o vendedor e o consumidor com vista a uma resolução amigável".

Do mesmo modo, a Diretiva *nada diz* sobre se, havendo substituição do bem, o "bem sucedâneo" goza de um *novo prazo de garantia* contar da sua entrega, como se prevê, no direito português, no artigo 5º, nº 6, do Decreto-Lei nº 67/2003. Este aspeto ficou, pois, fora do âmbito da harmonização visada pela Diretiva, afigurando-se que nada impede a manutenção no direito português da previsão expressa desta solução, que, aliás, já resultaria, a nosso ver, das regras gerais.

Já as regras relativas aos prazos (de garantia e exercício de direitos) no caso de *bens com elementos digitais* carecem de ser *transpostas* para o direito português, que nada prevê a esse respeito – já que tais bens não foram considerados especificamente para efeitos do regime da venda de bens de consumo em 2003. Assim, no caso de bens com elementos digitais, se o contrato previr o *fornecimento contínuo* do conteúdo ou serviço digital *durante um determinado período*, o vendedor é responsável por qualquer falta de conformidade do conteúdo ou serviço digital *que ocorra ou se manifeste no prazo de dois anos* a contar da data em que os bens com elementos digitais foram entregues.. Se o contrato estipular o *fornecimento contínuo durante um período superior a dois anos*, o vendedor é responsável por qualquer falta de conformidade dos conteúdos ou serviços digitais que ocorra ou se manifeste *no período durante o qual os conteúdos ou serviços digitais devam ser fornecidos* nos termos do contrato de compra e venda, que pode ser superior a dois anos (artigo 10º, nº 2).

O legislador nacional pode, igualmente, manter a *exigência de denúncia* dos defeitos pelo consumidor ao vendedor, constante do artigo 5º-A, nºs 1 e 2, do Decreto-Lei nº 67/2003. A Diretiva previu expressamente (artigo 12º) essa possibilidade, fixando um prazo mínimo para a denúncia de dois meses a contar da data em que o consumidor tiver detetado a falta de conformidade, sendo justamente este o prazo previsto entre nós para os bens móveis, no citado artigo 5º-A, nº 2.

7. RESPONSABILIDADE DO PRODUTOR E DIREITO DE REGRESSO

O legislador português optou, em 2003, por introduzir uma *ação direta* do consumidor contra o produtor, limitada à *reparação* ou *subs-*

tituição do bem, no artigo 6º do Decreto-Lei nº 67/2003[39]. A Diretiva 1999/44/CE não exigia a previsão de tal responsabilidade direta, mas também não a limitava, tendo existido nos respetivos trabalhos preparatórios tentativas de a consagrar.

A Diretiva 2019/771/UE *não trata do problema*, deixando-o aos legisladores nacionais. Assim, como se pode ler no considerando 63, a questão de "saber se o consumidor pode igualmente apresentar uma reclamação diretamente contra uma pessoa em fases anteriores da cadeia de transações não é regulada pela presente diretiva, exceto nos casos em que um produtor ofereça ao consumidor uma garantia comercial pelos bens". Pode, portanto, *manter-se* no direito nacional a responsabilidade direta do produtor pela conformidade, incluindo os direitos de reparação ou substituição do bem, que pode ser útil, designadamente, nos casos em que, por exemplo, devido à distância, o comprador consumidor (que, por exemplo, adquiriu o bem numa viagem a outro Estado-membro) tem dificuldade em comunicar e entrar em relação com o vendedor.

Também se mantém o dever de previsão de um *direito de regresso do vendedor* final, justificado no considerando 63 da Diretiva: "tendo em conta que o vendedor é responsável perante o consumidor por qualquer falta de conformidade dos bens que decorra de um ato ou omissão por parte do vendedor ou de terceiros, justifica-se que o vendedor possa exercer o direito a meios de ressarcimento perante a pessoa responsável em fases precedentes da cadeia de transações. Esse direito deverá incluir meios de ressarcimento por uma falta de conformidade que resulte da omissão de uma atualização, designadamente uma atualização de segurança, que teria sido necessária para manter o bem com elementos digitais em conformidade. No entanto, a presente diretiva não deverá afetar o princípio da liberdade contratual entre o vendedor e outras partes na cadeia de transações".

O direito de regresso do vendedor final de bens de consumo[40] ficou previsto, no direito nacional, nos artigos 7º e 8º do Decreto-Lei nº

39 Sobre esta responsabilidade, v. João Calvão da Silva, *Venda de bens de consumo*, cit., pp. 125 e segs. Para o anteprojeto e sua fundamentação, Paulo Mota Pinto, "Anteprojecto de diploma...", cit., nº 8.

40 Sobre esse direito, v. João Calvão da Silva, *Venda de bens de consumo*, cit., pp. 139 e segs., Paulo Mota Pinto, "O direito de regresso do vendedor final de bens de consumo", in *Revista da Ordem dos Advogados*, 2002, pp. 143-199, também in *Estudos em homenagem ao Prof. Mário Júlio de Almeida Costa*, Lisboa, Universidade Católica, 2002, pp. 1177-1225), Rui Pinto Duarte, "O direito de regresso do vendedor final na venda para consumo", in *Themis*, ano 2, 4 (2001), pp. 173-194, Luís Menezes Leitão, "O novo regime da venda de bens de consumo", in *Estudos do*

67/2003, cujas soluções *poderão manter-se*, pois *não são alteradas* pela Diretiva de 2019. Será necessário, porém, *alargar a sua previsão*, uma vez que o artigo 18º da Diretiva consagra o direito de regresso para os casos de responsabilidade do vendedor perante o consumidor por uma falta de conformidade resultante de um ato ou omissão, *incluindo "nomeadamente a não disponibilização de atualizações de bens com elementos digitais"* nos termos exigidos na Diretiva, mas o direito português não faz referência específica a esta hipótese.

Já quanto à questão e saber se o direito de regresso deverá ser exercido *"ao longo da cadeia contratual"* (como se prevê entre nós, para preservar a possibilidade de modelação convencional desse direito nas relações negociais que integram essa cadeia), ou *diretamente* contra o responsável ou responsáveis pela falta de conformidade, não é tocada pela Diretiva de 2019, que, tal como a de vinte anos antes, *deixa aos direitos nacionais* a determinação da pessoa responsável contra a qual o fornecedor pode exercer o direito de regresso, bem como as ações pertinentes e as condições de exercício, são determinadas pelo direito nacional. Questão que se pode suscitar é, antes, a de saber se o direito de regresso em causa não deve ser *alargado além das hipóteses de venda de bens de consumo* – em que o vendedor final é um vendedor profissional a um consumidor –, como fez o legislador alemão em 2017, ao introduzir os novos § 445a e § 445b no Código Civil alemão, sobre "regresso do vendedor"[41].

Instituto de Direito do Consumo, vol. II, Faculdade de Direito da Universidade de Lisboa, Coimbra, Almedina, 2005, pp. 37-73, JOSÉ ENGRÁCIA ANTUNES, *Direito dos contratos comerciais*, Coimbra, Almedina, 2017, pp. 287-291, ANA RITA POLÓNIA SEMBLANO SILVA, *Responsabilidade do produtor – o direito de regresso no âmbito da venda de bens de consumo*, diss. de mestrado, Universidade do Minho, de Consumo, 2014. Lá fora, v., por ex., JENS BÖHLE, *Der Rückgriff in der Lieferkette gemäß der §§ 478, 479 BGB nach dem Schuldrechtsmodernisierungsgesetz*, Berlin, Duncker & Humblot, 2004, SABRINA SALEWSKI, *Der Verkäuferregress im deutsch-französischen Rechtsvergleich*, Tübingen, Mohr Siebeck, 2011, MAREIKE SCHMIDT, *Produktrückruf und Regress*, Tübingen, Mohr Siebeck, 2013, MARTIN SCHRÖDER, *Der Unternehmerregress beim Verbrauchsgüterkauf im Falle von grenzüberschreitenden Handelskäufen. Eine rechtsvergleichende und kollisionsrechtliche Betrachtung unter Berücksichtigung des deutschen und österreichischen Rechts sowie des UN Kaufrechts, des DCFR und des Vorschlags für ein GEK*, Tübingen, Mohr Siebeck, 2017, CARLO CASTRONOVO, "Il diritto di regresso del venditore finale nella tutela del consumatore", *Europa e diritto privato*, 2004, 3, pp. 957-988.

41 Essas normas foram introduzidas pela "Lei sobre reforma do regresso do contrato de empreitada, sobre alteração da responsabilidade por vícios na compra e venda, sobre reforço da proteção jurídico-processual" e outros temas, de 28 de

8. GARANTIAS COMERCIAIS

Por último, a Diretiva 2019/771/UE contém também um regime sobre as *"garantias comerciais"* (artigo 17º), que a nossa lei designa *"garantias voluntárias"* (artigo 9º do Decreto-Lei nº 67/2003).

Prevê a Diretiva, em primeiro lugar, a *vinculatividade da garantia* comercial nos termos das condições previstas na *declaração* de garantia comercial e na *publicidade conexa*, disponibilizadas aquando ou antes da celebração do contrato, bem como a *responsabilidade direta do produtor* perante o consumidor pela *reparação* ou *substituição* dos bens, quando dê a este uma *garantia comercial de durabilidade* para determinados bens durante um determinado período tempo, e durante todo o período da garantia comercial de durabilidade. Prevê-se, também, que o produtor pode oferecer na declaração de garantia comercial de durabilidade condições mais favoráveis do que as previstas na publicidade, mas, se as condições previstas na declaração de garantia comercial forem menos vantajosas para o consumidor do que as previstas na publicidade conexa, a garantia comercial deve ser vinculativa nas condições previstas na publicidade relativa à garantia comercial, salvo se antes da celebração do contrato a publicidade conexa tiver sido corrigida de uma forma idêntica ou comparável àquela em que foi feita (artigo 17º, nº 1).

Estas regras *não correspondem a regras vigentes atualmente* na ordem jurídica nacional[42], que apenas prevê que as informações concretas

abril de 2017, tendo entrado em vigor em 1 de janeiro de 2018. Sobre estas normas, v. CHRISTOPHER WEIDT, "Der Rückgriff des Verkäufers im neuen Mängelhaftungsrecht", *NJW* 2018, pp. 263-267, SANDRA ORLIKOWSKI-WOLF, "Auswirkungen der Änderungen der kaufrechtlichen Mängelhaftung zum 1.1.2018 auf AGB im B2B-Verkehr", *ZIP*, 39 (2018), 8, pp. 360-364, MICHAEL NIETSCH/DANIEL OSMANOVIC, "Die kaufrechtliche Sachmängelhaftung nach dem Gesetz zur Änderung des Bauvertragsrechts", *NJW*, 2018, pp. 1-6, KAI MEDIGER, "Die Abdingbarkeit der Mängelhaftung beim Rückgriff des Verkäufers in AGB", *NJW* 2018, pp. 577-581, STEFAN LORENZ, anot. ao § 445a, em Münchener Kommentar zum BGB, 8.ª ed., Munchen, Beck, 2019. Já Claus-Wilhelm Canaris, em "Die Umsetzung der Richtlinie über den Verbrauchsgüterkauf in Deutschland", versão em alemão de conferência proferida em Pádua em 15 de setembro de 2001, Munique, 2001, criticara a limitação a previsão do direito de regresso ao vendedor final de bens de consumo.

42 Na versão originária do Decreto-Lei nº 67/2003, de 8 de abril, previa-se, no art. 9º, nº 1, que a "declaração pela qual o vendedor, o fabricante ou qualquer intermediário promete reembolsar o preço pago, substituir, reparar ou ocupar-se de qualquer modo da coisa defeituosa vincula o seu autor nas condições constantes dela e da correspondente publicidade". No entanto, esta norma foi revogada em 2008, pelo Decreto-Lei nº 84/2008, sem que a razão de ser dessa revogação fosse explicitada pelo legislador.

e objetivas contidas nas mensagens publicitárias integram imperativamente o conteúdo dos contratos posteriormente celebrados, no artigo 7º, nº 5, da Lei de Defesa do Consumidor. Nada se prevê, porém, especificamente no direito português sobre o sentido e prazo da *garantia de durabilidade*, como implicando a *responsabilidade direta do produtor* pela *reparação* ou *substituição* durante todo o período da garantia. Além disso, o regime citado, da Lei de Defesa do Consumidor, é por um lado *demasiado amplo* – porque se refere a *informações concretas* e *objetivas* contidas na mensagem publicitária sobre os bens ou serviços, e não a *condições de garantia* –, e sobretudo, é, por outro lado, *imperativo*, não permitindo uma *correção*, antes da celebração do contrato, da publicidade conexa, de uma forma idêntica ou comparável àquela em que foi feita. Ora, esta correção é uma circunstância que, nos termos da Diretiva, *afasta a vinculação do produtor pelas condições enunciadas na publicidade*, tendo tal limitação de ser também transposta para o direito nacional, tendo em conta a eficácia de harmonização fixa da Diretiva, neste ponto. Tratar-se-á aqui, como vimos, de um ponto em que será necessário *reduzir o nível de proteção* do consumidor, mas agora para a garantia voluntária.

Quanto ao *momento* e *forma de entrega* da garantia voluntária, a Diretiva prevê, no artigo 17º, nº 2, que esta deve ser prestada ao consumidor, num suporte duradouro, "o mais tardar no momento da entrega dos bens", devendo ser "expressa numa linguagem clara e inteligível" – podendo adicionalmente os legisladores nacionais estabelecer regras sobre outros aspetos, incluindo sobre a língua ou as línguas em que a declaração de garantia comercial deve ser disponibilizada ao consumidor. Tirando o *momento* de entrega da garantia voluntária, que *não está regulado* entre nós, as restantes exigências estão *previstas* no regime nacional da venda de bens de consumo, nos artigos 9º, nºs 2 (para o "suporte duradouro") e 3 (para a redação de forma clara e concisa em língua portuguesa).

No que toca ao *conteúdo mínimo exigido* para a garantia voluntária, a exigência de que a garantia contenha uma "*declaração clara de que o consumidor tem direito legal a meios de ressarcimento* por parte do vendedor a título gratuito em caso de falta de conformidade dos bens e que esses meios de ressarcimento *não são afetados pela garantia comercial*" (artigo 17º, nº 2, alínea *a)*, da Diretiva – itálicos aditados) corresponde à previsão do artigo 9º, nº 2, alínea *a)*, do Decreto-Lei nº 67/2003. A lei nacional requer, ainda, indicação na garantia da *firma* ou *nome* e *endereço postal*, ou, se for o caso, eletrónico, do autor da garantia que pode ser utilizado para o exercício desta – artigo 9º, nº 2, alínea *e)*, do Decreto-Lei nº 67/2003, correspondendo à alínea *b)* do nº 2 do artigo 17º da

Diretiva. As restantes exigências sobrepõem-se parcialmente: a Diretiva exige que a garantia contenha o *procedimento a seguir* pelo consumidor para obter a execução da garantia comercial, a *designação dos bens* aos quais a garantia comercial se aplica e os *termos da garantia* comercial (artigo 17º, nº 2, alíneas *c)*, *d)*, e *e)*), enquanto o Decreto-Lei nº 67/2003 requer informação sobre o *carácter gratuito* ou *oneroso* da garantia e, neste último caso, a *indicação dos encargos a suportar* pelo consumidor (alínea *b)* do nº 3 do artigo 9º do Decreto-Lei nº 67/2003), indicação dos *benefícios atribuídos ao consumidor* por meio do exercício da garantia, bem como as *condições* para a atribuição destes benefícios, incluindo a enumeração de todos os encargos, nomeadamente aqueles relativos às despesas de transporte, de mão -de -obra e de material, e ainda os prazos e a forma de exercício da mesma (alínea *c)* do mesmo artigo), e a duração e âmbito espacial da garantia (alínea *d)* desse mesmo artigo).

Embora estas exigências se enquadrem dentro da referência geral à informação sobre *os termos da garantia* e *procedimento* a seguir pelo consumidor, afigura-se que, pela sua maior generalidade, que pode incluir outros aspetos, devem ser adotadas as exigências de conteúdo previstas na Diretiva, alterando-se correspondentemente o conteúdo mínimo obrigatório, hoje previsto no artigo 9º, nº 3, do Decreto-Lei nº 67/2003.

Tal como segundo a Diretiva (artigo 17º, nº 3), também para o regime do Decreto-Lei nº 67/2003 (artigo 9º, nº 5), a violação das exigências de conteúdo mínimo *não afeta a validade da garantia*, podendo o consumidor continuar a invocá-la e a exigir a sua aplicação.

A lei nacional prevê, ainda, que, salvo declaração em contrário, os direitos resultantes da garantia se *transmitem para o adquirente* da coisa (artigo 9º, nº 4, do Decreto-Lei nº 67/2003), mas tal é *permitido* pela Diretiva, não só porque esta não regula a garantia na relação com terceiros, adquirentes da coisa, como porque prevê expressamente, no artigo 17º, nº 4, que os legisladores nacionais podem estabelecer "regras sobre outros aspetos relativos às garantias comerciais que não sejam regidos pelo presente artigo.

9. CONCLUSÃO

É tempo de concluir.

Sem prejuízo de um estudo comparativo mais aprofundado, quer entre a Diretiva 2019/771/UE e o direito português vigente para as relações entre profissionais e consumidores (designadamente, o resultante do Decreto-Lei nº 67/2003), quer entre o regime especial a estabelecer em resultado da transposição da Diretiva de harmonização fixa e o regime geral da compra e venda de coisas defeituosas e o regime geral do não cumprimento, não há dúvida de que o legislador nacional *terá de alterar o direito nacional em múltiplos aspetos*, a fim de transpor a Diretiva 2019/771/UE. E de que o tem de fazer até ao dia 1 de julho de 2021, por forma a que o diploma de transposição comece a vigorar a partir do dia 1 de janeiro de 2022.

Não pretendemos aqui equacionar aprofundadamente as *diversas hipóteses de transposição* que se deparam ao legislador português, muito menos formular uma *proposta*. No entanto, pode desde já notar-se que o legislador nacional está confrontado com a necessidade de tomar *várias opções*.

Uma das primeiras é a de saber se *transporá separadamente* a Diretiva 2019/771/UE, sobre venda de bens de consumo (mas incluindo também bens com elementos digitais) e a Diretiva 2019/770/UE, sobre fornecimento de serviços e conteúdos digitais, ou se, pela *evidente ligação* entre os *dois instrumentos comunitários* de disciplina de relações de fornecimento entre profissional e consumidor, e sua proximidade de conteúdo, preferirá *articular a transposição dessas "Diretivas gémeas" num único diploma*, eventualmente regulando *aspetos comuns* e autonomizando depois as *especificidades* tanto da venda de bens de consumo (incluindo de bens com elemento digitais), por um lado, como do fornecimento de serviços e conteúdos digitais, por outro lado.

A par desta opção, uma outra, talvez mais fundamental e ainda anterior, deverá ser tomada: a de saber se, mais uma vez, o legislador nacional pretende transpor as Diretivas comunitárias *em diplomas com o mesmo âmbito subjetivo*, apenas para *relações entre profissionais e consumidores*, num diploma avulso ou num diploma mais geral sobre o direito do consumidor (sendo então ocasião para retomar o Anteprojeto de Código do Consumidor, a que o legislador em má hora decidiu não dar seguimento[43]), ou se pretende aproveitar a ocasião para *rever o regime geral da venda de coisas defeituosas*, que é consabidamente uma das

43 V. COMISSÃO DO CÓDIGO DO CONSUMIDOR, Código do Consumidor – Anteprojecto, Lisboa, Ministério da Economia e da Inovação, 2006. Sobre esse anteprojeto, v. ANTÓNIO PINTO MONTEIRO, "O anteprojecto do Código do consumidor", *Revista de legislação e de jurisprudência*, ano 135, nº 3937 (2006), pp. 190-196, idem, "Sobre o Direito do consumidor em Portugal e o Anteprojecto do Código do consumidor", in *Estudos do Instituto do Direito de Consumo*, coord. de LUÍS MENEZES LEITÃO, Coimbra, Almedina, 2002, pp. 37-55, PAULO MOTA PINTO, "O Anteprojecto de Código do consumidor e a venda de bens de consumo", in *Estudos do Instituto do Direito de Consumo*, cit., pp. 119-134. Cf. também ANTÓNIO MENEZES CORDEIRO, "O anteprojecto de Código do Consumidor", *O Direito*, Lisboa, ano 138, nº 4 (2006), pp. 685-715.

partes menos conseguidas do Código Civil de 1966, e que mais questões práticas e teóricas tem suscitado.

Segundo esta última opção, dever-se-ia aproveitar a ocasião para alterar, designadamente, a vinculação do regime da venda de coisas defeituosas à *teoria do erro* ou *da garantia*, prevendo um *dever de entrega pelo vendedor de bens em conformidade com o contrato*, e tanto para a *venda de coisa específica* como para a *venda de coisa genérica*, além de se esclarecer a *articulação do regime especial com o regime geral do não cumprimento* e de rever outros aspetos (como, pelo menos, a *delimitação das hipóteses* de não conformidade relevantes, os *pressupostos* e a *relação entre os direitos do comprador*, os *prazos* para a responsabilidade do vendedor e para o exercício dos direitos pelo comprador e o *cálculo da indemnização* devida ao comprador de coisas defeituosas).

Em 2001 pronunciámo-nos *decididamente a favor desta última hipótese*, que corresponde à opção que foi seguida nalgumas ordens jurídicas para transposição da Diretiva 1999/44/CE (como as ordens jurídicas alemã e austríaca). Pensamos que os argumentos que então avançámos nesse sentido[44] *mantêm plena validade*, e que foram até *reforçados com o decurso do tempo* e, por exemplo, com a recente adesão de Portugal à Convenção das Nações Unidas sobre Contratos para Venda Internacional de Mercadorias, adotada em Viena, em 11 de abril de 1980[45].

É certo que, nalguns pontos, o futuro regime da venda de bens de consumo no direito português *terá de ser menos favorável ao consumidor* do que o atualmente vigente – o que acontece, por exemplo, quanto à possibilidade de *exclusão pelo vendedor ou pelo produtor da relevância contratual de declarações publicitárias*, quanto à *limitação à escolha do comprador consumidor dos "remédios"* para a falta de conformidade (ficando limitado num primeiro momento a exigir a reposição da conformidade pela substituição ou reparação da coisa), ou quanto à *imposição de um prazo máximo fixo de 30 dias para a reparação ou substituição* de bem móvel. Tratar-se-á de um preço que os representantes do Estado português, quando se pronunciaram sobre as propostas de Diretiva, terão aceite pagar pelos eventuais "ganhos" de uma *harmonização plena* ou *fixa* – a qual, porém, beneficia sobretudo *países exportadores* de bens

44 "Anteprojecto de diploma...", cit., pp. 174 e segs., 249 e segs., *Cumprimento defeituoso do contrato de compra e venda – anteprojecto...*, cit., pp. 11 e segs., 69 e segs.

45 Decreto nº 5/2020, de 7 de agosto, Diário da República, nº 153, de 7 de agosto de 2020, p. 7: esta convenção, que será doravante aplicável em Portugal na maior parte das compras e vendas internacionais de mercadorias, utiliza também, para designar a "patologia" da compra e venda, a noção de conformidade e de falta de conformidade com o contrato.

móveis para o interior da União, mais do que países sobretudo importadores, como é ainda o nosso caso.

Em qualquer caso, temos por seguro que uma transposição adequada da Diretiva 2019/771/UE (e da Diretiva 2019/770/UE) para o direito português *se não comparece com um mero trabalho de "corte e cola"*, pois suscita *problemas delicados*, que têm de ser tratados, aprofundados e decididos, quer de *relação com o direito português vigente da venda de bens de consumo* (e de manutenção, tanto quanto possível, do nível de proteção assegurado ao comprador consumidor), quer de *relação com o regime geral* do não cumprimento das obrigações.

DIREITO DAS SOCIEDADES BANCÁRIAS

Pedro Maia

1. NOTA PRÉVIA

Por quem era, pela grandeza do seu espírito e pela amizade com que me distinguiu, o Senhor Doutor Calvão da Silva era (sempre foi!) credor da minha homenagem. Expresso-a, desta vez, em forma de artigo, dedicado a um tema – a banca – que a muitos ensinou e para cujo estudo contribuiu como poucos. Eu sou um desses seus muitos discípulos. E é nessa qualidade, a que o Senhor Doutor Calvão da Silva ao longo de anos acrescentou a de Amigo, que participo emocionadamente nesta Homenagem, deixando público testemunho do meu respeito e admiração.

2. INTRODUÇÃO

O que se procura analisar aqui é a *sociedade bancária*, ponto de confluência do *direito geral das sociedades* e do *direito bancário*, sujeita a extensíssimas e profundíssimas alterações de regime em virtude do "tsunami legislativo"[1] (ou "dilúvio legislativo"[2]) que a crise financeira de 2007-2008 desencadeou[3].

---

1 A expressão é usada por diversos autores. *Vide*, por exemplo, Jens-Hinrich Binder, *"Der Aufsichtsrat von Kreditinstituten drei Jahre nach dem „Regulierungstsunami" - eine Bestandsaufnahme"*, in ZGR, Band 47, Heft 1, 2018, pp. 88ss., e, entre nós, Luís Guilherme Catarino/Manuela Peixe, *"A nova regulamentação dos mercados financeiros - um Tsunami regulatório? (I)"*, in Direito dos Valores Mobiliários, 2016, pp. 120ss.

2 Cfr., por exemplo, Paulo Câmara, *"O Governo dos Bancos: Uma Introdução", in A Governação de Bancos nos Sistemas Jurídicos Lusófonos*, Almedina, Coimbra, 2016, p. 20.

3 No dealbar da crise e nos anos logo subsequentes surgiram vários relatórios/estudos/orientações de que se deixa uma lista não exaustiva:
em abril de 2008, o relatório do *Financial Stability Forum (FSF)* publica *Enhancing Market and Institutional Resilience (disponível em* https://www.fsb.org/wp-content/uploads/r_0804.pdf?page_moved=1);
em fevereiro de 2009, o *Relatório Larosière* (*The High-level group of financial supervision in the EU*, disponível em http://ec.europa.eu/economy_finance/publications/pages/publication14527_en.pdf);
em abril de 2009, o *Finantial Stability Forum* publica quatro documentos: *Principles for sound compensation practices* (disponível em https://www.fsb.org/2009/04/principles-for-sound-compensation-practices-2/), *Report of the Financial Stability Forum on Addressing Procyclicality in the Financial System* (disponível em https://www.fsb.org/2009/04/report-of-the-financial-stability-forum-on-addressing-procyclicality-in-the-financial-system/), *Principles for Cross-border Cooperation on Crisis Management* (disponível em https://www.fsb.org/2009/04/principles-for-cross-border-cooperation-on-crisis-management/) e uma actualização do relatório de 2008 "Enhancing...";

As alterações introduzidas são, de facto, *muito profundas* e *muito extensas*, tendo modificado essencialmente o regime das sociedades bancárias, em diversos aspectos. Embora, como é evidente, o regime das sociedades bancárias não tenha surgido na última década, com a legislação pós-crise, só neste tempo recente a sua *extensão*, *profundidade* e *especialidade* passou a justificar o estudo autonomizado como *direito das sociedades*. Pode dizer-se que, até então, o direito das sociedades bancárias se compunha de uns quantos *apontamentos legislativos esparsos*, que não constituíam um corpo unitário e sistematizado – ou, sequer, *sistematizável* –, com "espessura" suficiente que suportasse o seu estudo como uma unidade autónoma, embora já se pudesse perguntar se a sua coerência sistemática não estava a ser atingida[4].

em junho de 2009, a OCDE publica *Corporate Governance and the financial crisis: key findings and main messages* (disponível em https://www.oecd.org/corporate/ca/corporategovernanceprinciples/43056196.pdf);
em novembro de 2009, o *Relatório Walker* (*A review of corporate governance in UK banks and other financial industry entities*, disponível https://webarchive.nationalarchives.gov.uk/+/www.hm-treasury.gov.uk/d/walker_review_261109.pdf);
em maio de 2010, a Comissão Europeia publica o *Livro Verde - O governo das sociedades nas instituições financeiras e as políticas de remuneração* (disponível em https://publications.europa.eu/en/publication-detail/-/publication/1788e830-b050-447c-8214-77ed51b13241);
em outubro de 2010, o Comité de Basileia publica *Principles for enhancing Corporate Governance* (disponível em https://www.bis.org/publ/bcbs176.htm);
em dezembro de 2010, revisto em junho de 2011, o Comité de Basileia publica *Basel III: a global regulatory framework for more resilient banques and banking system* (disponível em https://www.bis.org/publ/bcbs189.htm);
em Junho de 2012, o Comité de Basileia publica *Internal audit in banks and the* supervisor's relationship with auditors (disponível em https://www.bis.org/publ/bcbs223.htm);
em outubro de 2015, o Comité de Basileia publica *Guidelines Corporate Governance principles for banks* (disponível em https://www.bis.org/bcbs/publ/d328.htm).

4 *Vide* DANIELA WEBER-REY, *"Ausstrahlungen des Aufsichtsrechts (insbesondere für Banken und Versicherungen) auf das Aktienrecht - oder die Infiltration von Regelungssätzen?"*, in ZGR, 39. Jahrgang, Heft 2-3, 2010, pp. 546s., sublinhando que o direito das sociedades anónimas foi concebido como um sistema em si mesmo coerente, mas que a situação se alterou com inúmeras reformas ditadas pela internacionalização, a globalização e a crise. Por outro lado, a afirmação de um direito das sociedades bancárias não colide com o entendimento de que o direito bancário é "fragmentário" (neste sentido ANTÓNIO MENEZES CORDEIRO, *Direito Bancário*, 6.ª ed., Almedina, Coimbra, 2016, pp. 188ss.): é justamente a sua fragmentaridade que implica a necessidade de articulação com o direito comum das sociedades.

Em rigor, a sociedade aqui em causa é, tendo em conta o disposto no art. 14º, nº 1, al. b), RGICSF, necessariamente uma *sociedade anónima*. Pelo que se poderia designar o presente estudo de *direito das sociedades anónimas bancárias*. Porém, tendo em conta que decorre da lei essa necessária *implicação tipológica*, afigura-se preferível dispensar tal precisão no título. Até porque poderia induzir a pensar, erradamente, que existem sociedades bancárias de outro tipo distinto do da sociedade anónima. E a designação, além de poder originar esse equívoco, tornar-se-ia desnecessariamente mais extensa e pesada.Não serão tidas em conta *todas* as sociedades bancárias, ou, talvez melhor, não serão objeto de estudo as sociedades anónimas bancárias *em todas as suas especificidades de regime*. De facto, as sociedades bancárias podem estar sujeitas *também* a outro direito especial: o das *empresas públicas*, se o Estado ou outras entidades públicas puderem exercer, isolada ou conjuntamente, de forma directa ou indirecta, influência dominante (art. 5º do Regime Jurídico do Sector Público Empresarial, aprovado pelo Decreto-Lei nº 133/2013, de 3 de outubro). É, como se sabe, o caso da Caixa Geral de Depósitos. Uma vez que esse outro regime especial que concorre na regulação das sociedades qualificáveis como empresas públicas se determina por interesses totalmente distintos dos que presidem ao regime das sociedades, em geral, e das sociedades bancárias, em particular, entendeu-se preferível não considerar estes casos. A sua especificidade é alheia ou mesmo estranha à unidade de estudo em que assenta o presente curso[5]. Por outro lado, e ao invés, não será objecto de estudo a *instituição de crédito enquanto tal*, a instituição de crédito como um todo: o objecto do estudo *não é o direito das instituições de crédito* – expressão com que iremos designar o quadro normativo especial das instituições de crédito, *independentemente da sua forma jurídica* –, mas apenas aquelas vertentes desse direito que têm relevância ou se entrecruzam com o *direito das sociedades*. O que implica não serem estudados os múltiplos aspectos do regime das instituições de crédito – aliás muitíssimo relevantes – que

5 Nomeadamente no que toca ao *estatuto dos administradores* – que o Decreto-Lei nº 39/2016, de 28 de julho, passou a distinguir, consoante se trate de instituição de crédito significativa ou não, só neste segundo caso ficando sujeitos ao regime do *estatuto do gestor público*. Sobre a matéria, criticando justificadamente os termos da alteração, cfr. J. M. Coutinho de Abreu, *"De novo a banca - tetos de voto; gestores públicos a céu-aberto", in Direito das Sociedades em Revista*, Ano 9, vol. 17, Almedina, Coimbra, 2017, pp. 22ss. Mais em geral, acerca do governo dos bancos públicos, *vide* Ana Perestrelo de Oliveira, *"Governo dos bancos públicos: autonomia de gestão e limites da influência do Estado", in Revista de Direito das Sociedades*, Ano IX, n.º 4, Almedina, Lisboa, 2017, pp. 743ss.

não se repercutem nem interferem com o direito das sociedades: quer dizer, *direito das instituições de crédito que não é direito das sociedades*.

No dia 7 de junho de 2019, foram publicados no JOUE novos diplomas europeus sobre instituições de crédito. Concretamente, foi alterada a Diretiva 2013/36/EU (designada *CRD IV*) pela Diretiva (EU) 2019/878 do Parlamento Europeu e do Conselho, de 20 de maio de 2019[6]. Esta nova Diretiva será conhecida como *CRD V*. Paralelamente, foi também publicado um novo Regulamento (o Regulamento (UE) 2019/876 do Parlamento e do Conselho de 20 de maio de 2019[7]), que irá ser conhecido como *CRR II*, e que vem alterar o Regulamento (UE) n.º 575/2013, conhecido como *CRR*.

O texto do presente estudo refere-se, todavia, à legislação europeia já transposta (o pacote CRD IV) e não a este novo pacote (CRD V). Por várias razões.

Em primeiro lugar, porque, apesar de já se encontrarem em vigor, os diplomas só irão repercutir-se na nossa ordem jurídica mesmo nos finais de 2020 ou começos de 2021: a data limite para a transposição da Diretiva é 28 de dezembro de 2020 (art. 2º da CRD V), embora estejam excepcionadas deste prazo algumas matérias. Por outro lado, o *CRR II* é aplicável a partir de 28 de junho de 2021, ressalvadas algumas matérias (*vide* art. 3º).

Além de ainda não se terem repercutido na nossa ordem jurídica interna, os referidos diplomas não trazem alterações de monta à arquitectura do regime de *governo* e de *funcionamento* das instituições de crédito: nessa parte, a mais relevante do regime para o direito das sociedades, foram introduzidas alterações pontuais, a que será feita referência, caso se justifique. Por isso, continua a justificar-se que, na análise da arquitectura do regime europeu das instituições de crédito e das suas implicações sobre o direito das sociedades, se refira a CRD IV: foi o "pacote legislativo CRD IV" que instituiu o regime e que trouxe a grande alteração.

3. A IMPORTÂNCIA DO DIREITO DAS SOCIEDADES BANCÁRIAS

O grande desenvolvimento do *direito das sociedades bancárias* – aqui tomado em sentido muitíssimo amplo, incluindo também a *soft law*

6 Disponível em https://eur-lex.europa.eu/legal-content/PT/TXT/PDF/?uri=CELEX:32019L0878&from=EN.

7 Disponível em https://eur-lex.europa.eu/legal-content/PT/TXT/?uri=CELEX:32019R0876.

– e especificamente a adopção de variadas soluções de *governance* tornam o seu estudo importante por dois motivos principais.

O primeiro deles é óbvio e reside em compreender, em toda a sua extensão, o novo regime que regula entidades tão importantes como as sociedades bancárias: sociedades de grande dimensão, com uma relevância muito significativa na economia nacional e no seu desempenho, em muitos casos com impacto na economia europeia ou mundial, com efeitos extremos na estabilidade do sistema financeiro e, em caso de grave crise, sobre o equilíbrio das contas públicas e a riqueza dos países.

O segundo é menos evidente, mas não menos importante. A consagração de um acervo normativo muito vasto e denso para as sociedades bancárias, acolhendo soluções particulares de *governance*, suscita uma tendência para a chamada *irradiação* ou *efeito de irradiação* ("Ausstrahlungseffekt")[8], isto é, para influenciar, à margem de qualquer mecanismo de *hierarquia de fontes normativas*, outras áreas do direito[9]. Por "irradiação" entende-se a influência que, por via da interpretação, uma norma de uma área do direito pode ter em outra área do direito[10], conceito que deve distinguir-se da mera "infiltração"[11].

---

8 Os primeiros autores a referirem-se a este efeito de irradiação a respeito do direito bancário foram JOACHIM PREUSSNER/REIMAR ZIMMERMANN, *"Risikomanagement als Gesamtaufgabe des Vorstandes"*, in AG, Jahrgang 47, Heft 1, 2002, p. 660, HOLGER FLEISCHER, *"Zur Leitungsaufgabe dos Vorstands im Aktienrecht"*, in ZIP, 24. Jahrgang, Heft 1, 2003, p. 10, e JOACHIM PREUSSNER, *"Risikomanagement im Schnittpunkt von Bankaufsichtsrecht und Gesellschaftsrecht. Zur Schrittmacherrolle des Aufsichtsrechts am Beispiel der Organisation des Risikomanagements in Kreditinstituten"*, in NZG, 2004, pp. 57ss. Sobre o efeito de irradiação, hoje amplamente estudado, *vide* DANIELA WEBER-REY, *"Ausstrahlungen..."*, cit., pp. 543ss., LANGEN, in *Schwennicke/Auerbach Kreditwesengesetz (KWG)*, 3. Auflage, 2016, § 25a, anots. 29ss., FLEISCHER, in *Spindler/Stilz Aktiengesetz*, 4. Auflage, C. H. Beck, München, 2019, § 87, anot. 26, e § 91, anot. 43, HANS-JOACHIM MERTENS/ANDRAS CAHN, in *Kölner Kommentar zum Aktiengesetz*, Band 2/1, 3. Auflage, Carl Heymanns, 2010, § 91, anot. 31.

9 Pode dizer-se que a "irradiação" já é admitida pela via da analogia. E, noutros casos, o legislador toma posição expressa no sentido de impedir a irradiação de determinada norma. Porém, a irradiação de que aqui se trata não cumpre os requisitos da aplicação analógica. *Vide* MARLEN THATEN, *Die Ausstrahlung des Aufsichts- auf das Aktienrecht am Beispiel der Corporate Governance von Banken und Versicherungen, Band 92, Duncker & Humblot, Berlin, 2016,* pp. 158ss., e MARCEL DUPLOIS, *Die Beeinflussung aktienrechtlicher Corporate Governance durch das Bankaufsichtsrecht,* Band 67, 1. Auflage, Nomos, Baden-Baden, 2017, pp. 27ss.

10 Neste sentido, DANIELA WEBER-REY, *"Ausstrahlungen..."*, cit., p. 565.

11 A *"infiltração"* é um fenómeno não jurídico e não metódico – não consiste numa interferência pela via da interpretação –, resultando da interferência que possa decorrer, a nível nacional ou internacional, para a produção legislativa ou regula-

Por exemplo, os deveres especiais de organização de um sistema de controlo interno: devem aplicar-se também às sociedades em geral? A questão tem sido muito discutida na doutrina alemã, propendendo a maioria dos autores para recusar esse efeito de irradiação[12]. Mas outros autores vêem neste regime uma "best practice", que, mesmo sem haver lugar à aplicação *analógica* da norma a sociedades não bancárias - não pode falar-se de *lacuna* que careça de ser preenchida –, tem implicações relevantes. Aliás, aos olhos da *prática*, pode bem suceder que se tenda para essa "irradiação"[13]. Na verdade, não se aplicando analogicamente a norma, então não existe o dever de os administradores organizarem um sistema de controlo interno nos termos referidos. Porém, considerando-se esta uma "best practice", a ausência de um tal sistema pode relevar na aferição da *culpa* dos administradores, com vista à determinação de eventual responsabilidade pela organização.

Para ilustrar esta possível "irradiação" - a par de muitos outros aspectos –, refira-se o fortalecimento do órgão de fiscalização e o seu acrescido poder na monitorização e acompanhamento de todas as atividades da sociedade. Trata-se de uma modificação que vem sendo identificada mesmo nas sociedades não bancárias[14], mas que nas sociedades bancárias é incontornável, atentos os poderes muito amplos (e de exercício obrigatório) que ficam a cargo do "órgão de administração na sua função de fiscalização". O que permitirá induzir a mais rápida evolução do papel dos não executivos, dos comités do conselho de administração, etc. Outro tanto poderá dizer-se a respeito de *qualificações* (profissionais e outras) exigidas aos membros do órgão de administração e/ou de fiscalização: mesmo sem se aplicar ao direito das sociedades comum

mentar em outras áreas, designadamente por evidenciar a necessidade ou conveniência de intervir noutras matérias. Sobre a matéria, *vide* DANIELA WEBER-REY, *"Ausstrahlungen..."*, cit., p. 568.

12 Cfr. LANGEN, in *Schwennicke/Auerbach...* cit., § 25a, anot. 29, e MARLEN THATEN, *Die Ausstrahlung...* cit., *passim*, e p. 209.

13 *Vide*, por exemplo, MONIKA ROTH, *Good Corporate Governance : Compliance als Bestandteil des internen Kontrollsystems*, Dike, Zurich, 2007, pp. 41s., afirmando, numa obra dirigida aos práticos, que a função de *compliance* no modelo de controlo interno instituído para os bancos vale, *mutatis mutandis*, para todas as sociedades em geral como princípios de boa *governance*. Ou seja, assumindo patentemente a *irradiação*.

14 Cfr. STEFAN FREUND, *"Starke Aufsichtsräte in der Organhaftung"*, in NZG, 2018, pp. 1361ss.

a "especial" exigência fixada no direito das instituições de crédito, não haverá lugar a irradiação em alguma (menor) medida?[15]

Constata-se o papel que a *governance* bancária está a desempenhar como *modelo* para outras áreas do direito: seguramente *discutível* ou mesmo *injustificável* - visto tratar-se de soluções determinadas pelos problemas específicos que as entidades bancárias colocam -, o certo é que o direito das sociedades bancárias, não obstante a sua muito vincada *especialidade*, tende a *generalizar-se* (ao menos em parte) pela via do direito das sociedades. Por este motivo, estudar este regime *especial* - conhecendo e compreendendo a *ratio* das suas especificidades - é importante também para assegurar que o direito *geral* não venha a ser contaminado por soluções para si desadequadas.

Neste plano, a rigorosa compreensão da *governance* bancária e das especificidades que a distanciam da *governance* das sociedades em geral é muitíssimo relevante. Na verdade, no acervo de regras de *governance* dos bancos existem aquelas que constituem um *desenvolvimento* - ou um *aperfeiçoamento* ou *densificação* - de regras comuns de *governance*. Neste conjunto, pode (deve) ser considerada a sua extensão a todas as sociedades, seja como *padrão de conduta* seja como *auxiliar de interpretação*.

A par destas, existem, porém, regras de *governance* bancária que constituem uma *excepção* (ou uma estrita *especialidade*), visto a sua fundamentação assentar em particularidades dos bancos, que não se repetem nas sociedades em geral. Tais regras não devem, por conseguinte, ser aplicadas generalizadamente, nem sequer "irradiar" para as sociedades em geral. A sua aplicação fora do contexto bancário - na ausência das razões que ditam tais regras especiais - revela-se *inútil*, se a sua aplicação não trouxer nenhuma vantagem, ou mesmo *contraproducente*, se até produzir um efeito negativo.

A complexidade deste sistema de *governance* bancária, que pode apelidar-se de "dupla vertente"[16] - a "vertente excepcional", que não deve generalizar-se, e a "vertente de evolução/aperfeiçoamento", que pode (deve?) servir de modelo geral -, exige uma profunda análise e compreensão, quer da *governance* geral quer da *governance* bancária, que permita identificar, em primeiro lugar, as soluções que são *excepcio-*

---

15 Sobre a matéria, *vide* EBERHARD VETTER, *"Der Aufsichtsrat - Spagat zwischen gesetzlichen Vorgaben und wachsenden Herausforderungen"*, in 50 Jahre Aktiengesetz, 2016, pp. 143s.

16 Cfr. MARCEL DUPLOIS, *Die Beeinflussung...* cit., p. 21.

nais e as que o não são, para depois se apreciar a variedade dos efeitos que poderão produzir no sistema.

Aliás, a relevância da questão não se coloca, apenas, ao nível da eventual aplicação de regras do setor bancário a sociedades não bancárias. Coloca-se, também, na articulação entre o direito das sociedades bancárias e o direito comum das sociedades, para identificar, relativamente às sociedades bancárias, se o cumprimento das exigências bancárias especiais consome determinadas exigências legais do direito comum das sociedades[17]. Na verdade, as sociedades bancárias, estando sujeitas também ao direito (geral) das sociedades anónimas, podem ficar abrangidas, a respeito de várias matérias, a comandos simultaneamente do Código das Sociedades Comerciais e do direito bancário especial. O cumprimento deste implica, automaticamente, o cumprimento daquele?

Por todas estas razões, o direito das sociedades bancárias, além do seu conteúdo próprio e directo, repercute-se, por diversas vias, no direito *geral* das sociedades e, assim, um direito, não obstante ser *especial* na sua natureza, *generaliza* a sua importância no sistema societário. Embora a afirmação possa afigurar-se, à primeira vista, paradoxal, o estudo deste direito *especial* das sociedades assume importância inclusive na *compreensão* e mesmo na *aplicação* do direito *geral* das sociedades.

Por último, perfila-se ainda uma outra razão. A *governance* das instituições de crédito tornou-se, após a crise, uma das matérias objecto de mais estudo e investigação a nível mundial. O que transformou este tema numa área de ponta na investigação. Afigura-se, por isso, desejável aproveitar o grande desenvolvimento que o direito bancário tem conhecido para aprofundar e rejuvenescer também a investigação e o ensino do direito comum das sociedades.

4. *CORPORATE GOVERNANCE* BANCÁRIA

A compreensão do novo direito das sociedades bancárias impõe o estudo da chamada *governance bancária ou Corporate Governance dos bancos*[18].

---

17 Identificando a questão, *vide* MARCEL DUPLOIS, *Die Beeinflussung...* cit., pp. 21ss.

18 Alguns autores preferem esta segunda designação, em vez de *governance* bancária, para assim manter expressamente associada esta matéria à *corporate governance* geral. Neste sentido, *vide* KLAUS J. HOPT, *"Corporate Governance of Banks after the Financial Crisis"*, in Financial Regulation and Supervision, 2012,<style face="italic">"Corporate Governance of Banks after the Financial Crisis"</style>, in Financial Regulation and Supervision, 2012,</DisplayText><record><rec-number>15593</rec-number><foreign-keys><key app="EN" db-id="-

A doutrina já há muito estuda e identifica a especificidade dos bancos, respondendo à seguinte questão: "em que é que os bancos são diferentes?"[19]. A resposta reside, antes de mais, no desfasamento *no tempo*, o chamado *maturity mismatch*, em que a actividade bancária assenta. O banco *deve a pronto* – porque os depositantes, mesmo sofrendo alguma penalização, podem em regra exigir a restituição dos fundos a qualquer momento –, mas é *credor a prazo*, eventualmente a prazos muitíssimos longos (inclusive de dezenas de anos, como sucede no crédito à habitação). Como consequência, o banco *deve* muito mais do que a liquidez de que dispõe em cada momento (não do que o valor dos créditos de que é titular, mas sim das suas *disponibilidades*).

Na verdade, o banco não deve a pronto no sentido de que tenha de restituir necessariamente de imediato todos os valores que recebeu em depósito. Deve a pronto no sentido de que, se assim o pretenderem, os depositantes podem exigir a restituição imediata (quase) da totalidade dos depósitos. *Se os depositantes o exigirem*. Portanto, a atividade bancária – o normal desenvolvimento da atividade bancária –, pressupõe que os depositantes exijam a restituição dos seus fundos numa *cadência re-*

2dr9xdtw3r22fje9xx2pafts25z2sdds2290" timestamp="1499958117">15593</key></foreign-keys><ref-type name="Journal Article">17</ref-type><contributors><authors><author>Hopt, Klaus J.</author></authors></contributors><titles><title>Corporate Governance of Banks after the Financial Crisis</title><secondary-title>Financial Regulation and Supervision</secondary-title><short-title>Corporate Governance...</short-title></titles><periodical><full-title>Financial Regulation and Supervision</full-title></periodical><pages>337-367</pages><keywords><keyword>Governação corporativa de bancos</keyword><keyword>governação de capital versus governação da dívida</keyword><keyword>crise financeira e propostas de reforma bancária</keyword><keyword>requisitos de supervisão quanto à governação bancária</keyword><keyword>separação de gerenciamento e controle por um banco de duas camadas</keyword><keyword>governação corporativa de banco em todo o grupo</keyword><keyword>gestão de risco bancário</keyword></keywords><dates><year>2012</year></dates><accession-num>V-0-62;41</accession-num><work-type>Artigo de Revista</work-type><urls></urls><language>Inglês</language></record></Cite></EndNote> p. 337, nota 1.

19 Cfr., por exemplo, Jens Hagendorff, *"Corporate Governance in Banking", in The Oxford Handbook of Banking*, Oxford University, United Kingdom, 2015, pp. 141ss., John Armour, *"Bank Governance", in The Oxford Handbook of Corporate Law and Governance*, Oxford University Press, Oxford, 2015, pp. 1008ss., Stephen M. Bainbridge, *Corporate Governance after the Financial Crisis*, Oxford, United States of America, 2012, pp. 10ss., e Caroline Bronnert-Härle, *Aufsichtsratsausschüsse als neue Akteure der internen Corporate Governance von Banken*, Band 58, Nomos, Baden-Baden, 2016, pp. 54ss.

gular, dentro de um *intervalo acomodável de variação de valor*. Portanto, também, qualquer facto que determine a "corrida aos depósitos" leva uma instituição de crédito ao colapso, por muito robusta que se mostre a sua situação económica e financeira.

O que *evita* a "corrida aos depósitos"[20] é a *confiança dos depositantes* – e, dizendo de modo inverso, o que pode determinar a corrida aos depósitos é a *perda de confiança*. A decisão de *cada depositante* retomar os fundos que depositou pode ter uma infinidade de causas (doença, investimento, etc., etc.), mas a decisão de *todos* os depositantes, massivamente, *em simultâneo ou num curto espaço de tempo*, pretenderem resgatar os seus fundos de uma determinada instituição de crédito só pode ter uma causa: a *perda de confiança*.

Por isso, a *confiança* é um elemento essencial do sistema bancário e tem sido o centro das atenções de grande parte da legislação recentemente produzida[21]. Esta confiança é tratada ao nível do sistema financeiro – com repercussões várias no direito institucional, que não se

20 Cfr. CAROLINE BRONNERT-HÄRLE, *Aufsichtsratsausschüsse...* cit., p. 56.

21 Porventura, um objectivo assumido com demasiados custos para o equilíbrio do sistema e do próprio mercado, visto impor modelos muito rígidos e caros de funcionamento, que geram custos fixos e, portanto, favorecem os maiores bancos, tornando os mais pequenos menos competitivos. Isto é, o sistema induz a formação de bancos maiores, o que, por gerar custos públicos insuportáveis (*too big too fail*), se deveria evitar. Cfr. LUCA ENRIQUES/DIRK ZETZSCHE, *"Quack Corporate Governance, Round III? Bank Board Regulation Under the New European Capital Requirement Directive"*, in Theoretical Inquiries in Law, vol. 16, 2015,<style face="italic">"Quack Corporate Governance, Round III? Bank Board Regulation Under the New European Capital Requirement Directive"</style>, in Theoretical Inquiries in Law, vol. 16, 2015,</DisplayText><record><rec-number>15597</rec-number><foreign-keys><key app="EN" db-id="2dr9xdtw3r22fje9xx2pafts25z2sdds2290" timestamp="1499959861">15597</key></foreign-keys><ref-type name="Journal Article">17</ref-type><contributors><authors><author>Enriques, Luca</author><author>Zetzsche, Dirk</author></authors></contributors><titles><title>Quack Corporate Governance, Round III? Bank Board Regulation Under the New European Capital Requirement Directive</title><secondary-title>Theoretical Inquiries in Law</secondary-title><short-title>Quack Corporate...</short-title></titles><periodical><full-title>Theoretical Inquiries in Law</full-title></periodical><pages>211-244</pages><volume>vol. 16</volume><keywords><keyword>Regulamento do Conselho de Bancos</keyword><keyword>Nova Requisição de Capital Europeu</keyword><keyword>Governação Corporativa</keyword></keywords><dates><year>2015</year></dates><accession-num>V-0-62;45</accession-num><work-type>Artigo de Revista</work-type><urls></urls><language>Inglês</language></record></Cite></EndNote> pp. 241s.

analisam aqui –, mas a preocupação de proteger a confiança *também se repercute na relação bancária material entre o banco e o seu cliente.*

A crise de 2001-2003 – que precedeu a crise global de 2007-2008, de contornos muito diferentes – já determinara um forte impulso na produção científica, normativa e regulatória em matéria de *corporate governance*: mas tinha-se em vista prevenir problemas como os que haviam sobressaído *nessa crise*, muito devida à *debilidade dos controlos contabilísticos* (auditoria), da *função de fiscalização dos administradores não-executivos* e à *perversidade de determinados planos de remunerações dos administradores executivos* (muito associados a políticas de curto prazo e mesmo a ganhos resultantes de informações erradas prestadas ao mercado)[22]. A evolução fizera-se tendo em vista esses problemas então revelados.

O eclodir da crise de 2007, com o seu epicentro nas instituições financeiras[23], determinou a necessidade de indagar se as instituições que haviam falhado cumpriam ou não regras de *Governance*. Então, sim, a *governance* bancária passou a suscitar grande atenção, sobretudo após a

22 *Vide*, por exemplo, JAAP WINTER, *"The Financial Crisis: Does Good Corporate Governance Matter and How to Achieve it?"*, in Financial Regulation and Supervision, 2012,<style face="italic">"The Financial Crisis: Does Good Corporate Governance Matter and How to Achieve it?"</style>, in Financial Regulation and Supervision, 2012,</DisplayText><record><rec-number>15594</rec-number><foreign-keys><key app="EN" db-id="2dr9xdtw3r22fje9xx2pafts25z2sdds2290" timestamp="1499958918">15594</key></foreign-keys><ref-type name="Journal Article">17</ref-type><contributors><authors><author>Winter, Jaap</author></authors></contributors><titles><title>The Financial Crisis: Does Good Corporate Governance Matter and How to Achieve it?</title><secondary-title>Financial Regulation and Supervision</secondary-title><short-title>The Financial...</short-title></titles><periodical><full-title>Financial Regulation and Supervision</full-title></periodical><pages>369-388</pages><keywords><keyword>Governação corporativa de bancos</keyword><keyword>governação de capital versus governação da dívida</keyword><keyword>crise financeira e propostas de reforma bancária</keyword><keyword>requisitos de supervisão quanto à governação bancária</keyword><keyword>separação de gerenciamento e controle por um banco de duas camadas</keyword><keyword>governação corporativa de banco em todo o grupo</keyword><keyword>gestão de risco bancário</keyword></keywords><dates><year>2012</year></dates><accession-num>V-0-62;42</accession-num><work-type>Artigo de Revista</work-type><urls></urls><language>Inglês</language></record></Cite></EndNote> p. 371.

23 Entre nós, sobre a crise *vide* ANTÓNIO MENEZES CORDEIRO, *"A crise planetária de 2007/2010 e o governo das sociedades"*, in RDS Actualidade, Ano I, n.º 2, 2009, pp. 263ss., e ANTÓNIO MENEZES CORDEIRO, *Direito...* cit., pp. 131ss.

publicação do *Livro Verde sobre o governo das sociedades nas instituições financeiras e as políticas de remuneração*[24].

Até à crise financeira de 2007-2008, não eram muitos os estudos que tomassem a *governance* dos bancos como *especial* ou que lhe tivessem dedicado atenção[25]. Aliás, mesmo na fase imediatamente

---

24 Disponível em https://eur-lex.europa.eu/legal-content/PT/TXT/?uri=-COM:2010:0284:FIN.

25 *Vide*, no entanto, Jonathan R. Macey/Geoffrey P. Miller, *"Corporate Governance and commercial banking: a comparative examination of Germany, Japan, and the United States"*, in Stanford Law Review, vol. 48, n.º 1, 1995, pp. 73ss., Renée B. Adams/Hamid Mehran, *"Is Corporate Governance Different for Bank Holding Companies"*, in Economic Policy Review, vol. 9, n.º 1, 2003, pp. 123ss., Jonathan R. Macey/Maureen O'Hara, *"The Corporate Governance of Banks"*, in Economic Policy Review, vol. 9, n.º 1, 2003, pp. 91ss., Kenneth R. Spong/Richard J. Sullivan, *"Corporate Governance and Bank Performance", in Corporate Governance in Banking: A Global Perspective*, Edward Elgar Publishing, United Kingdom, 2007, Gerard Caprio/Luc Laeven/Ross Levine, *"Governance and bank valuation"*, in Journal of Financial Intermediation, 16, 2007, Penny Ciancanelli/José Antonio Reyes-Gonzalez, *"Corporate Governance in Banking: A Conceptual Framework"*, in European Financial Management Association Conference, 2000, Stephen Prowse, *"The Corporate Governance System in Banking: What do we know?"*, in PSL Quarterly Review, vol. 50, n.º 200, 1997, pp. 11ss., Ross Levine, *"The Corporate Governance of Banks: A Concise Discussion of Concepts and Evidence"*, in World Bank Policy Research Working Paper, n.º 3404, 2004, pp. 1ss., Johan Devriese/Mathias Dewatripont/Dirk Heremans/Grégory Nguyen, *"Corporate governance, regulation and supervision of banks"*, in Financial Stability Review, vol. 2, n.º 1, 2004, pp. 95-120, Andy Mullineux, *"The corporate governance of banks"*, in Journal of Financial Regulation & Compliance, 14, 4, 2006, pp. 375ss., Kern Alexander, *"UK Corporate Governance and Banking Regulation: The Regulator's Role as Stakeholder"*, in Stetson Law Review, 33, Issue 3, 2003, pp. 991ss., Kern Alexander, *"Corporate governance and banks: The role of regulation in reducing the principal-agent problem"*, in Journal of Banking Regulation, 7, 1/2, 2006, pp. 17ss., Dalvinder Singh, *"Corporate Governance and Banking Supervision"*, in Corporate governance post-enron : comparative and international perspectives, 2006, pp. 465ss., Andrea Polo, *"Corporate governance of banks: the current state of the debate"*, in Munich Personal RePEc Archive, 2007, pp. 1ss.
Uma recensão dos textos publicados antes da crise pode ler-se, por exemplo, em Klaus J. Hopt, *"Corporate Governance..."*, cit.,<style face="italic">"Corporate Governance..."</style>, cit.,</DisplayText><record><rec-number>15593</rec-number><foreign-keys><key app="EN" db-id="2dr9xdtw3r22fje9xx2pafts-25z2sdds2290" timestamp="1499958117">15593</key></foreign-keys><ref-type name="Journal Article">17</ref-type><contributors><authors><author>Hopt, Klaus J.</author></authors></contributors><titles><title>Corporate Governance of Banks after the Financial Crisis</title><secondary-title>Financial Regulation and Supervision</secondary-title><short-title>Corporate Governance...</short-title></titles><periodical><full-title>Financial Regulation and

subsequente ao eclodir da crise, vários estudos – de grande importância institucional, como o *FSB-Financial Stability Board*, o FMI-Fundo Monetário Internacional, o *IIF – Institute of International Finance*, o *G-20 Study Group*, a Declaração do *Encontro de Verão Washington*, que propôs um Plano de acção para implementar princípios para a reforma e o Conselho alemão de economistas especialistas – dedicados às suas causas *nem sequer mencionava a governance bancária*[26]. Mas, em contrapartida, a matéria das remunerações dos executivos colheu enorme atenção, incluindo da opinião pública e da comunicação social: as primeiras intervenções do legislador fizeram-se, sem surpresa, nessa área.

Existe uma acesa controvérsia acerca da real importância da (má) *governance* bancária como *causa* ou *factor* da crise: as opiniões vão de um extremo – com a designada *"tese da irrelevância"*[27] – ao outro – assumindo-se então a má *governance* como o principal factor da crise (a *tese da "causa maior"*), posição especialmente difundida na opinião pública, no discurso político e presente também em documentos oficiais –, pas-

Supervision</full-title></periodical><pages>337-367</pages><keywords><keyword>Governação corporativa de bancos</keyword><keyword>governação de capital versus governação da dívida</keyword><keyword>crise financeira e propostas de reforma bancária</keyword><keyword>requisitos de supervisão quanto à governação bancária</keyword><keyword>separação de gerenciamento e controle por um banco de duas camadas</keyword><keyword>governação corporativa de banco em todo o grupo</keyword><keyword>gestão de risco bancário</keyword></keywords><dates><year>2012</year></dates><accession-num>V-0-62;41</accession-num><work-type>Artigo de Revista</work-type><urls></urls><language>Inglês</language></record></Cite></EndNote> pp. 340s., em KLAUS J. HOPT, *"Vergleichende Corporate Governance. – Forschung und internationale Regulierung"*, in ZHR, vol. 175, Heft 4, 2011, pp. 452s., nota 35, e em PETER O. MÜLBERT, *"Corporate Governance of Banks after the Financial Crisis - Theory, Evidence, Reforms"*, in ECGI - Law Working Paper, n.º 130/2009, 2010, p. 6 (nota 15).

26 Cfr. PETER O. MÜLBERT, *"Corporate..."*, cit., p. 7, e PETER O. MÜLBERT, *"Corporate Governance in der Krise"*, in ZHR, n.º 174, 2010, pp. 375ss..

27 *Vide*, defendendo esta tese, por exemplo, RENÉE BIRGIT ADAMS, *"Governance and the Financial Crisis"*, in ECGI - Finance Working Paper, n.º 248, 2011, pp. 1ss. [ao analisar dados de 1996 a 2007, não identificou nenhuma relação entre falhas de *governance* das empresas financeiras e a crise: teve origem nestas empresas, mas a sua *governance* não era pior do que a das empresas não financeiras. Antes, o mesmo autor havia concluído que pode falar-se de uma *governance* específica para os bancos, do mesmo modo que para empresas industriais e de serviços públicos, isto é, a *governance* varia em função da atividade. *Vide* RENÉE B. ADAMS/HAMID MEHRAN, *"In Corporate..."*, cit., pp. 123ss.]. Na mesma linha, cfr. STEPHEN M. BAINBRIDGE, *Corporate...* cit., p. 10.

sando, naturalmente, por posições dubitativas[28]. Leia-se, por exemplo, o considerando 53 da CRD IV[29] ou os princípios para desenvolver "A corporate Governance do Comité de Basileia na supervisão bancária"[30] ou estudos patrocinados pela OCDE[31].

A posição correta parece estar em reconhecer que a *governance* foi, sim, *um dos factores* da crise, embora não seguramente o *determinante* nem sequer o *mais importante*[32].

---

28 Cfr. ARNE WITTIG, *"Reform der Corporate Governance von Finanzinstituten als Reaktion auf die Finanzmarktkrise - Ein Überblick zu den aktuellen Überlegungen"*, in WM, Ano 64, 2010, pp. 2337s.
Para uma panorâmica geral das diversas posições, *vide* PETER O. MÜLBERT, *"Corporate..."*, cit., pp. 7ss.

29 "As deficiências em matéria de governo das sociedades num certo número de instituições contribuíram para a assunção de riscos excessivos e imprudentes no setor bancário que levaram ao fracasso de algumas instituições e a problemas sistémicos nalguns Estados-Membros e a nível mundial. As disposições de caráter genérico sobre o governo das instituições e o caráter não vinculativo de uma parte substancial do regime de governo das sociedades, essencialmente baseado em códigos de conduta facultativos, não facilitaram suficientemente a aplicação efetiva de boas práticas de governo pelas instituições. Em certos casos, a falta de um equilíbrio de poderes eficaz dentro das instituições teve como consequência uma falta de supervisão efetiva da tomada de decisões de gestão, o que exacerbou estratégias de gestão de curto prazo e excessivamente arriscadas. O papel pouco claro das autoridades competentes na supervisão dos sistemas de governo das instituições não permitiu uma supervisão suficiente da eficácia dos processos de governo interno".

30 "Poor corporate governance can contribute to bank failures, which can in turn pose significant public costs and consequences due to their potential impact on any applicable deposit insurance system and the possibility of broader macroeconomic implications, such as contagion risk and impact on payment systems. This has been illustrated in the financial crisis that began in mid-2007".

31 Cfr. GRANT KIRKPATRICK, *"The Corporate Governance Lessons from the Financial Crisis"*, in Financial Market Trends, 2009, p. 2 ("the financial crisis can be to an important extent attributed to failures and weaknesses in coporate governance arrangements").

32 Cfr., por exemplo, KLAUS J. HOPT, *"Corporate Governance..."*, cit.,<style face="italic">"Corporate Governance..."</style>, cit.,</DisplayText><record><rec-number>15593</rec-number><foreign-keys><key app="EN" db-id="2dr9xdtw3r22fje9xx2pafts25z2sdds2290" timestamp="1499958117">15593</key></foreign-keys><ref-type name="Journal Article">17</ref-type><contributors><authors><author>Hopt, Klaus J.</author></authors></contributors><titles><title>Corporate Governance of Banks after the Financial Crisis</title><secondary-title>Financial Regulation and Supervision</secondary-title><short-title>Corporate Governance...</short-title></titles><periodical><full-title>Financial Regulation and Supervision</full-title></periodi-

O que impôs reconsiderar a necessidade de princípios *especiais*, *autónomos*, de governo para tais sociedades. Assim emergiu um campo muito amplo de novas preocupações a respeito da *governance* bancária, destinadas a lidar com as especificidades – sejam *endógenas*, sejam *exógenas*[33] – destas entidades. O problema, note-se, não se deveu a falhas de *governance externa*[34], visto, aliás, a chamada *governance externa* ser

cal><pages>337-367</pages><keywords><keyword>Governação corporativa de bancos</keyword><keyword>governação de capital versus governação da dívida</keyword><keyword>crise financeira e propostas de reforma bancária</keyword><keyword>requisitos de supervisão quanto à governação bancária</keyword><keyword>separação de gerenciamento e controle por um banco de duas camadas</keyword><keyword>governação corporativa de banco em todo o grupo</keyword><keyword>gestão de risco bancário</keyword></keywords><dates><year>2012</year></dates><accession-num>V-0-62;41</accession-num><work-type>Artigo de Revista</work-type><urls></urls><language>Inglês</language></record></Cite></EndNote> p. 347, MARCO BECHT, *"The Governance of Financial Institutions in Crisis"*, in Festschrift fur Klaus J. Hopt zum 70, Band 2, 2010, pp. 1617ss., e JAAP WINTER, *"The Financial..."*, cit.,<style face="italic">"The Financial..."</style>, cit.,</DisplayText><record><rec-number>15594</rec-number><foreign-keys><key app="EN" db-id="2dr9xdtw3r22fje9xx2pafts25z2sdds2290" timestamp="1499958918">15594</key></foreign-keys><ref-type name="Journal Article">17</ref-type><contributors><authors><author>Winter, Jaap</author></authors></contributors><titles><title>The Financial Crisis: Does Good Corporate Governance Matter and How to Achieve it?</title><secondary-title>Financial Regulation and Supervision</secondary-title><short-title>The Financial...</short-title></titles><periodical><full-title>Financial Regulation and Supervision</full-title></periodical><pages>369-388</pages><keywords><keyword>Governação corporativa de bancos</keyword><keyword>governação de capital versus governação da dívida</keyword><keyword>crise financeira e propostas de reforma bancária</keyword><keyword>requisitos de supervisão quanto à governação bancária</keyword><keyword>separação de gerenciamento e controle por um banco de duas camadas</keyword><keyword>governação corporativa de banco em todo o grupo</keyword><keyword>gestão de risco bancário</keyword></keywords><dates><year>2012</year></dates><accession-num>V-0-62;42</accession-num><work-type>Artigo de Revista</work-type><urls></urls><language>Inglês</language></record></Cite></EndNote> p. 369. Entre nós, com referências a várias posições, sem tomar posição expressa, mas pendendo para este entendimento, cfr. PAULO CÂMARA, *"O governo societário dos bancos - em particular novas regras e recomendações sobre a remuneração na banca", in O novo direito bancário*, Almedina, Coimbra, 2012, pp. 142ss.

33 Cfr. CAROLINE BRONNERT-HÄRLE, *Aufsichtsratsausschüsse...* cit., pp. 58ss.

34 Sobre a noção de *corporate governance externa*, *vide*, por exemplo, KLAUS J. HOPT, *"Better Governance of Financial Institutions"*, in ECGI - European Corporate Governance Institute, n.º 207, 2013,<style face="italic">"Better Governance

muito pouco útil nos bancos – o que também constitui uma especificidade sua. É assim em virtude da especial (ou mesmo essencial) opacidade da atividade bancária, não só devido ao sigilo bancário, que por si só já inibe o acesso público a informação que pode ser relevante, mas ainda por uma razão económica: o valor dos ativos dos bancos (os créditos sobre os seus clientes) é particularmente *opaco*[35].

Também não se identificaram falhas relevantes, ao ponto de se lhes poderem imputar a origem da crise ou o seu agravamento, na *governance* corporativa – distribuição desadequada de competências, exercício indevido de competências, ausência de órgãos de fiscalização, interferência indevida de accionistas, etc.

O problema, tal como foi, entretanto, identificado, centrou-se na arquitectura da *governance* bancária, que não se encontrava devidamente

of Financial Institutions"</style>, in ECGI - European Corporate Governance Institute, n.º 207, 2013,</DisplayText><record><rec-number>15592</rec-number><foreign-keys><key app="EN" db-id="2dr9xdtw3r22fje9xx2pafts25z2sdds2290" timestamp="1499957274">15592</key></foreign-keys><ref-type name="Journal Article">17</ref-type><contributors><authors><author>Hopt, Klaus J.</author></authors></contributors><titles><title>Better Governance of Financial Institutions</title><secondary-title>ECGI - European Corporate Governance Institute</secondary-title><short-title>Better Governance...</short-title></titles><periodical><full-title>ECGI - European Corporate Governance Institute</full-title></periodical><pages>1-65</pages><number>n.º 207</number><keywords><keyword>Governação corporativa dos bancos</keyword><keyword>governação da dívida</keyword><keyword>crise financeira</keyword><keyword>reforma bancária</keyword><keyword>supervisão bancária</keyword><keyword>conselho bancário de dois níveis</keyword><keyword>governança de grupos financeiros</keyword><keyword>gestão de risco bancário</keyword><keyword>teste adequado e desadequado</keyword><keyword>principais acionistas de bancos</keyword><keyword>diretores independentes</keyword><keyword>experiência dos diretores</keyword></keywords><dates><year>2013</year></dates><accession-num>V-0-62;40</accession-num><work-type>Artigo de Revista</work-type><urls></urls><language>Inglês</language></record></Cite></EndNote> p. 8.

35 Sobre a opacidade dos ativos dos bancos e a sua causa, *vide* AUTHOR DOUGLAS W. DIAMOND/AUTHOR PHILIP H. DYBVIG, *"Bank Runs, Deposit Insurance, and Liquidity"*, in Journal of Political Economy, 91, 3, 1983, pp. 401ss., AUTHOR DOUGLAS W. DIAMOND/AUTHOR RAGHURAM G. RAJAN, *"Liquidity Risk, Liquidity Creation, and Financial Fragility: A Theory of Banking"*, in Journal of Political Economy, 109, 2, 2001, pp. 287ss., e MARCEL DUPLOIS, *Die Beeinflussung...* cit., pp. 152ss.

adaptada às suas especificidades[36]. Isto é, não atendia devidamente à

---

36 Na bibliografia nacional sobre *governance* bancária, naturalmente identificando as respectivas especificidades, *vide*, PEDRO FERREIRA MALAQUIAS/MANUEL BARBOSA MOURA, *"As recentes alterações ao Código das Sociedades Comerciais em matéria de Ações Preferenciais", in Actualidad Jurídica Uría Menéndez*, N.º 41, Madrid, 2015, pp. 152ss. SOFIA LEITE BORGES, *"O governo dos bancos", in O governo das organizações - a vocação universal do corporate governance*, 2011, pp. 261ss., FILIPE CASSIANO DOS SANTOS, *"Governo de sociedades bancárias, deveres dos administradores e supervisão"*, in II Congresso Direito das sociedades em revista, 2012, pp. 225ss., FILIPE CASSIANO DOS SANTOS, *"Corporate Governance e Regime das Instituições de Crédito: Novas tendências em matéria de Governo das Sociedades Bancárias e de Supervisão"*, in Instituto dos Valores Mobiliários, 2011, pp. 1ss. (disponível em https://www.institutovaloresmobiliarios.pt/estudos/pdfs/1360862156governo_das_sociedades_bancarias_formatado.pdf), PAULO CÂMARA, *"O governo societário dos bancos - em particular, as novas regras e recomendações sobre remuneração na banca", in Revista de Direito das Sociedades*, Ano IV(2012) - Número I, Almedina, Coimbra, 2012, pp. 15ss., PAULO CÂMARA, *A renovação do direito...* cit., pp. 11ss. (numa perspetiva ampla das significativas alterações do direito bancário), PAULO CÂMARA, *O Governo...* cit., pp. 13ss., CLARA RAPOSO, *"O Governo dos Bancos e o Desempenho", in A Governação de Bancos nos Sistemas Jurídicos Lusófonos*, Almedina, Coimbra, 2016, pp. 63ss., ANA PERESTRELO DE OLIVEIRA, *"O Governo dos Grupos Bancários", in A Governação de Bancos nos Sistemas Jurídicos Lusófonos*, Almedina, Coimbra, 2016, pp. 151ss., JOSÉ MIGUEL LUCAS, *"O Governo dos Bancos em Portugal", in A Governação de Bancos nos Sistemas Jurídicos Lusófonos*, Almedina, Coimbra, 2016, pp. 429ss., JOSÉ FERREIRA GOMES, *"Os Princípios da Responsabilidade e da Direção Global", in A Governação de Bancos nos Sistemas Jurídicos Lusófonos*, Almedina, Coimbra, 2016, pp. 89ss., DIOGO COSTA GONÇALVES, *"A Remuneração dos Administradores das Instituições", in A Governação de Bancos nos Sistemas Jurídicos Lusófonos*, Almedina, Coimbra, 2016, pp. 225ss., ANDRÉ FIGUEIREDO, *"Governo das Instituições de Crédito em Desequilíbrio Financeiro e Intervenção Precoce do Banco de Portugal", in A Governação de Bancos nos Sistemas Jurídicos Lusófonos*, Almedina, Coimbra, 2016,<style face="italic">"Governo das Instituições de Crédito em Desequilíbrio Financeiro e Intervenção Precoce do Banco de Portugal", in A Governação de Bancos nos Sistemas Jurídicos Lusófonos</style>, Almedina, Coimbra, 2016,</DisplayText><record><rec-number>15683</rec-number><foreign-keys><key app="EN" db-id="2dr9xdtw3r22fje9xx2pafts25z2sdds2290" timestamp="1500307773">15683</key></foreign-keys><ref-type name="Book Section">5</ref-type><contributors><authors><author>Figueiredo, André</author></authors></contributors><titles><title>Governo das Instituições de Crédito em Desequilíbrio Financeiro e Intervenção Precoce do Banco de Portugal</title><secondary-title>A Governação de Bancos nos Sistemas Jurídicos Lusófonos</secondary-title><short-title>Governo das...</short-title></titles><periodical><full-title>A Governação de Bancos nos Sistemas Jurídicos Lusófonos</full-title></periodical><pages>249-270</pages><keywords><keyword>Governo</keyword><keyword>Instituições de Crédito</keyword><keyword>Desequilíbrio Financeiro</keyword><keyword>Intervenção Precoce</keyword><keyword>Banco de Portugal</keyword></keywords><dates><year>2016</year></dates><pub-location>Coimbra</pub-location><publisher>Almedina</pub-

lisher><isbn>978-972-40-6559-5</isbn><accession-num>IX-3-10</accession-num><label>Governance Lab</label><urls></urls><language>Português</language></record></Cite></EndNote> pp. 249ss. Na vasta literatura estrangeira, do ano 2000 para cá, pode destacar-se RENÉE B. ADAMS/HAMID MEHRAN, *"In Corporate..."*, cit., pp. 123ss., JONATHAN R. MACEY/MAUREEN O'HARA, *"The Corporate..."*, cit., pp. 91ss., JOHAN DEVRIESE/MATHIAS DEWATRIPONT/DIRK HEREMANS/GRÉGORY NGUYEN, *"Corporate..."*, cit., pp. 95ss., ROBERTA ROMANO, *"The Sarbanes-Oxley act and the making of quack Corporate Governance"*, in ECGI - Finance Working Paper, n.º 52, 2004, pp. 1ss., KERN ALEXANDER, *"Corporate governance and banks: The role of regulation in reducing the principal-agent problem"*, in Journal of Banking Regulation, vol. 7, n.º 1/2, 2006, pp. 17ss., PETER O. MÜLBERT, *"Bankenaufsicht und Corporate Governance - Neue Organisationsanforderungen im Finanzdienstleistungsbereich"*, in BKR, 2006,<style face="italic">"Bankenaufsicht und Corporate Governance - Neue Organisationsanforderungen im Finanzdienstleistungsbereich"</style>, in BKR, 2006,</DisplayText><record><rec-number>17791</rec-number><foreign-keys><key app="EN" db-id="2dr9xdtw3r22fje9xx2pafts25z2sdds2290" timestamp="1560785297">17791</key></foreign-keys><ref-type name="Journal Article">17</ref-type><contributors><authors><author>Mülbert, Peter O.</author></authors></contributors><titles><title>Bankenaufsicht und Corporate Governance - Neue Organisationsanforderungen im Finanzdienstleistungsbereich</title><secondary-title>BKR</secondary-title><short-title>Bankenaufsicht...</short-title></titles><periodical><full-title>BKR</full-title></periodical><pages>349-360</pages><keywords><keyword>Supervisão bancária</keyword><keyword>governança corporativa</keyword><keyword>Novos requisitos organizacionais</keyword><keyword>setor de serviços financeiros</keyword></keywords><dates><year>2006</year></dates><accession-num>IV-5-7;50</accession-num><work-type>Artigo de Revista</work-type><urls></urls><language>Alemão</language></record></Cite></EndNote> pp. 349ss., PETER O. MÜLBERT, *"Corporate Governance von Banken"*, in ZHR, 173, 2009, pp. 1ss., GOTTFRIED WOHLMANNSTETTER, *"Corporate Governance von Banken", in Handbuch Corporate Governance*, 2. Auflage, Schäffer-Poeschel, Stuttgart, 2009, pp. 905ss., PETER O. MÜLBERT, *"Corporate..."*, cit., pp. 1ss., J. HOPT KLAUS, *"Corporate Governance of Banks after the Financial Crisis"*, in 2011, PETER O. MUELBERT, *"Corporate Governance of Banks", in Direito dos Valores Mobiliários*, vol. X, Instituto dos Valores Mobiliários, 2011, pp. 503ss., KLAUS J. HOPT, *"Corporate Governance..."*, cit.,<style face="italic">"Corporate Governance..."</style>, cit.,</DisplayText><record><rec-number>15593</rec-number><foreign-keys><key app="EN" db-id="2dr9xdtw3r22fje9xx2pafts25z2sdds2290" timestamp="1499958117">15593</key></foreign-keys><ref-type name="Journal Article">17</ref-type><contributors><authors><author>Hopt, Klaus J.</author></authors></contributors><titles><title>Corporate Governance of Banks after the Financial Crisis</title><secondary-title>Financial Regulation and Supervision</secondary-title><short-title>Corporate Governance...</short-title></titles><periodical><full-title>Financial Regulation and Supervision</full-title></periodical><pages>337-367</pages><keywords><keyword>Governação corporativa de bancos</keyword><keyword>governação de capital versus governação da dívida</keyword><keyword>crise financeira e propostas de reforma bancária</keyword><keyword>requisitos de supervisão quanto à governação bancária</keyword><keyword>separação de gerenciamento e controle por um banco de duas camadas</keyword><keyword>governação corporativa de banco em todo o grupo</keyword><keyword>gestão de risco bancário</keyword></keywords><dates><year>2012</year></dates><accession-num>V-0-62;41</accession-num><work-type>Artigo de Revista</work-type><urls></urls><language>Inglês</language></record></Cite></EndNote> pp. 337ss., KLAUS J. HOPT, *"Better Governance..."*, cit.,<style face="italic">"Better Governance..."</style>, cit.,</DisplayText><record><rec-number>15592</rec-number><foreign-keys><key app="EN" db-id="2dr9xdtw3r22fje9xx2pafts25z2sdds2290" timestamp="1499957274">15592</key></foreign-keys><ref-type name="Journal Article">17</ref-type><contributors><authors><author>Hopt, Klaus J.</author></authors></contributors><titles><title>Better Governance of Financial Institutions</title><secondary-title>ECGI - European Corporate Governance Institute</secondary-title><short-title>Better Governance...</short-title></titles><periodical><full-title>ECGI - European Corporate Governance Institute</full-title></periodical><pages>1-65</pages><number>n.º 207</number><keywords><keyword>Governação corporativa dos bancos</keyword><keyword>governação da dívida</keyword><keyword>crise financeira</keyword><keyword>reforma bancária</keyword><keyword>supervisão bancária</keyword><keyword>conselho bancário de dois níveis</keyword><keyword>governança de grupos financeiros</keyword><keyword>gestão de risco bancário</keyword><keyword>teste adequado e desadequado</keyword><keyword>principais acionistas de bancos</keyword><keyword>diretores independentes</keyword><keyword>experiência dos diretores</keyword></keywords><dates><year>2013</year></dates><accession-num>V-0-62;40</accession-num><work-type>Artigo de Revista</work-type><urls></urls><language>Inglês</language></record></Cite></EndNote> pp. 1ss., KLAUS J. HOPT, *"Corporate Governance of Banks and Other Financial Institutions after the Financial Crisis"*, in Journal of Corporate Law Studies, vol. 13, n.º 2, 2013, pp. 219ss., JOHN ARMOUR, *Bank...* cit., pp. 1108ss., RAFFAELE D'AMBROSIO/MARINO PERASSI, *"Il Governo Societario delle Banche", in Le Società Commerciali: Organizzazione, Responsabilità e Controlli*, Utet Giuridica, Milano, 2014, pp. 209ss., ANDREA MINTO, *"Assetti organizzativi adeguati e governo del rischio nell'impresa bancaria"*, in Giurisprudenza Commerciale, n.º 41.6, 2014,<style face="italic">"Assetti organizzativi adeguati e governo del rischio nell'impresa bancaria"</style>, in Giurisprudenza Commerciale, n.º 41.6, 2014,</DisplayText><record><rec-number>17886</rec-number><foreign-keys><key app="EN" db-id="2dr9xdtw3r22fje9xx2pafts25z2sdds2290" timestamp="1560942470">17886</key></foreign-keys><ref-type name="Journal Article">17</ref-type><contributors><authors><author>Minto, Andrea</author></authors></contributors><titles><title>Assetti organizzativi adeguati e governo del rischio nell'impresa bancaria</title><secondary-title>Giurisprudenza Commerciale</secondary-title><short-title>Assetti...</short-title></titles><periodical><full-title>Giurisprudenza Commerciale</full-title></periodical><pages>1165-1217</pages><number>n.º 41.6</number><keyword-

s><keyword>Estruturas organizacionais adequadas</keyword><keyword>gestão de risco</keyword><keyword>empresa bancária</keyword></keywords><dates><year>2014</year></dates><accession-num>IV-1-6;14</accession-num><work-type>Artigo de Revista</work-type><urls></urls><language>Italiano</language></record></Cite></EndNote> pp. 1165ss., Francesco Vella, *"La "qualità" del governo delle banche", in L'ordinamento italiano del mercato finanziario tra continuità e innovazioni*, Vol. 6, n.º 379, Giuffrè Editore, Itália, 2014, pp. 37ss., Luca Enriques/Dirk Zetzsche, *"Quack Corporate..."*, cit.,<style face="italic">"Quack Corporate..."</style>, cit.,</DisplayText><record><rec-number>15597</rec-number><foreign-keys><key app="EN" db-id="2dr9xdtw3r22fje9xx2pafts25z2sdds2290" timestamp="1499959861">15597</key></foreign-keys><ref-type name="Journal Article">17</ref-type><contributors><authors><author>Enriques, Luca</author><author>Zetzsche, Dirk</author></authors></contributors><titles><title>Quack Corporate Governance, Round III? Bank Board Regulation Under the New European Capital Requirement Directive</title><secondary-title>Theoretical Inquiries in Law</secondary-title><short-title>Quack Corporate...</short-title></titles><periodical><full-title>Theoretical Inquiries in Law</full-title></periodical><pages>211-244</pages><volume>vol. 16</volume><keywords><keyword>Regulamento do Conselho de Bancos</keyword><keyword>Nova Requisição de Capital Europeu</keyword><keyword>Governação Corporativa</keyword></keywords><dates><year>2015</year></dates><accession-num>V-0-62;45</accession-num><work-type>Artigo de Revista</work-type><urls></urls><language>Inglês</language></record></Cite></EndNote> pp. 211ss., John Goddard/Philip Molyneux/John O. S. Wilson, *"Banking in the European Union: Deregulation, Crisis, and Renewal", in The Oxford Handbook of Banking*, Oxford University, United Kingdom, 2015, pp. 849ss., Jens Hagendorff, *Corporate...* cit., pp. 139ss., Klaus J. Hopt, *"Corporate Governance in Europe: A Critical Review of the European Commission's Initiatives on Corporate Law and Corporate Governance"*, in New York University Journal of Law & Business, vol. 12, n.º 1, 2015, pp. 139ss., Olina Capolino, *"Il governo societario delle banche: regole e strumenti nelle disposizioni di vigilanza e nelle norme europee", in Quaderni di Giurisprudenza Commerciale*, 389, Giuffrè Editore, Milano, 2015, pp. 9ss., Francesco Vella, *"Banche e assicurazioni: le nuove frontiere della corporate governance", in Quaderni di Giurisprudenza Commerciale*, 382, Giuffrè Editore, Milano, 2015, pp. 21ss., Paolo Montalenti, *"Amministrazione e controllo nella società per azioni tra codice civile e ordinamento bancario", in Quaderni di Giurisprudenza Commerciale*, 389, Giuffrè Editore, Milano, 2015, pp. 53ss., Mario Cera, *"Il buon governo delle banche tra autonomia privata e vigilanza pubbliche"*, in Rivista delle società, Ano 60.º, n.º 5, 2015, pp. 947ss., Sandro Amorosino, *"La conformazione regolatoria della governance delle società bancarie da parte della Banca d'Italia", in Quaderni di Giurisprudenza Commerciale*, 389, Giuffrè Editore, Milano, 2015, pp. 43ss., Marco Lamandini, *"Governance dell'impresa bancaria: un (piccolo) interrogativo sulle prospettive evolutive ", in Quaderni di Giurisprudenza Commerciale*, 389, Giuffrè Editore, Milano, 2015, pp. 107ss., Claudio Frigeni, *"Prime considerazioni sulla normativa bancaria in materia di "organo con funzione di supervisione strategica"", in Quaderni di Giurisprudenza Commerciale*, 389, Giuffrè Editore, Milano, 2015, pp. 91ss., Francesca Palisi, *"Nuove norme di* "excepcionalidade dos bancos"[37] – e, de facto, os bancos são excepcionais.

Os bancos são empresas *altamente alavancadas*, isto é, só uma pequena parcela do seu balanço é constituída por capitais próprios: o valor mais significativo dos ativos dos bancos são créditos sobre terceiros (devedores). E, por outro lado, a mais importante parcela do passivo consiste nos depósitos (recursos cedidos pelos depositantes)[38]. A comparação da *ratio* de capitais próprios dos bancos, antes da crise, com a de outras empresas impressiona: os bancos, na Europa, chegavam a ter menos de 3% de capitais próprios, ao passo que, nas empresas cotadas, a percentagem era 10 vezes superior[39]. Ou seja, 97% do valor dos recursos com que os bancos lidavam não eram seus.

Os sócios destas sociedades, gozando de todos os poderes internos na sociedade e sendo os destinatários únicos dos seus lucros, tendem a privilegiar a assunção de posições de *risco elevado*: a partilha do risco entre o detentor do capital e os credores da sociedade bancária leva a que, quanto maior for a alavancagem, maior será a percentagem de

---

vigilanza in materia di organizzazione e governo societario delle banche", in Quaderni di Giurisprudenza Commerciale, 389, Giuffrè Editore, Milano, 2015, pp. 123ss., Gianfranco Liace, *"Disposizioni di vigilanza per le banche, governo societario e operazioni con parti correlate ", in Quaderni di Giurisprudenza Commerciale*, 389, Giuffrè Editore, Milano, 2015, pp. 137ss., Peter O. Mülbert/Alexander Wilhelm, *"CRD IV Framework for Banks' Corporate Governance", in European Banking Union*, Oxford, United Kingdom, 2015, pp. 155ss., Pietro Abbadessa, *"L'amministrazione delle società bancarie secondo il sistema tradizionale", in Quaderni di Giurisprudenza Commerciale*, 375, Giuffrè Editore, Milano, 2016, pp. 7ss., Guiseppe B. Portale, *"La "corporate governance" delle società bancarie"*, in Rivista delle società, Anno 61º, n.º 1, 2016, pp. 48ss., Mario Libertini, *"Il sistema dei controlli nelle banche", in Quaderni di Giurisprudenza Commerciale*, 375, Giuffrè Editore, Milano, 2016, pp. 63ss., Carmen Alonso Ledesma, *"La reforma del gobierno corporativo de las entidades de crédito", in Hacia un Sistema Financiero de Nuevo Cuño: Reformas Pendientes y Andantes*, Tirant lo Blanch, Valência, 2016, pp. 59ss., Sabine Albrecht, *Corporate Governance von Banken*, Band 5860, Peter Lang, Frankfurt, 2017, *passim*, Giuseppe Guizzi, *"Appunti in Tema di Interesse Sociale e Governance nelle Società Bancarie"*, in Rivista del Diritto Commerciale, Anno CXV, n.º 2, 2017, pp. 241ss., Klaus J. Hopt, *"Corporate Governance von Finanzinstituten. Empirische Befunde, Theorie und Fragen in den Rechts- und Wirtschaftswissenschaften"*, in ZGR, Band 46, Heft 4, 2017, pp. 438ss., Marie-Agnès Nicolet, *Gouvernance et fonctions clés de risque, conformité et contrôle dans les établissements financiers : banques, assurances, sociétés de gestion*, Revue Banque, Paris, 2018,.

---

37 Cfr. John Armour, *Bank...* cit., p. 1109.

38 Cfr. Marcel Duplois, *Die Beeinflussung...* cit., pp. 154ss., e Jens Hagendorff, *Corporate...* cit., p. 141.

39 Cfr. Jens Hagendorff, *Corporate...* cit., p. 141.

perda dos credores em caso de insolvência. As perdas, a existirem, são, portanto, para terceiros na sua maior parte; já os ganhos, se os houver, pertencem integralmente aos sócios. A que se junta o facto de os sócios serem tendencialmente *neutrais ao risco*, ao passo que os depositantes são *avessos ao risco*: as suas opções e preferências quanto ao nível de risco a assumir são, por isso, essencialmente *divergentes*[40].

O interesse (muito) divergente entre *credores* do banco e *sócios*, no que toca à sua gestão e tomada de risco, é um aspecto essencial em que a *governance* dos bancos se afasta da *governance* comum das sociedades. Nestas, existe o objetivo de alinhar a atuação dos administradores com os interesses dos accionistas, com base nesse propósito se desenhando políticas de remuneração, regimes de fiscalização, etc. Porém, nos bancos, o propósito, constata-se agora, não pode ser o de assegurar o alinhamento dos administradores (e a *governance* em geral) com os interesses dos sócios (*equity-governance*), mas sim (também) com os *interesses dos depositantes* (credores) (*debt-governance*) e mesmo com o *interesse público*[41]. O que coloca, até, questões a respeito da competência (exclusiva) dos accionistas para elegerem os corpos sociais: se se pretende que o banco não seja governando apenas no interesse dos accionistas e se se identifica até um conflito de interesses com os credores, não deveria assegurar-se a presença no órgão de administração de membros não eleitos pelos accionistas? E suscita questões, também, na determinação do *duty of care* dos administradores das instituições de crédito e dos termos em que se aplica a chamada *business judgment rule*: mesmo que a decisão comporte um elevado risco empresarial, mesmo podendo prejudicar gravemente os interesses dos depositantes e o interesse público, bastará que a decisão seja "economicamente racional"[42]?

40 Cfr., por exemplo, JENS HAGENDORFF, *Corporate*... cit., p. 141.

41 Cfr., por exemplo, DANIELA WEBER-REY, *"Ausstrahlungen..."*, cit., p. 549.

42 Veja-se uma importante análise da matéria, já à luz das muitas acções de responsabilidade intentadas no Estados Unidos contra administradores de bancos na sequência da crise, em JULIE ANDERSEN HILL/DOUGLAS K. MOLL, *"The Duty of Care of Bank Directors and Officers"*, in Alabama Law Review, vol. 68, n.º 4, 2017, pp. 965ss. A consideração do interesse dos depositantes – e não apenas do interesse dos accionistas ao lucro – pode ser imposta aos administradores por duas vias: ou incorporando aquele interesse nos *fins* da instituição de crédito ou reconhecendo a existência de um *dever fiduciário* dos administradores perante os depositantes (e outros credores do banco). Sobre estas diferentes abordagens, *vide* PETER O. MÜLBERT, *"Corporate Governance of Banks", in Risk Management and Corporate Governance*, Routledge, London, 2012, pp. 269s.

A (crescente) exigência de membros *independentes* na administração dos bancos[43] é uma forma mitigada de responder a este problema: embora eleitos pelos accionistas, os independentes não estão ligados a interesses de accionistas e, portanto, encontram-se em condições de assegurar, adequadamente, a tutela também dos interesses dos credores. Mas vão surgindo propostas no sentido de atribuir efetivo poder de eleição a não accionistas[44].

---

43 Em linha com alguns estudos empíricos, que concluíram existir melhor desempenho nos bancos cujas administrações eram mais independentes, *vide*, por exemplo, KLAUS J. HOPT/MAX PLANCK, *"Corporate Governance of Banks and Other Financial Institutions After the Financial Crisis: Regulation in the Light of Empiry and Theory"*, in Journal of Corporate Law Studies, vol. 13, 2013,<style face="italic">"Corporate Governance of Banks and Other Financial Institutions After the Financial Crisis: Regulation in the Light of Empiry and Theory"</style>, in Journal of Corporate Law Studies, vol. 13, 2013,</DisplayText><record><rec-number>15590</rec-number><foreign-keys><key app="EN" db-id="2dr9xdtw3r22fje9xx2pafts25z2sdds2290" timestamp="1499956827">15590</key></foreign-keys><ref-type name="Journal Article">17</ref-type><contributors><authors><author>Hopt, Klaus J.</author><author>Planck, Max</author></authors></contributors><titles><title>Corporate Governance of Banks and Other Financial Institutions After the Financial Crisis: Regulation in the Light of Empiry and Theory</title><secondary-title>Journal of Corporate Law Studies</secondary-title><short-title>Corporate Governance...</short-title></titles><periodical><full-title>Journal of Corporate Law Studies</full-title></periodical><pages>219-253</pages><volume>vol. 13</volume><keywords><keyword>Governação corporativa dos bancos</keyword><keyword>quadro financeiro</keyword><keyword>crise financeira</keyword><keyword>reforma bancária</keyword><keyword>supervisão bancária</keyword><keyword>governação de grupos financeiros</keyword><keyword>gestão do risco bancário</keyword><keyword>teste adequado e desadequado</keyword><keyword>principais acionistas de bancos</keyword><keyword>diretores independentes</keyword><keyword>experiência dos diretores</keyword></keywords><dates><year>2013</year></dates><accession-num>V-0-62;38</accession-num><work-type>Artigo de Revista</work-type><urls></urls><language>Inglês</language></record></Cite></EndNote> p. 241, e FRANCESCO VALLASCAS/SABUR MOLLAH/KEVIN KEASEY, *"Does the impact of board independence on large bank risks change after de global financial crisis"*, in Journal of Corporate Finance, n.º 44, 2017, pp. 149ss.

44 Cfr. SAULE T. OMAROVA, *"Bank Governance and System Stability: The "Golden Share" Approach"*, in Alabama Law Review, vol. 68, n.º 4, 2017, pp. 1029ss. (sustentando que o governo deveria ter o direito de eleger um membro para a administração dos bancos), GOTTFRIED WOHLMANNSTETTER, *Corporate...* cit., pp. 909 (que entende que os membros eleitos pelos trabalhadores para o *Aufsichtsrat* alemão podem desempenhar essa função de representante dos interesses dos credores do banco).
Aliás, esta solução – embora limitada às instituições de crédito beneficiadas pelo investimento público para reforço de fundos próprios – foi de certo modo acolhida

Estudos empíricos há a demonstrarem que os bancos cujo governo era mais orientado para a tutela dos accionistas foram os que tiveram pior desempenho durante a crise[45]. De resto, tendo sido criado, na sequ-

---

pela Lei nº 4/2012, de 11 de janeiro (art. 14º, nº 2), onde se dispunha que, "enquanto a instituição de crédito se encontrar abrangida pelo investimento público para reforço de fundos próprios, o Estado pode nomear, mediante o despacho previsto no n.º 1 do artigo anterior, e tendo em consideração o modelo de governo societário naquela vigente, um membro não executivo para o órgão de administração e ou um membro para o órgão de fiscalização da instituição de crédito". No regime inicial, consagrado na Lei n.º 63-A/2008, de 24 de novembro, o direito do Estado também estava previsto, mas não decorria directamente da lei, dependendo de uma determinação específica no despacho que decidisse a intervenção do Estado para a recuperação.
O regime foi muito criticado na doutrina: cfr., por exemplo, J. M. COUTINHO DE ABREU, *"Financiamento público de bancos privados", in II Congresso de Direito da Insolvência*, Almedina, Coimbra, 2014, p. 119, JORGE COUTINHO DE ABREU, *"A Intervenção do Estado na recapitalização bancária", in II Congresso de Direito Bancário*, Almedina, Coimbra, 2017, pp. 32s.
Este regime não se assemelha àquele previsto, por imposição da Diretiva 2014/59/UE do Parlamento Europeu e do Conselho, de 15 de maio de 2014, que estabelece um enquadramento para a recuperação e a resolução de instituições de crédito e de empresas de investimento. Tal regime, transposto nos arts. 141ºss. RGICSF, consagra o poder de o Banco de Portugal suspender, substituir ou designar membros para a administração e/ou fiscalização da instituição de crédito, quando esta não cumpra, ou esteja em risco de não cumprir, normas legais ou regulamentares que disciplinem a sua atividade. Sobre este regime, *vide* ANDRÉ FIGUEIREDO, *Governo das...* cit.,<style face="italic">Governo das...</style> cit.,</DisplayText><record><rec-number>15683</rec-number><foreign-keys><key app="EN" db-id="-2dr9xdtw3r22fje9xx2pafts25z2sdds2290" timestamp="1500307773">15683</key></foreign-keys><ref-type name="Book Section">5</ref-type><contributors><authors><author>Figueiredo, André</author></authors></contributors><titles><title>Governo das Instituições de Crédito em Desequilíbrio Financeiro e Intervenção Precoce do Banco de Portugal</title><secondary-title>A Governação de Bancos nos Sistemas Jurídicos Lusófonos</secondary-title><short-title>Governo das...</short-title></titles><periodical><full-title>A Governação de Bancos nos Sistemas Jurídicos Lusófonos</full-title></periodical><pages>249-270</pages><keywords><keyword>Governo</keyword><keyword>Instituições de Crédito</keyword><keyword>Desequilíbrio Financeiro</keyword><keyword>Intervenção Precoce</keyword><keyword>Banco de Portugal</keyword></keywords><dates><year>2016</year></dates><pub-location>Coimbra</pub-location><publisher>Almedina</publisher><isbn>978-972-40-6559-5</isbn><accession-num>IX-3-10</accession-num><label>Governance Lab</label><urls></urls><language>Português</language></record></Cite></EndNote> pp. 249ss.

---

45 Cfr. ANDREA BELTRATTI/RENÉ M. STULZ, *"The credit crisis around the globe: Why did some banks perform better?"*, in Journal of Financial Economics, 105, 1, 2012, pp. 1ss.

ência da crise, um Fundo de Garantia de Depósitos, suportado, em parte, por dinheiros públicos[46], o Estado tornou-se, *potencialmente*, um *credor* de todos os bancos em que existam depósitos garantidos por este fundo. Ou seja, alinhar a *governance* dos bancos com os interesses dos credores determina, logo por essa via, a consideração do *interesse público*.

As especificidades identificadas na *governance* dos bancos conduziram aos aspectos centrais da intervenção do legislador europeu, guiado pela perspetiva acima identificada: não a de alinhamento com os interesses dos accionistas (apenas), mas de outros *stakeholders*. Nessa perspetiva, foram identificados como aspectos centrais da *governance* bancária (i) a estrutura organizatória (*infra* 3.1.), (ii) os requisitos subjetivos da qualidade de membro da administração ou fiscalização (*infra* 3.2.) (iii) e o quadro de deveres e de responsabilidades dos membros do órgão de administração e de fiscalização - entre os quais se incluem o dever de instituir uma *política consistente de remunerações* (*infra* 3.3.) e um *adequado sistema de governo e de controlo do risco* (*infra* 3.4.).

A orientação da *governance bancária*, servindo interesses que não são (apenas ou sequer preferencialmente) os dos accionistas, constitui, por si, um factor de *conflito* ou, pelo menos, de *tensão* com o *direito das sociedades* na sua visão tradicional (e, na verdade, positivada na ordem jurídica portuguesa). A sociedade comum serve os interesses dos sócios, mas a *governance* bancária não visa assegurar a máxima satisfação desses interesses, pelo contrário. A sua especialidade resulta, precisamente, de se pretender assegurar o desvio relativamente à *governance* padrão.

Está longe de se mostrar *consensual* a adequação das soluções que foram sendo propostas e acolhidas, persistindo um debate, em parte muito crítico, a este respeito. Seja no que toca à *utilidade (ou relevância) das soluções adoptadas* - com vários autores a identificaram medidas apelidadas de "quack Corporate Governance"[47] -, seja no que toca à

---

46 A fundamentação teórica e económica da garantia dos depósitos e os termos do seu funcionamento - quem financia, quem é garantido, em que termos é atuado -, bem como os seus efeitos práticos, são muito controvertidos. *Vide*, sobre a matéria, por exemplo, Robert A. Eisenbeis/George G. Kaufman, *"Deposit Insurance Issues in the Post-2008 Crisis World"*, in *The Oxford Handbook of Banking*, Oxford University, United Kingdom, 2015, pp. 527ss.
Sobre o Fundo de Garantia de Depósitos, cfr. João Calvão da Silva, *"Fundo de Garantia de Depósitos em Portugal e na RAEM"*, *in Boletim de Ciências Económicas - Homenagem ao Prof. Doutor António Avelãs Nunes*, vol. LVII, Tomo III, Coimbra Editora, Coimbra, 2014, pp. 3237ss.

47 A expressão foi cunhada por Roberta Romano, *"The Sarbanes-Oxley..."*, cit., e depois usada por exemplo por Luca Enriques/Dirk Zetzsche, *"Quack Corporate..."*, cit.,<style face="italic">"Quack Corporate..."</style>,

intensidade e profundidade da intervenção do legislador – excessiva ou não[48] –, seja até no que toca à *precipitação ou falta de ponderação da intervenção* – a chamada "bubble law", expressão primeiramente usada por L. Ribstein[49].

E, na busca de soluções novas para os novos problemas, apresentam-se propostas as mais diversas, como a de tornar os próprios bancos supervisores da qualidade da *governance* das entidades com que contactam. Isto é, os bancos tornarem-se supervisores da *governance* das empresas (o que poderia batizar-se de "meta-regulação")[50].

A compreensão profunda das especificidades da *governance* bancária é um elemento nuclear para a compreensão de todo o regime especial das instituições de crédito e, porque constitui a *ratio* de tal regime, é também um elemento decisivo para saber se e em que termos aspectos

---

cit.,</DisplayText><record><rec-number>15597</rec-number><foreign-keys><key app="EN" db-id="2dr9xdtw3r22fje9xx2pafts25z2sdds2290" timestamp="1499959861">15597</key></foreign-keys><ref-type name="Journal Article">17</ref-type><contributors><authors><author>Enriques, Luca</author><author>Zetzsche, Dirk</author></authors></contributors><titles><title>Quack Corporate Governance, Round III? Bank Board Regulation Under the New European Capital Requirement Directive</title><secondary-title>Theoretical Inquiries in Law</secondary-title><short-title>Quack Corporate...</short-title></titles><periodical><full-title>Theoretical Inquiries in Law</full-title></periodical><pages>211-244</pages><volume>vol. 16</volume><keywords><keyword>Regulamento do Conselho de Bancos</keyword><keyword>Nova Requisição de Capital Europeu</keyword><keyword>Governação Corporativa</keyword></keywords><dates><year>2015</year></dates><accession-num>V-0-62;45</accession-num><work-type>Artigo de Revista</work-type><urls></urls><language>Inglês</language></record></Cite></EndNote> pp. 212ss.

---

48 A necessidade de regulamentação (de lei) para a qualidade do funcionamento do sistema financeiro é uma *vaexata questio*, cuja resposta depende, também, de pré-compreensões políticas (mais ou menos liberais). *Vide*, com interesse, Joseph William Singer, *No Freedom without Regulation: The Hidden Lesson of the Subprime Crisis*, Yale University, New Haven, 2015, *passim*.

49 Cfr. Larry E. Ribstein, *"Bubble Laws"*, in Houston Law Review, 40, Issue 1, 2003, pp. 77ss. Sobre os riscos de legislar em reacção a situações de crise, "bubble laws" e "quack Corporate Governance", *vide* Holger Fleischer, *"Von „bubble laws" und „quack regulation" – Zur Kritik kriseninduzierter Reformgesetze im Aktien- und Kapitalmarktrecht.", in Festschrift für Hans-Joachim Priester*, Zum 70. Geburtstag, Otto Schmidt, Köln, 2007, pp. 84ss.

50 Cfr. Vijaya Nagarajan, *"Banks as Regulators of Corporate Governance: The Possibilities and Challenges"*, in Law in context, vol. 30, n.º 1, 2014, pp. 171ss.

do direito especial das sociedades bancárias podem/devem irradiar (e em que termos) para o direito comum das sociedades.

5. DIREITO BANCÁRIO EUROPEU: O (NOVO) PERFIL ORGANIZACIONAL (CRD IV)

Apesar de se tratar de direito das sociedades em grande medida de carácter *organizatório* – em que o legislador europeu praticamente não intervém, assim deixando à liberdade do legislador nacional a configuração organizatória das sociedades[51] –, o direito das sociedades bancárias é em importante medida *europeu*, podendo dizer-se que o direito interno caminha para ser, nesta área, apenas uma "nota de roda-pé"[52].

Para o enquadramento devido do direito bancário europeu, importa conhecer o chamado "processo Lamfalussy"[53], que se destinava, inicialmente, à produção legislativa para os mercados de capitais, mas que, em 2003, se estendeu também ao setor bancário e segurador[54]. O processo (sistema) proposto e acolhido pela União Europeia integra quatro níveis

Nível 1 – A Comissão Europeia apresenta proposta baseada em pareceres de comités (ou grupos de peritos). Estas propostas devem assentar em *princípios* e serão adoptados num processo de co-decisão com o EcoFin e o Parlamento Europeu. Neste nível estaria concentrado o direito europeu secundário (diretivas e regulamentos), fundando o *enquadramento legal*;

Nível 2 – Os aspectos técnicos que os princípios fixados no nível 1 exigem são definidos num processo normal de produção legislativa, liderado pela Comissão Europeia; neste nível podem encontrar-se também actos de direito derivado (como regulamentos ou mesmo diretivas-delegadas), *se tiverem sido expressamente previstas nos instrumentos de nível 1*.

Nível 3 – A implementação das regras específicas é desenvolvida pelo Comité dos Reguladores Financeiros Europeus ou pelas autorida-

51 Cfr. Kalss/Klamfpl, in *Kalss/Klampfl Europäisches Gesellschaftsrecht*, C. H. Beck, München, 2015, pp. 16ss.

52 É a expressão de Joachim Kaetzler/Christian Hoops, "*Der Aufsichtsrat in der Finanzbranche: Ein Ausnahmemodell von der gesellschaftsrechtlichen Grundkonzeption*", in BKR, 2013, p. 197.

53 Alexandre Lamfalussy presidiu ao comité que, em 1999, produziu o *Financial Services Actio Plan*, onde de desenhou o processo de criação e implementação normativa da regulação financeira.

54 Vide a Proposta da Comissão, de 5.11.2003 (disponível em https://www.ecb.europa.eu/ecb/legal/pdf/com2003_0659pt01.pdf).

des de supervisão em articulação com ele (por exemplo, a Autoridade Bancária Europeia). Este desenvolvimento assenta em orientações (*guidelines*), recomendações e em normas técnicas de regulamentação (*common standards*).

Nível 4 – A Comissão Europeia fiscaliza se os estados-membros cumprem todas as previsões normativas, podendo iniciar processos por incumprimento junto do Tribunal de Justiça da União Europeia.

Seguindo este processo, a União Europeia construiu um vasto e complexo edifício normativo, composto por diretivas, regulamentos, regulamentos delegados[55], recomendações e orientações, fundando um regime em grande medida único para todas as sociedades bancárias (e mesmo instituições de crédito em forma não societária) dos Estados-membros da União Europeia. Este conjunto normativo, integrado por instrumentos provenientes dos diferentes níveis, mas que originam um regime único, são condensados no chamado "single rulebook"[56]. Porém, uma vez que o direito das sociedades geral que envolve o regime – e que regula as sociedades, sejam elas bancárias ou não – é *interno*, emergem relevantes "tensões sistemáticas" e mesmo em aspetos concretos de regime no seio desse direito das sociedades bancárias, em parte de matriz *interna*, em parte determinado por fontes *europeias*.

As potenciais tensões e conflitos com o direito interno das sociedades são aumentados em virtude da abordagem seguida pelo legislador europeu.

Em primeiro lugar, a assunção de que o modelo imperativo criado deve aplicar-se indistintamente a todas as instituições de crédito, *qualquer que seja a sua forma jurídica* – o direito europeu é agnóstico relativamente ao fim lucrativo ou altruístico das entidades – e o seu regime no direito interno. A CRD IV, até por razões políticas[57], não assenta em ne-

55 Por exemplo, o Regulamento delegado (UE) n.º 604/2014 da Comissão, de 4 de março de 2014, que complementa a Diretiva 2013/36/UE do Parlamento Europeu e do Conselho no que diz respeito às normas técnicas de regulamentação para efeitos dos critérios qualitativos e quantitativos adequados para identificar as categorias de pessoal cujas atividades profissionais têm um impacto significativo no perfil de risco da instituição (disponível em https://publications.europa.eu/en/publication-detail/-/publication/4c81143c-d376-4d1d-a9dc-67a7e02a22c1/language-pt).

56 Sobre tudo isto, *vide*, por exemplo, Binder, in *Binder/Glos/Riepe Handbuch Bankenaufsichtsrecht*, RWS, Köln, 2018, pp. 10s.

57 A União Europeia fracassou na tentativa de harmonizar a legislação societária no que toca à estrutura organizatória (que era em parte objecto da proposta de 5ª Diretiva), deixando de ser viável assumir como propósito tal harmonização. Sobre a matéria, *vide* António Menezes Cordeiro, *Direito europeu das sociedades*, Almedina, Coimbra, 2005, pp. 714ss.

nhuma *harmonização do direito das sociedades*, embora, evidentemente, imponha ao direito societário interno a necessidade de se adaptar (*funcionalmente*)[58].

Em segundo lugar, devido à filosofia subjacente ao pacote CRD IV de que *mais regulação é melhor regulação* (*more regulation is better regulation*)[59]. O nível e profundidade da regulação atingiu, aliás, níveis controversos, no que toca aos seus efeitos[60].

A europeização deste direito tem consequências vastas, também em sede de *método da interpretação* das normas jurídicas – que reproduzem, em muitos casos, *ipsis verbis*, preceitos europeus – e também na perda de influência que a doutrina ou mesmo a jurisprudência nacional podem manter na construção do direito[61].

O pacote CRD IV constitui o elemento mais proeminente da evolução no sentido da crescente *harmonização* de *governance* bancária no direito europeu[62].

A CRD IV dedica um vasto número de artigos – dispostos ao longo de uma secção que se compõe, no total, de 22 artigos (74º a 96º) – à *governação* das instituições de crédito, intervindo sobre diversos aspectos que relevam no plano do direito das sociedades, para impor um regime que não coincide com o da sociedade anónima geral.

---

58 A abordagem funcional, como meio de equiparar diferentes sistemas de governo societário – desde logo, os monistas e os dualistas –, domina a corporate governance *comparada*, que se dedica a analisar as diferenças (e as semelhanças) entre os sistemas. Embora dominante, a abordagem não é isenta de críticas. Cfr. DONALD C. CLARKE, *""Nothing But Wind?" The Past and Future of Comparative Corporate Governance"*, in The American Journal of Comparative Law, vol. 59, n.º1, 2011, pp. 85ss.

59 Cfr. DANNY BUSCH/GUIDO FERRARINI, *"A Banking Union for a Divided Europe: An Introduction", in European Banking Union*, Oxford, United Kingdom, 2015, p. 13.

60 Cfr. DANIELA WEBER-REY, *"Der Aufsichtsrat in der europäischen Perspektive - Vorschläge und Ideen für eine wirksame Corporate Governance"*, in NZG, 2013, p. 770 (sublinhando os inconvenientes de a Governance ser substituída por mero *compliance regulatório*, desapegado de cultura na organização).

61 Sobre isto, cfr. BINDER, in *Binder/Glos/Riepe...* cit., p. 4s.

62 Cfr. PETER O. MÜLBERT/ALEXANDER WILHELM, *"CRD IV Framework for Banks' Corporate Governance"*, in European Banking Union, 2015, pp. 157s.
Foi muito recentemente desenvolvido e aprovado um novo pacote (CRD V), pela Diretiva (EU) 2019/878 do Parlamento Europeu e do Conselho, de 20 de maio de 2019, que altera a Diretiva 2013/36/EU (designada *CRD IV*) e o Regulamento (UE) 2019/876 do Parlamento e do Conselho de 20 de maio de 2019, que irá ser conhecido como *CRR II*, e que vem alterar o Regulamento (UE) n.º 575/2013, conhecido como *CRR*.

Desde logo, sobre a *repartição de competências entre órgãos*, que abordaremos em sub-ponto autónomo.

5.1. *Repartição de competências entre órgãos e "comités"*

A este propósito importa notar, antes de mais, que a Diretiva adopta - ou, talvez melhor, propõe-se adoptar[63] - uma postura de *absoluta neutralidade* em face dos modelos organizatórios de que, em cada estado-membro, a sociedade anónima seja dotada. Este *princípio de neutralidade* vem expresso no considerando 53) da Diretiva:

> "Nos Estados-Membros são utilizadas diferentes estruturas de governo, na maior parte dos casos uma estrutura monista ou dualista. As definições utilizadas na presente diretiva visam abranger todas as estruturas existentes sem preconizar qualquer estrutura em especial. As estruturas previstas são puramente funcionais para efeitos de estabelecer regras que visam um resultado específico, independentemente do direito das sociedades aplicável às instituições em cada Estado-Membro. Consequentemente, as definições não deverão interferir com a repartição geral de competências de acordo com o direito das sociedades nacional."

O princípio de neutralidade não obsta a que deva reconhecer-se que a Diretiva toma como modelo os sistemas monistas (de feição anglo-saxónica) e não um sistema dualista (de feição germânica)[64]. Assumir como modelo o sistema monista não significa uma preferência por ele, em detrimento de outro, mas coloca desafios acrescidos de adequação às ordens jurídicas que não assentem em tal modelo[65].

A abordagem funcional levou a que a Directiva se referisse a "órgão de administração em funções executivas" e a "órgão de administração em funções de fiscalização" (*vide* art. 3º, 7) e 8)). A Diretiva assenta

63 Vem sendo muito debatido se a Diretiva, independentemente da auto-proclamada *neutralidade*, garante efectivamente essa neutralidade. Vários autores alemães sustentam que o modelo dualista, concretamente, germânico é *discriminado*. Cfr., por exemplo, PETER HOMMELHOFF, *"Aktuelle Impulse aus dem europäischen Unternehmensrecht: Eine Herausforderung für Deutschland"*, in NZG, 2015, pp. 1329s. e 1335ss., e KALSS/KLAMPFL, in *Dauses/Ludwigs Handbuch des Eu-Wirtschaftsrechts*, 46. Auflage, 2019, anots. 25s.

64 Cfr. DANNY BUSCH/GUIDO FERRARINI, *A Banking...* cit., pp. 13s.

65 Em sentido próximo, *vide* KALSS/KLAMPFL, in *Kalss/Klampfl...* cit., anot. 26. E pode dizer-se que, em rigor, o direito europeu tem vindo a tratar desfavoravelmente os sistemas dualistas como o alemão - ou perturbando o seu equilíbrio interno. Cfr., em tom bastante crítico, PETER HOMMELHOFF, *"Aktuelle..."*, cit., pp. 1329ss.

no entendimento de que o "órgão de administração" tem "funções executivas" e "funções de fiscalização", assumindo que, nos sistemas monistas, o mesmo órgão assume as duas funções e que, nas estruturas dualistas, a função de fiscalização é exercida por um órgão distinto da administração em sentido estrito (ver, sobre tudo isto, o considerando 56).

Porém, no direito português, as sociedades anónimas que adoptem a estrutura tradicional ou latina[66] (aliás, as mais comuns) têm mais do que um órgão – *o que as aproxima do modelo traçado* para as "estruturas dualistas" a que se refere a Diretiva –, mas não têm a função de fiscalização concentrada apenas num órgão distinto da administração executiva – *o que as afasta de tais estruturas.*

Na verdade, havendo delegação de poderes, o conselho de administração passa a ser composto por administradores executivos e por administradores não executivos, cabendo a estes uma função de "vigilância geral da actuação dos administradores ou administradores delegados ou da comissão executiva..." (art. 407º, nº 8, CSC)[67]. Ou seja, além do conselho fiscal que as sociedades de modelo latino necessariamente têm, havendo delegação de poderes passam então a competir funções de fiscalização da administração executiva também aos administradores não executivos. O sistema torna-se "dualista", não no sentido de se compor de dois órgãos – um com função de administração executiva, outro com função de fiscalização –, *mas dualista no sentido de a própria função de fiscalização estar acometida a dois "*órgãos"[68]. É a função de fiscalização que se apresenta *dual.*

---

66 Sobre estas designações, que não são comuns a todos os autores, *vide* JORGE MANUEL COUTINHO DE ABREU, *Governação das sociedades comerciais*, 2.ª ed., Almedina, Coimbra 2010, pp. 35ss., ANTÓNIO MENEZES CORDEIRO, *Direito das Sociedades II*, vol. II, 2.ª ed., Almedina, Coimbra, 2014, pp. 779ss., e PEDRO MAIA, *"Tipos de sociedades comerciais", in Estudos de Direito das Sociedades*, 12.ª ed., Almedina, Coimbra, 2015, pp. 27ss., PAULO OLAVO CUNHA, *Direito das Sociedades Comerciais*, 7.ª ed., Almedina, Coimbra, 2019, pp. 795ss.

67 O exacto alcance deste preceito vem sendo discutido na doutrina, não tanto no que toca à assunção de que os administradores não executivos passam, com a delegação de poderes, a desempenhar *funções de fiscalização*, mas sobretudo quanto ao preciso conteúdo desta função. Sobre a matéria, cfr. PEDRO MAIA, *"Função e funcionamento do conselho de administração da sociedade anónima", in Stvdia Ivridica 62*, Coimbra Editora, Coimbra, 2002, pp. 247ss., e JOSÉ FERREIRA GOMES, *Da Administração à Fiscalização das Sociedades. A obrigação de vigilância dos órgãos da sociedade anónima*, Edições Almedina, Coimbra, 2015, pp. 164ss. (em sentido diferente e com ampla bibliografia).

68 Servimo-nos de aspas, visto, em rigor, não se poder considerar "órgão" os administradores não executivos: eles *integram um órgão*, o conselho de administração,

Esta dualidade de órgãos com funções de fiscalização constitui, com certeza, um factor de dificuldade na articulação entre o *direito comum das sociedades* e este *direito especial das sociedades bancárias*. Até em virtude de tal desfasamento pôr em risco o cumprimento da primeira regra básica da Directiva: "as instituições devem dispor de dispositivos de governos sólidos, que incluam uma *estrutura organizativa clara*, com *linhas de responsabilidade bem definidas*, transparentes e coerentes...." (art. 74º, nº 1) (os sublinhados são nossos). A tendencial sobreposição de funções de fiscalização não favorece o cumprimento da obrigação de adoptar uma estrutura organizativa com "linhas de responsabilidade bem definidas".

A Diretiva também determina a atribuição de competências específicas - *id est, deveres específicos* - ao órgão de administração (art. 88º, nº 1):

a) assumir a responsabilidade global pela instituição e aprovar e fiscalizar a aplicação dos objetivos estratégicos, da estratégia de risco e do governo interno da instituição;

b) assegurar a integridade dos sistemas contabilístico e de informação financeira, incluindo o controlo financeiro e operacional e o cumprimento da lei e das normas aplicáveis;

c) supervisionar o processo de divulgação e as comunicações;

d) ser responsável pela supervisão efetiva da direção de topo.

E acrescem *obrigações de constituir*, no seio do conselho de administração (com funções de fiscalização), comissões (*comités*, nos dizeres da Diretiva, acolhidos pelo RGICSF) compostos por administradores não executivos "ou por membros do órgão de fiscalização" - *vide* arts. 115º-B, nº 1, *in fine*, e 115º-H, nº 1, *in fine* - para o exercício de determinadas competências. A formação de comissões constitui, sublinhe-se, um *dever* do órgão[69], independentemente da dimensão, da organização, do

mas, *separadamente, não formam um órgão*. Porém, não só por facilidade de exposição, mas ainda porque, como se verá adiante, a formação de comités compostos de não executivos, ditada pela lei bancária, conduz à "organificação" do poder de controlo de que os não executivos gozam, parece-nos justificada a expressão. Sobre a matéria, no direito italiano (provavelmente a ordem jurídica mais próxima da nossa, neste domínio), *vide* FEDERICO RIGANTI, *"Appunti sul ruolo degli amministratori privi di delega nelle banche"*, in Banca Impresa Società, n.º 3, 2017, pp. 431ss., CLAUDIO FRIGENI, *Prime...* cit., pp. 99s.

69 Correspondentemente, para o direito alemão, cfr., por exemplo, SCHÜTZ, in *Semler/v. Schenck Der Aufsichtsrat*, 1. Auflage, 2015, § 111, anot. 84.

risco, ou da atividade da sociedade bancária. Ao invés, no direito das sociedades comum, estes factores apenas *informam* a avaliação que o próprio órgão deverá efectuar a respeito da necessidade (conveniência) de se organizar em comités, sem que exista um *dever* determinado nesse sentido[70].

O regime é particularmente pormenorizado, podendo falar-se, criticamente, de um *espartilho à actuação do órgão*[71]. Uma de tais competências respeita às nomeações de membros para o órgão de administração (art. 88º, nº 2)[72], cabendo a um *comité, inter alia,*

---

70 Cfr., para o direito alemão, UWE H. SCHNEIDER/SVEN H. SCHNEIDER, *"Der Aufsichtsrat der Kreditinstitute zwischen gesellschaftsrechtlichen Vorgaben und aufsichtsrechtlichen Anforderugen. Ein Beitrag zur aufsichtsrechtlichen Corporate Governance der Kreditinstitute"*, in NZG, 2016,<style face="italic">"Der Aufsichtsrat der Kreditinstitute zwischen gesellschaftsrechtlichen Vorgaben und aufsichtsrechtlichen Anforderugen. Ein Beitrag zur aufsichtsrechtlichen Corporate Governance der Kreditinstitute"</style>, in NZG, 2016,</DisplayText><record><rec-number>17792</rec-number><foreign-keys><key app="EN" db-id="2dr9xdtw3r22fje9xx2pafts25z2sdds2290" timestamp="1560785511">17792</key></foreign-keys><ref-type name="Journal Article">17</ref-type><contributors><authors><author>Schneider, Uwe H.</author><author>Schneider, Sven H.</author></authors></contributors><titles><title>Der Aufsichtsrat der Kreditinstitute zwischen gesellschaftsrechtlichen Vorgaben und aufsichtsrechtlichen Anforderugen. Ein Beitrag zur aufsichtsrechtlichen Corporate Governance der Kreditinstitute</title><secondary-title>NZG</secondary-title><short-title>Der Aufsichtsrat...</short-title></titles><periodical><full-title>NZG</full-title></periodical><pages>41-47</pages><keywords><keyword>conselhos de supervisão</keyword><keyword>instituições de crédito</keyword><keyword>requisitos da legislação societária</keyword><keyword>requisitos regulamentares</keyword><keyword>Contribuição para o governo</keyword><keyword>regulamentar</keyword><keyword>instituições de crédito</keyword></keywords><dates><year>2016</year></dates><accession-num>IV-5-2;31</accession-num><work-type>Artigo de Revista</work-type><urls></urls><language>Alemão</language></record></Cite></EndNote> p. 46.

71 *Vide* KLAUS J. HOPT, *"Die Verantwortlichkeit von Vorstand und Aufsichtsrat: Grundsatz und Praxisprobleme - unter besonderer Berücksichtigung der Banken"*, in ZIP, Ano 34, n.º 38, 2013, p. 1797, e LUTTER/KRIEGER/VERSE, *Rechte und Pflichten des Aufsichtsrats*, 6. Auflage, Otto Schmidt, Köln, 2014, p. 582.

72 Sobre a matéria, *vide* MANUEL REQUICHA FERREIRA, *"Os Comités de Nomeações dos Bancos", in A Governação de Bancos nos Sistemas Jurídicos Lusófonos*, Almedina, Coimbra, 2016,<style face="italic">"Os Comités de Nomeações dos Bancos", in A Governação de Bancos nos Sistemas Jurídicos Lusófonos</style>, Almedina, Coimbra, 2016,</DisplayText><record><rec-number>15677</rec-number><foreign-keys><key app="EN" db-id="2dr9xdtw3r22fje9xx2pafts25z2sdds2290" timestamp="1500307084">15677</key></foreign-keys><ref-type name="Book Section">5</ref-type><contribu-

a) Identificar e recomendar, para aprovação pelo órgão de administração ou pela assembleia geral, os candidatos a vagas do órgão de administração, apreciar o equilíbrio do órgão de administração em termos de conhecimentos, competências, diversidade e experiência, elaborar uma descrição das funções e qualificações para uma determinada nomeação e avaliar o tempo a consagrar ao exercício da função;

b) Fixar um objetivo para a representação do género sub-representado no órgão de administração e conceber uma política sobre a forma de aumentar o número de pessoas desse género no órgão de administração, a fim de atingir o referido objetivo;

c) Avaliar regularmente, pelo menos uma vez por ano, a estrutura, a dimensão, a composição e o desempenho do órgão de administração e formular recomendações ao órgão de administração em relação a quaisquer alterações;

d) Avaliar regularmente, pelo menos uma vez por ano, os conhecimentos, as competências e a experiência de cada um dos membros do órgão de administração e do órgão de administração no seu conjunto, e comunicar os respetivos resultados ao órgão de administração;

e) Rever regularmente a política do órgão de administração em matéria de seleção e nomeação da direção de topo e formular recomendações ao órgão de administração.

É certo que a Diretiva dispensa a transposição deste número do art. 88.º, caso, nos termos do direito nacional, o órgão de administração não seja competente para o processo de selecção e de nomeação de qualquer dos seus membros. E, de facto, o legislador nacional não *impôs* a constituição desta comissão (comité) de nomeações. Mas admitiu a possibilidade: as instituições de crédito *podem* criar um comité de nomeações,

tors><authors><author>Ferreira, Manuel Requicha</author></authors></contributors><titles><title>Os Comités de Nomeações dos Bancos</title><secondary-title>A Governação de Bancos nos Sistemas Jurídicos Lusófonos</secondary-title><short-title>Os Comités...</short-title></titles><periodical><full-title>A Governação de Bancos nos Sistemas Jurídicos Lusófonos</full-title></periodical><pages>123-150</pages><keywords><keyword>Comités</keyword><keyword>Bancos</keyword></keywords><dates><year>2016</year></dates><pub-location>Coimbra</pub-location><publisher>Almedina</publisher><isbn>978-972-40-6559-5</isbn><accession-num>IX-3-10</accession-num><label>Governance Lab</label><urls></urls><language>Português</language></record></Cite></EndNote> pp. 123ss.

composto por membros do órgão de administração que não desempenhem funções executivas ou por membros do órgão de fiscalização (art. 115º-B RGICSF).

Ora, não sendo o conselho de administração, no direito comum das sociedades, competente para o processo de selecção e nomeação de qualquer dos seus membros – salvo, naturalmente, nos casos excepcionais de cooptação (art. 393º, nº 3, al. b), CSC)[73] –, a simples possibilidade, admitida pelo RGICSF, de constituição de um "comité" com tais competências suscita muitas questões. Pode o conselho de administração, sem sequer uma previsão estatutária que o habilite para o efeito, constituir esse comité e avocar-se competências neste domínio, que nem a lei nem os estatutos lhe conferem? Pode admitir-se, à luz do direito das sociedades, que um comité constituído *no seio do conselho de administração* identifique e recomende candidatos para o órgão de fiscalização, conforme se admite expressamente no art. 115º-B, nº 2, al. b)? Pode, à luz do direito das sociedades, admitir-se que um *comité do conselho de administração* avalie a composição e o desempenho dos membros do órgão de fiscalização, conforme se impõe no art. 115º-B, nº 2, al. *c)*? Pode um comité do conselho de administração, à luz do direito das sociedades, propor alterações, com periodicidade no mínimo anual, à "composição" do órgão de fiscalização (art. 115º-B, nº 2, al. *c)*, RGICSF), quando os membros deste órgão não podem sequer ser destituídos *ad nutum* (art. 419º, nº 1, CSC)? E, conforme parece ser admitido pelo nº 1 do art. 115º-B, podem todas estas competências ser atribuídas ao órgão de fiscalização – em lugar de o serem a um comité do conselho de administração? Mesmo no modelo monista? Isto é, pode o conselho fiscal ter competências para propor a revisão de composição do conselho de administração, recomendar candidatos à administração, etc.? Ou o legislador, quando admite a possibilidade de todas as competências previstas no nº 2 do art. 115º-B, serem exercidas pelo "órgão de fiscalização" tem em vista apenas o conselho geral e de supervisão, do modelo germânico?

Esta norma e as muitas questões por si suscitadas – aqui enunciadas apenas a título ilustrativo – são o reflexo da *difícil articulação entre o regime europeu e o direito interno das sociedades*. Na verdade, o legislador europeu, assumindo a já referida abordagem *funcional* e não *orgânica*, não identifica órgãos por designações específicas, mas pelas

73 Identificando a utilidade, no direito comum, de uma comissão de nomeações, composta no seio do conselho de administração, a fim de instruir a decisão de cooptação que o órgão pode ser chamado a tomar, cfr. ALEXANDRE SOVERAL MARTINS, *"Comissão executiva, comissão de auditoria e outras comissões na administração"*, in *Reformas do Código das Sociedades*, n.º 3, Almedina, Coimbra, 2007, p. 271.

funções que desempenham. E, conforme referimos, tomou o "órgão de administração" em duas vestes distintas, senão mesmo opostas: a de órgão de gestão (art. 3º, nº 1, 7), Diretiva) e a de órgão com funções de fiscalização (art. 3º, nº 1, 7), Diretiva). Quanto a estas últimas, no direito português existe uma *dualidade* no modelo tradicional - composto por conselho de administração e conselho fiscal –, sempre que o conselho de administração proceda à delegação de poderes. Com esta passam a existir administradores não executivos[74], que têm funções de fiscalização, a par de um conselho fiscal - que evidentemente (também) tem funções de fiscalização[75]. Perante esta ambivalência do nosso direito interno, o legislador admitiu que o "órgão de administração na sua função de fiscalização" (art. 3º, nº 1, 8), da Diretiva) tanto possa ser um *comité do conselho de administração composto por não executivos* como o órgão de fiscalização (ou parte dos *membros do órgão de fiscalização*). Mas há-de perguntar-se se, no direito interno e tendo em conta o quadro de competências e o estatuto legal dos respectivos membros, se apresenta igualmente admissível a atribuição das competências referidas no art. 115º-B, nº 2, RGICSF a um comité do conselho de administração ou, em alternativa, ao conselho fiscal. Na mesma linha de indistinta consideração do órgão de administração e de fiscalização se encontra, entre outras disposições, o art. 115º-A, que, a respeito dos sistemas de governos, atribui, aos "órgãos de administração e de fiscalização no âmbito das respectivas funções", competência para:

> a) "Assumir a responsabilidade pela instituição de crédito, aprovar e fiscalizar a implementação dos objetivos estratégicos, da estratégia de risco e do governo interno da mesma;
>
> b) Assegurar a integridade dos sistemas contabilístico e de informação financeira, incluindo o controlo financeiro e operacional e o cumprimento da legislação e regulamentação aplicáveis à instituição de crédito;
>
> c) Supervisionar o processo de divulgação e os deveres de informação ao Banco de Portugal; d) Acompanhar e controlar a atividade da direção de topo".

---

74 Cfr. CLAUDIO FRIGENI, *Prime*... cit., p. 114.

75 Analisando a tensão que o regime bancário traz ao regime societário da delegação de poderes do conselho de administração, *vide* VINCENZO CALANDRA BUONAURA, *"Il ruolo dell'organo di supervisione strategica e dell'organo di gestione nelle Disposizioni di vigilanza sulla corporate governance e sui sistemi di controllo interno delle banche"*, in Banca Impresa Società, n.º 1, 2015, sobretudo pp. 30ss.

Facilmente se compreende que estas competências não pertencem, *simultaneamente*, ao órgão de administração e também ao órgão de fiscalização. Contudo, atenta a dificuldade de estabelecer, com nitidez, para todos os sistemas de governo e em articulação com a legislação europeia, a repartição de tais competências, o legislador nacional optou por prescrever *indistintamente* o quadro de competências a exercer, salvaguardando a coerência com o direito das sociedades através da menção: "... no âmbito das respectivas funções". Sucede, porém, que o "âmbito das respectivas funções", para que a lei bancária remete, é em parte definido pela própria lei bancária, visto esta estabelecer uma circunscrição própria (e distinta) de competências aos órgãos das sociedades bancárias. O que, no final, pode conduzir a uma *interpretação circular* da norma.

Esta *ambivalência* projeta-se sobre outras normas e sobre outros aspectos de articulação do direito europeu com o direito interno. Por exemplo, a respeito do *tratamento de riscos*, previsto no art. 76º da Diretiva. Aí se impõe a constituição de um "comité de risco composto por membros do órgão de administração que não desempenhem funções executivas" (art. 76º, nº 3). No direito interno, esta disposição foi transposta através do art. 115º-L RGICSF.

Ao invés do que sucede com o "comité de nomeações", a lei já não deixa em aberto a possibilidade de estas funções serem atribuídas ao órgão de fiscalização, em vez de a um comité do conselho de administração, *quando se trate de instituições de crédito significativas* (art. 115º-L, nºs 1 e 2). E, nas instituições em que a lei admite as duas possibilidades – somente as *não significativas* –, prevê-se que o órgão de fiscalização exerça competências que, *alternativamente*, pertencem a um comité do conselho de administração.

Deste modo, não se colocam a respeito do tratamento de riscos as dificuldades de interpretação que vimos existirem para o "comité de nomeações". Mas outras questões emergem. Com efeito, ao admitir esta alternativa – a função de tratamento dos riscos pode competir a um comité do órgão de administração ou ao órgão de fiscalização –, o legislador nacional permite que a mesma competência seja exercida *ou* pelo conselho de administração, através de um comité seu, *ou* através do órgão de fiscalização. O que coloca a questão de saber se, afinal, a competência em apreço se inscreve no domínio da *administração* (em sentido próprio) ou da *fiscalização*. A questão releva porque, num sistema como o latino, impõe-se uma vincada distinção, no plano orgânico, entre a função de administrar e a de fiscalizar: o conselho fiscal *não administra*. Ao menos vem sendo esse o entendimento dominante da doutrina nacional[76].

Não é (tanto) assim no sistema germânico, em que o conselho geral e de supervisão, além de funções de fiscalização, também assume ou pode assumir (algumas) competências de administração[77]. E, fruto da evolução da jurisprudência e da doutrina germânicas, tem vindo a entender-se mais extensivamente o conteúdo da função de "fiscalização", destacando-se, além do perfil "retrospectivo", também um perfil "prospectivo" (e preventivo) da função, orientada para o *futuro*[78]. Neste novo perfil, a função de fiscalização aproxima-se da função de administração, determinando, no entendimento de alguns autores, que o *Aufsichstrat* assuma uma *co-responsabilidade* pela administração da sociedade[79]. E são vários os autores que identificam na evolução do direito alemão das duas últimas décadas uma tendência para, mercê do reforço dos poderes do conselho geral e de supervisão (*Aufsichtsrat*), se *esbater a típica separação de funções* assinalada a um sistema *dualista* como o alemão: um órgão encarregado de administrar (*Vorstand*); outro encarregado de fiscalizar (*Aufsichtsrat*)[80].

Este núcleo problemático assume, no direito das sociedades bancárias, uma relevância particular. Uma vez que o legislador aprofundou e pormenorizou (imenso!) os deveres de fiscalização sobre a administração executiva, em termos que, sem dúvida, sublinham o referido perfil "prospectivo" ou "preventivo" da função de fiscalização – e não meramente "retrospectivo" ou "repressivo" –, pode concluir-se que, ao menos para as sociedades bancárias, quando o conselho fiscal seja chamado a

---

76 Em sentido diferente, aproximando inteiramente todos os modelos organizatórios de sociedade anónima e, por essa via, defendendo a aplicação ao conselho fiscal do mesmo regime que (parte d)a jurisprudência e a doutrina alemãs defendem para o conselho geral e de supervisão, cfr. José Ferreira Gomes, *Da Administração à...* cit., pp. 673ss.

77 Cfr. Hambloch-Gesinn/Gesinn, in *Hölters Aktiengesetz Kommentar*, 2. Auflage, C. H. Beck / Franz Vahlen, München, 2014, § 111, anots. 70ss.

78 Cfr. Lutter/Krieger/Verse, *Rechte und Pflichten...* cit., pp. 32ss., Koch, in *Hüffer/Koch Aktiengesetz*, 13. Auflage, 2018, § 111, anot. 13. Entre nós, José Ferreira Gomes, *Da Administração à...* cit., pp. 254ss.

79 Nesta linha, Lutter/Krieger/Verse, *Rechte und Pflichten...* cit., pp. 32s. Mas existem fortes opositores a este entendimento. *Vide*, por exemplo, Hans-Joachim Mertens/Andreas Cahn, in *Kölner Kommentar zum Aktiengesetz*, Band 2/2, 3. Auflage, Carl Heymanns, Köln/Berlin/München, 2013,Vorb. § 95, anot. 10.

80 Cfr., por exemplo, Wiesner, in *Münchener Handbuch des Gesellschaftsrechts*, Band 4 - Aktiengesellschaft, 4. Auflage, C. H. Beck, München, 2015, pp. 294s., e Stefan Freund, *"Starke..."*, cit., p. 1362.

desempenhar as referidas funções de fiscalização – e não sejam estas entregues a "comités" do conselho de administração –, então parece ter de se concluir que, *nesses casos*, o conselho fiscal *partilha em certa medida uma função de administração com o órgão de administração*: ao estabelecer o *quadro de remunerações*, ao *contribuir para a definição do perfil de risco da instituição*, o conselho fiscal assume funções de "controlo prospectivo", o que, embora em medida discutível, determina uma partilha, com o conselho de administração, da função de administrar[81]. A evolução do direito das instituições de crédito, muito centrada na função de controlo interno e na gestão de risco[82], explica e, ao mesmo tempo, expõe esta tensão intrínseca a que sistemas como o tradicional português ficam expostos. Na verdade, a *função* de controlo interno surgiu como uma *função de administração* – uma *função de controlo* a par da *função de gestão* que o órgão de administração também assume –, pelo que é enquadrada numa perspectiva *ativa*, de *gestão* e *preventiva*. Ao invés, o órgão de fiscalização, ao menos historicamente nos direitos latinos, foi dotado de funções *ex post*. E, de resto, aqui se encontra a explicação para a estranha expressão (aos olhos de juristas por exemplo portugueses), acolhida na Diretiva, de "órgão de administração na sua função de fiscalização": nos modelos tradicionais (latinos), não existe um "órgão de administração com função de fiscalização", existe um órgão que tem funções de fiscalização, sim, mas *não é de administração*[83].

A possibilidade, admitida pela lei aliás a vários propósitos, de a mesma função ser desempenhada por um *comité do conselho de administração* ou, em alternativa, pelo órgão de fiscalização impõe a necessidade de articulação com o direito das sociedades comum[84]. Deve entender-se que, nas sociedades bancárias, o órgão de fiscalização partilha, ao menos potencialmente, um espaço de administração/fiscalização com os comités do conselho de administração?

81 Cfr., LUTTER/KRIEGER/VERSE, *Rechte und Pflichten...* cit., p. 575, que identifica aqui uma densificação e aprofundamento do regime que, em seu entender, é comum a todas as sociedades anónimas alemãs.

82 Cfr. KLAUS J. HOPT, *"Corporate Governance..."*, cit., p. 245. *Vide, infra*, 3.4.

83 Cfr., em parte, neste sentido, LAURA SCHIUMA, *"Le competenze dell'organo di controllo sull'assetto organizzativo della spa nei diversi sistemi di governance"*, in Rivista di Diritto Civile, n.º 1, 2011, pp. 61s.

84 Questionando a possibilidade de convivência entre o conselho fiscal e o comité de controlo interno (nas sociedades cotadas), cfr. FEDERICO PARMEGGIANI, *"Il collegio sindacale e il comitato per il controllo interno: una convivenza possibile?"*, in Giurisprudenza Commerciale, n.º 36.2, 2009, pp. 306ss., e, genericamente sobre a articulação entre conselho fiscal e o controlo interno, cfr. LAURA SCHIUMA, *"Le competenze..."*, cit., pp. 57ss.

Aliás, a constituição dos comités no seio do conselho de administração – esses "novos actores" da *governance* interna dos bancos[85] –, prevista em vários casos no RGICSF – *vide* os arts. 115º-B (comité de nomeações), 115º-H (comité de remunerações), e 115º-L (comité de riscos) –, é mais um aspecto cuja articulação com o direito das sociedades comum não se afigura simples. Na verdade, o CSC apenas prevê a constituição de uma comissão dentro do conselho de administração: a *comissão executiva*, para o exercício da *gestão corrente* da sociedade. Isto é, a única comissão que a lei geral prevê constituir-se no seio do conselho de administração é para o exercício de funções *executivas*. E importa sublinhar que, nos termos da lei societária comum, a decisão do conselho de administração é *livre*, pelo que a delegação de poderes não se impõe – não pode impor-se, seja por via estatutária, seja por via de uma deliberação da assembleia geral – ao conselho de administração[86]. No direito comum das sociedades, o conselho de administração delega poderes *se quiser*.

Quanto às funções dos não executivos, elas repartem-se, no sistema instituído no CSC, entre as que *permanecem no conselho de administração* – quer por o conselho ter decidido não delegar, quer por a lei proibir a delegação (art. 407º, nº 4) – e as que a lei atribui *individualmente* a cada administrador – a "função da vigilância geral da actuação do administrador ou administradores executivos" (art. 407º, nº 8). Parecendo que estes não têm, no direito geral das sociedades, o dever de se informarem (de tomarem a iniciativa de se informarem), podendo bastar-se com a informação que lhes é facultada pelos executivos. Não é manifestamente assim nas sociedades bancárias[87].

O modelo acolhido nas sociedades bancárias – com comités do conselho de administração constituídos por administradores não executivos – suscita, por conseguinte, muitas questões, que vale a pena apresentar, a título meramente ilustrativo.

Os poderes que tais comités exercem são delegados pelo conselho de administração, à semelhança do que sucede com a comissão executiva – o que pressupõe que as competências desses comités pertencem, *em primeira instância*, ao conselho de administração, podendo este até

85 É a expressa usada por Caroline Bronnert-Härle, *Aufsichtsratsausschüsse...* cit., no próprio título da obra.

86 Neste sentido, cfr., por exemplo, Alexandre Soveral Martins, *Administradores Delegados e Comissões Executivas - Algumas Considerações*, 2.ª ed., Almedina, Coimbra, 2011, pp. 18ss.

87 Cfr. Claudio Frigeni, *Prime...* cit., pp. 101ss.

avocá-las? Ou os poderes de tais comités são directamente atribuídos por lei, cingindo-se o conselho de administração à respetiva eleição, mas não à atribuição de poderes?[88] E, sendo assim, devem então ser considerados órgãos - ou sub-órgãos - da sociedade, a par dos restantes? Que poderes é que o conselho de administração tem sobre a actividade e as decisões de tais comités? Os poderes de fiscalização/controlo dos administradores não executivos (art. 407º, nº 8), que no CSC são poderes *individuais*, já são poderes de exercício *conjunto* ou mesmo *colegial* numa sociedade bancária? E, havendo administradores não executivos que não pertençam ao comité em apreço, não se lhes aplica o regime do art. 407º, nº 8? Isto é, o seu dever de "vigilância geral da actuação do administrador ou administradores executivos" passa a incumbir apenas àqueles não executivos que integrem o comité com competência em cada matéria?

Tendo em conta as competências que a lei, expressamente, atribui a estes comités, parece de entender que eles não actuam com *poderes delegados*, comportando-se, antes, como *auxiliares do órgão de administração*[89]. Mas existem aspetos, mormente a *ratio* da sua criação, que podem induzir conclusão diversa. Desde logo, sendo a sua constituição obrigatória, pode entender-se que o órgão de administração tem apenas o dever de organização - portanto, de proceder à constitui do(s) comité(s) - e de vigilância sobre a sua actuação. Mas já compete aos próprios comités, sob responsabilidade própria, o desempenho das respectivas competências, dando a conhecer ao órgão de administração a sua actuação e sujeitando-se a uma revisão de plausibilidade da sua actuação[90]. E, por outro lado, afigura-se que os comités devem funcionar colegialmente, embora a questão seja discutível[91].

A articulação de poderes entre estes *comités* - que assumem funções de fiscalização por força da lei bancária - e o *conselho de adminis-*

88 *Mutatis mutandis*, estas questões têm estado a ser debatidas na Alemanha, a propósito dos comités do *Aufsichtsrat*. Cfr., por exemplo, Spindler, in *Spindler/Stilz...* cit., § 107, anot. 154.

89 Distinguindo os comités, consoante tenham função de aconselhamento ou de substituição, Konstantin von Busekist/Christian Keuten, *"Zur Einrichtung eines Compliance-Ausschusses im Aufsichtsrat"*, in CCZ, 2016, pp. 122s.

90 Cfr. Caroline Bronnert-Härle, *Aufsichtsratsausschüsse...* cit., pp. 319s.

91 Cfr. Gabriele Apfelbacher/Manuel Metzner, *"Mitglied im Aufsichtsorgan eines Kreditinstituts im Jahr 2013. Aktuelle Rechtsentwicklungen bei den Anforderungen an die interne Organisation, die Qualifikation und die Überwachungsfunktion der Mitglieder des Aufsichtsorgans von Kreditinstituten"*, in AG, 58. Jahrgang, Heft 21, 2013, p. 779.

tração suscita também questões no confronto com o direito comum das sociedades.

Com efeito, no direito comum das sociedades, os administradores executivos não têm nenhuma interferência sobre o exercício das funções de fiscalização: ou porque estas incumbem ao conselho fiscal – competindo à assembleia geral eleger os respetivos membros e decorrendo da lei e dos estatutos os seus poderes –, ou porque incumbem aos não executivos que exercem os respectivos poderes *individual* e *livremente*.

Ao invés, tratando-se de poderes exercidos no âmbito de um *comité*, parece, desde logo, que a eleição deste compete ao conselho de administração, onde se incluem os executivos. Isto é, os executivos intervêm na eleição dos membros do comité cuja função é fiscalizá-los. Algo muito diferente do direito comum e, de resto, em si mesmo *questionável*.

E, por outro lado, tais comités hão-de ter a sua actividade regida por um *regulamento interno*[92], documento cuja aprovação também compete ao conselho de administração, onde têm assento os administradores com funções executivas.

Se atentarmos agora na hipótese de os referidos comités serem compostos "por membros do órgão de fiscalização" – admitida para o comité de nomeações (art. 115º-B, nº 1, *in fine*) e para o comité de remunerações (art. 115º-H, nº 1, *in fine*)[93] –, outras questões surgem. Em primeiro lugar, porque o direito das sociedades comum não prevê a possibilidade de, por exemplo, o conselho fiscal criar comissões no seu seio. Somente para o conselho geral e de supervisão, a quem são atribuídas (também) funções de fiscalização, a lei prevê a possibilidade de constituição de comissões (art. 444º, nº 1, CSC)[94]. Mas já não existe previsão idêntica para o conselho fiscal (nem para a comissão de auditoria). Ora, quando o comité de nomeações ou de remunerações seja composto por membros do órgão de fiscalização, tal comité integra o conselho fiscal? Que relação passa a existir entre este órgão e o referido(s) comité(s)? Constitui uma delegação de poderes com as consequências que lhe são próprias?

---

92 Cfr. PAULO CÂMARA, *O Governo...* cit., p. 35.

93 Mas não para o *comité de riscos* (art. 115º-L), relativamente ao qual, parece, as funções podem ser atribuídas ao órgão de fiscalização somente na sua composição plena.

94 No direito alemão, também se discutem os efeitos e as implicações desta orientação de constituição de comités no seio do *Aufsichtsrat* (órgão de fiscalização), com a possível autonomização de tais comités. Cfr. PETER HOMMELHOFF, *"Aktuelle..."*, cit., pp. 1331s.

Acrescente-se, ainda, que a lei prevê as duas possibilidades – o comité ser composto por membros do órgão de administração ou por membros do órgão de fiscalização –, mas não esclarece quem determina *qual* de tais órgãos procede à constituição e também não esclarece a quem incumbe, em princípio, o dever de constituir o comité. *Quid juris* se ambos os órgãos procedem à constituição do comité? E, inversamente, se nenhum dos órgãos constituir tal comité, qual dos dois se deve considerar em incumprimento da lei?

A arquitectura de fiscalização que a lei acolhe é pois muito distinta, em aspectos estruturais, daquela que vigora para as sociedades comuns.

Como se constata, todas estas questões não são puramente *teóricas*, visto terem implicações nos poderes do conselho de administração e nos deveres dos seus membros, bem como no estatuto dos membros dos respetivos comités e das competências destes e, genericamente, no funcionamento dos órgãos, incluindo do órgão de fiscalização.

5.2. Adequação dos titulares de órgãos de administração e de fiscalização

Além de interferir no quadro de *competências do órgão de administração*, a Diretiva também estabelece um regime, muito extenso, relativo à *adequação* dos titulares de órgãos de administração e de fiscalização. Regime que não encontra *nenhum paralelo* no direito das sociedades comum e que com este se articula com dificuldade em diversos aspectos, aliás muito relevantes[95].

---

95 Sobre a matéria, mais desenvolvidamente, *vide* Pedro Maia, *"O regime de controlo da adequação de titulares de órgãos sociais de instituições de crédito e o direito das sociedades anónimas", in Estudos de Direito Bancário I*, Almedina, Coimbra, 2018,<style face="italic">"O regime de controlo da adequação de titulares de órgãos sociais de instituições de crédito e o direito das sociedades anónimas", in Estudos de Direito Bancário I</style>, Almedina, Coimbra, 2018,</DisplayText><record><rec-number>16865</rec-number><foreign-keys><key app="EN" db-id="2dr9xdtw3r22fje9xx2pafts25z2sdds2290" timestamp="1522328344">16865</key></foreign-keys><ref-type name="Book Section">5</ref-type><contributors><authors><author>Maia, Pedro</author></authors></contributors><titles><title>O regime de controlo da adequação de titulares de órgãos sociais de instituições de crédito e o direito das sociedades anónimas</title><secondary-title>Estudos de Direito Bancário I</secondary-title><short-title>O regime...</short-title></titles><pages>159-192</pages><keywords><keyword>regime de controlo da adequação de titulares de órgãos sociais de instituições de crédito</keyword><keyword>direito das sociedades anónimas</keyword></keywords><dates><year>2018</year></dates><pub-location>Coimbra</pub-location><publisher>Almedina</publisher><isbn>978-972-40-7312-5</isbn><ac-

A designação dos membros da administração e do órgão de fiscalização é, no direito das sociedades comum, um espaço de *autonomia privada*. Excepção feita a alguns constrangimentos – pessoa com "capacidade jurídica plena" (arts. 390º, 414º, nº 3, e 414º-A, nº 1, al. *j)*, 425º, nº 6, al. d), e 435º, nº 2, CSC) e a habilitação técnica de uma parte dos membros do órgão de fiscalização (arts. 414º, nº 2 e 3, 423º-B, nº 4, 444º, nº 2, CSC) –, os accionistas são *inteiramente livres* de escolherem os membros dos órgãos, mormente de administração. Mesmo sociedades de grande dimensão, até de *interesse público* – onde se incluem as sociedades cotadas –, não se encontram sujeitas a um regime que restrinja a liberdade dos accionistas de escolherem os administradores. Quando muito, o mercado sancionará más escolhas: mas a lei não as *proíbe*, nem *limita*.

Muito diferentemente, as sociedades bancárias encontram-se sujeitas a um regime *imperativo*, que limita a liberdade dos accionistas em diversos aspectos: somente membros julgados *adequados* ao exercício das funções podem ser providos no cargo. O critério da adequação, imposto pela CRD IV, é o resultado do cumprimento de um conjunto de requisitos individuais: *idoneidade*, *qualificação profissional*, *independência* e *disponibilidade* (art. 30º, nº 3, RGICSF).

À exigência de adequação de *cada um dos membros* (adequação *individual*), junta-se a exigência de adequação do órgão na sua *composição* (adequação *colectiva*) (art. 30º, nº 4, RGICSF).

Acresce que o regime das sociedades bancárias não limita a liberdade dos accionistas apenas em virtude destes *requisitos subjetivos* impostos, mas também em virtude do *procedimento* estabelecido para a designação dos corpos sociais. Com efeito, o art. 30º-A RGICSF confere à própria sociedade bancária o *poder* – e o *dever* – de verificar a adequação dos membros dos órgãos de administração e de fiscalização a eleger. Esse poder-dever cumpre-se, designadamente, mediante a elaboração de um relatório que a sociedade bancária tem o dever de preparar, a fim de instruir o processo eletivo (art. 30º-A, nº 7, RGICSF). Relatório elaborado pela própria sociedade – não pelos seus accionistas, naturalmente –, que, caso seja no sentido da não adequação, *impede a eleição pelos accionistas* (art. 30º-A, nº 6, RGICSF). Por outras palavras, a sociedade bancária, através do seu *comité de nomeações* (art. 115º-B, nº 2, al. b), RGICSF), composto por administradores não executivos ou por membros do órgão de fiscalização, pode impedir que os accionistas elejam

---

cession-num>VIII-5-10</accession-num><urls></urls><language>Português</language></record></Cite></EndNote> pp. 159ss.

determinados novos membros para estes órgãos, caso emita um relatório de desadequação. Neste sentido, os accionistas carecem da não oposição (naturalmente fundada em razões legais e objectivas) do comité de nomeações para elegerem alguém para a administração ou fiscalização da sociedade bancária. Trata-se de um modelo *estranho* ou mesmo *contrário* ao do direito comum das sociedades[96], por si só fonte de diversas questões.

Os termos em que a lei determina (ou sugere) a composição do órgão de administração – assente na diversidade de conhecimentos e de experiências dos seus membros – e a tendência para que o órgão actue através de *comités* – o que pode apelidar-se de "cometização" do conselho de administração – tem fortes implicações na *colegialidade* do órgão, seja nos seus fundamentos, seja na sua efectiva verificação. *Para quê um conselho, afinal?*

De resto, não é só a "cometização" que impõe reapreciar a colegialidade do órgão, é o desafio colocado a essa mesma colegialidade, tendo em conta a "diversidade" do órgão. Na verdade, a diversidade pode implicar a ausência de pontos comuns entre os membros da administração, o que comporta diversos riscos e mesmo acrescidas dificuldades para o funcionamento de um órgão pluripessoal: a tendência para o chamado *cycling* (retornar à discussão dos mesmos assuntos), o risco acrescido de *reliance* (havendo especialistas em diferentes áreas, cada membro tenderá a louvar-se nas opiniões de um outro que tome como especialista), o aumento do *herd behaviour*, a dificuldade em formar decisões (dada a diversidade de opiniões), a tendência para contratar serviços externos, sobretudo de consultoria (uma vez que, existindo poucos membros com

96 Sobre este regime, *vide* PEDRO MAIA, *O regime...* cit.,<style face="italic">O regime...</style> cit.,</DisplayText><record><rec-number>16865</rec-number><foreign-keys><key app="EN" db-id="2dr9xdtw3r22fje9xx2pafts25z2sdds2290" timestamp="1522328344">16865</key></foreign-keys><ref-type name="Book Section">5</ref-type><contributors><authors><author>Maia, Pedro</author></authors></contributors><titles><title>O regime de controlo da adequação de titulares de órgãos sociais de instituições de crédito e o direito das sociedades anónimas</title><secondary-title>Estudos de Direito Bancário I</secondary-title><short-title>O regime...</short-title></titles><pages>159-192</pages><keywords><keyword>regime de controlo da adequação de titulares de órgãos sociais de instituições de crédito</keyword><keyword>direito das sociedades anónimas</keyword></keywords><dates><year>2018</year></dates><pub-location>Coimbra</pub-location><publisher>Almedina</publisher><isbn>978-972-40-7312-5</isbn><accession-num>VIII-5-10</accession-num><urls></urls><language>Português</language></record></Cite></EndNote> pp. 179ss.

conhecimento sobre cada assunto, a maioria sente-se mais confortável em pedir opinião externa)[97].

5.3. A política de remunerações

No considerando 63, a CRD IV determina que as instituições de crédito tenham *políticas de remunerações sãs*.

Entende-se como políticas sãs aquelas que se baseiam no desempenho, considerando os interesses de longo prazo, compatíveis com a apetência pelo risco, os valores e os interesses de longo prazo.

A Diretiva não se pronuncia apenas sobre o *"governo" das remunerações* – isto é, os aspectos organizacionais relativos ao processo de decisão que conduz à fixação de uma remuneração –, mas também sobre o *desenho das remunerações* – isto é, a forma, a estrutura, o nível de variação com base no desempenho, etc.[98]

A este propósito, são estabelecidos padrões de proporção entre a remuneração fixa e a remuneração variável, sendo mesmo estabelecido um tecto de proporção às remunerações variáveis (art. 94º da CRD IV)[99]. Opção, aliás, muito discutida e criticada por vários autores[100].

---

97 Os temas são muito vastos e têm sido objecto de muito estudo pela escola da economia comportamental. *Vide*, por exemplo, KRISTIN N. JOHNSON, *"Banking on Diversity: Does Gender Diversity Improve Financial Firms' Risk Oversight"*, in SMU Law Review, vol. 70, n.º 2, 2017, pp. 327ss., GENNARO BERNILE/VINEET BHAGWAT/SCOTT YONKER, *"Board diversity, firm risk, and corporate policies"*, in Journal of Financial Economics, n.º 127, 2018, pp. 588ss., KIMBERLY D. KRAWIEC/JOHN M. CONLEY/LISSA L. BROOME, *"The Danger of Difference: Tensions in Directors' Views of Corporate Board Diversity"*, in University of Illinois Law Review, n.º 3, 2013, pp. 919ss., PHILIP MEISSNER/TORSTEN WULF, *"The effect of cognitive diversity on the illusion of control bias in strategic decisions: An experimental investigation"*, in European Management Journal, n.º 35, 2017, pp. 430ss., LAWRENCE J. TRAUTMAN, *"Corporate Boardroom Diversity: Why Are We Still Talking About This?"*, in The Scholar: St. Mary's Law Review on Race and Social Justice, vol. 17, 2015, pp. 219ss., CARMEN BARROSO-CASTRO/MARIA MAR VILLEGAS-PERIÑAN/MARTA DOMINGUEZ, *"Board members' contribution to strategy: The mediating role of board internal processes"*, in European Research on Management and Business Economics, n.º 23, 2017, pp. 82ss., JASON RODERICK DONALDSON/NADYA MALENKO/GIORGIA PIACENTINO, *"Deadlock on the Board"*, in CEPR Discussion Papers, n.º 12503, 2017, pp. 1ss.

98 Cfr. PETER O. MÜLBERT/ALEXANDER WILHELM, *"CRD IV..."*, cit., p. 164.

99 A matéria das remunerações foi das mais alteradas pela recente CRD V.

100 *Vide* uma notícia em PETER O. MÜLBERT/ALEXANDER WILHELM, *"CRD IV..."*, cit., pp. 165s.
Justamente devido às críticas apresentadas, a CRD V alterou vários aspectos deste regime, tornando-o mais flexível (*vide* a nova redacção do art. 92º).

Nota particular do direito das sociedades bancárias reside na *extensão* do regime legal à *direcção de topo*, aos *responsáveis pela assunção de riscos*, aos *responsáveis pelas funções de controlo* e aos *colaboradores* cuja remuneração total os coloque no mesmo escalão de remuneração que o previsto naquelas categorias, se as respetivas atividades tiverem impacto material no perfil de risco da instituição (art. 115º-C RGICSF).

O regime especial da remuneração visa proteger *dois núcleos de interesses distintos*: a estabilidade do sistema financeiro, evitando que, por via da política de remunerações, as instituições de crédito fiquem expostas a riscos excessivos (contaminando o sistema); os clientes das instituições de crédito, a quem os colaboradores das instituições de crédito podem tentar vender produtos contra o "melhor interesse" do cliente, se receberem incentivos remuneratórios nesse sentido (arts. 77º-F e 86º-B RGICSF)[101].

Deste modo, evidencia-se a *especialidade* (*excepcionalidade*?) deste regime, visto que o quadro de remunerações, em vez de visar o alinhamento de interesses com os dos accionistas – como sucede no direito comum das sociedades –, serve a tutela de outros interesses. Resta perguntar até que ponto e em que termos se compatibilizam tais interesses com os dos accionistas.

5.4. O Controlo Interno e a Gestão de Riscos

5.4.1. Enquadramento

A necessidade de controlo de riscos é transversal a qualquer organização, não constituindo um exclusivo das empresas bancárias, naturalmente. Não será, por isso, objecto de análise a função de controlo interno em si mesma – a sua relevância para a empresa bancária, as suas funções específicas, a sua organização, etc. –, mas apenas aqueles aspectos em que a sua articulação com o direito das sociedades coloque problemas específicos.

O actual regime bancário alcandorou a função de controlo interno[102] – entendida como o "conjunto das estratégias, políticas e procedimentos

101 *Vide*, por exemplo, Paulo Câmara, *"Remuneração e Governo das Sociedades: Uma Nova Agenda", in A Emergência e o Futuro do Corporate Governance em Portugal*, vol. II, Almedina, Coimbra, 2018, pp. 273ss.

102 Na verdade, em vários ordenamentos jurídicos, como o português e o italiano, a "função de controlo interno" foi introduzida através do regime de direito bancário, não tendo colhido consagração geral anterior. Cfr. Laura Schiuma, *"Le competenze..."*, cit., p. 61.

definidos pelo órgão de administração" (art. 2.º do Aviso n.º 5/2008) – para um nível novo, que não só é muito *mais extenso* e *pormenorizado* do que o comum – o que já o tornaria *qualitativamente diferente*[103] –, como é, na verdade, *essencialmente diferente*. Não se trata apenas de controlar os abusos de gestão, a gestão delapidadora ou negligente, a gestão ilegal e a gestão ineficiente. Incumbe a esta função assegurar a *adequação* e a *eficiência organizatória* dos sistemas de controlo interno, o que lhe atribui um carácter inteiramente novo e, de certo modo, discrepante com a natureza da função: em vez de meramente censório (limitando ou identificando actos ou omissões indevidas), passa a ter um pendor *positivo*, de *direcção* ou mesmo de *administração*, ao assumir a incumbência de se pronunciar e de contribuir positivamente para a adequação organizatória[104]. Noutras palavras, a função de controlo interno não é *extrínseca* à gestão, mas sim *intrínseca*[105].

Por outro lado, a função foi, em grande medida, *subtraída à discricionariedade da gestão* e à *autonomia empresarial* da sociedade e dos órgãos dela encarregados[106]. A sociedade bancária não é livre de organizar a função de controlo interno como entender: tem de a dotar de meios

---

103 Sublinhando esta intensidade acrescida dos deveres de controlo nas instituições de crédito, cfr. LUTTER/KRIEGER/VERSE, *Rechte und Pflichten...* cit., p. 573.

104 Cfr. MARIO LIBERTINI, *Il sistema...* cit., p. 63, e, mais desenvolvidamente, MARIO LIBERTINI, *"La funzione di controllo nell'organizzazione della società per azioni, con particolare riguardo ai c.d. sistemi alternativi."*, in Società, banche e crisi d'impresa, Vol. 2, secção IV. Amministrazione e controlli, Utet Giuridica, 2014, pp. 1064ss. *Vide*, também, PAOLO MONTALENTI, *"La corporate governance degli intermediari finanziari: profili di diritto speciale e riflessi sul diritto societario generale", in L'ordinamento italiano del mercato finanziario tra continuità e innovazioni*, Vol. 6, n.º 379, Giuffré Editore, Itália, 2014, pp. 123ss.

105 Cfr. PAOLO MONTALENTI, *La corporate governance...* cit., pp. 61s., que divide o conceito de controlo em três subespécies: (i) controlo de *mérito* – que, observada a racionalidade económica, fica a cabo apenas dos sócios, vista a latitude de aplicação da *business judgment rule*, que garante aos administradores uma grande liberdade nas decisões de gestão; (ii) controlo de *correcção da gestão e de adequação administrativa* – onde se inclui a gestão de risco e o *compliance*; (iii) e *controlo de legalidade* (formal ou substancial).

106 Sobre o princípio, vigente no direito geral das sociedades, de autonomia dos órgãos quanto à sua organização interna, *vide*, por exemplo, SPINDLER, in *Spindler/Stilz...* cit., § 107, anots. 85ss., e CAROLINE BRONNERT-HÄRLE, *Aufsichtsratsausschüsse...* cit., pp. 121ss. E, no sentido de que se trata de um importante limite a essa autonomia, THOMAS LÖSLER, *"Das moderne Verständnis von Compliance im Finanzmarktrecht"*, in NZG, 2005, p. 106, DANIELA WEBER-REY, *"Der Aufsichtsrat..."*, cit., p. 766 (que refere mesmo que a evolução se fez à custa da "liberdade empresarial"), e GEBAUER/NIERMANN, in *Hauschka/Moosmayer/Lösler Corporate Compliance*, 3. Auflage, 2016, § 48, anot. 19.

(humanos e materiais) adequados; tem de lhe assegurar acesso a toda a informação de que necessite (e tem um dever de prestar ativamente informação relevante para o desempenho da função)[107]; tem de a dotar de independência; tem de designar responsáveis próprios; tem de a autonomizar de outras funções.

O fundamento para ter sido limitada a liberdade da administração do banco na conformação da função de controlo interno prende-se com outra nota que também a distingue. Na generalidade dos casos, isto é, no direito comum das sociedades, a função de controlo interno[108] satisfaz *interesses inerentes às próprias organizações, serve a organização* e determina-se por esse desiderato. O que justifica que ao órgão de administração seja conferida a liberdade de determinar o *se* e o *como* da organização da função, dentro dos limites da actuação de um *gestor criterioso e ordenado* (art. 64º CSC). O administrador tem o dever de actuação conforme com a lei – *ele próprio, pessoalmente* – e tem o dever de assegurar que todos os colaboradores da organização agem de acordo com a lei, servido por uma estrutura razoável e adequada à dimensão e às características da empresa. Ressalve-se, porém, que em diversos aspectos a matéria é controvertida[109].

Ora, nos bancos, o controlo *interno* existe também para *proteger interesses externos* à organização – até de natureza *pública* –, o que justifica (e determina!) o seu carácter *imperativo*[110].

Com vista a robustecer estas áreas e a torná-las imunes a pressões (indevidas ou excessivas) da gestão executiva, foi desenhado um complexo *puzzle* de repartição de competências, que não pode ficar à margem do direito das sociedades e que, em grande medida, constitui um desafio para este regime. A emergência de um *novo nível* – diretamente regulado pela lei (vide, desde logo, os arts. 33º-A, 115º-M, nº 1, RGICSF e

107 No sentido de que existe um dever de a administração prestar informação sobre assuntos relevantes para a função de *compliance*, por sua própria iniciativa e em tempo adequado, *vide* BRAUN, in *Boos/Fischer/Schulte-Mattler KWG CRR-VO*, Band 1, 5. Auflage, 2016, § 25a, anot. 438.

108 Sobre o surgimento histórico da função de controlo interno nos Estados Unidos, cfr. MELVIN ARON EISENBERG, *"The board of directors and internal control", in Representing the corporation*, 19, Cardozo Law Review, 1997, pp. 237ss.

109 *Vide*, KONSTANTIN VON BUSEKIST/CHRISTIAN KEUTEN, *"Zur Einrichtung..."*, cit., p. 119.

110 Sustentando entendimento diferente (a função de compliance é uma função *da empresa* e *para a* empresa), cfr. JOÃO LABAREDA, *"Contributo para o estudo do sistema de controlo e da função de cumprimento ("Compliance")"*, in Direito dos Valores Mobiliários, 2016, p. 364.

os arts. 16º, nº 2, 17º, nº 2, al. *b)*, 23º, nº 1, al. *c)*, do Aviso nº 5/20008 do Banco de Portugal) – no interior da sociedade, o nível das direcções de *gestão do risco*, de *compliance* e de *auditoria*, impõe uma reconfiguração do direito societário[111].

Efectivamente, a lei determina que tais direcções *existam*, que lhes sejam atribuídas determinadas *competências*, conferidos *meios humanos e materiais adequados* e que ao respetivo exercício seja assegurada *autonomia* e *independência*. E são-lhes conferidas competências próprias, definidas (*vide* o Aviso nº 5/2008). No que toca a outras áreas com impacto no risco assumido pela instituição – em particular, as áreas de concessão de crédito –, passou a regular-se também o *quadro remuneratório*, por se ter constatado que os incentivos dados através do quadro *remuneratório* podem induzir a tomada de riscos indevidos e/ou indesejados a um nível inferior ao da administração[112].

Este novo *nível societário*, como alguns autores o designam, não se assemelha ao comum nível de "direcção interna" que qualquer sociedade, no exercício da sua absoluta *autonomia organizacional* e de gestão, institui: *se* e *como* quiser. Bem ao invés, nas sociedades bancárias, trata-se de níveis que *acrescem* aos tradicionais órgãos de administração e de fiscalização e que, dados os poderes que directamente lhes são conferidos por lei, suscitam importantes questões quanto à sua eventual qualificação como órgãos, e ainda a respeito da sua articulação com os poderes

---

111 Cfr. DANIELA WEBER-REY, *"Der Aufsichtsrat..."*, cit., p. 770.

112 Cfr., por exemplo, KLAUS J. HOPT, *"Corporate Governance..."*, cit.,<style face="italic">"Corporate Governance..."</style>, cit.,</DisplayText><record><rec-number>15593</rec-number><foreign-keys><key app="EN" db-id="2dr9xdtw3r22fje9xx2pafts25z2sdds2290" timestamp="1499958117">15593</key></foreign-keys><ref-type name="Journal Article">17</ref-type><contributors><authors><author>Hopt, Klaus J.</author></authors></contributors><titles><title>Corporate Governance of Banks after the Financial Crisis</title><secondary-title>Financial Regulation and Supervision</secondary-title><short-title>Corporate Governance...</short-title></titles><periodical><full-title>Financial Regulation and Supervision</full-title></periodical><pages>337-367</pages><keywords><keyword>Governação corporativa de bancos</keyword><keyword>governação de capital versus governação da dívida</keyword><keyword>crise financeira e propostas de reforma bancária</keyword><keyword>requisitos de supervisão quanto à governação bancária</keyword><keyword>separação de gerenciamento e controle por um banco de duas camadas</keyword><keyword>governação corporativa de banco em todo o grupo</keyword><keyword>gestão de risco bancário</keyword></keywords><dates><year>2012</year></dates><accession-num>V-0-62;41</accession-num><work-type>Artigo de Revista</work-type><urls></urls><language>Inglês</language></record></Cite></EndNote> pp. 363s.

dos órgãos (tradicionais) instituídos: a quem reportam, de quem dependem, o que significa a *independência* que a lei lhes assegura[113].

Outro aspecto muito relevante é o de saber em que medida a existência e o funcionamento de um sistema adequado e eficaz de controlo interno – que inclui a função de *compliance*[114] – interfere com os deveres dos membros do órgão de fiscalização. Isto é, em que medida o dever geral de "vigiar pela observância da lei e do contrato" (arts. 420º, nº 1, al. *c)*, 423º-F, nº 1, al. *b)*, 441º, nº 1, al. *e)*, CSC) é dispensado ou alterado atento o facto de existir uma função dotada de meios próprios, destinada a assegurar, *inter alia*, o cumprimento da lei[115]. E, concretamente, que interesses protege, v.g., a função de *compliance*: protege interesses da sociedade? dos accionistas? de terceiros? do mercado?[116] A questão é relevante para a configuração dos respetivos deveres, naturalmente.

Parece claro que a existência de uma função de controlo interno não desonera os membros do órgão de administração e/ou de fiscalização do cumprimento dos seus deveres[117]. E, por outro lado, conforme se referiu anteriormente, a existência e o bom funcionamento da função é um dever que impende sobre a administração[118]: neste sentido, a função não desonera o órgão de administração, antes o *responsabiliza*. Mas, o facto de se instituir esta função – nos termos prescritos na lei – já exonera os membros da administração de eventual *responsabilidade pela organização*[119].

113 Não resulta claramente da lei se a independência é *organizacional* ou/e *disciplinar* (isto é, isenção de um poder de direcção no que toca a instruções sobre a função). Trata-se de matéria discutida (*vide*, por exemplo, THOMAS LÖSLER, *"Das moderne..."*, cit., pp. 107ss.).

114 Numa visão moderna, a função de *compliance* integra o sistema de gestão de riscos. Cfr., por exemplo, THOMAS LÖSLER, *"Das moderne..."*, cit., pp. 104 e 105ss., e JÜRGEN BÜRKLE, *"Mut zur Abweichung: Don't comply, better explain"*, in CCZ, 2018, p. 145 (especificamente a respeito da organização da função nas instituições de crédito).

115 A respeito das implicações sobre, no caso, a responsabilidade da administração, cfr. BROWN, in *Boos/Fischer/Schulte-Mattler...* cit., § 25a, anot. 434.

116 Cfr. THOMAS LÖSLER, *"Das moderne..."*, cit., pp. 108s.

117 Cfr. BRAUN, in *Boos/Fischer/Schulte-Mattler...* cit., § 25a, anot. 434.

118 Justificando o enquadramento da função de controlo interno no âmbito das funções da gestão com a circunstância de, nos Estados Unidos, onde a teorização da função se desenvolveu, não existir um órgão de fiscalização equivalente ao conselho fiscal, cfr. LAURA SCHIUMA, *"Le competenze..."*, cit., pp. 59s.

119 *Idem* BRAUN, in *Boos/Fischer/Schulte-Mattler...* cit., últ. loc. cit. Cfr., também, sobre a matéria, VINCENZO CALANDRA BUONAURA, *"Il ruolo..."*, cit., pp. 33ss.

E pode, por outro lado, discutir-se se não acabará por ocorrer uma certa "difusão de responsabilidade", na medida em que o controlo interno tenha passado a competir —obviamente, em aspectos distintos, mas em alguns aspectos *sobreponíveis*[120] - a diferentes centros de poder: ao órgão de administração (na sua função de administração)[121], ao órgão de administração (na sua função de fiscalização, a que correspondem outras pessoas) e às próprias direcções (de *compliance*, etc.). Ora, não existindo uma hierarquia entre estes diversos órgãos (ou quase-órgãos), existe o risco de ocorrer um fenómeno de "desresponsabilização" ou de "difusão da responsabilidade"[122].

Além de *concretizar* e, em muitos casos, *criar* deveres a respeito do controlo interno - em termos que não existem no direito das sociedades comum -, o direito das instituições de crédito estabelece (ou parece estabelecer) diferentes níveis ou grupos de responsáveis: a *própria instituição de crédito*, o órgão como um todo ou os *membros individualmente*[123]. Daqui emergem consequências em sede de responsabilidade, mas também em sede de "delegação" de competências e sobre os termos em que o dever pode ser cumprido.

Valha ainda uma referência à vincada *processualização* - ou *procedimentalização* - em que assenta a regulação do sistema de controlo. É pedido às sociedades que obedeçam a um minucioso *iter* de exercício das funções de controlo: a elaboração de planos (preparados por quem, aprovados por quem, com parecer de quem), a monitorização do cumprimento de tais planos (por quem, com que periodicidade), a produção de relatórios a respeito da execução dos planos (por quem, aprovados por quem), etc., etc[124].

À *procesualização* acresce uma outra nota - que se projecta num *dever* - de "*documentação adequada*": o *exercício das competências* tem de ser documentado (v. arts. 4.º, n.º 3, 9º, nº 3, 18º, nº 3, 23º, nº 3, do Aviso n.º 5/2008); a *estratégia* da actividade deve ser documentada (art.

120 Cfr. CHIARA GARILLI, *"I controlli interni nelle società per azioni con sistema dualistico. Riflessioni su alcuni profili di potenziale efficienza di un modello "in disuso""*, in Contratto e Impresa, n.º 6, 2015, p. 1453.

121 Entre nós, *vide* NUNO MORAES BASTOS, *"Corporate Governance, Compliance e a Função Compliance nos Setores Bancários e Segurador", in A Emergência e o Futuro do Corporate Governance em Portugal*, vol. II, Almedina, Coimbra, 2018, p. 229.

122 Cfr. DANIELA WEBER-REY, *"Der Aufsichtsrat..."*, cit., p. 770.

123 Distinguindo estes diferentes níveis, cfr. BRAUN, in *Boos/Fischer/Schulte-Mattler...* cit., § 25c, anots. 75ss.

124 Sublinhando o reforço processual da gestão do risco, *vide* DIETER KRIMPHOVE, *"Die „neue" MaRisk (BA) 9/2017"*, in BKR, 2018, p. 2.

8º, nº 2, do Aviso n.º 5/2008); o *sistema de gestão de riscos* deve ser documentado (art. 11º, nº 7, do Aviso n.º 5/2008); a constituição da função de "compliance" deve ser formalizada (art. 17º, nº 2, al. *a)*, do Aviso n.º 5/2008); as deficiências do controlo interno com impacto material devem ser "devidamente registadas e documentadas" (art. 21º, nº 6, do Aviso n.º 5/2008).

Este âmbito da regulamentação é, também, inteiramente novo no direito das sociedades.

Trata-se de um domínio em que a *soft law* (*hoft law*[125]) assume particular relevo, tendo a EBA emitido novas orientações, em 2017 (entradas em vigor em 2018), sobre o governo interno (EBA/GL/2017)[126].

No centro das preocupações do controlo interno encontram-se a *gestão do risco*[127] e o *controlo interno*[128]. Embora, em rigor, aquela se in-

125 Sobre o sentido da expressão *hoft law, vide infra* 5.

126 Disponíveis em https://eba.europa.eu/documents/10180/2164689/Guidelines+on+Internal+Governance+%28EBA-GL-2017-11%29_PT.pdf.
Uma primeira análise destas novas *guidelines* pode ler-se em PATRÍCIA AFONSO FONSECA, *"As Novas Orientações da EBA em Matéria de Governo Interno", in A Emergência e o Futuro do Corporate Governance em Portugal*, vol. II, Almedina, Coimbra, 2018, pp. 235ss.

127 Cfr. BRAUN, in *Boos/Fischer/Schulte-Mattler...* cit., § 25a, anot. 93.

128 Cfr. KLAUS J. HOPT, *"Corporate Governance..."*, cit.,<style face="italic">"Corporate Governance..."</style>, cit.,</DisplayText><record><rec-number>15593</rec-number><foreign-keys><key app="EN" db-id="2dr9xdtw3r22fje9xx2pafts25z2sdds2290" timestamp="1499958117">15593</key></foreign-keys><ref-type name="Journal Article">17</ref-type><contributors><authors><author>Hopt, Klaus J.</author></authors></contributors><titles><title>Corporate Governance of Banks after the Financial Crisis</title><secondary-title>Financial Regulation and Supervision</secondary-title><short-title>Corporate Governance...</short-title></titles><periodical><full-title>Financial Regulation and Supervision</full-title></periodical><pages>337-367</pages><keywords><keyword>Governação corporativa de bancos</keyword><keyword>governação de capital versus governação da dívida</keyword><keyword>crise financeira e propostas de reforma bancária</keyword><keyword>requisitos de supervisão quanto à governação bancária</keyword><keyword>separação de gerenciamento e controle por um banco de duas camadas</keyword><keyword>governação corporativa de banco em todo o grupo</keyword><keyword>gestão de risco bancário</keyword></keywords><dates><year>2012</year></dates><accession-num>V-0-62;41</accession-num><work-type>Artigo de Revista</work-type><urls></urls><language>Inglês</language></record></Cite></EndNote> p. 344, e JAAP WINTER, *"The Financial..."*, cit.,<style face="italic">"The Financial..."</style>, cit.,</DisplayText><record><rec-number>15594</rec-number><foreign-keys><key app="EN" db-id="2dr9xdtw3r22fje9xx2pafts25z2sdds2290" ti-

clua neste[129], optámos por autonomizá-la, atenta a especial relevância e mesmo *centralidade* que assume no regime legal.

5.4.2. *Gestão do risco (Risk management)*

A atividade de um banco consiste, essencialmente, *em tomar risco* (dos seus clientes) e em geri-lo. Quando um banco contrata com um cliente um determinado produto que preparou, o que está a fazer é a assumir, junto do seu cliente, um risco, pelo qual se remunera tendo por base as suas previsões quanto ao risco da sua atividade: de todos os riscos que afectam a sua atividade, e são vários (risco de mercado, risco de crédito, risco de liquidez, risco operacional, risco de taxa de juro)[130]. A crise do *subprime* é o exemplo acabado de um erro (aliás, grosseiro!) de avaliação do risco em que as instituições de crédito incorriam e que determinou um erro no preço cobrado pelas entidades bancárias pelo risco que estavam a assumir. Os seus activos tinham muito mais risco do que fora avaliado e a remuneração que estava a ser colhida dos clientes não era suficiente para o cobrir.

Uma das lições retiradas da crise respeita à débil gestão do risco das instituições bancárias e, por isso, não surpreende que o centro da regulação do sistema bancário reside na gestão do risco[131]. Mais: que tenha

---

mestamp="1499958918">15594</key></foreign-keys><ref-type name="Journal Article">17</ref-type><contributors><authors><author>Winter, Jaap</author></authors></contributors><titles><title>The Financial Crisis: Does Good Corporate Governance Matter and How to Achieve it?</title><secondary-title>Financial Regulation and Supervision</secondary-title><short-title>The Financial...</short-title></titles><periodical><full-title>Financial Regulation and Supervision</full-title></periodical><pages>369-388</pages><keywords><keyword>Governação corporativa de bancos</keyword><keyword>governação de capital versus governação da dívida</keyword><keyword>crise financeira e propostas de reforma bancária</keyword><keyword>requisitos de supervisão quanto à governação bancária</keyword><keyword>separação de gerenciamento e controle por um banco de duas camadas</keyword><keyword>governação corporativa de banco em todo o grupo</keyword><keyword>gestão de risco bancário</keyword></keywords><dates><year>2012</year></dates><accession-num>V-0-62;42</accession-num><work-type>Artigo de Revista</work-type><urls></urls><language>Inglês</language></record></Cite></EndNote> pp. 372s.

---

129 Cfr. PAULO CÂMARA, *O Governo...* cit., p. 49.

130 Para uma descrição destes riscos, *vide*, por exemplo, LINDA ALLEN/ANTHONY SAUNDERS, *"Risk Management in Banking"*, in *The Oxford Handbook of Banking*, Oxford University, United Kingdom, 2015, p. 162s.

131 Cfr. KLAUS-PETER MÜLLER, *"Verschärfung der Kontrolle - Die Sicht des Finanzmarktes"*, in *Corporate Governance: Geschichte - Best Practice - Herausforderungen*, Campus, Frankfurt, 2015, p. 217.

como propósito a *redução do risco*, embora esta imposição regulatória, por si mesma, tenda a entrar em conflito com o direito das sociedades e mesmo com o direito das empresas, visto que à atividade empresarial é inerente a assunção de risco - a lei não pode pretender, muito simplesmente, a sua eliminação[132]. Porém, talvez possa dizer-se que o legislador esteja a introduzir uma alteração aos objetivos da atuação dos administradores: em vez de *maximizarem* as oportunidades de negócio e ganhos da empresa - como é próprio do direito da sociedades—, os administradores devem procurar *minimizar* os seus riscos[133] - o que é coisa bem diversa.

O propósito da lei é assegurar, *no interesse público*, uma estabilidade do risco (no longo prazo)[134], ou seja, impõe-se a consideração, na arquitectura legal, de um interesse público relativamente à determinação de uma matéria que constitui a essência da actividade empresarial privada e para esta relegada em princípio: *o risco*.

Para assegurar uma gestão adequada do risco, o regime especial das instituições de crédito (no direito nacional, arts. 115º-K ss. do RGIC) determina um conjunto muito preciso de obrigações ao órgão de administração. Aliás, em rigor, uma parte significativa do regime e do seu controlo escapa até ao poder do órgão de administração.

Os deveres que impendem sobre a administração consubstanciam um regime especial de "responsabilidade pela organização": o órgão de administração está adstrito, ao invés do que sucede no direito das sociedades comum, ao cumprimento de determinações específicas na organização da empresa - e que instituem um dever de "organização empresarial adequada" -, que constituem "deveres básicos" da administração[135].

Mas vão muito além disso, impondo limites precisos e, de resto, apertados, às decisões de gestão da administração em múltiplos aspectos.

---

132 Nesta linha, cfr. KLAUS-PETER MÜLLER, *Verschärfung...* cit., p. 218.

133 Cfr. DALVINDER SINGH, *"Corporate Governance..."*, cit., p. 467, *CHRISTIAN A. KREBS, "Freeze-Out Transactions in Germany and the U.S.: A Comparative Analysis", in German Law Journal, vol. 13, n.º 8, 2012*, pp. 941ss., WILHELM HAARMANN, *"Die Regulierungsflut und die Haftungssorgen", in Corporate Governance: Geschichte - Best Practice - Herausforderungen*, Campus, Frankfurt, 2015, p. 222.

134 Cfr. CAROLINE BRONNERT-HÄRLE, *Aufsichtsratsausschüsse...* cit., p. 335.

135 Cfr. JOACHIM PREUSSNER, *"Risikomanagement..."*, cit., p. 58, e DIETER KRIMPHOVE, *"Die..."*, cit., anot. 2.

5.4.3. *Compliance*[136]

A função de *compliance*[137] constitui, no direito das sociedades comuns, uma obrigação do órgão de administração[138]. Embora se assista a uma evolução no sentido de o órgão de fiscalização também ter responsabilidades nessa matéria: não a responsabilidade de instituir um sistema de *compliance*, mas de, *acessoriamente*, fiscalizar que o órgão de administração cumpra esse seu dever[139].

---

136 Usamos a terminologia mais difundida na doutrina, nacional e estrangeira, que se serve do vocábulo inglês. O legislador/regulador, por vezes, usa o termo *compliance* (por exemplo, no Aviso nº 5/2008 do Banco de Portugal), por vezes "controlo do cumprimento" (explicitando, de seguida, entre aspas, que se refere a "compliance", como sucede nos arts. 115º-A, nº 5, e 116º-AA, nº 3, RGICSF). Mas na versão portuguesa de legislação europeia (por exemplo da CRD IV), é usado o termo "conformidade". Independentemente de o legislador e o regulador nacionais poderem preferir o uso de um termo em língua portuguesa, afigura-se vantajoso, num trabalho de índole jurídico-científica, recorrer à terminologia consolidada e, de resto, inteiramente assumida na prática. Sobre a questão terminológica, *vide* JOÃO LABAREDA, *"Contributo..."*, cit., pp. 284s.

137 O legislador vem usando o termo "função", em vez de "direcção" ou "departamento" de *compliance*. É o resultado da abordagem *funcional* em que a CRD IV assenta e que, aqui, se explica com o facto de a função poder, nas muito pequenas instituições, ser desempenhada por departamento não autónomo. Mas, em certo sentido, os termos seriam equivalentes. Cfr. GEBAUER/NIERMANN, in *Hauschka/Moosmayer/Lösler...* cit., § 48, anot. 6. Por outro lado, pode distinguir-se "função" de "sistema" de *compliance*, mas aquele tem um alcance mais amplo, sendo preferível utilizar aquela expressão com o sentido que engloba também o de um "sistema". Cfr. JOÃO LABAREDA, *"Contributo..."*, cit., p. 287.

138 Cfr., por exemplo, GEBAUER/KLEINERT, in *Krieger/Schneider Handbuch Managerhaftung*, 2. Auflage, Otto Schmidt, Köln, 2010,2. Auflage, Otto Schmidt, Köln, 2010,</DisplayText><record><rec-number>17916</rec-number><foreign-keys><key app="EN" db-id="2dr9xdtw3r22fje9xx2pafts25z2sdds2290" timestamp="1560959940">17916</key></foreign-keys><ref-type name="Book">6</ref-type><contributors></contributors><titles><title>Krieger/Schneider Handbuch Managerhaftung</title><short-title>Krieger/Schneider...</short-title></titles><pages>1248</pages><volume>2. Auflage</volume><keywords><keyword>Diretor Executivo</keyword><keyword>Conselho de Supervisão</keyword><keyword>Deveres e consequências de responsabilidade</keyword><keyword>Áreas de risco típicas</keyword><keyword>Responsabilidade do gerente</keyword></keywords><dates><year>2010</year></dates><pub-location>Köln</pub-location><publisher>Otto Schmidt</publisher><accession-num>BFDUC</accession-num><work-type>Livro</work-type><urls></urls><language>Alemão</language></record></Cite></EndNote> § 20, anot. 3.

139 Para o direito alemão, *vide* KONSTANTIN VON BUSEKIST/CHRISTIAN KEUTEN, *"Zur Einrichtung..."*, cit., p. 119, *Hüffer/Koch...* cit., § 111, anot. 4, e STEFAN SIEPELT/LASSE PÜTZ, *"Die Compliance-Verantwortung des Aufsichtsrats"*, in CCZ, 2018, p. 78.

Porém, o dever da administração não se encontra especificamente regulado no direito das sociedades – suportando-se a sua existência nesse dever geral de actuação com a diligência de um gestor criterioso e ordenado que impende sobre os administradores (art. 64º, nº 1, al. *a)*, CSC)[140] –, podendo até dizer-se que, no direito comum das sociedades, o dever da administração não é um dever *geral*, mas sim um dever *relativo*, no sentido em que só existe na medida em que existam potenciais riscos que o justifiquem. As pequenas ou muito pequenas empresas podem, por isso, ficar isentas do "fardo" do *compliance*[141].

No RGICSF, o legislador identifica o *compliance* com o dever de a entidade assegurar o "cumprimento das obrigações legais e regulamentares" (art. 115º-A, nº 5, RGICSF). Mas é bastante mais amplo o seu objecto (e, portanto, a noção) – e é esta maior amplitude a que prevalece – que lhe vem atribuída pelo art. 11.º, n.º 4, al. *f)*, do Aviso n.º 5/2008 do Banco de Portugal. Neste preceito, a propósito da definição de "risco de «compliance»", assume-se implicitamente que o âmbito desta função respeita à "não conformidade" – já não se alude a "cumprimento", visto não estarem em causa apenas leis e regulamentos – relativamente a "leis, regulamentos, determinações específicas, contratos, *regras de conduta e de relacionamento com clientes, práticas instituídas ou princípios éticos*, que se materializam em sanções de carácter legal, *na limitação das oportunidades de negócio, na redução do potencial de expansão ou na impossibilidade de exigir o cumprimento de obrigações contratuais*" (sublinhados nossos). A amplitude da função é, pois, vastíssima, com certeza muito mais extensa do que aquela que poderia resultar de um entendimento comum (aplicável às sociedades em geral).

Vale isto por dizer que, no direito das instituições de crédito, ao invés do que sucede no direito comum das sociedades, a função de *compliance* encontra-se regulada[142]: desde logo, na sua existência, mas tam-

140 É o entendimento da doutrina alemã, para questão paralela que aí se coloca. Cfr., por exemplo, GEBAUER/NIERMANN, *Hauschka/Moosmayer/Lösler...* cit., § 48, anot. 16, e MARLEN THATEN, *Die Ausstrahlung...* cit., p. 209.

141 Cfr., sobre isto, MARLEN THATEN, *Die Ausstrahlung...* cit., p. 204. Em sentido um pouco diferente, JOÃO LABAREDA, *"Contributo..."*, cit., pp. 288s., para quem a função de *compliance* é, nas sociedades não abrangidas por regime especial que o imponha, *puramente voluntária* ("liberdade absoluta de agir, cabendo às entidades empresariais, sem quaisquer restrições ou limitações, decidir sobre o que pretendem").

142 E pode dizer-se que resulta de uma evolução, ocorrida essencialmente nos últimos 20 anos. Sobre isto, vide GEBAUER/NIERMANN, in *Hauschka/Moosmayer/Lösler...* cit., § 48, anots. 10ss. Uma evolução do *compliance* pode também ler-se em JOÃO LABAREDA, *"Contributo..."*, cit., pp. 293ss.

bém na sua organização mínima, nos seus propósitos, nos seus deveres e, igualmente importante, numa *nova feição de interacção com a administração* (arts. 10.º, n.º 3, e 17º do Aviso n.º 5/2008).

De facto, a função de *compliance*, tal como se encontra consagrada para o setor bancário, além de uma atividade de *controlo* constitui ainda uma atividade de *aconselhamento*[143], desde logo ao órgão de administração (art. 17.º, n.º 1, al. *b)*, Aviso n.º 5/2008), bem como a outras áreas: com vista à identificação das matérias legais e regulamentares para *compliance*, na preparação do cumprimento, na produção de relatórios periódicos que identifiquem os riscos de incumprimento[144].

Numa área muito específica, *a da prevenção do branqueamento de capitais e do combate ao terrorismo*, o legislador foi especialmente longe na autonomização da função de *compliance* ("cumprimento normativo", é a expressão usada no diploma legal). De facto, a Lei nº 83/2017, de 18 de agosto, que transpôs para o direito interno as Diretivas 2015/849/UE, do Parlamento Europeu e do Conselho, de 20 de maio de 2015, e 2016/2258/UE, do Conselho, de 6 de dezembro de 2016, confere ao responsável de *compliance* uma posição **ímpar na estrutura societária**. A entidade tem de assegurar ao responsável pela função a autonomia decisória necessária, qualquer que seja a natureza do seu vínculo com a entidade obrigada (art. 16º, nº 3, al. a)), que este disponha de meios e recursos técnicos, materiais e humanos adequados (art. 16º, nº 3, al. c)), que tenha acesso irrestrito e atempado a toda a informação interna relevante para o exercício da função, em particular a informação referente à execução do dever de identificação e diligência e aos registos das operações efetuadas (art. 16º, nº 3, al. d)), que não se encontre sujeita a potenciais conflitos funcionais, em especial quando não se verifique a segregação das suas funções (art. 16º, nº 3, al. e)).

Mais ainda: a administração da sociedade está *impedida* de interferir na decisão de comunicação de operações suspeitas às autoridades de polícia criminal e tal decisão não pode depender da administração (art. 16º, nº 4).

Vale isto por dizer que, numa área específica, a lei não só impôs a criação de uma unidade (uma função) com (alguma) autonomia em face dos órgãos sociais da sociedade bancária, como proibiu que determinados deveres da sociedade sejam cumpridos pelos seus órgãos sociais: o dever de comunicar é da sociedade, mas a administração está impedida

143 Neste sentido, cfr. GEBAUER/NIERMANN, in *Hauschka/Moosmayer/Lösler...* cit., § 48, anots. 23 e 48ss.

144 Cfr. BROWN, in *Boos/Fischer/Schulte-Mattler...* cit., § 25a, anots. 434s.

de, ela própria, proceder às comunicações que a lei determina. A que acresce o facto de esse "para-órgão" da sociedade ter competências próprias de representação perante determinadas entidades terceiras, conforme decorre do art. 16º, nº 2, al. e): cabe-lhe "desempenhar o papel de interlocutor das autoridades judiciárias, policiais e de supervisão e fiscalização...".

A razão deste regime é simples e compreensível: o legislador temeu que a administração, empenhada no bom desempenho *comercial* da instituição de crédito e em alcançar bons resultados operacionais, pudesse ceder aos interesses de clientes do banco, assim se colocando em causa a prevenção do branqueamento de capitais e o combate ao financiamento ao terrorismo. Sendo patente este potencial conflito em que a administração da sociedade poderia estar colocada, patente se afigura também o potencial *conflito* (ou, quando menos, *tensão*) em que todo este regime pode encontrar-se com o fim lucrativo e os objectivos empresariais da sociedade bancária.

O surgimento e consolidação de uma função independente da administração, dotada de competências próprias e exclusivas, com poderes de representar a sociedade na relação com determinados terceiros, constitui, pois, uma figura nova no direito das sociedades, que carece de enquadramento.

5.5. Que papel para os accionistas?

O direito das instituições de crédito não aborda de forma sistemática os poderes e os deveres dos accionistas[145]. Mas existem vários aspectos desse regime sobre os quais importa reflectir no quadro do direito das sociedades.

Em primeiro lugar, a qualidade de acionista *qualificado*, isto é, de titular de participação qualificada – que a lei fixa em 10% ou mais dos direitos de voto (art. 2º-A, ee) RGICSF) calculados com base na técnica da *imputação* (art. 13º-A RGICSF) –, não é de *regime livre*. O Banco de Portugal pode opor-se ao projecto de aquisição (art. 103º RGICSF), que tem de ser previamente comunicado ao supervisor (art. 102º RGICSF). A que se junta a obrigação de *registo* (art. 66º, *g)*, RGICSF).

Em segundo lugar, os limites previstos por lei à aquisição de uma participação qualificada respeitam, *inter alia*, à "idoneidade do proposto adquirente, tendo especialmente em conta o disposto no art. 30º-D se se tratar de uma pessoa singular" e "à idoneidade, qualificação

---

145 Cfr. PETER O. MÜLBERT/ALEXANDER WILHELM, *"CRD IV..."*, cit., p. 170.

profissional, independência e disponibilidade dos membros do órgão de administração da instituição de crédito, a designar em resultado da aquisição projectada, nos termos do disposto nos arts. 30º e 30º-A" (*vide* art. 103º, nº 2, als. a) e b), RGICSF). De onde decorre que, no direito das sociedades bancárias, existem restrições *objectivas e subjectivas* à qualidade de acionista qualificado – em termos que suscitam efectivamente muitas questões – com base num pressuposto implícito que, só por si, conflitua com o direito comum das sociedades. Na verdade, a restrição motiva-se pelo receio de o acionista não garantir "uma gestão sã e prudente da instituição de crédito" (art. 103º, nº 1, RGICSF). Aliás, é com base nesse mesmo critério que se aprecia a idoneidade do acionista ou que pode decidir-se uma inibição de voto do acionista (art. 106º RGICSF) ou mesmo suspender ou destituir membros do órgão de administração (art. 145º, nº 1, al. *c)*). Sucede, porém, que no direito das sociedades anónimas, o acionista *não goza de poderes de gestão* (art. 373º, nº 3, CSC)[146]. Ora, se não goza de tais poderes, de que forma pode a sua incapacidade para assegurar uma "gestão sã e prudente" relevar?

Em terceiro lugar, o RGICSF consagra um regime especial para os *acordos parassociais* relativos ao direito de voto, que sujeita a registo "sob pena de ineficácia" (art. 111º RGICSF). Esta norma suscita relevantes questões na sua articulação com o art. 17º CSC. E contém igualmente um regime especial – tecnicamente muito complexo – de onde resulta o carácter temporário dos *tectos de voto* (art. 13º-C)[147].

Particular interesse poderá assumir o art. 119º RGICSF que, sob a epígrafe "dever de acionista", dispõe: "Quando a situação de uma instituição de crédito o justifique, o Banco de Portugal pode recomendar aos accionistas que lhe prestem o apoio financeiro que seja adequado.". A epígrafe refere-se a um "dever", embora o enunciado da norma apenas mencione a possibilidade de o Banco de Portugal efectuar uma "recomendação". Para lá das evidentes questões de interpretação que a letra do preceito suscita, ele enquadra-se numa problemática de âmbito bastante mais lato, que respeita aos *deveres dos accionistas*, mormente qualificados, de uma sociedade bancária. Acrescidos deveres de lealda-

---

146 Embora se trate de matéria controvertida em vários aspectos, a generalidade da doutrina concorda no entendimento de que, em princípio, a gestão é matéria reservada ao órgão de administração. Sobre a matéria, *vide*, por exemplo, JORGE MANUEL COUTINHO DE ABREU, *Governação*... cit., pp. 45ss.

147 Cfr. J. M. COUTINHO DE ABREU, *De novo*... cit., pp. 13ss., JORGE BRITO PEREIRA, *"O Decreto-Lei n.º 20/2016, de 20 de Abril", in O Novo Direito dos Valores Mobiliários - I Congresso Sobre Valores Mobiliários e Mercados Financeiros*, Almedina, Coimbra, 2017, pp. 161ss.

de? Deveres de "gestão sã e prudente"? Em que é que se traduzem tais deveres? Têm especiais deveres na escolha e eleição de membros para os corpos sociais? O regime do art. 83º CSC aplica-se sem nenhuma restrição às sociedades bancárias?

Num aspecto específico, o regime das instituições de crédito confere à assembleia de accionistas poderes que, manifestamente, o direito comum das sociedades não lhes confere, nem permite conferir. De facto, o art. 115º-F RGICSF atribui à assembleia de accionistas competência para deliberar sobre a *ratio* entre a componente fixa e a variável da remuneração de colaboradores referidos no art. 115º-C, nº 2, entre os quais se contam colaboradores com vínculo laboral à sociedade. No direito comum das sociedades, os accionistas são competentes para fixar as remunerações dos administradores (art. 399º CSC), mas não a remuneração de trabalhadores da sociedade, por se tratar de matéria patentemente de gestão. Ora, não só a lei confere competência à assembleia geral da sociedade bancária para deliberar sobre a matéria, como exclui dessa competência o órgão de administração (isto, sublinhe-se, quando se trate de aprovação de uma *ratio* mais elevada entre as duas componentes da remuneração do que o previsto no nº 3 do art. 115º-F).

A atribuição de tais poderes à assembleia geral sobre uma matéria de gestão permite questionar em que medida a regra do art. 373º, nº 3, CSC se aplica, igualmente, às sociedades bancárias.

6. A SUPERVISÃO/REGULAÇÃO

Após a crise, a reconstrução do edifício regulatório do sistema bancário assumiu uma enorme dimensão, conferindo à regulação especiais poderes sobre a condução dos bancos e extensíssimos poderes de supervisão: *more regulation is better regulation.*

A articulação entre a regulação e a supervisão, a primeira *centralizada*, a segunda *harmonizada*, e separadas uma da outra, suscitam muitas questões teóricas, que deverão (apenas) ser mencionadas[148].

E instituiu-se o chamado "single rulebook", isto é, a harmonização do regime bancário europeu (não apenas nos países da zona euro), através de *diretivas*, *regulamentos* e instrumentos de *soft law* (como *orientações* e *recomendações*). Pode distinguir-se o "single rule book" *prudencial* (ou de supervisão) – que assenta no chamado "pacote CRD IV", compos-

148 Sobre a matéria, *vide*, por exemplo, Guido Ferrarini/Fabio Recine, *"The Single Rulebook and the SSM: Should the ECB Have More Say in Prudential Rule-making?"*, *in European Banking Union*, Oxford, United Kingdom, 2015, pp. 120ss.

to pela Diretiva 2013/36/UE e pelo Regulamento n.º 575/2013 – e o "single rulebook" da *resolução* bancária – assente na Diretiva 2014/59/UE. Só aquele será objeto de estudo[149].

A CRD IV conferiu à EBA poderes de âmbito *muitíssimo significativo*. Vejam-se,

a) a respeito de *normas técnicas de regulamentação*, a elaborar pela EBA, os arts. 8º, nº 2 a 4, 22º, nº 9, 35º, nº 5 a 7, 36º, nº 5, 39º, nº 4 a 6, 50º, nº 6 a 8, 51º, nº 4 a 6, 77º, nº 4, 78, nº 7 a 9, 94º, nº 2, 113º, nº 5, 116, nº 4 e 5, 131º, nº 18, 140º, nº 7 e 143º, nº 3;

b) a respeito de *orientações*, os arts. 74º, nº 3, 75, nº 2, 78º, nº 6, 91º, nº 12, 94º, nº 1, 100º, nº 2, 101º, nº 5, 103º, nº 2, e 107º, nº 3;

c) e, a respeito de *recomendações*, os arts. 78º, nº 6, e 86º, nº 3.

A supervisão bancária, na sugestiva imagem de um autor, tem no sistema a função de um *pacemaker*[150], que visa garantir, com a sua intervenção, que todas as instituições do sistema se mantenham em funcionamento, prosseguindo o interesse público. E, importa notar, o direito da supervisão – que se tornou uma peça nuclear para o enquadramento jurídico das sociedades bancárias – não é uma "lei especial" no ordenamento jurídico-societário, porque, muito simplesmente, tem finalidades e prossegue interesses inteiramente distintos[151] e tem até uma nature-

149 Sobre tudo isto, *vide* GUIDO FERRARINI/FABIO RECINE, *The Single...* cit., pp. 118ss.

150 Cfr. JOACHIM PREUSSNER, *"Risikomanagement..."*, cit., p. 60.

151 Cfr. UWE H. SCHNEIDER/SVEN H. SCHNEIDER, *"Der Aufsichtsrat..."*, cit.,<style face="italic">"Der Aufsichtsrat..."</style>, cit.,</DisplayText><record><rec-number>17792</rec-number><foreign-keys><key app="EN" db-id="2dr9xdtw3r22fje9xx2pafts25z2sdds2290" timestamp="1560785511">17792</key></foreign-keys><ref-type name="Journal Article">17</ref-type><contributors><authors><author>Schneider, Uwe H.</author><author>Schneider, Sven H.</author></authors></contributors><titles><title>Der Aufsichtsrat der Kreditinstitute zwischen gesellschaftsrechtlichen Vorgaben und aufsichtsrechtlichen Anforderugen. Ein Beitrag zur aufsichtsrechtlichen Corporate Governance der Kreditinstitute</title><secondary-title>NZG</secondary-title><short-title>Der Aufsichtsrat...</short-title></titles><periodical><full-title>NZG</full-title></periodical><pages>41-47</pages><keywords><keyword>conselhos de supervisão</keyword><keyword>instituições de crédito</keyword><keyword>requisitos da legislação societária</keyword><keyword>requisitos regulamentares</keyword><keyword>Contribuição para o governo</keyword><keyword>regulamentar</keyword><keyword>instituições de crédito</keyword></keywords><dates><year>2016</year></dates><accession-num>IV-5-2;31</accession-num><work-type>Artigo de Revista</work-type><urls></urls><language>Alemão</language></record></Cite></EndNote> p. 42.

za diferente, por se tratar de *direito público*[152]. O direito das sociedades reconhece aos sócios a prerrogativa da conformação da sociedade, que apenas para tutela dos minoritários e dos credores se sujeita a restrições. Ao invés, o direito da supervisão bancária serve a protecção do bom funcionamento do mercado, a estabilidade do sistema financeiro e a protecção dos depositantes[153].

Por outro lado e em linha com esta diferença de base, o direito das sociedades varia com a forma (o tipo) da organização (sociedades por quotas, anónimas, em nome coletivo, etc.). Ao invés, o direito da supervisão, visto proteger invariavelmente os mesmos interesses, é insensível ou indiferente à forma jurídica da instituição de crédito, valendo indistintamente para uma sociedade anónima ou, por exemplo, uma caixa económica.

Atenta a diferença da natureza dos interesses tutelados, a verificação do cumprimento das normas é também diferente. No direito societário, é uma tarefa dos próprios órgãos da sociedade fiscalizar e garantir o respeito pelo ordenamento societário. No direito da supervisão, essa tarefa é (também) conferida a uma entidade pública de supervisão[154].

Ora, em grande parte, a nova conformação das competências, dos deveres e das responsabilidades dos membros – sobretudo da admi-

---

152 Para este confronto, *vide* SABINE ALBRECHT, *Corporate...* cit., p. 34.

153 *Vide* PETER O. MÜLBERT, *"Corporate..."*, cit., pp. 24ss. (não só vincando a diferença entre *corporate governance* e regulação, como discutindo a sua relação).

154 Sobre tudo isto, *vide* UWE H. SCHNEIDER/SVEN H. SCHNEIDER, *"Der Aufsichtsrat..."*, cit.,<style face="italic">"Der Aufsichtsrat..."</style>, cit.,</DisplayText><record><rec-number>17792</rec-number><foreign-keys><key app="EN" db-id="2dr9xdtw3r22fje9xx2pafts25z2sdds2290" timestamp="1560785511">17792</key></foreign-keys><ref-type name="Journal Article">17</ref-type><contributors><authors><author>Schneider, Uwe H.</author><author>Schneider, Sven H.</author></authors></contributors><titles><title>Der Aufsichtsrat der Kreditinstitute zwischen gesellschaftsrechtlichen Vorgaben und aufsichtsrechtlichen Anforderugen. Ein Beitrag zur aufsichtsrechtlichen Corporate Governance der Kreditinstitute</title><secondary-title>NZG</secondary-title><short-title>Der Aufsichtsrat...</short-title></titles><periodical><full-title>NZG</full-title></periodical><pages>41-47</pages><keywords><keyword>conselhos de supervisão</keyword><keyword>instituições de crédito</keyword><keyword>requisitos da legislação societária</keyword><keyword>requisitos regulamentares</keyword><keyword>Contribuição para o governo</keyword><keyword>regulamentar</keyword><keyword>instituições de crédito</keyword></keywords><dates><year>2016</year></dates><accession-num>IV-5-2;31</accession-num><work-type>Artigo de Revista</work-type><urls></urls><language>Alemão</language></record></Cite></EndNote> p. 42 (que segui de perto).

nistração "na sua função de fiscalização" – decorre do "direito da supervisão". Assim se prossegue e alcança uma uniformização do direito europeu, *não pela via do direito societário* em si mesmo – harmonização que, tendo sido tentada em tempos, se mostrou inalcançável para lá dos espaços confinados já atingidos –, mas *pela via do direito da supervisão* que estará a fazer emergir um "direito europeu das instituições de crédito"[155], à margem da respetiva forma jurídica. Não um direito *das sociedades*, ou de caixas económicas ou de aforro, etc., mas um *direito das instituições de crédito*, delimitado pelo *objecto da entidade* e *indiferente à sua forma jurídica*.

Dir-se-ia, deste modo, que a necessidade de articulação com o direito das sociedades seria, afinal, *desnecessária*: o direito das instituições de crédito seria *imune* ou *alheio* ao direito das sociedades, comportar-se-ia como um *corpo autónomo*.

Porém, as entidades em causa assumem, em cada estado-membro, entre outras a *forma societária*, ficando tais entidades necessariamente sujeitas (*também*) ao direito societário. O direito da supervisão não substitui o direito das sociedades; a sua aplicação não dispensa nem afasta a aplicação do direito das sociedades. Deve falar-se, sim, de uma relação de *mútua influência* – ou, se se preferir, de *confluência* nas instituições de crédito de forma societária – entre estes dois corpos normativos[156].

Influência (ou confluência) que corresponde, aliás, à própria alteração, defendida por alguns autores, da relação que está na base da

155 Cfr. UWE H. SCHNEIDER/SVEN H. SCHNEIDER, *"Der Aufsichtsrat..."*, cit.,<style face="italic">"Der Aufsichtsrat..."</style>, cit.,</DisplayText><record><rec-number>17792</rec-number><foreign-keys><key app="EN" db-id="-2dr9xdtw3r22fje9xx2pafts25z2sdds2290" timestamp="1560785511">17792</key></foreign-keys><ref-type name="Journal Article">17</ref-type><contributors><authors><author>Schneider, Uwe H.</author><author>Schneider, Sven H.</author></authors></contributors><titles><title>Der Aufsichtsrat der Kreditinstitute zwischen gesellschaftsrechtlichen Vorgaben und aufsichtsrechtlichen Anforderugen. Ein Beitrag zur aufsichtsrechtlichen Corporate Governance der Kreditinstitute</title><secondary-title>NZG</secondary-title><short-title>Der Aufsichtsrat...</short-title></titles><periodical><full-title>NZG</full-title></periodical><pages>41-47</pages><keywords><keyword>conselhos de supervisão</keyword><keyword>instituições de crédito</keyword><keyword>requisitos da legislação societária</keyword><keyword>requisitos regulamentares</keyword><keyword>Contribuição para o governo</keyword><keyword>regulamentar</keyword><keyword>instituições de crédito</keyword></keywords><dates><year>2016</year></dates><accession-num>IV-5-2;31</accession-num><work-type>Artigo de Revista</work-type><urls></urls><language>Alemão</language></record></Cite></EndNote> p. 43.

156 Neste sentido, cfr. SABINE ALBRECHT, *Corporate...* cit., p. 34.

governance bancária: não a relação principal-agente, como sucede na Corporate Governance comum, mas sim uma relação *trilateral*, entre "acionista/administração/supervisão", sendo esta a representante dos interesses dos depositantes e da estabilidade do sistema financeiro[157].

7. A *SOFT LAW*

A juntar à diversidade de fontes quanto à *origem* – interna ou europeia – e quanto à *hierarquia de fontes normativas* em que o direito das sociedades bancárias assenta, existe ainda a diversidade que se verifica na sua *natureza jurídica*. Na verdade, o direito das sociedades bancárias, na sua configuração concreta, sofre também influência da *soft law*[158].

A *soft law* suscita, em geral, muitas questões, a começar na própria *noção*[159]. Não iremos debater, do ponto de vista de *direito constitucional* e da *teoria do direito*, qual o sentido devido (e mesmo a legitimidade) da *soft law*[160]. Para o propósito deste trabalho, releva a utilização de um conceito amplo de *soft law*, que não se cinja às "recomendações" emitidas por entidades que têm poder normativo em sentido próprio. Todas as regras que visem a adopção de comportamentos pelos destinatários,

---

157 Neste sentido, Caroline Bronnert-Härle, *Aufsichtsratsausschüsse...* cit., p. 338.

158 Sublinhando a especial importância da *soft law*, Klaus J. Hopt, *"Comparative Company Law", in The Oxford Handbook of Comparative Law*, Oxford University Press, Oxford, 2006, pp. 11ss.

159 *Vide*, por exemplo, Abel Sequeira Ferreira, *"A soft law e a juridicidade dos códigos de governo das sociedades", in Revista de Direito das Sociedades*, Ano X, n.º 1, Almedina, Lisboa, 2018,<style face="italic">"A soft law e a juridicidade dos códigos de governo das sociedades", in Revista de Direito das Sociedades</style>, Ano X, n.º 1, Almedina, Lisboa, 2018,</DisplayText><record><rec-number>16909</rec-number><foreign-keys><key app="EN" db-id="2dr9xdtw3r22fje9xx2pafts-25z2sdds2290" timestamp="1526298747">16909</key></foreign-keys><ref-type name="Book Section">5</ref-type><contributors><authors><author>Ferreira, Abel Sequeira</author></authors></contributors><titles><title>A soft law e a juridicidade dos códigos de governo das sociedades</title><secondary-title>Revista de Direito das Sociedades</secondary-title><short-title>A soft...</short-title></titles><pages>181-230</pages><volume>Ano X, n.º 1</volume><keywords><keyword>A soft law</keyword><keyword>juridicidade dos códigos de governo das sociedades</keyword></keywords><dates><year>2018</year></dates><pub-location>Lisboa</pub-location><publisher>Almedina</publisher><isbn>978-010-04-1105-0</isbn><accession-num>XII-1-1;4</accession-num><label>Revista Portuguesa</label><urls></urls><language>Português</language></record></Cite></EndNote> pp. 181ss.

160 O conceito de *soft law* é de origem anglo-saxónica, não se integrando nas categorias normativas clássicas. Cfr. Daniela Weber-Rey, *"Ausstrahlungen..."*, cit., p. 554.

mas sem sujeitarem a não observância a uma sanção jurídica, são, neste sentido, *soft law*[161]. Mesmo que a entidade de que emanam não tenha poderes de *hard law*. Nesta noção ampla, a *soft law* inclui, portanto, os mecanismos de *auto-regulação*.

Apesar de tomarmos a *soft law* neste sentido amplo, não deixaremos de identificar os diferentes planos e implicações das regras de *soft law* (em sentido estrito) e as de *auto-regulação*. Aliás, o grande impulso legislativo (de *hard law*) desencadeado após a crise determinou um incremento relevante da *soft law* em sentido estrito – em especial, através de orientações (*guidelines*) da EBA[162] – e, na prática, terá diminuído o espaço e a relevância da *auto-regulação*. É, porém, discutível se deve reconhecer-se à regulação um "efeito de substituição" da auto-regulação[163] ou se, ao invés, esta deve ser tomada como essencialmente *complementar* daquela, visto prosseguir finalidades distintas (*complementarity*

---

161 A dicotomia *soft law/hard law* é, em si mesma, questionável, tendo sobretudo em conta a *soft law* do sistema financeiro. *Vide* CHRIS BRUMMER, *Soft Law and the Global Financial System*, 2.ª ed., Cambridge University Press, United Kingdom, 2015, pp. 179ss.

162 Para se ter uma ideia da extensão da soft law, veja-se que a EBA já produziu orientações:
sobre governo interno dos bancos, em 2011 e em 2017 https://eba.europa.eu/documents/10180/103861/EBA-BS-2011-116-final-EBA-Guidelines-on-Internal-Governance-%282%29_1.pdf;
sobre políticas de remunerações, em 2010: https://eba.europa.eu/documents/10180/106961/Guidelines.pdf
sobre stress testes, em 2010:
https://eba.europa.eu/documents/10180/16094/ST_Guidelines.pdf
sobre *outsourcing*, em 2006: https://eba.europa.eu/documents/10180/104404/GL02OutsourcingGuidelines.pdf.pdf
sobre mitigação do risco operacional, em 2009:
https://eba.europa.eu/documents/10180/606027/CP25.pdf
sobre clientes relacionados, em 2017:
https://eba.europa.eu/documents/10180/2025808/Final+Guidelines+on+connected+clients+%28EBA-GL-2017-15%29.pdf
sobre notificações de passaporte, em 2009:
https://eba.europa.eu/documents/10180/16094/ST_Guidelines.pdf
sobre a avaliação da adequação dos membros do órgão de administração e de fiscalização, em 2018:
https://www.cmvm.pt/pt/Cooperacao/esma/DocumentosESMACESR/Documents/Guidelines%20on%20assessment%20of%20suitability%20of%20members%20of%20MB%20KFH%20(EBA-GL-2017-12)_PT.pdf.

163 A abordagem do legislador europeu é claramente no sentido de que não se substituem e, sobretudo, de que não pode dispensar-se uma regulação "com dentes". *Vide*, por exemplo, KALSS/KLAMPFL, in *Dauses/Ludwigs...* cit., anot. 438.

hypothesis)[164], não devendo, por isso, ser prejudicada pela sua existência ou extensão. E permanece em discussão a medida desejável da regulação (pública), bem como a relevância da *governance* interna[165].

Importará, muito especialmente, ter pleno conhecimento dos *diferentes níveis* em que a *soft law* pode encontrar-se[166].

Na verdade, ela pode estar "a montante" ou "acima" de todo o edifício construído na União Europeia. As entidades que vêm assumindo um papel absolutamente determinante na evolução legislativa europeia – o *Comité de Basileia para a supervisão bancária* e o *Financial Stability Board* – não têm poderes normativos nem integram o quadro institucional da União Europeia, mas têm produzindo instrumentos de *soft law*[167]. Dada a composição daquelas entidades (onde alguns países da União Europeia ou mesmo instituições da UE têm assento), não surpreende que tais instrumentos de *soft law* venham sendo verdadeiramente determinantes do *sentido* e do *conteúdo* dos movimentos legislativos europeus subsequentes e mesmo ao nível do direito interno[168]. Esta *soft law* é *estrutural* e *originadora*, embora se encontre formalmente fora da arquitectura do direito bancário e de supervisão. E cumpre uma função de globalização da regulação financeira[169], ao permitir – na medida possível – que diferentes "legisladores" alinhem entre si princípios e regras que depois irão, num plano de *hard law*, consagrar. Corresponde a uma espécie de *concertação prévia* de legisladores.

164 *Vide*, sobre a matéria, GOTTFRIED WOHLMANNSTETTER, *Corporate...* cit., pp. 916ss.

165 Sobretudo na doutrina estado-unidense. Cfr., por exemplo, com um título muito sugestivo, VALENTINA BRUNO/STIJN CLAESSENS, *"Corporate governance and regulation: Can there be too much of a good thing?"*, in Journal of Financial Intermediation, 19, 4, 2010, pp. 461ss., SAULE T. OMAROVA, *"Bank..."*, cit., pp. 1029ss.

166 Seguimos aqui uma ordenação que assenta na diferente *origem* e não no *veículo* (sendo esta a mais comum, por exemplo, distinguindo "best practices", de "relatórios de supervisão", "observações" ou "orientações"). Sobre estas categorias, vide CHRIS BRUMMER, *Soft...* cit., pp. 121ss.

167 Cfr. BINDER, in *Binder/Glos/Riepe...* cit., pp. 5s.

168 *Vide* AFONSO D'OLIVEIRA MARTINS, *"A regulação pública bancária. Aspectos substantivos", in La Regulación Económica. En Especial, La Regulación Bancaria. Actas del IX Congreso Hispano-Luso de Derecho Administrativo*, Iustel, Córdoba, 2012, p. 157, e L. MIGUEL PESTANA DE VASCONCELOS, *Direito Bancário*, Almedina, Coimbra, 2017, pp. 51s., mas com enquadramento bastante diferente do apresentado aqui em texto.

169 Neste sentido, cfr. LAWRENCE G. BAXTER, *"Understanding the Global in Global Finance and Regulation"*, in Reconceptualizing Global Finance and Its Regulation, 2016, pp. 7ss.

Desta deverá distinguir-se a *soft law* já *instituída* ou *institucional*, que ocupa um lugar muito relevante, com propósitos totalmente distintos no edifício europeu. Os poderes da EBA (a par dos poderes das outras agências de supervisão financeira) "constituem algo de inovador no panorama regulatório da EU"[170].

Convém recordar que o chamado "processo Lamfalussy" previa, expressamente, a produção de *soft law* no terceiro nível: esta *soft law* "institucional" é enquadrada sistematicamente e foi-lhe reconhecido um papel, aliás relevante, na arquitectura do sistema.

As orientações e recomendações da EBA dirigem-se às instituições financeiras e também a autoridades competentes. Para estas, trata-se de *soft law*, posto que as autoridades nacionais podem, segundo a regra *comply or explain*, não dar cumprimento à orientação (art. 16º do Regulamento (UE) n.º 1093/2018 do Parlamento Europeu e do Conselho, de 24 de novembro de 2010, que cria a Autoridade Europeia de Supervisão (Autoridade Bancária Europeia). Porém, caso a autoridade nacional adopte as orientações ou recomendações – por exemplo em matéria de avaliação da adequação ou de governo interno dos bancos –, então irá exigir, no exercício dos seus poderes de supervisão, o cumprimento pelos bancos sujeitos à sua supervisão. Deste modo, a *soft law na origem* já é *hard law no destino* para os bancos supervisionados, por isso se podendo falar de *hoft law*: em vez de uma dicotomia *hard law/soft law*, teremos agora uma terceira fonte que é esta *hoft law*[171]. Isto quer se trate de supervisão pela entidade nacional (o Banco de Portugal), quer se trate de supervisão pelo BCE, visto este se encontrar, para estes efeitos, na mesma posição do supervisor nacional: o BCE, destinatário das recomendações e orientações da EBA, se não afastar o cumprimento, então irá seguir na sua conduta de supervisor aquelas orientações. O que significa que o debate acerca da *governance* de uma instituição de crédito deixa de se situar na relação dos accionistas com a sua sociedade, para passar para a relação da sociedade com o supervisor[172].

---

170 Cfr. João Nuno Calvão da Silva, *Agências de Regulação da União Europeia*, Gest Legal, Coimbra, 2017, p. 528.

171 Cfr. João Nuno Calvão da Silva, *Agências...* cit., p. 508.

172 O que não é isento de críticas. Cfr. Jaap Winter, *"The Financial..."*, cit.,<style face="italic">"The Financial..."</style>, cit.,</DisplayText><record><rec-number>15594</rec-number><foreign-keys><key app="EN" db-id="2dr9xdtw3r22fje9xx2pafts25z2sdds2290" timestamp="1499958918">15594</key></foreign-keys><ref-type name="Journal Article">17</ref-type><contributors><authors><author>Winter, Jaap</author></authors></contributors><titles><title>The Financial Crisis: Does Good Corporate Governance Matter and

Importará ainda destacar que a EBA não tem seguido uma linha de "regular através de princípios"[173], mas sim através de *regras muito precisas* e *minuciosas*: a mero título de exemplo, as orientações relativas à adequação de membros do órgão de administração contêm 59 páginas, onde se encontram 198 pontos, minuciosos e pormenorizados. É assumida, pois, uma feição *regulamentar*.

Diferente é a situação da *soft law* de entidades *não públicas*[174].

How to Achieve it?</title><secondary-title>Financial Regulation and Supervision</secondary-title><short-title>The Financial...</short-title></titles><periodical><full-title>Financial Regulation and Supervision</full-title></periodical><pages>369-388</pages><keywords><keyword>Governação corporativa de bancos</keyword><keyword>governação de capital versus governação da dívida</keyword><keyword>crise financeira e propostas de reforma bancária</keyword><keyword>requisitos de supervisão quanto à governação bancária</keyword><keyword>separação de gerenciamento e controle por um banco de duas camadas</keyword><keyword>governação corporativa de banco em todo o grupo</keyword><keyword>gestão de risco bancário</keyword></keywords><dates><year>2012</year></dates><accession-num>V-0-62;42</accession-num><work-type>Artigo de Revista</work-type><urls></urls><language>Inglês</language></record></Cite></EndNote> p. 382.

173 Sobre a regulação baseada em princípios, *vide*, entre nós, PAULO CÂMARA, *Manual de Direito dos Valores Mobiliários*, 4.ª ed., Almedina, Coimbra, 2018,<style face="italic"> Manual de Direito dos Valores Mobiliários</style>, 4.ª ed., Almedina, Coimbra, 2018,</DisplayText><record><rec-number>17357</rec-number><foreign-keys><key app="EN" db-id="2dr9xdtw3r22fje9xx2pafts25z2sdds2290" timestamp="1545328266">17357</key></foreign-keys><ref-type name="Book">6</ref-type><contributors><authors><author>Câmara, Paulo</author></authors></contributors><titles><title>Manual de Direito dos Valores Mobiliários</title><short-title>Manual de Direito...</short-title></titles><pages>1055</pages><edition>4.ª ed.</edition><keywords><keyword>OPA</keyword><keyword>fase preleminar opa</keyword><keyword>Obra obrigatória</keyword><keyword>Sociedades abertas</keyword><keyword>dever de informção</keyword><keyword>responsabilidade civil</keyword><keyword>consequências do incumprimento do dever</keyword><keyword>gestão de patrimonios colectivos</keyword><keyword>transmissão potestativa mobiliária</keyword><keyword>imputação de direitos de voto</keyword><keyword>secretário da sociedade</keyword><keyword>Emissão de acções 658</keyword><keyword>susbscrição de acções 658</keyword><keyword>fusão 702</keyword><keyword>direito de exoneração 703</keyword></keywords><dates><year>2018</year></dates><pub-location>Coimbra</pub-location><publisher>Almedina</publisher><isbn>978-972-40-7745-1</isbn><accession-num>VIII-3-17</accession-num><urls></urls><language>Português</language></record></Cite></EndNote> pp. 289ss.

174 Uma interessante análise da evolução e das tendências dos códigos de governo das sociedades na sua relação com a regulação pública pode ler-se em ALAIN PIE-

Apesar de dever entender-se que a *soft law* não é fonte de direitos nem de deveres de natureza jurídica – é um *nada jurídico*, neste sentido –, a sua relação com o direito (em sentido próprio) das sociedades bancárias existe. Mas importa sublinhar que se trata de matéria bastante controvertida em alguns aspectos[175]. Desde logo, atento o facto de a *soft law* vir sendo, na prática, uma espécie de *antecâmara de juridicidade*, um espaço em que se ensaiam ou experimentam soluções organizatórias, que mais tarde o legislador pode incorporar[176]. A que se pode juntar, segundo alguns, um papel de *interpretação* de lei, ou de *integração* de lacunas ou fonte de "*usos*", estes sim relevantes enquanto fonte de direito; ou segundo outros, são normas desprovidas de "vinculatividade jurídica", mas com "relevância jurídica"[177]. A *soft law* são *normas no sentido técnico* – prescrições gerais e abstractas, com um programa condicional (*se-então*) –, mas não são *normas jurídicas*, nem no plano da sua *legitimidade* constitucional, nem na sua força vinculativa[178].

TRANCOSTA, *"Enforcement of corporate governance codes: A legal perspective"*, in Festschrift fur Klaus J. Hopt zum 70, Band 1, 2010, pp. 1109ss.

175 *Vide*, por exemplo, GOETTE, in *Münchener Kommentar zum Aktiengesetz*, 5. Auflage, 2019, § 161, anots. 22ss., PAULO CÂMARA, *"Introdução - Os códigos de Governo das Sociedades", in Código do Governo das Sociedades Anotado*, Almedina, Coimbra, 2012, p. 27.

176 Cfr. PAULO CÂMARA, *Introdução...* cit., p. 26, ABEL SEQUEIRA FERREIRA, *A soft...* cit.,<style face="italic">A soft...</style> cit.,</DisplayText><record><rec-number>16909</rec-number><foreign-keys><key app="EN" db-id="2dr9xdtw3r22fje9xx2pafts25z2sdds2290" timestamp="1526298747">16909</key></foreign-keys><ref-type name="Book Section">5</ref-type><contributors><authors><author>Ferreira, Abel Sequeira</author></authors></contributors><titles><title>A soft law e a juridicidade dos códigos de governo das sociedades</title><secondary-title>Revista de Direito das Sociedades</secondary-title><short-title>A soft...</short-title></titles><pages>181-230</pages><volume>Ano X, n.º 1</volume><keywords><keyword>A soft law</keyword><keyword>juridicidade dos códigos de governo das sociedades</keyword></keywords><dates><year>2018</year></dates><pub-location>Lisboa</pub-location><publisher>Almedina</publisher><isbn>978-010-04-1105-0</isbn><accession-num>XII-1-1;4</accession-num><label>Revista Portuguesa</label><urls></urls><language>Português</language></record></Cite></EndNote> p. 188.

177 Entre nós, admitindo estas diversas funções (embora com restrições), *vide* PAULO CÂMARA, *Introdução...* cit., p. 27. Mas trata-se de matéria muito controvertida. *Vide*, na doutrina alemã, por exemplo, BAYER/SCHOLZ, in *Spindler/Stilz...* cit., § 161, anot. 16, e VON DER LINDEN, in *Drinhausen/Eckstein Beck'sches Handbuch der AG*, 3. Auflage, 2018, § 25, anot. 16.

178 Cfr. KOCH, in *Hüffer/Koch...* cit., §161, anot. 3, e VON DER LINDEN, in *Drinhausen/Eckstein...* cit., § 25, anot. 16.

Todavia, independentemente dessa conversão futura em lei e da sua valência jurídica, a *soft law* favorece a adopção de padrões de organização e de comportamento às sociedades bancárias que pressionam desde logo a sua adopção.

O grande impulso regulatório que o direito bancário sofreu diminuiu, na prática, o espaço de intervenção desta *soft law* – no sentido de auto-regulação ou hetero-regulação privada –, muito arredada em benefício de uma abordagem de *hard law* que o legislador europeu preferiu. Embora esta regulação com força vinculativa possa produzir um (indesejável) "efeito de petrificação" da Corporate Governance, que a impede de se adaptar e evoluir facilmente[179].

Existe um último nível de *soft law* de natureza estritamente individual e auto-regulatório: os chamados "códigos de conduta" ou "códigos de ética". O art. 77º-B RGICSF impõe, aliás, o dever de as instituições de crédito adoptarem "códigos de conduta": trata-se de "soft law" mas de existênica obrigatória.

8. AS SOCIEDADES BANCÁRIAS COMO INSTRUMENTOS DE POLÍTICAS PÚBLICAS DE NATUREZA CRIMINAL OU FISCAL

As instituições de crédito foram sujeitas a uma "publicização" do seu regime, não só pela importância que a sua actividade reveste para a economia, mas também pela relevância (a gravidade) das consequências que uma crise no sector financeiro pode ocasionar. A intervenção dos legisladores fez-se, neste âmbito, com o propósito de impedir que as

179 Neste sentido, em tom crítico, *vide* LUCA ENRIQUES/DIRK ZETZSCHE, *"Quack Corporate..."*, cit.,<style face="italic">"Quack Corporate..."</style>, cit.,</DisplayText><record><rec-number>15597</rec-number><foreign-keys><key app="EN" db-id="2dr9xdtw3r22fje9xx2pafts25z2sdds2290" timestamp="1499959861">15597</key></foreign-keys><ref-type name="Journal Article">17</ref-type><contributors><authors><author>Enriques, Luca</author><author>Zetzsche, Dirk</author></authors></contributors><titles><title>Quack Corporate Governance, Round III? Bank Board Regulation Under the New European Capital Requirement Directive</title><secondary-title>Theoretical Inquiries in Law</secondary-title><short-title>Quack Corporate...</short-title></titles><periodical><full-title>Theoretical Inquiries in Law</full-title></periodical><pages>211-244</pages><volume>vol. 16</volume><keywords><keyword>Regulamento do Conselho de Bancos</keyword><keyword>Nova Requisição de Capital Europeu</keyword><keyword>Governação Corporativa</keyword></keywords><dates><year>2015</year></dates><accession-num>V-0-62;45</accession-num><work-type>Artigo de Revista</work-type><urls></urls><language>Inglês</language></record></Cite></EndNote> p. 232.

instituições de crédito sejam um problema, para evitar que elas causem graves danos à economia e ao interesse público.

Todavia, a par desta "publicização" das instituições de crédito – pela qual se impõem limites à autonomia privada das instituições para *salvaguarda* de interesses públicos –, pode identificar-se uma outra em que o Estado se serve dos bancos como instrumento de políticas públicas de natureza criminal ou fiscal – uma "publicização" que reside em o Estado se servir de um privado para a *prossecução* de interesses públicos. Às instituições de crédito é então imposto um conjunto de deveres que não se determinam pelos seus interesses empresariais, nem sequer para evitar riscos económicos inerentes à sua actividade, mas sim, muito simplesmente, como "agentes" do Estado na prossecução de políticas criminais.

O regime de prevenção do branqueamento de capitais – um ónus com uma dimensão colossal para os bancos, não só nos seus custos económicos específicos, mas também na exigência da sua operação e nos riscos de *compliance* gravíssimos que para si próprios comporta[180] – é um exemplo eloquente disso. Os bancos não são o *problema*, nem são o risco: são o agente ao serviço de um interesse público. E, note-se, no novo enquadramento do regime legal, o banco não está apenas impedido de *ele próprio* participar na lavagem de dinheiro: o regime exige-lhe que indague a proveniência e o destino dos fundos, isto é, que, de algum modo, analise se aqueles fundos tiveram uma proveniência criminosa. O banco não tem apenas o dever de não participar, nem facilitar ou proporcionar a lavagem de dinheiro: tem o dever de averiguar se essa lavagem ocorreu (ou pode estar em curso). O que o converte, neste sentido, num auxiliar da política criminal.

Não está em causa a bondade da arquitectura do sistema, assim ele produza os resultados desejados. A questão está, apenas, em este ser mais um elemento que se infiltra no ente societário e constitui um foco de *tensão com o fim lucrativo* ou, se se preferir, com o fim empresarial: a sociedade bancária não tem apenas de pautar a sua actividade pelo cumprimento da lei – o que é uma situação obviamente comum a qualquer sociedade –, como tem de dotar-se de uma exigente estrutura para detectar eventuais actividades ilícitas dos seus clientes, abstendo-se de realizar a operação e/ou a comunicando-a às autoridades competentes.

180 Risco que, no limite, pode implicar a revogação da autorização de exercício da actividade: não cumprir os requisitos de combate ao branqueamento de capitais pode impedir o prosseguimento da actividade.

Noutra dimensão, mas com enquadramento idêntico, estão os deveres de comunicação obrigatória de informação financeira (Lei nº 17/2019, de 14 de fevereiro): as instituições de crédito, à margem dos seus próprios fins – ou mesmo contra os seus próprios interesses –, são chamadas a colaborar na prossecução do interesse público.

Este perfil de "publicização" da actividade bancária deverá ser considerada na determinação do regime da sociedade bancária, em especial no recorte exacto dos deveres de actuação que impendem sobre os órgãos sociais.

9. A TENSÃO/ARTICULAÇÃO COM O DIREITO DO CONSUMIDOR

O direito do consumidor não apresenta, à primeira vista, nenhuma relevância para um curso de direito das sociedades, sejam elas bancárias ou não: o direito do consumidor intervém na relação (contratual) do banco com os seus clientes, ao passo que o direito das sociedades respeita à entidade em si mesma. Esses diferentes espaços, em regra, não se tocam.

Ocorre, porém, que o direito do consumidor tem recebido, também na sequência da crise financeira, um forte impulso na área do direito bancário com uma *nuance* inovadora: diplomas que não se cingem a regular a relação do banco com o seu cliente, nem a estabelecer direitos deste em face daquele, *mas que incidem também sobre a organização interna da instituição de crédito.* Basta atentar, por exemplo, no Decreto-Lei nº 74-A/2017, de 23 de junho, que transpõe parcialmente a Diretiva 2014/17/UE[181], relativa a contratos de crédito aos consumidores para imóveis destinados à habitação. De forma expressiva, o primeiro capítulo com regime material neste diploma – que se segue ao capítulo com disposições gerais, onde se encontram apenas a respectiva delimitação do âmbito de aplicação e definições – intitula-se "condições aplicáveis aos mutuantes" (quer dizer, aos bancos, não aos consumidores), onde se incluem normas relativas à "política de remuneração" (art. 5º) e aos "requisitos de conhecimento e competência" dos trabalhadores (art. 6º). Na sequência deste diploma, o Banco de Portugal emitiu o Aviso nº 5/2017, cujo capítulo II se dedica às "políticas e práticas de remuneração de trabalhadores", aí se regulando deveres de definição de políticas de remuneração (art. 3.º), documentação das políticas de remuneração (art. 4.º), aprovação de

181 Alterado pela Lei nº 32/2018, de 18 de julho, e pela Lei n.º 13/2019, de 12 de fevereiro.

políticas de remuneração (art. 5.º), monitorização e revisão das políticas de remuneração (art. 6.º), divulgação das políticas de remuneração (art. 7.º), implementação de práticas de remuneração (art. 8.º).

Este conjunto amplo de normas, apesar de ter a sua origem num diploma enquadrado na política de defesa do consumidor, não respeita à *relação de consumo*, mas sim, unicamente, à *organização interna do banco*. São deveres de organização, de formação, de políticas de remuneração, etc., *dirigidos ao banco* e que nele têm de ser acolhidas, independentemente de qualquer de relação de consumo. Neste sentido, o direito (formalmente) do consumidor também é fonte de direito das sociedades bancárias.

O DIREITO DE SUPERFÍCIE E O DIREITO DE LAJE

Ricardo Pereira Lira

1. O DIREITO DE SUPERFÍCIE

Constitui para mim imensa honra realizar este estudo que vai integrar um livro a ser editado em homenagem ao brilhante e saudoso jurista Professor Doutor João Calvão.

Ele se caracterizou por uma reiterada dedicação à advocacia, ao magistério, à pesquisa, e à produção científica, determinante na formação de incontáveis alunos e na experiência de outros tantos colegas e profissionais.

Foi ele professor da Faculdade de Direito de Coimbra e Ministro do Governo Constitucional de Portugal. Foi, ainda, mestre e doutor em Direito pela Faculdade de Direito da Universidade de Coimbra.

Por isso, é dominado por intensa alegria que passo a desenvolver as presentes reflexões sobre o Direito de Superfície e o Direito de Laje em sua homenagem.

Mas, para chegarmos aos contornos conceptuais do direito de superfície, devemos partir da noção de acessão.

Acessão é a união física entre duas coisas, formando, de maneira indissolúvel, um conjunto em que uma das partes, embora possa ser reconhecível, não guarda autonomia, sendo subordinada, dependente do todo, seguindo-lhe o destino jurídico.

A acessão pode ser discreta ou contínua. Discreta é a que resulta endogenamente de um desenvolvimento natural da própria coisa, como acontece com os frutos das árvores e com a crias dos animais. Contínua é a acessão caracterizada por uma união exógena das coisas, fim de um processo de fora para dentro, como ocorre na construção ou plantação. A rigor a plantação talvez constitua um caso de acessão mista, em que há uma fusão orgânica, resultante de uma ação mecânica (*seminatio*).

O fenômeno da edificação (*inaedificatio*) e da plantação (*plantatio*) é dominado pelo princípio *superficies solo cedit*, por força do qual tudo que se planta ou constrói em solo alheio é da propriedade do dono do solo (*dominus soli*). Esse é o princípio que prevalece em nosso ordenamento.

Pode ocorrer, contudo, a suspensão dos efeitos da acessão, quando se terá a superfície temporânea, ou a interrupção dos efeitos da acessão, quando se consubstanciará caso de superfície perpétua. Não incidirá, nesses casos, o princípio *superficies solo cedit*, pois a propriedade do incremento (construção ou plantação) é de quem o realizou, continuando o terreno do domínio do dono do solo. Essa suspensão ou interrupção resulta do direito de superfície.

O direito de superfície suspende ou interrompe os efeitos da acessão, de forma que alguém constrói ou planta sobre solo alheio, ficando com a propriedade (superficiária) da construção ou plantação, distinta da propriedade do dono do solo.

Em face dessas noções preambulares, já podemos fixar o conceito do direito de superfície: é o direito real sobre a coisa alheia, autônomo, temporário ou perpétuo, de fazer uma construção ou plantação sobre ou sob o solo alheio, ficando a construção ou plantação da propriedade de quem constroi ou planta, bem como é o direito de manter essa propriedade sobre o solo alheio.

É direito real sobre a coisa alheia porque, na sua forma inicial, se revela em princípio por uma concessão *ad aedificandum* ou *ad plantandum*, sendo que o instrumento que contém essa concessão (contrato superficiário), levado ao Registro de Imóveis, já dá nascimento a um direito real sobre o lote ou gleba alheia. Concretizando-se a concessão, pela construção ou plantação, o direito que era incorpóreo se corporifica, com a materialização do incremento, gerando o direito real de mantê-lo sobre ou sob a propriedade de outrem.

1.1. Autonomia do direito real de superfície

Esse direito real é autônomo. Autônomo porque o direito de superfície guarda características que o distinguem dos demais direitos reais sobre a coisa alheia.

Senão vejamos.

É diverso da enfiteuse, que é a maneira mais profunda de desdobramento da propriedade, por isso que o enfiteuticador entrega ao enfiteuta o uso, o gozo e até mesmo a possibilidade de transferir a terceiros essa gama de direitos elementares, mediante o pagamento do laudêmio. No direito de superfície não se encontra esse desdobramento e a transferência dos direitos a terceiro pelo superficiário se dá sem o pagamento de qualquer laudêmio.

No usufruto, o nu-proprietário defere ao usufrutuário o uso e gozo da coisa, desdobramento que igualmente inocorre no direito de superfície.

Na servidão há indeclinavelmente a necessidade de identificação de um imóvel dominante e de um imóvel serviente, o que não se verifica no direito de superfície, embora no direito suíço se explique o direito de superfície recorrendo-se à categoria das servidões.

A concessão do direito real de uso, prevista no artigo 7º, do Decreto-Lei nº 271, de 28.02.1967, em momento algum enseja a suspensão ou interrupção dos efeitos da acessão, como se depreende do referido art. 7º, § 2º, do mencionado decreto-lei, tornando essa modalidade de concessão substancialmente diversa do direito de superfície.

Não há que cogitar sequer da locação, bastando considerar que a superfície é um direito real e a locação está nos domínios dos direitos pessoais.

1.2. Estrutura do direito de superfície

A estrutura do direito é compósita e, com uma certa liberdade de expressão, podemos afirmar que ela é plástica.

O que desejamos exprimir é que, em princípio, ela pode nascer como concessão *ad aedificandum* ou *ad plantandum* (bem incorpóreo) para, em seguida, pelo exercício da concessão, assumir a concretude do bem superficiário (corpóreo), consubstanciado na construção ou plantação realizadas. Considerados esses momentos, há sempre direito real sobre a coisa alheia, visto o instituto como relação entre concedente e concessionário, seja como concessão, seja como direito de o superficiário manter o bem materializado sobre o lote ou gleba de outrem. Do outro lado, se visto o vínculo entre o superficiário e o bem superficiário, o direito é de propriedade sobre a própria coisa.

1.3. Aspectos subjetivos, objetivo da relação superficiária e os dados terminológicos

O concedente é o *dominus soli*, dono do lote ou gleba que outorga a concessão para construir ou plantar.

O concessionário, também denominado superficiário, é o beneficiário da concessão, que, com o exercício desta, adquire a propriedade do bem superficiário.

A relação superficiária é o vínculo estabelecido entre o concedente e o concessionário.

O *solarium* ou *canon* superficiário é a importância paga periodicamente, ou de uma só vez, pelo concessionário ao concedente, na superfície remunerada. Nada impede seja a superfície gratuita.

1.4. Espécies de superfície

No que concerne às espécies de superfície, ela pode ser edilícia, quando tem por objeto construção, ou vegetal, quando tem por objeto plantação. Em alguns ordenamentos, como se verá, e isso se verifica no Código Civil italiano de 1942, a superfície vegetal é proibida.

A superfície pode ser perpétua, quando ocorre a interrupção - e não a simples suspensão - dos efeitos da acessão, como existe em Portugal, inexistindo na Itália, e pode ser temporária, quando acontece a mera suspensão dos efeitos da acessão.

A superfície se apresenta ainda como podendo ser remunerada, quando há a previsão de *canon* a ser pago, ou pode ser gratuita. Na não previsão de pagamento presente na concessão, ela é gratuita.

1.5. Formas de constituição da superfície

A primeira delas é a concessão para construir ou plantar, que, em sistemas como o nosso, deve formalizar-se por escritura pública, já que necessariamente o valor do imóvel será superior à taxa legal, devidamente registrada no Registro de Imóveis.

A segunda delas é a constituição por cisão.

Essa modalidade parte de um imóvel construído ou plantado, no qual já se tenham operado os efeitos da acessão. O dono do imóvel retém em seu domínio o terreno e transfere a outrem, que passa a ser superficiário, a propriedade da construção ou plantação. A nós nos parece inexistir obstáculo no sentido de que a operação se desenvolva inversamente: o dono do imóvel transfere a outrem a propriedade do terreno e retém o domínio da construção ou plantação, passando, assim, a assumir a condição de superficiário.

A derradeira forma a considerar é a da possibilidade da constituição da superfície por usucapião. Lavram controvérsias sobre o tema. Juristas há que dão pela impossibilidade dessa modalidade de constituição, uma vez que se determinada pessoa exerce a posse de certa edificação com o *animus rem sibi habendi*, desde que satisfeitos os demais requisitos da usucapião, adquirirá necessariamente o domínio do trato de terra sobre o qual assenta dita edificação, tornando-se, dessa maneira, proprietário do todo, não se caracterizando logicamente uma propriedade separada superficiária mantida sobre o solo de outrem.

Outros há que se manifestam pela possibilidade, como, por exemplo, se, no caso de uma edificação relativamente à qual se tenham operado os efeitos da acessão, o possuidor da edificação, com *animus domini* passa a pagar, pelo prazo suficiente à consumação da usucapião, ao proprietário um solário, que implica evidentemente no reconhecimento do domínio do trato de terra sobre o qual está a edificação, aperfeiçoando-se, assim , a aquisição, pelo usucapiente, da edificação, pousada sobre o solo de outrem. *Quod plerumque accidit*, afigura-se-nos que a primeira hipótese será de ocorrência mais frequente, e a segunda de ocorrência significativamente bem mais remota.

1.6. Exercício da superfície

O primeiro deles se refere ao exercício da superfície no subsolo, matéria expressamente contemplada no Código Civil italiano.

O segundo é o direito de sobrelevação, previsto no Código Civil suíço, que nada mais é que um direito de superfície em segundo grau, quando o superficiário concede a terceiro o direito de construir sobre a sua propriedade superficiária. Relevante considerar que esta categoria nada tem a ver com a propriedade horizontal, como o condomínio em edifício de apartamentos, pois nessa situação o solo é partido em frações ideais correspondentes a cada uma das propriedades exclusivas existentes superiormente, quando na sobrelevação, a propriedade do solo é inteiramente do primeiro concedente, que faz a concessão ao primeiro superficiário, que, de sua vez, faz outra concessão ao segundo superficiário.

É interessante observar a criatividade dos moradores de formações favelares, por exemplo, na favela da Rocinha, no Rio de Janeiro, onde é ocorrente o chamado "direito de laje", por força do qual o morador concede a outrem o direito de construir sobre a sua laje, criando o direito informal situação análoga àquela que o direito suíço regula como hipótese de sobrelevação.

1.7. Os direitos e as obrigações do superficiário e do concedente:

Respinguemos os direitos do superficiário: a) tem ele, no caso da concessão *ad aedificandum* ou *ad plantandum*, o direito de imitir-se na posse do terreno para construir ou plantar; b) tem ele a posse direta da área objeto da concessão, incluindo o acesso ao entorno necessário ao exercício do direito de construir ou plantar; c) se prevista no título, tem o superficiário direito a indenização do valor do bem superficiário, quando da extinção da superfície, quando dito bem ingressa no patrimônio do concedente (o que se chama impropriamente de reversão, e dizemos impropriamente porque o bem jamais esteve no patrimônio do concedente); d) domínio sobre o bem superficiário; e) instituir direitos reais de uso, gozo e garantia sobre o bem superficiário; f) reconstruir ou replantar se ocorrer a perda do bem superficiário dentro do prazo da concessão, salvo disposição contrária.

Indiquemos as obrigações do superficiário: a) realizar a construção ou plantação, dentro do prazo assinado no título, sob pena de caducidade do direito; b) pagar o *solarium*, na superfície remunerada; c) pagar os tributos incidentes sobre o bem superficiário, na forma da legislação fiscal aplicável; d) conceder preferência ao concedente no caso de alienação da superfície.

Os direitos e obrigações do concedente são os logicamente resultantes dos acima enumerados e a eles correspondentes.

1.8. Usos e vantagens do direito de superfície

O direito de superfície aumenta o leque de possibilidade de utilização da propriedade por parte do titular do terreno. Se tivermos, por exemplo, o proprietário de um trato de terra que não tem recursos para utilizá-lo, ele poderá concedê-lo a alguém em superfície para na referida gleba construir e explorar um hotel.

Sob a modalidade urbanística, poderá o direito de superfície apresentar-se como valioso instrumento. Em uma praça, o município poderá conceder o subsolo para instalação de um estacionamento público, concedendo, por sua vez, na surface sobre o solo o direito a outrem de nele construir, por exemplo, um hospital.

Não se deve descartar a eventualidade de utilizar-se o direito de superfície como instrumento útil em uma política habitacional de assentamento de população carente, concedendo-se a área em que está assentada dita população em superfície, com uma cláusula de opção de compra pelos moradores ao final do prazo.

A questão da dominialidade da construção ou plantação, no nosso direito, está fora do âmbito de incidência do Art. 545, definindo-se claramente no Art. 547, onde se institui o princípio de que "quem semeia, planta ou edifica em terreno alheio perde, em proveito do proprietário, as sementes, plantas e construções...".

Contrariamente ao que fazem alguns estudiosos, não há como, em face do Art. 545, do Código Civil brasileiro, pretender praticar a mesma ilação que os juristas franceses tiraram do Art. 553 do Código Civil francês, para, com essa operação, afirmar a existência, no direito brasileiro, antes do advento do Estatuto da Cidade e da vigência do novo Código Civil, em vigência a partir de janeiro de 2003, do direito de superfície.

1.9. O desenvolvimento do direito de superfície no direito brasileiro

Depois de termos debuxado a teoria geral do direito de superfície, afigura-se-nos oportuno referi-lo à luz do movimento de reforma do nosso Código Civil de 1916.

Como é sabido, no primeiro movimento de reforma do nosso Código Civil, desenvolvido ao longo dos anos 60, sob a coordenação de Caio Mário da Silva Pereira, a orientação foi no sentido de adotar-se um Código Civil, e ao lado dele um Código de Obrigações, fazendo-se no bojo deste último a unificação do direito obrigacional em tudo aquilo que ele seja redutível à disciplina em um único código, a exemplo do modelo suíço, onde se tem um Código Civil e um Código Federal de Obrigações.

Nos termos dessa formulação, coube a Caio Mário da Silva Pereira a elaboração do Anteprojeto do Código de Obrigações e a Orlando Gomes a formulação do Anteprojeto de Direito Civil.

Orlando Gomes era favorável ao restabelecimento do direito de superfície em nosso ordenamento jurídico. Foi assim que o anteprojeto de Código Civil apresentado ao Ministro da Justiça em 31 de março de 1963 contemplava o instituto nos seguintes termos:

> Art. 513. Enumeração dos Direitos Reais Limitados - São direitos reais limitados:
>
> I...;
>
> II. a superfície;
>
> ....;
>
> ....;
>
> Art. 524. Constituição do Direito de Superfície._O proprietário pode conceder a outra pessoa o direito de construir ou plantar no seu terreno, por tempo determinado, mediante escritura pública devidamente inscrita no registro imobiliário.
>
> Art. 525. Transferência do Direito de Superfície. O titular do direito de superfície pode transferi-lo por negócio entre vivos, a título oneroso ou gratuito, bem como por disposição de última vontade.
>
> Art. 526 . Objeto do Direito de Superfície. O direito de superfície pode recair sobre qualquer construção, ou plantação, suscetível de ser adquirida por acessão, pelo dono do solo.
>
> Art. 572. Concessão Gratuita ou Onerosa. A concessão do direito de superfície será gratuita ou onerosa.
>
> § 1º A remuneração do concedente pode ser estipulada para ser paga de uma só vez, ou em prestações periódicas.
>
> § 2º Na falta de pagamento, o concedente não tem outro direito, ainda que o estipule, senão o de haver as prestações devidas e juros de mora.
>
> Art. 528. Reversão ao Concedente. Se for estipulado que a construção passará ao domínio do concedente após o decurso de certo prazo, não inferior a vinte e cinco anos, nenhuma indenização ou

> compensação lhe poderá ser exigida pelo superficiário, salvo disposições em contrário.
>
> Art. 529. Tributos e Encargos. O titular do direito de superfície responde pelos encargos e tributos que recaírem sobre o prédio.
>
> Art. 530. Direito de Preferência. Se o concedente quiser alienar o imóvel o superficiário tem direito de preferência em igualdade de condições; o mesmo direito é assegurado ao concedente, na hipótese inversa.
>
> Parágrafo único. Se a construção ou plantação for penhorada, o concedente, sob pena de nulidade, deverá ser intimado para exercer o seu direito de preferência na hasta pública.
>
> Art. 531. Proibição de cobrar taxa de transferência. Não poderá ser estipulado, a nenhum título, o pagamento de qualquer quantia pela transferência da acessão.
>
> ....
>
> Art. 685. Hipoteca do Direito de Superfície. Se a hipoteca tiver por objeto o direito de superfície, não sobreviverá à sua extinção, a menos que o superficiário tenha adquirido a propriedade do solo, hipótese em que a este se estenderá.

A sugestão formulada por Orlando Gomes terminou por não vingar, ficando vencido o anteprojeto pelos opinamentos de Orozimbo Nonato e Caio Mário da Silva Pereira, membros da comissão revisora, contrários ao direito de superfície, bastando para tanto conferir o texto do artigo 499 do projeto.

Como se sabe essa tentativa de reforma do Código Civil, embora o projeto tenha sido remetido ao Poder Legislativo pela Mensagem nº 804, de 12.10.1965, terminou por não ser levada adiante.

No segundo movimento de reforma do Código Civil, iniciado com a constituição de uma Comissão Elaboradora e Revisora do Código Civil por ato ministerial de 23 de maio de 1969, o anteprojeto inicial do relator incumbido da parte referente ao direito das cousas, Ebert Vianna Chamoun, não previa o direito de superfície.

Já o anteprojeto inicial, versão da Comissão, o contemplou (art. 1418, II, e 1556/1563).

O supervisor da reforma, Miguel Reale, na exposição datada de 23.05.1972, aludindo ao Decreto-Lei nº 271, de 28.02.1967, referente à concessão do direito real de uso de terrenos públicos e particulares (art. 7º), registrava que "consoante justa ponderação de José Carlos Moreira Alves, a migração desse modelo jurídico, que passou da esfera do Direito

Administrativo para a do Direito Privado, veio estabelecer, sob novo enfoque o antigo instituto da superfície...".

A versão 1973 do anteprojeto manteve o direito de superfície entre os direitos reais (art. 1263, II,) e propôs concretamente a sua disciplina nos artigos 1401 a 1408.

O texto foi afinal enviado ao Congresso Nacional, onde passou a constituir o Projeto de Lei nº 634, de 1975, assim concebido, no tocante ao direito de superfície:

> Art. 1263. São direitos reais:
>
> I - a propriedade.
>
> II- a superfície.
>
> III- ....
>
> ....
>
> DA SUPERFÍCIE
>
> Art. 1401. O proprietário pode conceder a outrem o direito de construir ou plantar em seu terreno, por tempo determinado, mediante escritura pública devidamente inscrita no Registro de Imóveis.
>
> Art. 1402. A concessão da superfície será gratuita ou onerosa; se onerosa estipularão as partes se o pagamento será feito de uma só vez, ou parceladamente.
>
> Art. 1403. O superficiário responderá pelos encargos e tributos que incidirem sobre o imóvel.
>
> Art. 1404. A superfície pode transferir-se a terceiro, e, por morte do superficiário, se transmite a seus herdeiros.
>
> Parágrafo único. Não poderá ser estipulado, a nenhum título, o pagamento de qualquer quantia pela transferência da superfície.
>
> Art. 1405. Em caso de alienação do imóvel ou da superfície, o superficiário ou o proprietário têm direito de preferência em igualdade de condições.
>
> Art. 1406. Antes do advento do termo, resolver-se-á a superfície se o superficiário der ao terreno destinação diversa daquela para a qual lhe foi concedida.
>
> Art. 1407. Extinta a superfície, o proprietário passará a ter o domínio pleno sobre o terreno, construção ou plantação, independentemente de indenização, se as partes não houverem estipulado o contrário.
>
> Art. 1408. O direito de superfície, constituído por pessoa jurídica de direito público interno rege-se por esse Código, no que não for diversamente disciplinado em lei especial.

Na Câmara dos Deputados foram apresentadas duas emendas, que, por desarrazoadas, foram rejeitadas. No restante de sua tramitação, o direito de superfície, tal como contemplado na formulação remetida ao Congresso, não sofreu alterações de substância senão as que vão adiante indicadas, constando do texto do novo Código Civil (Lei 10.406, de 10 de janeiro de 2002), e pequenas modificações de forma.

No corpo do novo Código Civil, a superfície ficou disciplinada nos artigos 1369 a 1377.

As duas mudanças de substância sofridas pelo texto inicialmente remetido à Câmara dos Deputados (Projeto nº 634/75) e refletidas no texto do novo Código são as seguintes.

No artigo 1369 do novo Código (correspondente ao Art. 1401 do Projeto nº 634/75), acrescentou-se um parágrafo único, vedando obras no subsolo, salvo quando inerentes ao objeto da concessão, estando o aludido parágrafo único assim concebido:

> Art. 1369. ....
>
> Parágrafo único. O direito de superfície não autoriza obra no subsolo, salvo se for inerente ao objeto da concessão.

Esse dispositivo não prima pela clareza. Parece proibir a concessão da superfície no subsolo, mas na realidade ele interdita a realização de obras no subsolo, se elas não são o objeto da própria concessão.

A outra disposição que não constava do Projeto nº 634/1975, da Câmara dos Deputados, é a matéria que se contém no artigo 1.376, do novo Código, onde se estipula que "No caso de extinção do direito de superfície em consequência de desapropriação, a indenização cabe ao proprietário e ao superficiário, no valor correspondente ao direito real de cada um."

No novo Código Civil, a inclusão do direito de superfície no ror dos direitos reais está no art. 1.225, II, sendo que no Projeto nº 634/75 estava no art. 1263, II.

Estaríamos pecando gravemente se não nos referíssemos no presente estudo ao direito de superfície urbanístico, tal como está previsto na Lei Federal nº 10.257, de 10.07.2001, que se autodenomina Estatuto da Cidade.

A primeira tentativa para o estabelecimento de princípios federais regulando o desenvolvimento urbano e prevendo instrumentos vários, inclusive jurídicos, procurando organizar de maneira justa e regular os assentamentos urbanos, esteve no Projeto de Lei Federal nº 775/83, de iniciativa do Poder Executivo, e remetido ao Congresso Nacional pela Mensagem nº 155/83.

Há muito que essa matéria vinha sendo objeto da preocupação do Ministério do Interior, através do então existente Conselho Nacional do Desenvolvimento Urbano (CNDU), tanto assim que, em 1977, houve um vazamento jornalístico, através da Folha de São Paulo, que, em 1977, publicou o texto de um anteprojeto, que estava sendo elaborado naquelas câmaras governamentais, relativamente à questão da propriedade urbanística.

É interessante observar que àquela época estávamos sob a égide da Emenda Constitucional nº1, de outubro de 1969, que não previa expressamente competência da União Federal para estabelecer diretrizes federais sobre o desenvolvimento urbano, o que levou o Executivo Federal a fazer a sua proposta legislativa acompanhada de pareceres de dois juristas demonstrando a competência implícita da União Federal para tomar a providência preconizada. Ditos pareceres são de autoria do Professor Miguel Reale e do hoje falecido Hely Lopes Meirelles, e estão publicados na Revista de Direito Público 75/42 e 75/95 Aliás, nenhuma das Constituições brasileiras anteriores a 1988 outorgara expressamente essa competência à União Federal, sendo certo que a iniciativa do Deputado Marchesan, do Rio Grande do Sul, que propusera emenda constitucional nesse sentido, terminou arquivada.

O aludido Projeto de Lei Federal nº 775/83, entre os vários instrumentos novos que alvitrava para o estabelecimento de centros urbanos organizados e socialmente justos, previa o direito de superfície, nos seguintes termos:

> Art. 21. O proprietário urbano pode conceder a outrem o direito de construir em seu terreno, por tempo determinado ou indeterminado, mediante escritura pública devidamente inscrita no Registro de Imóveis.
>
> Art. 22. A concessão do direito de superfície poderá ser gratuita ou onerosa, se onerosa, estipularão as partes a forma de pagamento.
>
> Art. 23. O superficiário responderá pelos encargos e tributos que incidirem sobre o imóvel.
>
> Art. 24. A superfície pode transferir-se a terceiro e, por meio do superficiário, se transmite a seus herdeiros.
>
> Parágrafo único. Não poderá ser estipulado , a nenhum título, o pagamento de qualquer quantia pela transferência da superfície.
>
> Art. 25. Em caso de alienação do imóvel ou da superfície, o superficiário ou o proprietário tem direito de preferência em igualdade de condições.
>
> Art. 26. Antes do advento do termo, resolver-se-á a superfície se o superficiário der ao terreno destinação diversa para a qual foi concedida.

> Art. 27. Extinta a superfície, o proprietário passará a ter o domínio pleno sobre o terreno, construção e benfeitorias, independentemente de indenização, se as partes não houverem estipulado o contrário.
>
> Art. 28. O direito de superfície constituído por pessoa jurídica de direito público rege-se por esta lei, no que não for diversamente disciplinado em lei especial.

Este projeto terminou sendo retirado, em julho de 1995, pelo Governo Federal , sem qualquer deliberação do Congresso.

O Senador Pompeu de Souza apresentou projeto de lei, que tomou o nº 5788/1990 e se autodenominava Estatuto da Cidade. Aprovado no Senado, o projeto desceu à Câmara dos Deputados; o projeto foi apensado a dezessete outras iniciativas que ali existiam.

Já a esta altura, o art. 21, inciso XX, da Constituição da República de 1988, conferia à União Federal competência para instituir diretrizes para o desenvolvimento urbano, inclusive habitação, saneamento público e transportes.

Depois de demorada tramitação, veio a ser aprovada a proposição que se transformou na Lei Federal nº 10.257, de 10 de julho de 2001, que "regulamentou" os artigos 182 e 183 da Constituição Federal, estabelecendo diretrizes gerais da política urbana e autodenominando-se Estatuto da Cidade. Em seu artigo 58 ficou estabelecida uma *vacatio* de 90 (noventa) dias, tendo sido a lei publicada, com vetos, no Diário Oficial da União de 11.07.2001.

Nos artigos 21 a 24, o Estatuto da Cidade regula o direito de superfície, na conformidade das disposições que seguem:

> Art. 21. O proprietário urbano poderá conceder a outrem o direito de superfície do seu terreno, por tempo determinado ou indeterminado, mediante escritura pública registrada no cartório de registro de imóveis.
>
> § 1º. O direito de superfície abrange o direito de utilizar o solo, o subsolo ou o espaço aéreo relativo ao terreno, na forma estabelecida no contrato respectivo, atendida a legislação urbanística.
>
> § 2º. A concessão do direito de superfície poderá ser gratuita ou onerosa.
>
> § 3º. O superficiário responderá integralmente pelos encargos e tributos que incidirem sobre a propriedade superficiária, arcando, ainda, proporcionalmente à sua parcela de ocupação efetiva, com os encargos e tributos sobre a área objeto da concessão do direito de superfície, salvo disposição em contrário do contrato respectivo.

> § 4º. O direito de superfície pode ser transferido a terceiros, obedecidos os termos do contrato respectivo.
>
> § 5º. Por morte do superficiário, os seus direitos transmitem-se a seus herdeiros.
>
> Art. 22. Em caso de alienação do terreno, ou do direito de superfície, o superficiário e o proprietário, respectivamente, terão direito de preferência, em igualdade de condições à oferta de terceiros.
>
> Art. 23. Extingue-se o direito de superfície:
>
> I - pelo advento do termo;
>
> II - pelo descumprimento das obrigações contratuais assumidas pelo superficiário.
>
> Art. 24. Extinto o direito de superfície, o proprietário recuperará o pleno domínio do terreno, bem como das acessões e benfeitorias introduzidas no imóvel, independentemente de indenização, se as partes não houverem estipulado o contrário no respectivo contrato.
>
> §1º Antes do termo final do contrato, extinguir-se-á o direito de superfície se o superficiário der ao terreno destinação diversa daquela para a qual foi concedida.
>
> §2º A extinção do direito de superfície será averbada no cartório de registro de imóveis".

Importa salientar que, com a entrada em vigor do novo Código Civil em 11 de janeiro de 2003, as disposições nele constantes relativas ao direito de superfície não revogarão aquelas já em vigor e que foram editadas com o Estatuto da Cidade.

Não incide no caso a regra da Lei de Introdução segundo a qual a lei posterior, que regula inteiramente a matéria tratada na lei anterior, a revoga. Isso porque, o direito de superfície contemplado no Estatuto da Cidade é um instituto de vocação diversa daquele previsto no novo Código Civil, voltado aquele para as necessidades do desenvolvimento urbano, editado como categoria necessária à organização regular e equânime dos assentamentos urbanos, como fator de institucionalização eventual da função social da Cidade. No novo Código Civil, o direito de superfície será um instrumento destinado a atender interesses e necessidades privadas.

Se uma municipalidade, por exemplo, desafeta o espaço público correspondente a uma praça, convolando-o em bem patrimonial, e concede a terceiro, a título de superfície, o subsolo, para instituição de um estacionamento, concedendo o solo a outrem, também a título de superfície, para construção e exploração de um estádio poliesportivo, estará utilizando o direito de superfície urbanístico, previsto no Estatuto da Cidade.

Se um particular, dono de um imóvel residencial, pretende estabelecer no lote contíguo, de propriedade de outrem, um campo de futebol, nele construindo uma pequena sede desportiva, com vestiário, sauna, etc.., para tanto contratando com seu vizinho o direito de construir, a título de superfície, sobre o lote dele, estará constituindo um direito de superfície que será regulado pelo novo Código Civil, pois o negócio jurídico em tela estará penetrado inteiramente pelo interesse particular, sem qualquer viés urbanístico.

Por outro lado, a tese que admite a revogação dos instrumentos do Estatuto da Cidade, como, por exemplo, o instituto da edificação, do parcelamento e da utilização compulsórios ou o direito de preempção urbanística, pelo fato de o novo Código Civil ter regulado o direito de propriedade sem tê-los contemplado, consubstancia uma grave erronia, por isso que torna *tabula rasa*, pretendendo implodir pela abrogação equivocada, institutos fundamentais na repressão à desabalada especulação imobiliária que marca a retenção abusiva de lotes em mãos de particulares, que não utilizam ou subutilizam a propriedade que detêm, com a finalidade da obtenção de lucros indevidos, em vários centros urbanos em nosso país.

Os textos do Estatuto da Cidade, já vigentes, e do novo Código Civil que entrou em vigor em 11 de janeiro de 2003, em matéria de direito de superfície, se revelam a nosso ver demasiadamente singelos, sem aproveitar, em toda a sua extensão, sugestões que nos são oferecidas pelos ordenamentos alienígenas.

É assim que: a) não preveem a possibilidade da constituição do direito de superfície por cisão; b) a formulação do novo Código Civil não contempla com a clareza desejável a viabilidade da superfície no subsolo; c) não contemplam a possibilidade da sobrelevação ou da superfície em segundo grau; d) não explicitam as regras para o exercício do direito de preferência, seja pelo dono do solo, no caso de alienação da superfície, seja pelo superficiário, no caso de alienação do solo, nem explicitam as consequências da não afronta do titular para o eventual exercício da prelação: perdas e danos ou nulidade do negócio jurídico praticado sem a abertura da oportunidade da prática da preferência; e) não enfatizam a existência de uma propriedade superficiária, a sua hipotecabilidade e a possibilidade de constituição de outros direitos reais de gozo relativamente à área objeto da concessão, e o destino desses direitos quando da extinção da superfície; f) não prescrevem a possibilidade, no caso de transferência da superfície, de as obrigações constantes do título superficiário serem oponíveis ao novo superficiário (caracterização legal como obrigações *propter rem*, o que seria utilíssimo na superfície urbanística, se em determinada hipótese fosse aconselhável a sua adoção como instrumento de regularização fundiária); g) não contêm norma excluindo a possibilidade de rescisão do contrato superficiário pelo não pagamento do *solarium*; h) não estabelecem prazo dentro do qual o direito de superfície é de ser concretizado, sob pena de extinção pelo não-uso; i) as normas do Estatuto da Cidade não prevêm expressamente a possibilidade da superfície vegetal, quando nada parece impedir se façam concessões *ad plantandum* no perímetro urbano, sobretudo quando a agricultura doméstica se apresenta como recurso válido para as populações de baixa renda.

Entendemos que o direito de superfície como está previsto nos dois diplomas legais, no novo Código Civil e no Estatuto da Cidade, deve sofrer o impacto da experiência vivida, deve receber as achegas do direito aplicado, mas, no entanto, não excluimos a possibilidade de que, dentro de algum tempo, nova formulação seja adotada, tanto no novo Código Civil, como no Estatuto da Cidade, na linha da sugestão que agora passamos a deduzir:

> "Art. A". O proprietário pode conceder a outrem, temporariamente, o direito de construir ou plantar, mediante escritura pública devidamente registrada no Registro de Imóveis, adquirindo o concessionário a propriedade da construção ou plantação.
>
> Parágrafo único. No caso de construção ou plantação já existentes e relativamente às quais já se tenham operado os efeitos da acessão, o proprietário pode alienar a construção, plantação ou o solo separadamente, constituindo, assim, a superfície por cisão.
>
> "Art. B". O direito de superfície pode recair sobre qualquer construção ou plantação suscetível de ser adquirida por acessão pelo dono do solo.
>
> "Art. C". A concessão do direito de superfície será gratuita ou onerosa. Quando onerosa, estipularão as partes se o pagamento será feito de uma só vez ou periodicamente.
>
> "Art. D". O superficiário responderá pelos encargos e tributos que incidirem sobre o imóvel superficiário, podendo estender-se a responsabilidade fiscal à totalidade do objeto da concessão, conforme a lei fiscal aplicável.
>
> "Art. E". A superfície pode transferir-se a terceiros, e, por morte do superficiário, se transmite a seus sucessores ou legatários.
>
> Parágrafo único. Salvo disposição em contrário, as obrigações constantes do título superficiário são exigíveis do adquirente do direito de superfície.
>
> "Art. F". Não poderá ser estipulado, a nenhum título, pagamento pela transferência da superfície feito em favor do dono do solo.

"Art. G". Em caso de venda ou dação em pagamento, do solo ou da superfície, o superficiário ou dono do solo tem direito de preferência em igualdade de condições.

§1º O direito de preferência caducará quando não exercido nos dois meses subsequentes ao dia em que o superficiário ou o dono do solo tenha sido afrontado com as condições da alienação.

§2º Responderá por perdas e danos aquele que alienar seu direito sem observância do disposto neste artigo, obrigado solidariamente o adquirente de má-fé.

"Art. H". Resolver-se-á a superfície se o superficiário der ao terreno destinação diversa da prevista no título superficiário, ou incorrer em infração grave de obrigação constante do mesmo título.

"Art. I". Na falta de pagamento da pensão superficiária avençada, o concedente não tem outro direito, ainda que estipulado, senão o de haver as prestações devidas, corrigidas monetariamente pelos índices legais, e juros de mora.

"Art. J." Extinta a superfície, o dono do solo passa a ter o domínio pleno sobre o terreno, e sobre a construção ou plantação, independentemente de indenização se as partes não houverem acordado em contrário, observadas as disposições seguintes.

"Art. K". A extinção do direito de superfície pelo advento do termo implica na extinção dos direitos reais incidentes sobre a coisa superficiária; quando o superficiário tenha adquirido a propriedade do solo, a este se estendem ditos direitos reais. Aquela extinção implicará, por outro lado, na extensão à coisa superficiária dos direitos reais que gravam o solo, observado o adiante disposto quanto à hipoteca.

"Art. L". Na hipótese de extinção do direito de superfície pelo advento do termo a hipoteca da coisa superficiária igualmente se extingue, subrogando-se a garantia na indenização de que trate o Art. , se houver; a hipoteca do solo não se estende à coisa superficiária.

"Art. M". Se por outra causa se extingue a superfície, a hipoteca da coisa superficiária ou do solo continua a gravar separadamente cada um desses bens.

"Art. N". O direito de superfície se extingue no caso de o superficiário não concluir a obra ou realizar a plantação no prazo fixado no título superficiário, ou, na falta de fixação, dentro do prazo de 5 (cinco) anos contados da constituição do direito de superfície, ou se destruída a construção ou plantação, o superficiário não a refizer no mesmo prazo contado de sua notificação para tanto.

"Art. O". As disposições precedentes se aplicam à concessão para construir em subsolo alheio, bem como à constituição do direito de superfície sobre a propriedade superficiária.

"Art. P". Apenas o dono do solo ou da coisa superficiária pode constituir o direito de superfície.

"Art. Q". O direito de superfície constituído por pessoa jurídica de direito público rege-se pelo disposto nesta seção, ressalvadas as regras constantes de lei especial.

Essas as observações que, no presente ensaio, temos a fazer sobre o direito de superfície tal como está disciplinado no novo Código Civil e no Estatuto da Cidade, bem como as sugestões que nos ocorrem para o aperfeiçoamento do instituto.

2. O DIREITO DE LAJE

Cabe-nos, agora. tecer algumas considerações sobre o direito de laje.

Nas favelas registra-se um hábito, de alguma forma generalizado, de o ocupante ceder a utilização da laja de sua moradia a um terceiro, permitindo que esse terceiro construa para si uma nova moradia. A laja é o espaço plano situado na parte superior da habitação. Cria-se dessa maneira informalmente um direito de laje. Vale observar que esse direito de laje corresponde ao que no direito suíço se chama de sobrelevação, que resulta da faculdade que, no direito de superfície o concessionário tem de construir sobre a sua propriedade superficiária. Vê-se a criatividade dos nossos favelados, concebendo uma forma de moradia, que no direito suíço já estava positivado.

Da mesma forma que a moradia inicial, a nova habitação construída na laje pode ser transferida a outrem. Todas essas operações, nas áreas favelizadas, se processam informalmente.

Nessas operações ganha importância a associação de moradores. O Poder Público, nesses espaços, não tem capacidade de impor suas regras, não tem capacidade de fazer prevalecer o direito por ele criado.

Entendem alguns especialistas ocorrer uma **suspensão jurídica** do direito formal. Não nos parece que assim seja, pois na realidade o direito formal jamais incidiu nessas áreas. As regras comportamentais vinculante, obrigatórias, nessas áreas nascem espontaneamente, surgem da capacidade criadora dos seres a elas submetidos. É a força do velho brocardo ***ubi societas, ibi jus***, onde há sociedade, existe indeclinavelmente o direito.

Recentemente. o direito de laje, que anteriormente estava presente apenas no direito informal, foi introduzido no nosso ordenamento jurídico, por meio da Medida Provisória n° 759, de 1916, que se converteu na Lei Federal n° 13.465, de 11 de julho de 2017.

A referida lei trouxe alguns aperfeiçoamentos, se comparada com a Medida Provisória. Pode destacar-se, por exemplo, o fato de que na Medida Provisória só se admitia uma sobrelevação, enquanto que na mencionada lei foram admitidas sobrelevações sucessivas, até o limite do gabarito previsto na legislação municipal de determinada localidade.

O direito de laje está previsto no artigo 55, da Lei Federal n° 13.465, de 11 de julho de 2017, por meio de alterações realizadas no Código Civil de 2002.

Assim, no artigo 1225, inciso XIII, do Código Civil, foi acrescentada a laje, entre os direitos reais enumerados no ordenamento.

Criou-se o artigo 1510-A, no Código Civil, estabelecendo que o proprietário de uma construção-base poderá ceder a superfície superior ou inferior de sua construção a fim que o titular da laje mantenha unidade distinta daquela originalmente construída sobre o solo.

No § 1º, do artigo 1510-A, se enuncia que o direito real de laje contempla o espaço aéreo ou o subsolo de terrenos públicos ou privados, tomados em projeção vertical, como unidade imobiliária autônoma, não contemplando as demais áreas edificadas ou não pertencentes ao proprietário da construção-base.

Passamos a transcrever os demais dispositivos pertinentes:

> § 2° O titular do direito real de laje responderá pelos encargos e tributos que incidirem sobre a sua unidade.
>
> § 3° Os titulares da laje, unidade imobiliária autônoma constituída em matrícula própria, poderão dela usar, gozar e dispor.
>
> § 4º A instituição do direito real de laje não implica a atribuição de fração ideal de terreno ao titular da laje ou a participação proporcional em áreas já edificadas.
>
> § 5º Os Municípios e o Distrito Federal poderão dispor sobre posturas edilícias e urbanísticas associadas ao direito de laje.
>
> § 6º O titular da laje poderá ceder a superfície de sua construção para a instituição de um sucessivo direito real de laje, desde que haja autorização expressa dos titulares da construção-base e da demais lajes, respeitadas as posturas edilícias e urbanísticas vigentes.

O artigo 1510-B do Código Civil estatui que é expressamente vedado ao titular da laje prejudicar com obras novas ou com falta de reparação a segurança, a linha arquitetônica ou o arranjo estético do edifício, observadas as posturas previstas em legislação local.

O artigo 1510-C preceitua que, sem prejuízo, no que couber, das normas aplicáveis aos condomínios edilícios, para fins do direito real de laje, as despesas necessárias à conservação e fruição das partes que sirvam a todo o edifício e ao pagamento de serviços de interesse comum serão partilhadas entre o proprietário da construção-base e o titular da laje, na proporção que venha a ser estipulada em contrato.

O § 1° deste artigo estabelece que são partes qie servem a todo o edifício: I – os alicerces, colunas, pilares, paredes-mestras e todas as partes restanted que constituam a estrutura do prédio-II o telhado ou os terraços de cobertura, ainda que destinados ao uso exclusivo do titular da laje- III as instalações gerais de água, esgoto, eletricidade, aquecimento, ar comdicionado- IV em geral, as coisas que sejam afetadas ao uso de todo o edifício.

O § 2° declara que é assegurado, em qualquer caso, o direito de qualquer interessado em promover reparações urgentes na construção na forma do parágrafo único do artigo 249 deste Código..

O artigo 1510-D diz que em caso de alienação de qualquer das unidades sobrepostas, terão direito de preferência, em igualdade de condições com terceiros, os titulares da construção-base e da laje, nessa ordem, que serão cientificados por escrito para que se manifestem no prazo de trinta dias, salvo se o contrato dispuser de modo diverso.

O § 1° deste artigo reza que se o titular da construção-base ou da laje a quem não se der conhecimento da alienação poderá, mediante depósito do respectivo preço, haver para si a parte alienada a terceiros, se o requerer no prazo de cento e oitenta dias, contado da data de alienação.

O § 2° declara que se houver mais de uma laje, terá preferência, sucessivamente, o titular das lajes ascendentes e o titular das lajes descendentes, assegurada a prioridade para laje mais próxima à unidade sobreposta a ser alienada.

O artigo 1510-E estatui que a ruína da construção-base implica extinção do direito real de laje, salvo se:

> I - se este tiver sido instituído sobre o subsolo;
>
> II - se a construção-base não for reconstruída no prazo de cinco anos.
>
> Parágrafo único. O disposto neste artigo não afasta o direito a eventual reparação civil contra o culpado pela ruína.

Essa as considerações que me ocorrem sobre o tema relativo ao Direito de Superfície e o Direito de Laje.

DIREITO SECURITÁRIO, SEGURANÇA JURÍDICA E A NOVA LEI DE LIBERDADE ECONÔMICA

Rodolpho Barreto Sampaio Jr.

1. INTRODUÇÃO

O presente trabalho foi originalmente apresentado no VII Congresso Intercontinental de Direito Civil, realizado na Faculdade de Direito da Universidade de Coimbra, em Portugal. O seu objetivo foi demonstrar como a Lei de Liberdade Econômica, que entrou em vigor no Brasil no ano de 2019, poderia aumentar a segurança jurídica no campo das relações negociais, especialmente no direito securitário. Fruto de uma sistemática revisão bibliográfica e extensa pesquisa de jurisprudência, utilizou-se o processo lógico-dedutivo, a fim de comprovar-se a hipótese apresentada.

2. O PAULATINO ABANDONO DA SEGURANÇA JURÍDICA NO DIREITO CONTRATUAL BRASILEIRO

O presente trabalho é dividido em três partes. Na primeira parte, abordou-se o cenário de insegurança jurídica que hoje se vivencia no direito brasileiro, em decorrência de uma relativização sem paralelos do *pacta sunt servanda*. Na segunda parte, ilustrou-se esse cenário de incerteza apresentando algumas decisões judiciais bastante controvertidas. Finalmente, na terceira parte, abordou-se a nova Lei de Liberdade Econômica, mencionando alguns de seus aspectos, que poderão reverter esse cenário de insegurança.

Para dar início à primeira parte, partiu-se das lições do saudoso Prof. Gerson de Brito Mello Boson, Catedrático de Filosofia do Direito na Pontifícia Universidade Católica de Minas Gerais, que entendia que o *pacta sunt servanda* era o mais importante dos princípios jurídicos.

Se a ordem jurídica persegue a paz, a ordem, a segurança e a justiça, as convenções necessariamente deveriam ser observadas, quer se estivesse tratando do direito privado, quer se tratasse do direito público. Defendia o Prof. Boson que as expectativas geradas pela palavra empenhada justificariam a proeminência do *pacta sunt servanda* na ordem jurídica[1].

---

1 SALGADO, Joaquim Carlos. A filosofia de Boson: elementos e reflexões. Revista Brasileira de Estudos Políticos, n. 111, pp. 197-227, jul/dez. 2015.

Como se sabe, no direito contratual, o *pacta sunt servanda* tem um papel destacado. Juntamente com a autonomia privada, é o princípio estruturante de todo edifício contratual. Desse raciocínio parece não destoar, por exemplo, o Prof. António Menezes Cordeiro, que, em seu Tratado, asseverou que as pessoas são livres para contratar ou não, mas que, quando enfim celebram o contrato, devem respeitá-lo até o fim[2].

Neste aspecto, no entanto, o direito contratual brasileiro descarrilhou.

O *pacta sunt servanda* foi relegado a segundo plano. A busca pela justiça material no âmbito das relações contratuais fez com que a obrigatoriedade fosse superada. A insegurança jurídica, agora, impera.

Aparentemente, a crise econômica que afetou o Brasil a partir dos anos 80 do século passado esteve diretamente relacionada à aceitação em larga escala da revisão dos contratos. A hiperinflação, que perdurou de 1980 a 1994, teve impactos severos ao menos em duas relações negociais: os contratos de locação e os contratos de financiamento imobiliário. Com a inflação oscilando entre 50% a 80% ao mês, ocorreu, naturalmente, um desequilíbrio entre os valores da prestação e da respectiva contraprestação. Nesses casos, o valor do aluguel era rapidamente depreciado pela escalada inflacionária, impedindo a continuação do pacto locatício. Nos contratos de financiamento imobiliário, o reajuste do saldo devedor fazia com que a dívida fosse várias vezes superior ao valor do bem dado em garantia.

Acionava-se, assim, o Judiciário. O locador pretendia reajustar o valor da locação e o inquilino pretendia discutir o índice que seria adotado. O mutuante queria retomar o imóvel dado em garantia e o mutuário queria rever o valor de sua dívida.

Chamado para reequilibrar esses contratos, o Poder Judiciário, movido por uma compreensível tentativa de mitigar os efeitos sociais perniciosos da inflação, valeu-se da vetusta cláusula *rebus sic stantibus*. Invocando a doutrina como fonte do direito, o magistrado amparava a revisão do contrato na teoria da imprevisão, que àquela época ainda não havia sido positivada pelo direito privado brasileiro.

No entanto, a superveniência da Constituição da República de 1988, com seu caráter social, e do Código Brasileiro de Defesa do Consumidor, em 1990, propiciaram a fundamentação legal necessária para implementar a visão revisionista dos contratos.

---

2 CORDEIRO, António Menezes. Tratado de Direito Civil Português. I. Parte Geral. Tomo I. 3ª ed. 2005. Almedina: Coimbra, p. 531

O Código Brasileiro de Defesa do Consumidor considerou a revisão contratual um direito essencial do consumidor, e esse entendimento, para parcela significativa dos civilistas brasileiros, se encontraria em consonância com a tábua axiológica da Constituição.

A barreira jurídica que limitava a revisão dos contratos fora, enfim, ultrapassada. Disseminou-se a ideia de que a intervenção judicial no conteúdo do contrato seria uma exigência da própria ordem constitucional. Começa, então, o desprestígio do *pacta sunt servanda*.

Esse quadro se acentuou quando o Código Civil de 2002 entrou em vigor. Se o Código de Defesa do Consumidor já oferecera o instrumental para a revisão dos contratos, as cláusulas gerais e os conceitos jurídicos indeterminados que haviam sido incorporados ao novo *Codex*, tais como a boa-fé e a função social dos contratos, permitiram que os magistrados julgassem conforme o que entendiam ser mais justo, desconsiderando o contrato e a própria lei.

Em nome da justiça contratual, elevada a um princípio essencial do direito contratual, a revisão pela via judicial tornou-se a regra. Os contratos, a seu turno, foram perdendo, dia após dia, a sua relevância como instrumento de alocação do risco e de distribuição de responsabilidades.

O *pacta sunt servanda* era, agora, uma pálida imagem do que fora outrora.

As previsões contratuais passaram a ser desconsideradas pelo Poder Judiciário, com base no critério subjetivo de justiça adotado pelo magistrado. O direito contratual brasileiro ressuscitou o bom juiz Magnaud...

3. PATERNALISMO PRETORIANO NAS CORTES DE JUSTIÇA DO BRASIL

De acordo com o Prof. João Baptita Villela, o paternalismo, o legalismo e o formalismo definiriam a cultura jurídica brasileira[3]. E, nas relações negociais privadas, cada vez mais se reconhece a incidência do denominado paternalismo pretoriano, caracterizado pela conduta do magistrado de, no caso concreto, especialmente nas relações negociais, afastar o texto legal a pretexto de proteger uma das partes[4].

Tal possibilidade, no direito brasileiro, tornou-se ainda mais viável com a introdução, pelo Código Civil de 2002, da função social do con-

3 VILLELA, João Baptista. Reflexões sobre a obrigatoriedade das leis, Revista dos Tribunais, v. 463, pp. 287-289, maio 1974.

4 SAMPAIO JR. Rodolpho Barreto. Da liberdade ao controle: os riscos do novo direito civil brasileiro. Belo Horizonte: PUC Minas Virtual. 2009.

trato. Ao proceder a uma revisão sistemática da jurisprudência do STJ, a Profa. Daniella Bernucci Paulino concluiu que "se revela, nas entrelinhas dos acórdãos, a intenção de se valer da função social como forma de realização da justiça distributiva, favorecendo-se aqueles que o Poder Judiciário enxerga como parte fraca na relação contratual[5]".

É paradigmático o seguinte excerto, extraído do estudo acima mencionado, no qual fica muito clara a visão de que caberia ao Poder Judiciário interferir na economia contratual, tornando-o mais justo:

> Em algumas hipóteses há menção à função social como argumento genérico para fundamentar determinada posição que revelaria, na visão do magistrado, a justiça contratual no caso. Nesses termos, afirma a Relatora Ministra Nancy Adrighi, no Recurso Especial 972436, julgado pela Terceira Turma do STJ em 17 de março de 2009:
>
> "O exame da função social do contrato é um convite ao Poder Judiciário, para que ele construa soluções justas, rente à realidade da vida, prestigiando prestações jurisdicionais intermediárias, razoáveis, harmonizadoras e que, sendo encontradas caso a caso, não cheguem a aniquilar nenhum dos outros valores que orientam o ordenamento jurídico, como a autonomia da vontade". (BRASIL, 2009a).
>
> Também nesse aspecto:
>
> "Vale dar destaque às normas insertas nos arts. 421 e 422 do CC, as quais tratam, respectivamente, da função social do contrato e da boa-fé objetiva. A função social apresenta-se hodiernamente como um dos pilares da teoria contratual. É um princípio determinante e fundamental que, tendo origem na valoração da dignidade 72 humana (art. 1o. da CF), deve determinar a ordem econômica e jurídica, permitindo uma visão mais humanista dos contratos que deixou de ser apenas um meio para obtenção de lucro. 6. Da mesma forma, a conduta das partes contratantes deve ser fundada na boa-fé objetiva, que, independentemente do subjetivismo do agente, as partes contratuais devem agir conforme o modelo de conduta social, geralmente aceito (consenso social), sempre respeitando a confiança e o interesse do outro contratante. 7. Tratando-se no caso dos autos de Contrato de Crédito Educativo e levando-se em conta a elevada finalidade social da sua instituição, mostra-se desarrazoada uma multa contratual no valor de 10%". (BRASIL, 2012)

---

5 PAULINO, Daniella Bernucci. Panorama jurisprudencial da função social do contrato: uma revisão sistemática da jurisprudência do Superior Tribunal de Justiça. In: Direito civil contemporâneo III. Organização CONPEDI/UNICURITIBA; Coordenadores: José Sebastião de Oliveira, Nilson Tadeu Reis Campos Silva. Florianópolis: CONPEDI, 2016.

Não é difícil encontrar na jurisprudência brasileira julgados em que a força obrigatória dos contratos foi afastada em nome de uma pretensa justiça contratual. Veja-se, por exemplo, algumas decisões judiciais:

> a) Entendeu-se que a cláusula que exclui a responsabilidade da seguradora nos casos em que o condutor do veículo dirige embriagado é ineficaz perante terceiros. Ou seja: a seguradora continuará responsável pelo pagamento da indenização da vítima, mesmo havendo expressa exclusão contratual quando o motorista agravar o risco por dirigir embriagado.
>
> b) Decidiu-se que a seguradora seria responsável pelo pagamento de doença não expressamente excluída da apólice. O contrato elencava taxativamente quais as doenças cobertas; mas entendeu-se que a seguradora deveria responder porque não mencionara quais as doenças estavam excluídas.
>
> c) Concedeu-se indenização por danos materiais e morais ao segurado que não logrou renovar seu contrato de seguro de vida celebrado sucessivamente por muitos anos. Haveria uma espécie de "direito adquirido" à renovação sucessiva do contrato de vida e, se a seguradora não o fizesse, deveria indenizar o antigo segurado.
>
> d) Foi celebrado contrato de seguro contra roubo, furto qualificado e quebra acidental de eletrônicos portáteis. O bem foi furtado e a seguradora negou o pagamento da indenização, ao fundamento de que o contrato expressamente excluía o furto simples das coberturas oferecidas. Sucessivamente, a seguradora pediu que, se condenada fosse, se deduzisse o valor da franquia, a cargo da segurada. Tal pedido também tinha previsão expressa no contrato. Ao sentenciar, a magistrada não apenas determinou o pagamento relativo a risco expressamente excluído do contrato como, ainda, considerou abusiva a franquia, vedando sua dedução do montante a ser pago. Como mencionou em seu julgado, essa era a solução que lhe parecia mais justa...
>
> e) Determinou-se que a seguradora pagasse a indenização pactuada e, também, restituísse o prêmio pago pelo segurado. Como a seguradora não cumprira sua obrigação contratual, ao negar-se a pagar a indenização, teria se caracterizado o descumprimento do contrato; logo, o prêmio deveria ser restituído ao segurado.

É importante registrar que essas situações não são exceções; não representam um ponto fora da curva. Pelo contrário. Ao analisar-se as decisões proferidas pelo Superior Tribunal de Justiça, órgão de cúpula no Judiciário brasileiro, a quem cabe manter a integridade da legislação infraconstitucional, verifica-se que a situação não é diferente.

De fato, no estudo já referenciado, a Profa. Daniella Bernucci Paulino, após pesquisar a jurisprudência do STJ em seu próprio sítio institucional, encontrou, indexadas, 28 decisões que tratavam do contrato de seguro e de sua função social. Dessas, 21 decisões eram pertinentes e tratavam de seguro de automóvel, vida, imobiliário, cartão de crédito, saúde, dentre outros. Dessas 21 decisões, em apenas cinco foi mantido o contrato. Nas demais, entendeu-se que a função social do contrato justificaria a sua modificação, a fim de que se buscasse a justiça contratual.

Observa-se, pois, o pouco apreço que o Judiciário brasileiro tem pelos contratos e pela observância do texto legal. Pelo que se percebe, o sentimento subjetivo de justiça do magistrado é muito mais relevante no momento de se decidir sobre a validade e os efeitos do negócio.

Esse movimento já era denunciado por parte da doutrina, que apontava os prejuízos econômicos que dele poderiam decorrer. Como já registrou Luciano Benetti Timm,

> De acordo com essa análise econômica do Direito, o sistema jurídico cumpre maior função social num modelo regulatório em que o Direito respeita, protege e reforça o mercado, pois admite que este é um fato e uma necessidade social permitindo que ele se desenvolva beneficiando toda a coletividade que nele interage. Dessa maneira, por exemplo, equivocam-se aqueles juristas que defendem que a função social do direito privado deva ter um caráter redistributivo, de índole publicista ou constitucional, com vistas a gerar maior "justiça social" – tema que tanto vem sendo discutido em razão do polêmico art. 421, do Código Civil. Ao contrário, ao gerar maior eficiência das instituições sociais de mercado, será um Direito tipicamente privado que gerará maior riqueza social e, portanto, maiores condições para a própria redistribuição [...] Dito isso, e como o Direito cumpre aquela função social de operacionalização das relações de mercado? Basicamente se estiver comprometido com aquelas instituições jurídicas que instrumentalizam o seu funcionamento (do mercado): a livre iniciativa, a autonomia privada (o contrato) e a propriedade. [...] Não é flexibilizando o contrato, protegendo eventualmente um hipossuficiente que, necessariamente, gerar-se-á socialmente maior riqueza e consequentemente maior equilíbrio no seio das relações sociais. Nesse sentido a função social do contrato como roupagem jurídica de operações econômicas, não é a relativização do pacta sunt servanda, mas a instrumentalização das trocas, onde quem ganha é a coletividade. E paradoxalmente, na maioria das vezes, a coletividade ganha quando o contrato é cumprido, e os custos de um eventual inadimplemento não são redistribuídos aos não participantes da relação.[6]

---

6 TIMM, Luciano. O Novo Direito Civil: Ensaios sobre o Mercado, a Reprivatização do Direito Civil e a Privatização do Direito Público. Porto Alegre: 2008.

Não foi por outro motivo que, no Brasil, foi sancionada a Lei de Liberdade Econômica.

4. EM BUSCA DO TEMPO PERDIDO: A LEI DE LIBERDADE ECONÔMICA E AS LIMITAÇÕES AO DECISIONISMO JUDICIAL

No final de abril de 2019 foi editada a Medida Provisória 881, posteriormente convertida na Lei nº 13.874/19, a denominada Lei da Liberdade Econômica. Um dos objetivos da lei é justamente trazer mais segurança jurídica às relações negociais. Protege-se a livre iniciativa e o livre exercício de atividade econômica, restringindo-se a atuação do Estado como agente normativo e regulador.

Logo em seu art. 1º. já se estabelece que as normas de ordenação sobre atividades econômicas privadas se interpretam em favor da liberdade econômica, da boa-fé e do respeito aos contratos, aos investimentos e à propriedade.

No art. 2º. se estabelece, como princípio que norteia a própria lei, o caráter subsidiário e excepcional da intervenção do Estado sobre o exercício das atividades econômicas.

Em seu art. 3º., estabeleceu-se como direito de liberdade econômica "a garantia de que os negócios jurídicos empresariais serão objeto de livre estipulação das partes pactuantes", e as regras de direito empresarial serão subsidiárias ao contrato.

Essa lei também alterou alguns dispositivos do Código Civil.

O art. 421, agora, dispõe:

> "Art. 421. A liberdade contratual será exercida nos limites da função social do contrato.
> Parágrafo único. Nas relações contratuais privadas, prevalecerão o princípio da intervenção mínima e a excepcionalidade da revisão contratual." (NR)

Observa-se, aí, uma mudança significativa. Alterando profundamente o texto codificado, inseriu-se o princípio da intervenção mínima e ressaltou-se a excepcionalidade da revisão contratual.

Também, inseriu-se o art. 421-A do Código Civil, que prevê serem paritários e simétricos os contratos civis e empresariais:

> Art. 421-A. Os contratos civis e empresariais presumem-se paritários e simétricos até a presença de elementos concretos que justifiquem o afastamento dessa presunção, ressalvados os regimes jurídicos previstos em leis especiais, garantido também que:

> I - as partes negociantes poderão estabelecer parâmetros objetivos para a interpretação das cláusulas negociais e de seus pressupostos de revisão ou de resolução;
>
> II - a alocação de riscos definida pelas partes deve ser respeitada e observada; e
>
> III - a revisão contratual somente ocorrerá de maneira excepcional e limitada.

Observa-se, da simples leitura da nova lei, a tentativa de se restringir a intervenção judicial nos contratos. De fazer valer a autonomia privada, prestigiando-se o conteúdo do negócio.

Ao alterar a redação do art. 421, reduziu-se o alcance do princípio da função social dos contratos, que passou a ter limites, que condicionam a sua interpretação pelo julgador. Ao mesmo tempo, ressaltou-se o caráter excepcional da intervenção estatal no domínio econômico.

O objetivo, como já mencionado, é restringir o decisionismo judicial, que aliado a uma práxis paternalista, conduzia ao desrespeito aos contratos voluntariamente firmados.

5. CONCLUSÕES

O cenário de extrema incerteza que se observa nas relações jurídicas contratuais brasileiras levou o legislador a editar uma lei com o declarado intuito de assegurar a liberdade econômica, de prestigiar a livre iniciativa e de valorizar a autonomia privada.

No entanto, a incidência dessa lei às relações securitárias enfrenta dois problemas:

> a) Primeiro Problema: a lei expressamente não se aplica às relações de consumo. Como, no direito brasileiro, os contratos de seguro são sujeitos ao Código de Defesa do Consumidor, então pode-se concluir que a lei apenas atingirá os contratos de seguro de forma indireta, se conseguir promover uma mudança cultural, em que o *pacta sunt servanda* volte a ser respeitado.
>
> b) E isso nos conduz ao Segundo Problema: a lei, por si só, é incapaz de modificar uma cultura já estabelecida. Há quase quarenta anos teve início o desprestígio do *pacta sunt servanda*. Entendeu-se que caberia ao Judiciário zelar não só pela manutenção do pactuado, mas sim pela sua justiça. Dificilmente a lei, por si só, irá mudar esse quadro.

Soma-se a isso a persistência de dois fenômenos, que já haviam sido identificados por Clóvis Beviláqua há mais de um século: a benevolência jurídica e a afetividade. *Dura lex, sede lex* não é um brocardo especialmente válido no direito brasileiro.

Portanto, o momento pede cautela. É necessário trabalhar a Lei de Liberdade Econômica, divulgar seus méritos e apontar-se os efeitos econômicos e sociais decorrentes da inobservância do *pacta sunt servanda* nos contratos de seguro. Somente assim poder-se-á aspirar a uma ordem jurídica estável, previsível, que ampare uma economia pujante e desenvolvida.

O SISTEMA FINANCEIRO E SUA REGULAÇÃO PELO JUDICIÁRIO

Roger Silva Aguiar

1. INTRODUÇÃO

O tema que se propõe para este artigo, objeto da conferência proferida por ocasião do VI Congresso Intercontinental de Direito Civil[1], talvez cause estranheza e até mesmo um certo desconforto a muitos civilistas brasileiros que poderiam apontar tal matéria como "um pouco deslocada", em um ambiente no qual, em sua pureza, deveria estar restrito a temas genuinamente do mundo do direito privado como a responsabilidade civil, contratos ou até mesmo - o que mais se aproximaria da questão em tela - empresarial.

Este mal-estar - apesar do direito bancário brasileiro pertencer ao ramo civilista e contar com doutrinadores de reconhecido quilate e com uma larga doutrina - provavelmente encontra raízes na tradicional divisão do direito público e do direito privado, aliado a uma percepção das questões do sistema financeiro como algo que diz respeito mais à regulação das autoridades administrativas, portanto direito público, do que ao universo do interesse privado[2].

In vero, nem mesmo exatamente esta ideia, mas algo como se os agentes financeiros militassem em um universo que lhes é próprio, situado em um limbo que se estabelece entre o público e o privado[3], vez

1 O VI Congresso Intercontinental de Direito Civil ocorreu em novembro de 2019, na cidade de Coimbra/Portugal, tendo sido promovido pela Academia Brasileira de Direito Civil em conjunto com a Faculdade de Direito da Universidade de Coimbra e a Notorium Jurídico.

2 Registra Antonio José Avelãs que foi no século XV/XVI, a partir da substituição da família-unidade-de-produção pelas empresas, como alicerce da economia, e do enquadramento destas como sociedades comerciais, com o apartamento do patrimônio da sociedade daquele pertencente aos sócios, que surgiu a ideia do mercado enquanto instrumento de regulação econômica, vez que o cálculo de preços, margem de lucro e prejuízos ganhou, a partir de então, efetiva importância. A economia que em seu sentido original diz respeito à administração do lar, descolou-se então do mundo privado e iniciou a sua caminhada para se tornar uma questão de interesse público, vindo o mercado a se tornar uma instituição social, ao lado do Estado. NUNES, Antônio José Avelãs, Uma Leitura Crítica da Atual Crise do Capitalismo, in Boletim de Ciências Econômicas, Vol. LIV, Faculdade de Direito - Universidade de Coimbra, Coimbra - Portugal, 2011, p. 04/05.

3 Ideia mui semelhante àquela de diversos doutrinadores do direito econômico que situam este em um espaço entre o direito público e privado: "O direito econômi-

que as instituições são em sua grande maioria de caráter privado, mas merecedoras de um "tratamento especial" pelo Poder Público, dada a sua importância para a economia[4].

Esta distinção que se dá ao Sistema Financeiro é perceptível não apenas no tratamento escrupuloso que lhe concedem os Tribunais, mas até mesmo na própria origem da legislação e da doutrina que lhe embasa ou que dela se origina.

Um bom exemplo, neste sentido, é que a doutrina civilista, logo de plano, por se ver "jungida" à necessidade de recepcionar as normas e dispositivos que cuidam desta espécie de atividade econômica em seu bojo, termina por examiná-la sempre de forma esquartejada - direito bancário, direito securitário e assim por diante - nunca lhe concedendo uma visão global, ao contrário, sempre tentando encaixá-la em seus institutos tradicionais[5].

Tome-se, por exemplo, a própria designação "direito bancário": cunhada em uma época em que todos os agentes financeiros podiam, com um pouco de boa vontade, ser abarcados dentro dela, hoje tal designação se mostra razoável apenas se considerada como uma análise específica de um subsetor do segmento, diante do crescimento das demais atividades do sistema financeiro, como é o caso da matéria securitária e do mercado de valores.

co supera a divisão tradicional do sistema jurídico em direito privado e direito público, ao propiciar e viabilizar o concerto de regras da autonomia privada com regras soberanas (estatais)." ASHTON, Peter Walter, O Direito Econômico e o Direito Empresarial, in Revista da Faculdade de Direito da UFRGS, nº. 26, 2006, p. 173. Vide também SOUSA, Washington Peluso Albino de, Conceito e Objeto do Direito Econômico, in Revista da Faculdade de Direito da UFMG, nº. 16, 1976, p. 29.

4 QUELHAS, José Manuel, "Dos objetivos da união bancária", in Boletim de Ciências Econômicas, Vol. LV, Faculdade de Direito - Universidade de Coimbra, Coimbra - Portugal, 2012, p. 247.

5 Neste sentido e apenas para que o leitor possa perceber de forma mais nítida a sacralização de uma determinada atividade evidenciada pela abordagem segmentada, esta ocorre quando uma atividade e o direito a ela relacionado, ganham uma designação especial para ser tratado de forma mais específica - uma prática mais comum antes da complexificação da economia - como no caso do direito bancário. A contrário sensu do que se poderia pensar de plano, tal fenômeno se dá não exatamente pela importância da atividade ou pela extensão da disciplina legal a ela atinente: não se conhece, por exemplo, um direito "eletricitário", apesar do extenso corpo normativo neste campo, ou um direito "shoppitário", apesar dos shopping centers possuírem hoje um importante papel na economia.

Não está a se criticar, obviamente, os trabalhos que estudam e analisam o sistema financeiro de forma segmentada, em suas diversas facetas, por ser óbvio que tal abordagem se mostra extremamente útil – única forma de se observar alguns institutos com maior profundidade.

Contudo, a exiguidade da perspectiva global resulta em prejuízo para sua compreensão, pois ao ser separada em compartimentos – sob a justificativa ora de sua extensão, ora de sua especificidade – despreza-se a noção de organicidade, a qual termina por ser examinada apenas pela ciência econômica ou, quando muito, pela economia política, de tudo ausente o direito privado.

Tal distorção no trato do Sistema Financeiro, apenas um exemplo de muitos, certamente possui raízes em uma inadequada abordagem de aspectos econômicos/financeiros pelo Judiciário, e é isso que se buscará cotejar no presente artigo.

Antes que se mergulhe na proposta, é de se mencionar também que a escolha do tema se faz como uma homenagem ao Dr. João Calvão da Silva, jurista português, falecido há um ano, ex-Membro Internacional da Academia Brasileira de Direito Civil, e que recebeu, no VI Congresso Intercontinental de Direito Civil, o justo reconhecimento de seu legado jurídico.

Dr. João Calvão da Silva se notabilizou como um doutrinador que praticava em seus escritos esta visão global da atividade financeira – Da Banca, Bolsa e Seguros – aliando o conhecimento profundo dos institutos a uma visão sistêmica de dilargada perspectiva.

2. DOS SISTEMAS FINANCEIROS DO BRASIL E DA UNIÃO EUROPEIA: ÓRGÃOS DE SUPERVISÃO FINANCEIRA

Por força de uma necessária intercomunicação em nível mundial, os sistemas financeiros buscaram mecanismos comuns para que o reconhecimento tornasse mais fácil não apenas o relacionamento, mas sobretudo a credibilidade dos organismos.

Nesta esteira, um superficial exame deixa entrever que os sistemas financeiros do Brasil e da União Europeia guardam muitas semelhanças e, em muitos casos, até mesmo terminologias próximas.

No caso brasileiro, de acordo com a Lei nº 4.595/64, o Sistema Financeiro Nacional é composto pelos Subsistemas Normativo, Supervisor e de Intermediação[6].

6 https://www.bcb.gov.br/estabilidadefinanceira/sfn.

No primeiro, estão contidos o Conselho Monetário Nacional, o Conselho Nacional de Seguros Privados e o Conselho Nacional de Previdência Complementar, além dos agentes especiais, o Banco Nacional de Desenvolvimento – BNDES, a Caixa Econômica Federal – CEF, e o Banco do Brasil.

Compõe o segundo subsistema o Banco Central, a Comissão de Valores Mobiliários, a Superintendência de Seguros Privados e a Superintendência Nacional de Previdência Complementar – Previc.

Por fim, o subsistema de intermediação (operativo), que abarca as instituições financeiras públicas e privadas.

Todo o sistema é acompanhado pelo Comitê de Estabilidade Financeira (COMEF), órgão colegiado do Banco Central (BC), incumbido de estabelecer diretrizes para a manutenção da estabilidade financeira e a prevenção da materialização do risco sistêmico. Não sendo a proposta deste trabalho uma comparação detalhada de ambos os sistemas, limitar-se-á a análise à questão da supervisão.

O Sistema de Supervisão Financeira Europeu, conforme nos ensina João Nuno Calvão da Silva, em sua obra "Agências de Regulação da União Europeia"[7], está apoiado em dois pilares: o Comitê Europeu do Risco Sistêmico (ESRB) e o Sistema Europeu de Supervisão Financeira (o ESFS).

O primeiro, o Comitê Europeu do Risco Sistêmico (ESRB)[8], tem por propósito impedir uma septicemia do sistema financeiro – uma possível contaminação sequencial dos agentes financeiros, originada de dificuldades da economia como um todo, em um processo popularmente conhecido como "efeito dominó". Antecipando-se à propagação dos efeitos das dificuldades enfrentadas por um ou alguns dos agentes financeiros, o ESRB, que também atende pela sigla CERs, pode impedir a ocorrência de crises que afetem o organismo financeiro europeu de forma global[9] e assim mitigar os impactos nos demais segmentos da economia, sobretudo, no mercado consumidor.

O segundo pilar, o Sistema Europeu de Supervisão Financeira (o ESFS), compreende as três agências Europeias de Supervisão – a

---

7 SILVA, João Nuno Cruz Matos Calvão da, Agências de Regulação da União Europeia, Ed. GESTLEGAL, Coimbra, 2017, p. 482. Também SILVA, João Calvão da, Banca, Bolsa e Seguros – Direito Europeu e Português, Coimbra: Ed. Almedina S.A., Tomo I, 2012, p. 68/82.

8 Regulamento (UE) 2019/2176 do Parlamento Europeu e do Conselho de 18 de dezembro de 2019, in Jornal Oficial da União Europeia, L 334/146, 27.12.2019.

9 QUELHAS, José Manuel, op. cit., p. 252/253.

Autoridade Bancária Europeia, a Autoridade Europeia dos Seguros e Pensões Complementares de Reforma e a Autoridade Europeia dos Valores Mobiliários e dos Mercados – o Comitê Conjunto das AES e os supervisores nacionais.

Em razão da União Bancária, foram implementadas na União Europeia, em 2012, modificações normativas, tais como o MUS – o Mecanismo Único de Supervisão – e o MUR – Mecanismo Único de Resolução para o aperfeiçoamento do sistema de supervisão. Nessas alterações, merece nota o aumento dos poderes do Banco Central Europeu que também passou a desempenhar a função de supervisão direta, em relação aos cento e quinze bancos mais significativos dentro do sistema, ao lado das autoridades financeiras nacionais que prosseguiram na supervisão dos bancos de menor porte[10].

Digno de nota o fato de que, apesar da união bancária e da introdução dos novos instrumentos legais, o modelo de supervisão financeira manteve-se misto, ou seja, com uma forte tonalidade nacional; aliás, como já registrava João Nuno Calvão da Silva em seu livro.

Por outro lado, manteve-se também o modelo de supervisores separados para cada setor financeiro, as três agências de supervisão acima mencionadas – ao invés de um supervisor único ou mesmo do formato twin peaks – com a coerência sistêmica fornecida pelo Comitê Conjunto das Autoridades Europeias de Supervisão.

No quadro acima, é fácil perceber a semelhança da estrutura de supervisão dos sistemas financeiros abordados, sobretudo do COMEF, brasileiro, e do ESRB (CERS), europeu.

In Vero, este fenômeno não se limita ao Brasil e à Europa. Tais estruturas ligadas à questão da estabilidade do sistema estão espalhadas em todo o mundo: os Comitês de risco sistêmico acima mencionados encontram paralelo no Financial Stability Board (Conselho de Estabilidade Financeira) criado pelo G20, em 2009, como sucessor do Financial Stability Forum (Forum de Estabilidade Financeira), criado vinte anos antes pelo G7[11].

Incumbe aqui uma advertência: a constatação da semelhança estrutural dos sistemas financeiros, como foi acima observado no tema da supervisão; não importa em dizer que ambos estejam no mesmo estágio de evolução ou que possuam virtudes e vícios similares. Apesar de asse-

10 https://www.europarl.europa.eu/factsheets/pt/sheet/84/sistema-europeu-de--supervisao-financeira-sesf-

11 https://www.fsb.org/history-of-the-fsb/

melhados, cada um dos Sistemas Financeiros, obviamente, encontra-se circunstancialmente em momentos diferentes de construção.

Neste sentido, o acima anotado aumento do poder do Banco Central Europeu, ainda não inteiramente consolidado, mas em curso, por força da União Europeia, certamente não encontra paralelo no quadro atual do sistema bancário brasileiro, embora, com um pouco de boa vontade, seja possível perceber o quanto este movimento se aproxima daquele ocorrido no Brasil durante o Governo do Presidente Fernando Henrique Cardoso. Naquela oportunidade, o Governo Federal realizou o PROER, com o intuito de sanear o sistema financeiro nacional e, de forma indireta, "submeter" os Bancos Estaduais - Banespa, Bemge, Banerj, dentre outros - que atuavam quase que como "Bancos Centrais estaduais", centralizando assim, de fato, a autoridade monetária que, de direito, cabia ao Banco Central da Federação.

O PROER - Programa de Estímulo à Reestruturação e ao Fortalecimento do Sistema Financeiro Nacional - implantado pela Medida Provisória nº 1.179 e a Resolução nº 2.208, ambas de 3/11/95, reestruturou o Sistema Financeiro brasileiro e vigorou até 2001[12]. Durante a sua vigência, houve a incorporação e fusão de bancos - reduzindo o quadro de 247 instituições, em 1994, para apenas 189, em 2000 - com especial destaque para os bancos públicos que foram reduzidos em 50%, em grande parte privatizados.[13]

O Sistema Financeiro Brasileiro, desde sua criação pela Lei nº 4595/64, passou e passa por um processo de aprimoramento constante: além do processo de fortalecimento do sistema bancário, na década de 90, outras ações foram implementadas, como a adesão aos Acordos de Basiléia I e II, o programa dos correspondentes bancários, o novo Sistema de Pagamentos Brasileiro (SBP), o crédito consignado, a questão das tarifas bancárias e a atenção aos cartões de pagamento (crédito e débito).

Recentemente, a título de exemplo, o Governo brasileiro conseguiu implementar uma das metas para a comemoração do centenário do Banco Central (2022), qual seja, a criação do cadastro positivo, com

12 CAMARGO, Patrícia Olga. A evolução recente do setor bancário no Brasil. São Paulo: Editora UNESP; 2009, p. 42.

13 Apenas para que se veja o quanto, muitas vezes, movimentos semelhantes são realizados com propósitos absolutamente diferentes, é de se anotar que a Europa também passou por processo semelhante, nas décadas de 80 e 90, por um processo de concentração bancária, com o aparente propósito de fortalecimento dos Sistemas Financeiros nacionais mas que, obviamente, não visavam a concentração da autoridade monetária. CAMARGO, Patrícia Olga, ob. cit., p. 19.

vistas à redução do "spread" bancário. Este último, por sinal, um dos anacronismos com o qual nosso sistema ainda convive e que, somente agora, ao que parece, começa a ser atacado. Outro anacronismo que ainda se mantém é o Decreto 22.626/33, conhecido como a Lei de Usura, que fixava (e ainda fixa), entre outros aspectos, patamares para a cobrança de juros. Em completa defasagem com a realidade nacional, o referido diploma legal obrigou o Poder Judiciário a fazer malabarismos judiciais para manter "protegido" o SFN.

Malabarismo muito semelhante ao também realizado por conta do artigo 192, § 3º, da Constituição Federal, que limitava a taxa de juros reais a 12% ao ano, que se viu revogado pela Emenda Constitucional nº 40/2003 e, ainda assim, suscitou a Súmula 648, do Supremo Tribunal Federal, que mais tarde foi convertida na Súmula Vinculante nº 07.[14]

A produção do Judiciário brasileiro, por sinal, nesta seara relativa a temas de interesse do Sistema Financeiro, é farta e generosa.

O Superior Tribunal de Justiça, por exemplo, possui uma publicação – Jurisprudência em Teses – na qual compila seus principais enunciados jurisprudenciais[15].

Este interessante repositório de decisões paradigmáticas, desenvolvido pelo Superior Tribunal de Justiça, deixa entrever o quanto o Poder Judiciário é chamado a decidir sobre questões ligadas ao funcionamento de agentes financeiros – bancos, seguradoras, corretoras de valores, dentre outros.

Dos trinta e três cadernos publicados nesta coletânea, com um total de quatrocentos e vinte e quatro teses, um terço deles, ou seja, 11 cadernos, com um total de cento e quarenta teses, são dedicadas a temas de interesse direto ou indireto[16] do Sistema Financeiro. Nenhum tema, a não ser "alimentos", ultrapassou, de forma isolada, o número de teses dedicadas ao direito bancário.

14 É de se imaginar que tal questão cause perplexidade, senão hilaridade, aos estrangeiros: como explicar a um europeu, por exemplo, que o Judiciário brasileiro passou anos discutindo vivamente a possibilidade ou não da fixação da taxa máxima de juros a 12% ao ano em operações bancárias, em um país que já conviveu com taxas de juros de 115.334,03%% ao ano.

15 ALVIM, Arruda, ALVIM, Thereza Arruda, CAMBLER, Everaldo Augusto, ALVIM, Angélica Arruda (Coord.), Teses Jurídica dos Tribunais Superiores, Vol. II – Direito Civil, São Paulo: Ed. Thomson Reuters - RT, 2017.

16 Incluem-se aqui os temas referentes ao cadastro de inadimplentes e do Sistema Financeiro de Habitação. O primeiro, por estar ligado a uma das metas do centenário do Banco Central, e o segundo por estar umbilicalmente vinculado a temas como a poupança e taxas de financiamento.

Ao par desta radiografia, não se observa um caderno sequer, quiçá uma tese, dedicado ao Sistema Financeiro como um todo, o que nos remete à situação descrita no início deste artigo e à indagação de como o Poder Judiciário brasileiro aborda, decide e, até mesmo, orienta este importante segmento da economia.

3. "LAW OR ECONOMICS" OU "LAW & ECONOMICS"?

Esta pergunta, já feita tantas vezes após a fundação da icônica revista dedicada ao tema[17], traduz de forma simples, mas profunda, as dificuldades enfrentadas no namoro desses dois ramos da ciência.

Ab Initio, é necessário se advertir que não se irá joeirar aqui os argumentos a favor e contra a recepção da compreensão econômica no manejo do direito, ou a extensa lista de idiossincrasias que as separam – outros autores, em diversos artigos, já o fizeram com mais competência.

A importância do tema está, obviamente, no fato de que ele representa o outro lado, qual seja, aquele que prega – aparentemente - uma profunda conversão do direito à economia. Aparentemente porque, neste campo, nada é absolutamente certo.

No Brasil, sequer a terminologia pelo qual é tratado é uníssona: não há consenso se termos como direito econômico, análise econômica do direito, economia aplicada ao direito e outros, possuem o mesmo significado ou não[18] - daí o cuidado de se nomeá-la, aqui, como uma "leitura".

Neste campo introdutório, um fato reconhecido por quase todos os estudiosos da matéria é que os aplicadores do Direito – não apenas o Poder Judiciário, mas também advogados, doutrinadores e a própria academia – no Brasil[19], assim como no mundo[20] - à exceção, obviamente,

17 STIGLER, George J., Law or Economics, The Journal of Law & Economics, Vol. 35, n. 2, 1992, p. 455-468.

18 SOUSA, Washington Peluso Albino de, op. cit., p. 23 -25.

19 PINHEIRO, Armando Castelar e SADDI, Jairo (org.), Direito, Economia e Mercados, São Paulo, Ed. Campus: 2005. ZYLBERSZTAJN, Décio e SZTAJN, Rachel, Direito & Economia, Rio de Janeiro: Ed. Campus, 2005.

20 No tocante aos países europeus, consultar GRECHENIG, Kristoffel, GELTER, Martin, The Transatlantic Divergence in Legal Thought: American Law and Economics vs. German Doctrinalism, in Hastings Int'l & Comp. L. Rev., Vol. 31, 2008, p. 295/296 (" Pode ser surpreendente para muitos nos Estados Unidos que a academia jurídica europeia tenha sido largamente resistente a este desenvolvimento ... No entanto, suspeitamos que a nossa abordagem pode ser estendida a outras partes da Europa

dos Estados Unidos da América, berço do (re[21]) surgimento contemporâneo da Law and Economics - se mostram muito pouco afeitos à proposta de iluminar decisões judiciais, bem como trabalhos acadêmicos, com ideias vindas da ciência econômica.

Nesta esteira, a dificuldade de aproximação das duas disciplinas é um assunto que sempre domina os trabalhos que abordam a proposta de aplicação de instrumentos econômicos no trabalho jurídico. Dificuldade esta que é traduzida, na maioria das vezes, na oposição dos vetores da economia e do direito, respectivamente, eficiência e justiça[22].

Bruno Meyerhoff Salamana e Mariana Parglender, um dos poucos estudiosos do tema no Brasil que vislumbram um início de emprego, pelas Cortes brasileiras, daquilo que eles próprios intitulam como "análise econômica do direito" (AED), afirmam que esta aproximação estaria ocorrendo por força de três fatores: o ideológico, o político e o legal. No primeiro, a ascensão do pensamento progressista teria aberto espaço para abordagens prospectivas da lei; no segundo, o Poder Judiciário teria sido atraído, com a redemocratização, para o centro da cena política, o que propiciaria uma maior atenção às demandas populares e em sua consagração como agente formulador de políticas públicas; e, por fim, no terceiro fator, teriam ocorrido mudanças na própria estrutura das leis que passaram a contemplar diretamente as consequências econômicas nas normas jurídicas, bem como a determinar, em muitos casos, a aplicação de um regime jurídico específico de acordo com a conveniência das suas consequências[23].

devido às raízes comuns e fatores históricos semelhantes que podem ser identificados em muitas partes da Europa."). Ver ainda GAROUPA Nuno, ULEN Thomas S., The Market for Legal Innovation: Law and Economics in Europe and the United States, in Ala. L. Rev., Vol. 59, 2008; RAMSEYER, J. Mark, Law and economics in Japan, in The Harvard John M. Olin Discussion Paper Series, 2010, disponível em http://www.law.harvard.edu/programs/olin_center/.

21 MACKAAY, Ejan, History of law and economics, in Encyclopedia of Law & Economics, disponível em https://reference.findlaw.com/lawandeconomics/literature-reviews/0200-history-of-law-and-economics-proofs.html#6_conclusion.

22 Enquanto a eficiência se constitui no problema fundamental dos economistas, a justiça é o tema que norteia os professores de Direito (...) é profunda a diferença entre uma disciplina que procura explicar a vida econômica (e, de fato, toda ação racional) e outra que pretende alcançar a justiça como elemento regulador de todos os aspectos da conduta humana. Essa diferença significa, basicamente, que o economista e o advogado vivem em mundos diferentes e falam diferentes línguas" STIGLER, George J., op. cit., p. 462-463.

23 SALAMANA, Bruno Meyerhoff, PARGLENDER, Mariana, Law and Economics in the Civil Law World: The Case of Brazilian Courts, Research Paper Series – Legal Studies Paper n. 117, Law School of Fundação Getúlio Vargas – FGV, São Paulo, 2015, p. 07 a 13.

Atento ao fato de que tal questão não pertence exatamente ao viés do presente artigo e que, pelo contrário, mereceria ela, por si só, um estudo aprofundado, registre-se tão somente que os supra mencionados fatores, apontados pelos ilustres doutrinadores para justificar um suposto crescimento do uso de razões econômicas no trabalho do Judiciário, se mostram mais apropriados, na verdade, para fundamentar o recrudescimento da pressão social sobre o Poder Público. Neste sentido, a presença dos elementos econômicos nas decisões seriam resultado, por via oblíqua – e neste ponto, os próprios autores assim o reconhecem[24] – do uso cada vez mais frequente de elementos das ciências sociais para a interpretação de textos legais, no bojo do crescente número de decisões que esteiam o deslinde de pretensões em princípios do direito e no sopesamento deles.

No esforço de buscar uma explicação plausível para o suposto aumento do emprego da análise econômica nos julgamentos das Cortes brasileiras, muitos doutrinadores deixam de fazer uma pergunta básica do lecionário da própria ciência econômica, qual seja, a origem da demanda – toda força que move algo possui uma origem, um ponto de apoio. É pouco crível, sob este prisma, que vetores como os acima elencados tenham se originado à luz de um idealismo dos envolvidos, todos preocupados com a busca do bem comum (sic). Mais provável é que toda esta aproximação tenha sido impulsionada por uma demanda irresistível da sociedade – e este termo "sociedade" possui aqui uma conotação diferenciada, à qual nos referiremos a frente – com um caráter quase existencial por soluções jurídicas informadas, principalmente, pela *eficácia da resolução dos problemas cotidianos.*

Antes que se prossiga, é necessária uma pequena digressão sobre o sentido em que se aplica aqui o termo "sociedade".

Não é possível reproduzir neste espaço, diante de sua estreiteza, o processo[25] que resultou na percepção que a própria sociedade ora pos-

24 Id., p. 13..

25 Em meu livro "Responsabilidade Civil – A culpa, o risco e o medo", anoto esta lenta evolução que tem início nas primeiras civilizações humanas, na qual a nossa raça começa a se reconhecer como homem/pessoa hábil a possuir direitos, etapa que encontra seu apogeu no período romano. Partindo desse ponto, o homem lutará pela afirmação de sua liberdade, não apenas no sentido social, mas fundamentalmente no sentido econômico – o Homem reconhece a si próprio enquanto sujeito, enquanto senhor do seu destino. Fixa-se o primeiro paradigma – o "eu". Do individualismo que se erige então, projeta-se a fase subsequente quando o homem descobre o "outro" homem. A sociedade passa a manejar a proposta da igualdade: resguardada a dignidade, mas preservadas as diferenças nas potencialidades de

sui de si mesma como um só organismo, no qual o destino do todo está umbilicalmente ligado ao destino de cada um dos seus componentes e assim vice-versa: não é suficiente garantir, ao indivíduo, direitos em suas relações com o outro ou com os outros indivíduos, ou mesmo sequer a grupos identificados – idosos, crianças, homossexuais e outros. A sociedade, em muitas questões e cada vez mais, vem introjetando a ideia de que não há como apenas um ou alguns se salvarem, se TODOS não se salvarem.

Exemplo lapidar deste fenômeno foi o direito do consumidor: a frase icônica de Kennedy, em 1962 – "Consumidores, somos todos nós" – resumiu de forma inequívoca o reconhecimento de que toda a sociedade, no tema consumo - uma das faces da economia – é um corpo único e orgânico, pois o que afeta a um, afeta a todos, ainda que de diferentes formas.

Este processo fez adentrar em cena um personagem que não estava presente no século XIX, que apenas se insinuou na ribalta nas últimas décadas do século XX, e que agora, mais e mais, assume o controle do espetáculo: a massa social, ou, como passaremos a tratá-la aqui, o Leviatã Social.

Talvez um civilista mais açodado se apresse em dizer: a Sociedade já era observável, na condição em que hoje se apresenta, desde a Revolução Francesa ou, no mais tardar, já no início do século XIX, período em que surgiram, inclusive, os primeiros estudos sociológicos.

Mas não é certamente à ideia tradicional de Sociedade, acolhida no conceito jurídico clássico, a que se faz referência aqui. O Leviatã Social é uma massa informe de pessoas – não orientada, mas orgânica, como

---

cada pessoa, a igualdade pretende assegurar que os relacionamentos se deem em um ambiente onde as oportunidades iniciais e as condições de competição sejam semelhantes para os atores envolvidos.
O século XX é pródigo dos frutos desta concepção, quando se percebe o esforço para garantir a dignidade a "outros" tais como a criança, o deficiente físico, o homossexual, o idoso. A etapa seguinte, na qual ainda nos encontramos, está firmada pela diretiva da fraternidade: a sociedade está diante a necessidade de reconhecer que o conjunto somente sobreviverá se todos puderem sobreviver juntos. Em outras palavras: o Homem se vê obrigado a reconhecer o "nós". Impõe-se ao ser humano a compreensão de que formamos todos um único corpo e que aquilo que agrava ou ofende a um, repercute em todos, assim como aquilo que é valioso para um, também é valioso para todos, pela simples razão de que não mais nos veremos como "eu" ou como "ele", senão como "nós". A luta pelo meio ambiente que não pertence isoladamente a este ou aquele, ou mesmo a um grupo, senão a todos, é um dos melhores exemplos desta nova era. Mas outros, mais próximos do nosso tema, também podem ser percebidos: hoje cada vez mais frequentemente se fala – e foi a socialidade um dos princípios abraçados na construção do Código Civil brasileiro – na função social do contrato, na responsabilidade social das empresas. AGUIAR, Roger Silva, Responsabilidade Civil – A Culpa, o Risco e o Medo, São Paulo: Ed. Atlas, 2011, p. 27 a 32.

que dotada de vida própria; adormecida em alguns momentos e, em outros, em ebulição; que deseja, teme e decide, sem fazer cálculos ou raciocínios; que derruba mercados (em conhecidos "efeito manada"), aterroriza ou até mesmo derruba governos, ergue ou destrói carreiras ou empresas, sem que muitas vezes sequer se compreenda o porquê; que não está estabelecida em espaços geográficos administrativos ou legais e que, portanto, não respeita fronteiras de ruas, bairros, cidades, estados ou países.

Foi o surgimento deste Leviatã Social que obrigou o Poder Judiciário – e não apenas ele, mas o Estado e seus Poderes de uma forma geral – bem como todos os demais operadores do direito a evoluírem para, na busca da realização da Justiça, conciliar o trato das micro relações com a percepção do reflexo da doutrina/decisão sobre a Justiça de todo o corpo social, considerando muitas vezes não apenas o interesse dos envolvidos, mas também o desta massa social. Não porque a decisão possa vir a formar jurisprudência, em se falando mais especificamente do Poder Judiciário – algo que decorre naturalmente de sua atividade – mas sim porque o entendimento que ela contém orienta políticas administrativas, tem reflexos sobre a política de preços e determina comportamentos sociais, além de outros múltiplos efeitos.

Daí que a chamada "busca pelo progressismo", não é mais, na verdade, do que a impaciência e irritação do Leviatã Social com políticas de governo, sejam elas atos administrativos, leis e ou decisões judiciais, que não trazem o bem-estar almejado, ainda que este bem-estar seja fruto de devaneios utópicos. Impaciência – este um traço distintivo do monstro.

Daí a atração do Poder Judiciário ao centro do confronto político – uma vez que este poder, por sua natureza, é o único que se inclina para ouvir o particular em seus mais aflitos reclamos e que, portanto, apresenta uma "audição" melhor do que a dos demais Poderes, que somente estão dispostos a "escutar" nos momentos eleitorais.

Daí a realização das audiências públicas, o uso de ciências sociais pelos Tribunais e até mesmo a mutação da própria Lei – todos esforços de prever consequências deletérias e já estabelecer remédios correspondentes que minorem os efeitos não desejados pelo Leviatã Social.

A história humana já registrou, em menor escala, momentos em que este movimento de massa já passou por cima - por descrença, medo ou simplesmente desespero – de leis, do poder político, de instituições, até destruir o próprio tecido da civilização que o albergava. O que agrava este fenômeno, na atualidade, é o seu caráter global – neste sentido a inquietude dos agentes estatais.

4. "O DIREITO OU A REALIDADE ECONÔMICA" OU "O DIREITO & A REALIDADE ECONÔMICA"

Um excelente exemplo de uma situação na qual o Judiciário brasileiro se viu obrigado a recuar, deixando de lado a forma de julgar arrimada exclusivamente em razões de direito, ainda que amparado por fundamentos de cunho constitucional, por força da realidade econômica, em razão do impacto que sua decisão teve no mercado – e mercado, *in vero*, é um dos muitos nomes pelos quais o Leviatã Social atende – foi a mudança de entendimento, ocorrida no Supremo Tribunal Federal, no que diz respeito à impenhorabilidade do bem de família do fiador, no contrato locatício.

No julgamento do Recurso Extraordinário 407.688 / AC[26], ao discutir a constitucionalidade do inciso VII do artigo 3º, da Lei nº 8.009/1990, e, consequentemente, a possibilidade de penhora do bem de família pertencente ao fiador, o Supremo Tribunal Federal reviu o entendimento firmado anteriormente, estabelecido na decisão monocrática proferida pelo Ministro Carlos Veloso, no Recurso Extraordinário 352.940 / SP[27], que dava pela impenhorabilidade do imóvel, diante da inconstitucionalidade do aludido dispositivo, e passou a entender pela possibilidade da penhora do bem família na situação de fiança.

Embora o Relator do R.E. 407.688/AC, Ministro Cezar Peluso, bem como outros Ministros que trabalharam no julgamento, tenham procurado revestir suas preocupações com roupagens mais "nobres", a efetiva razão para a alteração do posicionamento da Corte estava expresso com todas as letras ao final do voto do Relator[28]: o "equilíbrio do mercado".

É de se observar, contudo, que a questão econômica não ganhou este destaque, tal importância neste cenário, porque os aplicadores do direito envolvidos tenham se enamorado dos mecanismos de raciocínio preconizados pela análise econômica do direito – foi antes a pressão exercida pela massa social, em consequência da questão econômica ter se tornado, para esta última, nos últimos cem anos, seu mais importante aspecto existencial.

A glorificação da questão econômica pela sociedade moderna está, por outro lado, juntamente com o neoliberalismo, conforme leciona

---

26 S.T.F., RE No. 407.688-8, Rel. Ministro Cezar Peluso, 08.02.2006.

27 S.T.F., RE No. 352.940 / SP, Rel. Ministro Carlos Veloso, 25.04.2005.

28 " ... castrar essa técnica legislativa, que não pré-exclui ações estatais concorrentes doutra ordem, romperia o equilíbrio do mercado, despertando exigência sistemática de garantias mais custosas para as locações residenciais, com consequente desfalque do campo de abrangência do próprio direito constitucional de moradia.»

Avelãs[29], na raiz[30] da estruturação dos Sistemas Financeiros, em todo o mundo, como mecanismos destinados a facilitar os ganhos desvairados que os especuladores passaram a almejar em suas transações, nas últimas décadas do século XX e início deste milênio. Se assim o for, é de se imaginar que a diretiva instalada na macroestrutura tenha se projetado, como costuma acontecer, para os níveis inferiores do sistema, espraiando-se do topo, onde ela se encontra incrustada, até a sua base.

Portanto, não apenas os grandes banqueiros internacionais, os especuladores despudorados, as roletas financeiras de milhões, quiçá bilhões, de dólares almejam lucros e vantagens econômicas constantes e sempre maiores - na verdade, hoje, do mega empresário ao mais humilde cidadão, todos querem ter lucros[31] indecentes, ainda que não mereçam, para poder gastar, da forma que bem lhes aprouver. Se todos estão interessados nisto, por que o Leviatã Social não estaria?

Dessarte, mostra-se urgente que o Poder Judiciário afine e aprimore sua compreensão do ambiente econômico e, sobretudo, financeiro. Não para trocar a justiça pela eficiência ou o bom pelo justo, mas para se adequar a esse novo tempo, incompatível com o envelhecido pensamento de que a Justiça pode ser feita levando-se em consideração tão somente o direito e a realidade existente nos autos - sem números, sem estatísticas, sem análises e argumentos fornecidos por outras áreas do conhecimento humano.

É uma tarefa - reconheça-se - hercúlea. Talvez somente exequível quando as gerações que hoje operam o direito no Brasil sejam substituídas por pessoas instruídas já à luz desta nova realidade, porque não se cuida aqui, certamente, de boa vontade no agir, mas de uma questão cultural[32].

---

29 AVELÃS, op. cit., passim.

30 Seria uma causa ou um reflexo? Impossível saber.

31 Um exemplo dramático desta questão, se apresenta no dia a dia das Nações que comungam da ideia da necessidade de um PIB sempre positivo - quanto maior, melhor - porque produzir e lucrar, cada vez mais e mais, é a tradução literal do Capitalismo. Não outra é a figura folclórica do Capitalismo senão a da "bicicleta" que precisa estar em constante movimento, caso o contrário, cairá.

32 As palavras de Wendell, há mais de 100 anos, ainda soam atuais: "Aguardo com expectativa o momento em que o papel desempenhado pela história na explicação do dogma deve ser muito pequeno, e em vez de uma investigação engenhosa, devemos gastar a nossa energia num estudo dos fins pretendidos e das razões para os desejar. Como um passo em direção a esse ideal, parece-me que cada advogado deve procurar um entendimento da economia. O presente divórcio entre as escolas de economia política e de direito parece-me uma prova de quanto progresso no estudo filosófico ainda está por se fazer." HOLMES, Oliver Wendell. The path of the law, Harvard Law Review, Vol. 10, 1897, p. 474.

Ademais, esta cultura somente se instalará, se no ambiente acadêmico, mormente o universitário, houver esforço para tanto, o que certamente ainda não ocorre ou, se ocorre, se dá de forma muito lenta, como reconhecem, por sinal, todos aqueles que estudam a imbricação da economia com o direito.

É importante registrar que o patamar a ser alcançado, pelo Judiciário, no uso de conceitos econômicos, está muito distante daquilo que ocorre hoje e que por muitos é compreendido como exemplos de uma possível aproximação da análise econômica do direito. *In Vero*, um exame mais desapaixonado deixa entrever que, na maioria das vezes, os motivos econômicos, se estão presentes, são utilizados sem arrimo em qualquer elemento científico, mencionados que são como "motivo de convencimento" alicerçados em um suposto conhecimento geral do fato econômico utilizado como argumento[33].

Em sentido contrário, não está a se defender aqui como imprescindível o uso das técnicas de interpretação desenvolvidas pela ciência econômica, a estilo do teorema do bem-estar ou dos critérios de eficiência de Kaldor-Hicks e de Pareto.

A imprescindibilidade está no conhecer conceitos econômicos, no manejar relatórios estatísticos e, sobretudo, no abraçar da matemática, algo que, diga-se *en passant*, a própria ciência econômica teve dificuldade de fazer no início de sua caminhada.

Para muitos – a quase totalidade – dos Juízes brasileiros, ainda é um anátema utilizar "números" – estatísticas e levantamentos financeiros[34], por exemplo – para decidir, sob pena de ser visto como alguém que "subjuga a Justiça, ao Mercado". Certamente, nada é menos fundado.

Quando se ignoram os números – estatísticas, algoritmos, equações e outros congêneres – o que se está, na verdade, é ignorando a realidade ou a descrição mais fiel dela que a ciência humana pode fornecer.

Uma cornucópia de exemplos poderia ser aqui aduzida mas, para que não se vá muito longe, observe-se a própria decisão do R.E. 407.688/

33 "*Nós sabemos*, Senhor Presidente, que as taxas de juros que estão sendo praticadas, hoje, no Brasil, são taxas que nenhum empresário é capaz de suportar. *Nós sabemos* que o fenômeno que se denomina, pitorescamente, de "ciranda financeira", é que é a tônica, hoje, do mercado financeiro, engordando os lucros dos que emprestam dinheiro e empobrecendo a força do trabalho e do capital produtivo." (grifo nosso) S.T.F., ADI Nº 4-7, Rel. Ministro Sidney Sanches, 07.03.1991.

34 Em causas, obviamente, que não dizem respeito, diretamente, a dispositivos legais que envolvem questões econômico-financeiras, como por exemplo, a Lei Antitruste ou a legislação concorrencial.

AC[35]: a alusão ao desequilíbrio do mercado, ainda que o bom senso efetivamente indicasse isso, não vem amparada em qualquer elemento estatístico ou financeiro que a comprove. Nessa mesma decisão, o anátema acima mencionado: "Entendo, e Vossa Excelência perdoe-me, que não podemos fazer a leitura da Constituição para atender à lógica do mercado. Com isso é que não concordo."[36].

Esta forma de trabalho com os elementos econômicos é mais do que uma constante nas Cortes brasileiras.

Registram-se exceções, é verdade, como se observa em outro caso paradigmático, também do STF, quando a Suprema Corte decidiu quanto à aplicabilidade ou não do Código de Defesa do Consumidor ao Sistema Financeiro – ADI 2591-1[37]. Os Ministros que participaram do julgamento ativeram-se a considerar as características do Sistema Financeiro, ainda que, em algumas das manifestações, se perceba a redução deste ao segmento bancário.

Certamente não é necessário se ficar restrito a exemplos advindos do STF: as práticas aqui apontadas são também facilmente perceptíveis no Superior Tribunal de Justiça - STJ, em natureza e grau muito semelhantes ao Tribunal Constitucional brasileiro – também no STJ, o comportamento arredio para com a ciência econômica é uma tônica, mas não uma regra absoluta.

Neste sentido, vale ressaltar, o julgamento do REsp 271214 / RS[38], que debateu o cabimento da comissão de permanência no período de inadimplência, no qual o Relator nomeado para o Acórdão, Ministro Carlos Alberto Menezes Direito, apresenta um arrazoado com criteriosas notas da ciência econômica advindas de um relatório, conforme informa o próprio Ministro, preparado– e aqui a boa surpresa – por dois economistas, Marcos Lisboa e Renato Fragelli, especialmente para o julgamento daquela causa.

A atitude do Ministro Relator de buscar um suporte científico para o desempenho de seu mister – em uma situação em que não se cuida, obviamente, da realização de perícias ou exames – revela a percepção das exigências que ora se impõem ao Judiciário.

35 S.T.F., RE No. 407.688-8, Rel. Ministro Cezar Peluso, 08.02.2006.

36 Id.

37 S.T.F., ADI Nº 2.591-1, Rel. Ministro Carlos Veloso, 17.04.2002.

38 S.T.J., Resp. 271.214/RS, Rel. para o Acórdão Ministro Carlos Alberto Menezes Direito, 12.03.2003.

A referida atuação, entretanto, convive com julgamentos como os que resultaram na fixação da natureza das empresas administradoras de cartão de crédito, das cooperativas de crédito e das sociedades abertas de previdência privada como instituições financeiras e que levaram, inclusive, à formação da Súmula 283/STJ : nestas se observa um tratamento absolutamente diferente dos reflexos econômico-financeiros delas derivados[39].

Observa-se ainda um outro fato que agrava o quadro acima delineado de inapetência para a busca de um embasamento científico no trato das questões econômicas: em muitas situações – algumas delas aqui citadas, embora inúmeras outras pudessem ser aduzidas, envolvendo, inclusive, a Primeira Instância - o Poder Judiciário termina por "normatizar" elementos do Sistema Financeiro em processos nos quais os pedidos originários nada tinham a ver com as interferências por fim encetadas.

Neste sentido, as ações acima mencionadas, que culminaram com a fixação da natureza de instituição financeira das administradoras de cartão de crédito, não tinham qualquer ligação, originalmente, com este tema.

Não se discute, obviamente, se era imprescindível ou não abordar esta matéria no julgamento, mas é impossível deixar de constatar que o Judiciário, ao decidir micro relações envolvendo a cobrança de dívidas, terminou por intervir de forma incisiva no Sistema Financeiro, assentando a natureza jurídica de uma espécie de suas instituições, ao arrepio até mesmo do que entendiam as próprias autoridades administrativas à época, como por exemplo, o Banco Central[40].

O R. Julgador assim o fez, por sinal, sem alinhar um questionamento sequer sobre os efeitos de sua "intervenção" sobre o resto do Sistema. Neste sentido, apenas a título de exemplo, cabia indagar: os efeitos resultantes da decisão limitaram-se às próprias administradoras e os consumidores a elas vinculados ou reboaram pelo Sistema todo? Terá esta decisão afetado as taxas de juros e, por via de consequência, as demais instituições financeiras, como os Bancos? Se houve efeito no sistema

39 Não há nesta constatação qualquer crítica às decisões ali tomadas, muito pelo contrário, vez que o bom senso indicava a necessidade de concessão da natureza de instituição financeira às administradoras de cartão de crédito, como forma de protegê-las da Lei da Usura e, como consequência, de uma possível restrição na cobrança de juros. AGUIAR, Roger Silva, As empresa administradora de cartão de crédito são instituições financeiras e, por isso, os juros remuneratórios por elas cobrados não sofrem as limitações da Lei de Usura (Súmula 283/STJ), in ALVIM, Arruda, ALVIM, Thereza Arruda, CAMBLER, Everaldo Augusto, ALVIM, Angélica Arruda (Coord.), op. cit..

40 Id., p. 539.

bancário, qual o reflexo no *spread* ou ainda no mercado de câmbio e de valores mobiliários? O encarecimento ou barateamento das atividades financeiras – muitas vezes determinadas por variações ínfimas das taxas de juros – terão causado alterações nas delicadas equações de custos do sistema securitário?

As respostas a todas essas perguntas podem ser negativas, mas elas e muitas outras, em se tratando de um sistema complexo como o Sistema Financeiro, não podem deixar de serem feitas.

A equação acima descrita, in vero, é extremamente comum: no bojo de discussões de micro relações do direito privado, o Judiciário toma decisões de grande impacto dentro do Sistema Financeiro, sem um esteio mais profundo em outras ciências sociais, mormente a econômica, e, talvez o mais grave, sem considerar os efeitos no Sistema de uma forma global.

5. A AUSÊNCIA DE ABORDAGEM DO SISTEMA FINANCEIRO EM SEU CONJUNTO

Em raríssimas oportunidades o Sistema Financeiro é efetivamente considerado como um *sistema* – um conjunto de elementos racionalmente organizados, um mecanismo lógico no qual as peças trabalham de forma interligada e interdependentes. Quando muito, uma parte dele – os bancos – é visto desta forma e por muitos tomado como o próprio Sistema Financeiro.

Como a integralidade do Sistema não é considerada, os julgadores, em regra, não perquirem sobre os efeitos de suas decisões nas diversas partes da estrutura e, ao agir desta forma, incidem no risco de criar, com suas intervenções, não um Sistema, mas um monstro, o que somente não ocorre porque, com frequência, o bom senso lhes socorre.

Mutatis mutandis, seria como a construção de uma casa: elaborado um projeto pelo arquiteto (o Legislador), este é entregue ao engenheiro (o Executivo) que passa a construir o prédio. Entretanto, durante a construção ou mesmo com esta já finda, um dos moradores reclama do tamanho do cômodo a ele reservado. O Mestre de Obras então, ponderando razões de justiça, mas não aspectos técnicos, altera o tamanho do cômodo movendo, para tanto, vigas e paredes. Procurado por outro e mais outro, o Mestre de Obras passa então a alterar sucessivamente o projeto, sem tentar prever o efeito de cada mudança no conjunto da construção. É desnecessário dizer o provável resultado desta "política".

Em se tratando de um sistema, não há como se negar que qualquer alteração de um de seus elementos acarretará reflexos diretos ou indiretos, ou até mesmo em cadeia, sobre outros componentes da estrutura, produzindo efeitos que vão muito além dos imediatos.

Não se pretende, obviamente, que sentenças e acórdãos se tornem estudos científicos, verdadeiras teses doutrinárias, a vasculhar desdobramentos sem fim de suas decisões em cenários econômicos e/ ou sociais.

O que se recomenda, entretanto, é prudência - sempre e sempre mais solerte, a estilo daquela demonstrada pelo Ministro Menezes Direito no acórdão supra mencionado.

Esta cautela se faz necessária, quase imprescindível, para que, em se ignorando a realidade, não se produzam anomalias graves no mecanismo e assim, em troca de se proporcionar a Justiça que se vê, especada nos fatos visíveis examinados no processo, causar um sem número de injustiças que não se veem, simplesmente porque estão fora horizonte do Julgador naquele momento.

Em outro viés, a adequada funcionalidade dos diversos elementos que compõem o Sistema Financeiro é condição *sine qua non* para a sua estabilidade e esta, por sua vez, pedra basilar da economia de um país, o que se constata mesmo na preocupação das autoridades administrativas financeiras ao criarem, no Brasil e em todo o mundo, órgãos incumbidos por zelar, quase que exclusivamente, por tal aspecto[41], como o COMEF, no Brasil.

Onde se lê estabilidade, leia-se, por espelhamento, confiabilidade, e se compreenderá o quanto esta palavra guarda de importância para a inserção do Brasil no cenário econômico global.

Por fim, é certo que o Sistema, a cada mudança nele inserida, seja pelo Executivo, seja pelo Legislativo ou pelo Judiciário, busca se readequar, produzindo outras tantas alterações, por efeito reflexo, que buscam compensar possíveis desequilíbrios.

Contudo, todo sistema possui limites e pode ser que os reflexos, muito distantes da alteração introduzida e dos efeitos dela esperados, venham a se constituir em mal-estar para a Sociedade.

O Executivo e o Legislativo estudam e avaliam as alterações e suas reverberações dentro Sistema ou, pelo menos, assim deveriam fazê-lo, em busca de uma máquina financeira mais eficiente e que traga o maior bem-estar possível para os cidadãos. Por que o Judiciário estaria isento desse dever?

---

41 MCKINLEY, Vern. "After the Crisis: Revisiting the "Banks Are Special" and "Safety Net" Doctrines." Mercatus Research, Mercatus Center at George Mason University, Arlington, VA, June 2015.

6. CONCLUSÃO

As discussões que circundam a adoção da análise econômica do direito, sempre militam no campo dos polos extremos: adota-se ou não.

Contudo, existe uma zona intermediária que deve ser ocupada, situada entre o entendimento pacífico de que todos os fatos jurídicos possuem um caráter econômico[42] e os debates acalorados suscitados pela leitura econômica do direito.

Nesta zona intermediária, está a necessidade de se aceitar decorrências lógicas impostas pela realidade econômica - intrigantemente reconhecidas e aceitas e, ainda mais intrigantemente, muitas vezes ignoradas. A constatação de que não há como modificar uma parte de um sistema, sem provocar - ainda que assim não se pretenda - reações e efeitos em outros dos seus segmentos, se insere neste campo.

O Sistema Financeiro não possui portas estanques, como ocorre no Direito, quando este separa, por exemplo, o Direito Bancário do Direito Securitário. Na vida real, as diversas peças deste organismo econômico trabalham mais do que unidas - são simbióticas e naturalmente correlacionais. Portanto - como se estivéssemos diante do "Efeito Borboleta" - é de se afirmar que o mais tênue alterar das taxas de juros, afeta os custos dos prêmios a serem pagos nos contratos de seguro, implica as operações de compra e venda da ações, faz balançar as taxas de câmbio e outros efeitos, como peças que caem em uma sequência de pedras de dominó.

É ideia pacífica e, efetivamente, não pode ser refutada que a política econômica do País também resulta da atuação do Poder Judiciário, como costuma acontecer quando este, em qualquer processo judicial, intervém, de forma direta ou indireta, no Sistema Financeiro.

O espargir de efeitos indiretos, por toda conjuntura econômica, que resulta de decisões judiciais relativas ao Sistema Financeiro, é um fato que pode ser mascarado mediante o uso de argumentos como *a necessidade de se realizar a Justiça* ou de *dar cumprimento aos ditames da Lei, sobretudo da Carta Constitucional.* É possível mesmo dar ombros à realidade econômica, invocando-se o velho argumento: *o mercado se ajustará.*

A realidade, porém, não se submete a "boas intenções", não dá atenção àqueles que a desprezam, faz troça daqueles que acreditam ser seus Senhores: simplesmente prossegue sua marcha e cobra seu preço.

42 ASHTON, Peter Walter, op. cit., p. 180.

A PROTEÇÃO DE DADOS PESSOAIS NO BRASIL E NA EUROPA: A TUTELA DA PRIVACIDADE E O CONSENTIMENTO DO TITULAR

Thiago Ferreira Cardoso Neves

1. INTRODUÇÃO

Vivemos tempos assombrosos. A velocidade de circulação das informações e, consequentemente, a exposição dos indivíduos, alcançou patamares até então inimagináveis na história da humanidade. Desde os tempos mais remotos da criação e da evolução humana, o homem busca se comunicar e transmitir suas ideias e pensamentos através das mais variadas formas. Gestos, sinais, grunhidos, fala, pinturas em parede. Inúmeros, pois, foram os meios desenvolvidos pelo homem para se aproximar dos demais e se relacionar, construindo a sociedade. Mas eles não têm fim. Ao longo da história, diversos outros mecanismos foram criados, por meio dos quais o homem manifesta a sua vontade, informa e se informa. Cartas, telegramas, telefone, fax. Tudo com o propósito de estreitar laços. Mas, curiosamente, quanto mais se desenvolvem estas ferramentas, mais se distanciam os seres humanos.

Hoje presenciamos a revolução da informática e dos meios virtuais de comunicação e de relacionamento, em que a velocidade com que as informações circulam é inversamente proporcional àquela em que as pessoas se encontram presencialmente. É o tempo da desumanização das relações[1] em que as manifestações de vontade se exteriorizam por meio da transmissão eletrônica de dados, estando as partes fisicamente distantes.[2]

Mas essa espantosa evolução, que facilita o acesso às pessoas – ainda que virtualmente – e aos fatos, também tem o seu lado danoso. Neste afã de expandir seus horizontes de comunicação e relação, o indivíduo expõe e se expõe em excesso. Aspectos de sua vida privada acabam por se tornarem públicos, abrindo-se uma nascente para práticas lesivas à

---

1 A feliz expressão pode ser atribuída a Giorgio Oppo, que ao tratar especificamente das relações contratuais eletrônicas, se referiu à *disumanizzazione del contratto* (OPPO, Giorgio. Disumanizzazione del contratto? In: *Rivista di diritto civile*. a. LXIV, n. 5, 1998).

2 Sobre as relações jurídicas virtuais, especialmente as comerciais, ver NEVES, Thiago Ferreira Cardoso. *Contratos eletrônicos*. In: SOUZA, Sylvio Capanema de; WERNER, José Guilherme Vasi; NEVES, Thiago Ferreira Cardoso. Rio de Janeiro: Forense, 2018.

privacidade, que passa a ser vilipendiada por toda sorte de abusos, os quais não podem ser tolerados. Impõe-se, então, a necessidade de se criar e desenvolver mecanismos de defesa deste importante direito da personalidade.

A tutela da privacidade, contudo, não é uma preocupação recente e remonta ao próprio reconhecimento da pessoa humana como ser autônomo e merecedor de proteção da sua personalidade. Ao cristianismo se deve a importante contribuição da noção de tutela da pessoa humana e da sua dignidade, primeiro por sua própria expressão, em que o termo *pessoa humana* tem como propósito diferenciar o homem da *pessoa divina*, que o criou à Sua imagem e semelhança; e segundo pela ideia de que o homem, enquanto criação de Deus, com suas individualidades e particularidades, é dotado de personalidade própria e merecedora de proteção e respeito.[3]

Como consequência deste reconhecimento, tem o homem atributos que lhe são próprios, indissociáveis da sua condição humana, a saber, os direitos da personalidade,[4] que buscam sua fonte na dignidade da pessoa humana, assim compondo a chamada cláusula geral da personalidade.[5] E dentre os direitos da personalidade, cujo rol previsto na Constituição e no Código Civil é meramente exemplificativo,[6] tem-se a privacidade, que

3 Sobre a relevância da influência do cristianismo no reconhecimento da tutela da dignidade humana, ver, dentre outros, AZEVEDO, Israel Belo de. *A celebração do indivíduo*: a formação do pensamento batista brasileiro. São Paulo: Exodus, 1996; DONEDA, Danilo. *Da privacidade à proteção de dados pessoais*: fundamentos da lei geral de proteção de dados. 2. ed. São Paulo: RT, 2019. p. 76; TOBEÑAS, José Castán. *Los derechos del hombre*. 4. ed. Madrid: Reus, 1992; e MAURMO, Júlia Gomes Pereira. A privacidade como direito da personalidade e suas primeiras formas de tutela. In: *Revista de direito constitucional e internacional*. v. 85, p. 119-162, out.-dez./2013.

4 Na clássica lição de San Tiago Dantas, a personalidade pode ser vista sob duas acepções: técnico-jurídica e natural. Pela primeira, personalidade é sinônimo de capacidade jurídica, isto é, a aptidão genérica da pessoa para ter direitos e obrigações, tornando-a sujeito de direitos. Sob a segunda acepção, a personalidade é o conjunto dos atributos humanos, ou seja, os direitos da personalidade. Neste sentido, ver DANTAS, San Tiago. *Programa de Direito Civil*: parte geral. v. 1. Rio de Janeiro: Rio, 1979. p. 192. Também sobre o tema, ver TEPEDINO, Gustavo. A tutela da personalidade no ordenamento civil-constitucional brasileiro. In: *Temas de direito civil*. 4. ed. Rio de Janeiro: Renovar, 2008.

5 Cf. SARLET, Ingo Wolfgang. *Direitos fundamentais em espécie*. In: SARLET, Ingo Wolfgang; MARINONI, Luiz Guilherme; MITIDIERO, Daniel. *Curso de direito constitucional*. 4. ed. São Paulo: Saraiva, 2015. p. 431-434.

6 No mesmo sentido, Maria Celina Bodin de Moraes (MORAES, Maria Celina Bodin de. *Danos à pessoa humana:* uma leitura civil-constitucional dos danos morais. Rio

na atualidade ganha contornos particulares, sendo mais ampla e intensa do que em tempos mais remotos em que, como veremos, a privacidade não gozava de prestígio, muito pelo contrário, era relegada ao segundo plano, na medida em que a relevância e o reconhecimento da cidadania estavam atrelados à vida pública e em sociedade, como na *polis* grega, e não àquela fechada entre quatro paredes.[7]

Assim, é preciso examinar essa evolução, compreendendo-se a definição e o alcance da privacidade e sua moderna concepção, a fim de que possamos analisar as suas formas de tutela e o atual problema da circulação e proteção dos dados pessoais, em particular no Brasil e na Europa, tema este sobremaneira relevante e sensível na sociedade contemporânea, cujas relações informatizadas, que levam a um amplo e quase irrestrito acesso às informações dos indivíduos, exigem especial atenção dos operadores do Direito.

2. A PROTEÇÃO DOS DADOS PESSOAIS COMO INSTRUMENTO DE TUTELA DA PRIVACIDADE

2.1. A privacidade na contemporaneidade

A ideia que concebemos, hoje, de privacidade, associada ao resguardo da vida íntima e privada, não é a mesma dos tempos mais remotos. Na Antiguidade, o conceito de privacidade estava relacionado com a

de Janeiro: Renovar, 2003. p. 117), Anderson Schreiber (SCHREIBER, Anderson. *Direitos da personalidade*. 3. ed. rev. e atual. São Paulo: Atlas, 2014. p. 14) e Pietro Perlingieri (PERLIGIERI, Pietro. *Perfis de direito civil*: introdução ao direito civil constitucional. 3. ed. Rio de Janeiro: Renovar, 2007. p. 154-155).

7 Como observa Luís Roberto Barroso, "a vida humana tem início e se desenvolve em sua primeira fase dentro de um espaço estritamente privado", no entanto, "o espaço público, por sua vez, é fruto da transição da sociedade civil para a sociedade política, da conversão do indivíduo em cidadão. Este é o domínio da opinião pública, dos meios de comunicação, do debate, dos processos informais e formais de deliberação e de participação política. Como assinalado, o marco histórico – talvez simbólico – de sua existência costuma ser identificado na experiência com a cidade-Estado grega, notadamente Atenas. A partir de então, todo cidadão passa a pertencer a duas ordens de existência: além de sua vida particular, privada, toma parte também na vida política, com o estabelecimento da distinção entre o que é seu próprio e o que diz respeito a todos. O jardim e a praça em uma imagem poética. O espaço privado, pela tradição e pela lei, era o espaço do arbítrio: do marido, do pai, do senhor. Foi na esfera pública que se iniciou a aventura humana em busca da liberdade, o embate inacabado entre o despotismo e a civilização". BARROSO, Luís Roberto. *Curso de direito constitucional contemporâneo*: os conceitos fundamentais e a construção do novo modelo. 8. ed. São Paulo: Saraiva, 2019. p. 77-78.

privação da vida pública, como era o caso dos escravos, que não tinham o direito de participar da sociedade, sendo dela alijados. Como vimos anteriormente, a valorização enquanto cidadão decorria da possibilidade de participação na esfera pública da coletividade em que se vivia,[8] ficando o espaço privado restrito a um exercício limitado da cidadania, que para alguns sequer existia, como era o caso das mulheres e crianças, de modo que não se justificava uma regulação e uma proteção específica e particular da privacidade.[9]

Foi já na Europa feudal, e posteriormente com a Revolução Francesa e seus ideais libertários, e em seguida com a Revolução Industrial, que se percebeu a necessidade de uma tutela da vida privada, em que os indivíduos poderiam exercer e desfrutar da sua individualidade e do descanso de seu lar longe dos olhos de todos.

Ainda assim, a privacidade não era vista como o é na contemporaneidade, com o reconhecimento e a valoração hoje compreendidas, como uma verdadeira emanação da dignidade humana, sem a qual não se pode ter uma tutela plena do indivíduo. Em verdade, a noção geral que ainda reside da privacidade é apenas de uma área particular, verdadeiramente privada, "uma zona de imunidade oferecida ao recolhimento, onde todos podemos abandonar as armas e as defesas da quais convém nos munirmos quando nos arriscamos no espaço público".[10] A privacidade é, sob esse ponto de vista, a esfera particular em que podemos retirar nossas máscaras sociais, onde podemos ser nós mesmos, "livres da carapaça de ostentação que assegura proteção externa".[11]

Sem prejuízo, sob a ótica jurídica a privacidade revela uma conotação mais profunda e complexa, umbilicalmente associada ao ser humano e à sua dignidade. A privacidade, enquanto direito da personalidade, integra a cláusula geral da personalidade, de modo que a própria formação da pessoa depende, também, do resguardo da sua esfera privada.

---

8 O próprio radical da palavra *privacidade* está associado ao verbo *privar*, isto é, ser privado de algo. A ideia de privacidade era de domesticar, domar, e o adjetivo *privado* remete à família e à casa, ambientes dominados pelos chefes de família. Sobre a evolução da vida privada, ver VEYNE, Paul. *História da vida privada*: do império romano ao ano mil. v. 1. Coleção dirigida por Philippe Ariès e Georges Duby. São Paulo: Companhia das Letras, 2009.

9 BUENO, Daniel Augusto Contijo. Vida privada na contemporaneidade. In: FIUZA, César (Org.). *Autonomia privada*: direitos da personalidade. Belo Horizonte: D'Plácido, 2015. p. 115-116.

10 VEYNE. Op. cit. p. 8 – prefácio de Georges Duby.

11 Idem.

É comum associar-se a noção atual de privacidade às ideias desenvolvidas pelos juristas norte-americanos Samuel Warren e Louis Brandeis, em seu famoso texto *The right to privacy*, publicado em 1890 na tradicional *Harvard Law Review*.[12] Nele, os autores apresentaram a ideia de privacidade como "o direito de ser deixado só" (*right to be let alone*), em que as pessoas têm o direito de não serem invadidas em sua esfera íntima e pessoal. Trata-se, pois, de uma visão negativa da privacidade, no sentido de que se impõe às demais pessoas o dever de não violar a intimidade e a privacidade alheias, criando-se uma barreira de proteção sobre a esfera privada do sujeito.

A referida noção era consentânea com o contexto social e jurídico da época, influenciado pelos movimentos liberais, patrimoniais e individualistas, os quais prestigiavam a esfera individual do sujeito, que deveria ter a liberdade de fazer o que bem entendesse sem a interferência de terceiros. Nesse sentido, a privacidade estava associada à propriedade, como um direito de aproveitar a própria vida, um bem integrante do patrimônio jurídico da pessoa, com todas as suas garantias.[13] Corresponde, como podemos perceber, àquela visão ainda comum e geral que se tem da privacidade.

A sociedade, no entanto, evoluiu. Os antigos valores e ideais foram substituídos por outros, sociais e humanistas, de modo que a noção individualista e patrimonializada da privacidade não mais subsiste ou, ao menos, não tem a mesma conotação de outrora. Além disso, a realidade social da vida em comunidade, e dos meios de expressão e comunicação, se alterou. Vivemos, hoje, em uma verdadeira *sociedade de vigilância*, em que as pessoas expõem e se expõem – voluntária e involuntariamente – em tempo integral, sendo frequentemente "acompanhadas" pelas mais variadas ferramentas tecnológicas, capazes de registrar a rotina do seu dia-a-dia, tornando premonitória a já septuagenária obra *1984* de George Orwell. Basta imaginar uma simples navegação no mar aberto da

---

12 WARREN, Samuel D.; BRANDEIS, Louis D. *The right to privacy*. In: *Harvard law review*. v. 4., n. 5., p. 193-220, dec., 1890.

13 Nesse sentido, assim expressaram Warren e Brandeis: "Then the 'right to life' served only to protect the subject from battery in its various forms; liberty meant freedom from actual restraint; and the right to property secured to the individual his lands and his cattle. Later, there came a recognition of man's spiritual nature, of his feelings and his intellect. Gradually the scope of these legal rights broadned; and now the right to life has come to mean the right of enjoy life, - the right to be let alone; the right to liberty secures the exercise of extensive civil privileges; and the term "property" has grown to comprise every form of possession - intangible, as well as tangible". WARREN; BRANDEIS. Op. cit. p. 193.

internet, cujas páginas, recheadas de *cookies*,[14] captam furtivamente os dados dos usuários da rede, desnudando-os sem que sequer saibam que isso está ocorrendo.

Essas mudanças, então, levaram inexoravelmente à alteração do conceito de privacidade.[15] Esta, outrora vista apenas sob uma ótica meramente negativa, de o indivíduo não ser importunado na intimidade do seu lar e da sua vida familiar, hoje se amplia para alcançar um viés também positivo. Em um novo ambiente em que as informações circulam livremente, inclusive aquelas pessoais dos indivíduos, a privacidade não mais se limita ao mero escudo da invasão, mas se expande para compreender o controle sobre o fluxo de circulação dessas informações, constituindo o chamado *direito à autodeterminação informativa*.[16]

Trata-se, pois, de um direito que emana da própria concepção da dignidade e da livre formação e desenvolvimento da personalidade, em que a pessoa tem o direito de controlar as informações que terceiros podem ter acesso, formando a sua personalidade não apenas intrinsecamente, mas também extrinsecamente, a partir daquilo que os demais conhecerão sobre ela.

Assim, por esta moderna concepção, o direito à privacidade passa também a compreender o direito de controlar o fluxo das informações fornecidas e captadas, de modo que a pessoa tem a faculdade de determinar e controlar a captação, o uso e a circulação de suas informações.

A privacidade, portanto, atualmente é compreendida de modo muito mais amplo. Antes restrita ao direito de estar só, com a evolução dos meios de comunicação e a facilitação da circulação de informações passou a ser vista não apenas sob aquele viés negativo, para alcançar outro positivo, consistente na possibilidade de se controlar o fluxo das informações fornecidas e, também, captadas. E, no ambiente informacional, têm-se também os chamados dados pessoais, cuja análise, particularmente no ambiente eletrônico e informatizado em que vivemos, é fundamental, razão pela qual se impõe o seu estudo em separado.[17]

---

14 *Cookies* são arquivos ou ferramentas utilizadas para armazenamento da navegação de um usuário dentro de um site.

15 Ver, sobre o tema, RODOTÀ, Stefano. *A vida na sociedade de vigilância*: a privacidade hoje. Rio de Janeiro: Renovar, 2008. p. 23-109.

16 RODOTÀ. Op. cit. p. 92.

17 Sobre o tema *informação* e *dados pessoais*, ver DONEDA. Op. cit. p. 135-158.

2.2. Os dados pessoais, privacidade e sua tutela jurídica

A distinção entre *informação* e *dado* não é unívoca. Não é incomum se ver na doutrina e na jurisprudência o emprego indiscriminado e indistinto das duas expressões, tais como se sinônimas fossem. No entanto, em que pese assim se aluda comumente à informação e ao dado, são eles distintos.

A informação tem um caráter mais amplo e abrangente, e diz respeito a fatos ou às características e ações de uma pessoa, a fim de dar conhecimento ou ciência acerca destes. A informação está, então, associada a um caráter informativo, a fim de que se conheça um fato ou uma pessoa.

Já os dados devem ser vistos sob uma ótica concreta e específica, isto é, são eles dotados de concretude e especificidade, correspondendo a fragmentos das informações transmitidas. Quando pessoais, estão eles associados a uma informação específica (por exemplo, a raça, a religião ou a orientação sexual) ou a um conjunto de informações sobre determinada pessoa (dados cadastrais, por exemplo, contendo nome, identidade e CPF), tendo, pois, um maior valor jurídico.[18] Não por outra razão os dados pessoais se caracterizam, induvidosamente, como bens jurídicos e, consequentemente, são objeto de direitos.[19] Sob essa perspectiva, os

---

18 Nesse sentido, o art. 4º da GDPR define os dados pessoais como uma "informação relativa a uma pessoa singular identificada ou identificável ('titular dos dados'); é considerada identificável uma pessoa singular que possa ser identificada, direta ou indiretamente, em especial por referência a um identificador, como por exemplo um nome, um número de identificação, dados de localização, identificadores por via eletrônica ou a um ou mais elementos específicos da identidade física, fisiológica, genética, mental, económica, cultural ou social dessa pessoa singular". Semelhantemente, prevê a LGPD (Lei nº 13.709/2018) que dado pessoal é a "informação relacionada a pessoa natural identificada ou identificável". Sob outra ótica, Danilo Doneda vê os dados com um caráter pré-informacional, compondo a informação que será transmitida. Segundo ele, "o 'dado' apresenta conotação um pouco mais primitiva e fragmentada, como se observa em um autor que o entende como uma informação em estado potencial, antes de ser transmitida. O dado, assim, estaria associado a uma espécie de 'pré-informação', anterior à interpretação e a um processo de elaboração. A informação, por sua vez, alude a algo além da representação contida no dado, chegando ao limiar da cognição. Mesmo sem aludir ao seu significado, na informação, já se pressupõe a depuração de seu conteúdo – daí que a informação carrega em si também um sentido instrumental, no sentido da redução de um estado de incerteza". DONEDA. Op. cit. p. 136.

19 Bens jurídicos, na lição de Caio Mario da Silva Pereira, é tudo aquilo que compõe o ativo patrimonial da pessoa, com valor ou sem valor econômico. Tudo aquilo que for objeto de apropriação, integrando o patrimônio jurídico do sujeito, é qualificado como bem jurídico: "Dizendo que são objeto dos direitos os *bens* jurídicos, empregamos a expressão em sentido amplo ou genérico, para compreender tudo que pode ser objeto

dados pessoais integram o patrimônio jurídico do indivíduo, e em que pese os bens jurídicos não necessariamente tenham conteúdo econômico, os dados inequivocamente o têm.[20]

Em verdade, em sua essência, os dados pessoais são extrapatrimoniais, pois dizem respeito, como vimos, a fragmentos de informações pessoais do indivíduo, de modo que integram a sua personalidade e, particularmente, a sua privacidade. O seu conteúdo, por tratar de aspectos existenciais da pessoa, é extrapatrimonial. No entanto, a sua corporificação e exteriorização tornam os dados, em si, bens jurídicos patrimoniais,[21]

da relação jurídica, sem distinção da materialidade ou da patrimonialidade. Cuidando especificamente dos bens como *ativo* do patrimônio, podemos, com Planiol, Ripert e Boulanger, defini-los como *elementos de riqueza* suscetível de apropriação". PEREIRA, Caio Mario da Silva. *Instituições de direito civil*: Introdução direito civil. Teoria geral de direito civil. v. I. Rio de Janeiro: Forense, 2004. p. 401.

20 Ao tratar da importância econômica dos dados pessoais, assim se manifestou Ana Frazão: "Vistos já como o novo petróleo, os dados são hoje insumos essenciais para praticamente todas as atividades econômicas e tornaram-se, eles próprios, objeto de crescente e pujante mercado. Não é sem razão que se cunhou a expressão *data-driven economy*, ou seja, economia movida a dados, para designar o fato de que, como aponta Nick Srnicek, o capitalismo do século XXI passou a centra-se na extração e no uso dos dados pessoais". FRAZÃO, Ana. Fundamentos da proteção dos dados pessoais - noções introdutórias para a compreensão da importância da Lei Geral de Proteção de Dados. In: TEPEDINO, Gustavo; FRAZÃO, Ana; OLIVA, Milena Donato. *Lei geral de proteção de dados pessoais e suas repercussões no direito brasileiro*. São Paulo: RT, 2019. p. 24.

21 Ao tratar da *informação* e, consequentemente, dos dados pessoais, Danilo Doneda rechaça a sua qualificação como bem jurídico. Em seu entender, "Considerar a informação como um bem jurídico e estender a tutela de caráter patrimonial para os dados pessoais, no entanto, não parece uma solução adequada, em vista da multiplicidade de situações e interesses presentes em todos dos dados pessoais, que não se limitam a vetores patrimoniais e que seriam irremediavelmente prejudicados se considerados apenas – ou majoritariamente – a partir de seu valor econômico". Prossegue, assim, concluindo que "Torna-se então necessária uma tutela dinâmica, que acompanhe os dados em sua circulação, sem se concentrar no sujeito e nas suas características eminentemente subjetivas (como ocorre geralmente quando se trata do direito à privacidade). A informação pessoal, em certo sentido, pode ser desvinculada da pessoa: ela pode circular, submeter-se a um tratamento, ser comunicada, etc. Contudo, até o ponto em que continua sendo uma informação 'pessoal', isto é, identificando a pessoa a qual se refere, a informação mantém um vínculo indissolúvel com a pessoa, e sua valoração específica deve partir basicamente dela ser uma representação direta da pessoa. Por força do regime privilegiado de vinculação entre a informação pessoal e a pessoa à qual ela se refere – como representação direta de sua personalidade –, tal informação deve ser entendida, portanto, como uma extensão da sua personalidade". DONEDA. Op. cit. p. 148.

passíveis de circulação, inclusive onerosamente. Em verdade, na *sociedade de informação* em que hoje vivemos, os dados pessoais são dotados de uma inequívoca conotação econômica.

Nesse sentido, é preciso destacar, primeiramente, que os dados pessoais não se caracterizam, em si, como um direito da personalidade.[22] Os dados pessoais são, na grande maioria dos casos, fragmentos informativos de algum ou alguns direitos da personalidade, e cuja preservação e tutela estão atrelados à privacidade. Há que se observar, ainda, que em alguns casos essa relação com um direito da personalidade será apenas indireta, pois o dado não necessariamente dirá respeito a um direito da personalidade propriamente dito.

Os direitos da personalidade são atributos humanos, emanações da própria pessoa, visando sua plena realização e a proteção da sua esfera física, psíquica e moral.[23] Com efeito, inserem-se entre os direitos da personalidade, cujo rol previsto na Constituição e no Código Civil é meramente exemplificativo,[24] as características e os direitos ínsitos à condição de pessoa humana. Essa especial natureza faz com que os direitos da

---

22 Em sentido contrário, sustenta Bruno Ricardo Bioni que os dados pessoais são direitos da personalidade, uma vez que atrelados à esfera de uma pessoa: "Dada a *ipseidade* que difere o ser humano dos outros entes e entre seus próprios pares (*distinctum subsistens*), a ciência jurídica o protege das agressões que afetem a sua individualidade. Trata-se de conferir tutela jurídica aos elementos que emprestam conteúdo ao valor-fonte do ordenamento jurídico, aos bens (da personalidade) que individualizam o sujeito perante a sociedade. Sob essa perspectiva, um dado, atrelado à esfera de uma pessoa, pode se inserir dentre os direitos da personalidade. Para tanto, ele deve ser adjetivado como pessoal, caracterizando-se como uma projeção extensão ou dimensão do seu titular". BIONI, Bruno Ricardo. *Proteção de dados pessoais*: a função e os limites do consentimento. Rio de Janeiro: Forense, 2019. p. 64-65.

23 Na lição de Guilherme Calmon Nogueira da Gama, "Os direitos da personalidade, ao integrarem os direitos do homem, acabam por englobar todas as suas características, desenvolvendo-se no âmbito da vida pessoal ou na vida social" (GAMA, Guilherme Calmon Nogueira da. *Direito civil*: parte geral. São Paulo: Atlas, 2006. p. 29)

24 Os direitos da personalidade são emanações da pessoa humana, de modo que tudo que dela decorre e é inerente à sua existência e desenvolvimento deve ser considerado como um direito inato e, consequentemente, merecedor de tutela jurídica. Por essa razão, não se pode falar em um rol taxativo dos direitos da personalidade. Todos os atributos e características inerentes à pessoa humana se caracterizam, pois, como direitos da personalidade. Neste sentido, Maria Celina Bodin de Moraes (MORAES. Op. cit. p. 117) e Anderson Schreiber (SCHREIBER. Op. cit. p. 14). Pietro Perlingieri apresenta a discussão acerca da tipicidade – série fechada –, ou não, dos direitos da personalidade, concluindo, entretanto, pela sua atipicidade (PERLIGIERI. Op. cit. p. 154-155).

personalidade também sejam dotados de características não atribuíveis aos dados, como seu caráter extrapatrimonial – não têm um valor econômico intrínseco – e a intransmissibilidade, de forma a não poderem ser objeto de negócios jurídicos translativos.

Como consequência, é possível concluir que os dados pessoais, que correspondem à materialização informacional dessas características e atributos da pessoa humana, não se consubstanciam, em si, como direitos da personalidade. Os dados pessoais, portanto, viabilizam que diversos desses atributos humanos sejam informados, mas não se caracterizam, propriamente, como um deles.

Alguns exemplos podem ser mencionados para explicitar o que foi dito. O nome, como cediço, é um direito da personalidade, com todas as características que lhe são inerentes. Com efeito, uma pessoa, ao informar o seu nome para, exemplificativamente, preencher um cadastro, está fornecendo um dado pessoal seu a terceiro e, consequentemente, externando um importante aspecto da sua privacidade, na medida em que o nome de uma pessoa não é, em sua essência, público. De igual modo se pode dizer da imagem. Ao enviar uma fotografia sua para compor determinado perfil, como, por exemplo, em uma rede social, está o indivíduo fornecendo um dado pessoal, sua imagem-retrato,[25] e não transferindo a imagem em si.

Veja-se que os direitos da personalidade, como explicitamos anteriormente, são intransmissíveis e não podem, eles próprios, ser objeto de negociação. Por outro turno, os dados pessoais, enquanto bens jurídicos, e em razão do seu caráter informacional, podem ser transmitidos e negociados, inclusive onerosamente, como comumente se tem visto.

O dado pessoal, portanto, é apenas o fragmento de uma informação atinente, na maioria dos casos, a um direito da personalidade, ou a ele atrelado, mas não caracteriza, ele próprio, um direito da personalidade. Em alguns casos, inclusive, e como dissemos anteriormente, o dado pessoal sequer estará diretamente atrelado a um direito da personalidade, mas apenas indiretamente. Veja-se, nessa linha de raciocínio, o Cadastro

---

25 A proteção jurídica da imagem se divide em imagem-retrato, imagem-atributo e imagem-voz. A imagem-retrato diz respeito às características físicas do indivíduo, a reprodução do seu aspecto físico e visual, como uma fotografia; a imagem-atributo é aquela associada às características pessoais do sujeito que permitem a sua identificação social – por exemplo, bons comportamentos levam à *imagem de bom moço*; e a imagem-voz é aquela que permite a identificação da pessoa por seu timbre sonoro. Sobre a trilogia conceitual da imagem, ver FARIAS, Cristiano Chaves de; ROSENVALD, Nelson. *Curso de direito civil*: parte geral e lindb. v. 1. 14. ed. Salvador: Jus Podivm, 2016. p. 247-248.

de Pessoa Física do Ministério da Fazenda. O CPF não é um direito da personalidade, mas é inequivocamente um dado pessoal de extrema relevância no ambiente social, de modo que ao informá-lo está a pessoa revelando um aspecto da sua privacidade, esta sim um direito da personalidade. A correlação, neste caso, é apenas indireta, na medida em que o referido dado não é, ele próprio, um direito da personalidade.

É possível perceber, destes exemplos, que o dado pessoal não é, propriamente, um direito da personalidade, mas apenas um fragmento informativo dos direitos da personalidade titularizados pela pessoa, cuja tutela está umbilicalmente associada à proteção da privacidade, conclusão essa que se extrai dos pilares sobre os quais se estruturam a legislação europeia e a brasileira sobre proteção de dados, a saber, a *General Data Protection Regulation* - GDPR (Regulamento UE 2016/679) e a Lei Geral de Proteção de Dados Pessoais - LGPD (Lei nº 13.709/2018).

O principal objetivo da proteção dos dados pessoais é, portanto, a tutela da privacidade. Na medida em que eles dizem respeito, como já se repetiu incansável e inúmeras vezes neste texto, a fragmentos ou à parcela de informações pessoais do sujeito, o seu resguardo tem como propósito principal a proteção dessas informações pessoais, resguardando a esfera privada e íntima da pessoa. O interesse primeiro e imediato é, inegavelmente, a tutela da privacidade, tanto em sua ótica negativa, quanto positiva.

Dito assim, a pessoa tem o direito de não apenas impedir o acesso e a violação desses dados, isto é, a sua obtenção e conhecimento por meios ilícitos e ilegítimos, sem que haja o seu expresso consentimento, mas também tem o poder de controlar o uso e a circulação dos dados por ela espontaneamente entregues ou fornecidos.

Neste último caso, é preciso destacar que a entrega voluntária dos dados pessoais se caracteriza, inequivocamente, como uma renúncia parcial à privacidade, por meio da qual a pessoa voluntariamente se despe dessa informação, transmitindo-a a terceiro, em plena observância à autonomia privada, que nada mais é do que o direito à autodeterminação, ao autogoverno da vida. Sem prejuízo, é preciso destacar que o ato de renúncia, por certo, não leva a uma posterior ausência de tutela do direito, pois a renúncia jamais poderá ser total e irrestrita, de modo a impedir que o titular do direito possa exercer o controle sobre os dados consensualmente transmitidos.[26] Pelo contrário, a referida renúncia

26 Sobre a possibilidade de renúncia, embora parcial, da privacidade, ver o nosso NEVES, Thiago Ferreira Cardoso. *Autonomia privada e privacidade nas redes sociais*: renunciabilidade e responsabilidade por danos. 2. ed. Rio de Janeiro:

deve se dar no interesse do titular da privacidade, o que lhe assegura o absoluto controle sobre os dados fornecidos de forma consentida.

Para além da tutela da privacidade, é preciso destacar que a proteção dos dados alcança outros bens jurídicos.[27] A Lei nº 13.709/2018, batizada de Lei Geral de Proteção de Dados Pessoais – LGPD, traz, em seu art. 2º, os bens jurídicos tutelados por meio da proteção dos dados pessoais, referindo-se expressamente à autodeterminação informativa; à liberdade de expressão, de informação, comunicação e opinião; à inviolabilidade da intimidade, da honra e da imagem; ao desenvolvimento econômico, tecnológico e à inovação; à livre iniciativa, livre concorrência e a defesa do consumidor; e aos direitos humanos, o livre desenvolvimento da personalidade, e à dignidade humana.

No mesmo sentido, dispõe o item 2 do art. 1º da GDPR que o seu objeto é a proteção dos direitos e das liberdades fundamentais das pessoas naturais, nomeadamente o seu direito à proteção dos dados pessoais, a revelar a prevalência dos interesses existenciais sobre os patrimoniais, notadamente aqueles inerentes à circulação e ao comércio desses dados.

Vê-se, então, que são inúmeros os direitos tutelados pela proteção dos dados pessoais, os quais consistem em verdadeiros pilares do regime jurídico estabelecido para a referida tutela. Todos eles se caracterizam como direitos fundamentais, e que muitas vezes podem entrar em rota de colisão, exigindo do intérprete e operador do Direito a realização de uma verdadeira ponderação. No entanto, o principal interesse tutelado é, inequivocamente, a privacidade, na medida em que se trata de dados pessoais do indivíduo, de modo que a ponderação sempre deverá levar em conta esse aspecto, cuja inobservância tornará inócua a proteção da pessoa.

Por essa razão, para que seja possível a coleta, circulação e, enfim, o tratamento dos dados, o agente deverá observar, como regra, uma importante condição: a obtenção do consentimento do titular. A manifes-

GZ, 2020. Sobre a possibilidade de renúncia dos direitos da personalidade, e particularmente da privacidade, esta é possível mediante a observância de 04 requisitos cumulativos: (i) a renúncia deve ser dar por quem é o titular do direito; (ii) a renúncia deve decorrer de uma manifestação autônoma de vontade, isto é, de uma manifestação de vontade livre de vícios pelo próprio titular do direito ou por ato de terceiro desde que com o seu consentimento; (iii) a renúncia deve se dar no interesse do titular; (iv) a renúncia deve se limitada, isto é, não pode ser geral e irrestrita, sob pena de violação à dignidade humana.

27 Cf. FRAZÃO, Ana. Objetivos e alcance da lei geral de proteção de dados. In: TEPEDINO; FRAZÃO; OLIVA. Op. cit. p. 99-129.

tação de vontade no sentido de permitir o acesso às suas informações pessoais e, assim, à parcela da sua privacidade, à exceção dos casos em que próprio legislador a dispensa, é condição *sine qua non* para a legitimidade do tratamento dos dados pessoais, sem a qual a conduta dos agentes de tratamento não será merecedora de tutela jurídica.

3. O CONSENTIMENTO DO TITULAR DOS DADOS NA GDPR E NA LGPD

Vimos anteriormente que a proteção dos dados pessoais tem como um de seus pilares – o principal deles – a tutela da privacidade. Na medida em que os dados pessoais correspondem à parcela ou à fração de informações inerentes à pessoa humana, à toda evidência a sua proteção se presta ao resguardo dessas informações e, ao fim e ao cabo, à tutela da vida privada.

Se assim o é, também parece evidente que o acesso a esses dados ou, de modo mais amplo, o seu tratamento – que consiste em toda ação envolvendo os dados pessoais como o acesso, a coleta, a utilização, a transmissão etc. – exige o conhecimento e o expresso *consentimento* do titular das informações, salvo nos casos em que o legislador expressamente o dispensa, casos esses em que interesses outros afastam a necessidade do consentimento. Nada obstante, em que pese não seja a única condição ou base legal para o tratamento dos dados, o consentimento é a mais importante delas, e a que traz maior segurança, pois é por meio dele que se tem a certeza de que o tratamento dos dados pessoais conta com o conhecimento e a autorização do seu titular.[28]

Então, o acesso às informações e, enfim, aos dados pessoais deve se dar, à exceção dos casos expressamente previstos em lei, mediante uma ação consentida pelo titular, na medida que se trata de um acesso a dados privados seus. A ausência de consentimento, nas hipóteses em que ele é exigível, se consubstanciará em verdadeira violação da vida privada, sujeitando o agente a todas as medidas previstas no ordenamento jurídico para o seu afastamento, como a tutela de remoção do ilícito,[29] a fim de que cesse o acesso, a utilização, a circulação e, enfim,

---

28 No mesmo sentido, VAINZOF, Rony. Capítulo 1 – disposições preliminares. In: MALDONADO, Viviane Nóbrega; BLUM, Renato Opice (Coord.). *LGPD*: lei geral de proteção de dados comentada. São Paulo: RT, 2019. p. 117.

29 A tutela de remoção do ilícito não tem como objetivo reparar o dano, mas sim eliminar a sua fonte, impedindo a continuidade da situação antijurídica, ou de seus efeitos, que assim expõem o titular do direito à lesão. Nesse sentido, ver MARINONI, Luiz Guilherme. *Teoria geral do processo*. 2. ed. São Paulo: RT, 2007. p. 254.

o tratamento desses dados, e até mesmo a tutela ressarcitória, visando reparar eventuais danos causados ao titular.

3.1. Consentimento

Vista, de modo geral, a imprescindibilidade do consentimento para o tratamento dos dados pessoais nos casos previstos em lei, importa-nos, em seguida, defini-lo e compreender no que ele consiste, o que é fundamental para a sua aplicação.

Tanto a Lei Geral de Proteção de Dados Pessoais – LGPD brasileira, como a *General Data Protection Regulation* – GDPR europeia, prevê a necessidade, de um modo geral, do consentimento do titular para o tratamento dos seus dados pessoais. No caso da lei brasileira, o consentimento é previsto em diversos dispositivos, com destaque para os artigos 7º, 8º e 11º, quando, respectivamente, prevê o consentimento como requisito essencial e específico para o tratamento dos dados pessoais, estabelece as formas como ele deve se dar, bem como o qualifica nos casos de dados pessoais sensíveis. Na GDPR, inúmeras também são as referências ao consentimento, devendo-se destacar os artigos 6º, 7º e 9º, os quais também dispõem, respectivamente, sobre a sua exigência para o tratamento de dados, as condições em que deve ocorrer e a sua exigibilidade no tocante a categorias especiais de dados pessoais.

Dos referidos dispositivos é possível perceber que o consentimento é, verdadeiramente, essencial na defesa dos dados pessoais, e assim o é porque o tratamento dos dados pessoais pressupõe, de certa forma, uma renúncia parcial à privacidade do titular.

A privacidade, enquanto direito da personalidade, se caracteriza, conforme ampla difusão doutrinária, pela irrenunciabilidade. No entanto, dada a evolução dos meios de comunicação e informação e a profusão de ferramentas tecnológicas, a irrenunciabilidade da privacidade e, consequentemente, dos direitos da personalidade não se revela mais consentânea com a realidade. Nessa esteira, como justificar, por exemplo, a conduta de uma pessoa que em uma rede social se expõe, diuturnamente, publicizando inúmeras situações da sua vida privada? À toda evidência tem-se, nesses casos, uma inequívoca renúncia à parcela da sua esfera íntima e particular.

Nada obstante, a renúncia a um direito da personalidade e, particularmente, à privacidade deve observar certos requisitos, de modo a não poder ser geral e irrestrita. Em verdade, a renúncia se caracteriza como uma forma de extinção de um direito, em que o titular dele abdica, excluindo-o do seu patrimônio jurídico.[30] Ocorre, entretanto, que o titular de um direito da personalidade não pode dele abdicar, despindo-se dele, pois isso levaria, inequivocamente, a uma violação à sua dignidade, haja vista que o ato de renúncia corresponderia a uma exclusão definitiva de um de seus atributos humanos.

Por outro lado, impedir a renúncia afrontaria outro importante elemento da dignidade humana, que é a autonomia privada,[31] isto é, o autogoverno da própria vida, a liberdade que todo indivíduo tem de trilhar os próprios caminhos e dar à sua vida o destino e o sentido que pretender.[32] Portanto, a absoluta irrenunciabilidade também é contrária aos interesses existenciais da pessoa humana.[33] Disso se conclui que deve ser admitida a renúncia a um direito da personalidade, sem que ela, todavia, reduza a pessoa a uma condição de indignidade. Com isso se quer afirmar que, para que se admita a renúncia a um direito da personalidade, é preciso observar certas e inafastáveis condições, pois não pode ela ser irrestrita.

No tocante às condições para a renúncia dos direitos da personalidade, estas são cumulativas e correspondem a:[34] (i) titularidade do direito, de modo que a renúncia depende que o renunciante seja o próprio titular do direito a ser renunciado; (ii) manifestação autônoma de vontade, em que deve decorrer de um ato de livre vontade do titular do direito; (iii) no interesse do titular, pois a renúncia a um direito da personalidade só deve ocorrer como instrumento de realização do indivíduo e para a promoção da sua personalidade e dignidade; e (iv) limitada,

---

30 ACQUAVIVA, Marcus Cláudio. *Dicionário jurídico brasileiro acquaviva*. 9. ed. rev. atual. e ampl. São Paulo: Jurídica Brasileira, 1998. p. 1095. Ainda sobre a renúncia de direitos, ver ANDRADE, Manuel A. Domingues de. *Teoria geral da relação jurídica*: sujeitos e objeto. 2. ed. Coimbra: Almedina, 1997. p. 37.

31 A autonomia privada como conteúdo da dignidade humana é explicitada, dentre outros, por Luís Roberto Barroso. BARROSO, Luís Roberto. Aqui, lá e em todo lugar: a dignidade da pessoa humana no direito contemporâneo e no discurso transnacional. *Revista dos tribunais*, São Paulo, a. 101, v. 919, p. 167ss, mai., 2012.

32 Na lição de Mota Pinto, a "autonomia privada consiste no poder reconhecido aos particulares de auto-regulamentação dos seus interesses, de autogoverno da sua *esfera jurídica*". PINTO. Carlos Alberto da Mota. *Teoria geral do direito civil*. 3. ed. Coimbra: Coimbra, 1999. p. 89

33 Na doutrina é possível encontrar inúmeras críticas às posturas estatais paternalistas que, por meio de leis ou atos administrativos, reduzem a autonomia dos indivíduos, como se fossem incapazes de decidir os próprios destinos. Como exemplo, ver SARMENTO, Daniel. *Direitos fundamentais e relações privadas*. 2. ed. Rio de Janeiro: Lumen Juris, 2006. p. 157-158

34 Para uma análise mais aprofundada, ver o nosso NEVES. Op. cit. p. 57ss.

pois a renúncia a um direito da personalidade deve observar os limites impostos pela dignidade humana, razão pela qual só pode ocorrer de modo restrito.

Assim, e resumidamente, condição inafastável para a renúncia é que ela se dê apenas parcialmente pelo próprio titular, por meio de uma manifestação autônoma de vontade, visando o atendimento dos seus próprios interesses, em promoção e como forma de realização da dignidade da pessoa humana.

Por essas razões, e em sendo os dados pessoais fragmentos de informações pessoais e, logo, de um aspecto da privacidade, a possibilidade de tratamento desses dados pressupõe uma renúncia a este importante direito da personalidade, o que exige o consentimento do titular que, como vimos, corresponde à sua manifestação autônoma e livre de vícios, o que encontra amparo, de modo expresso, no item 32 dos *considerandos* da GDPR, segundo o qual "O consentimento do titular dos dados deverá ser dado mediante um ato positivo claro que indique uma manifestação de vontade livre, específica, informada e inequívoca de que o titular de dados consente no tratamento dos dados que lhe digam respeito, como por exemplo mediante uma declaração escrita, inclusive em formato eletrónico, ou uma declaração oral".

O consentimento, portanto, é a manifestação autônoma de vontade do titular dos dados pessoais dirigida ao agente de tratamento, no sentido de autorizá-lo, a fim de que reste inequívoca a autorização para a prática dos mais diversos atos envolvendo os dados pessoais como o acesso, a coleta, a reprodução e a distribuição deles.

Nesse sentido, prevê a GDPR, notadamente em seu art. 6º, "a", que "O tratamento só é lícito se e na medida em que se verifique pelo menos uma das seguintes situações: a) o titular dos dados tiver dado o seu consentimento para o tratamento dos seus dados pessoais para uma ou mais finalidades específicas".

No mesmo sentido, e nitidamente sob inspiração da legislação europeia, a LGPD também dispôs, em seu art. 7º, I, que "O tratamento de dados pessoais somente poderá ser realizado nas seguintes hipóteses: I – mediante o fornecimento de consentimento pelo titular".

Dessas disposições se infere a essencialidade do consentimento, cuja exigência é a regra para a possibilidade de tratamento dos dados pessoais. Dada a profusão dos meios tecnológicos de informação e de comunicação, amplamente utilizados pela população, faz-se necessário estabelecer mecanismos de controle de acesso, coleta e circulação desses dados, e o consentimento se revela como o mais eficaz deles, devendo-se observar certos requisitos para a sua legitimidade.

3.2. Requisitos para o consentimento

Tanto a GDPR europeia quanto a LGPD brasileira trazem requisitos para o consentimento. Confrontando-se as duas legislações é possível perceber a similitude entre elas e a já mencionada inspiração brasileira na lei do Velho Continente. Segundo o já citado Considerando 32 da GDPR, o consentimento deve consistir em uma manifestação de vontade livre, específica, informada e inequívoca do titular no sentido de admitir o tratamento dos seus dados pessoais. Igualmente o art. 5º, XII, da LGPD dispõe que o consentimento é a manifestação livre, informada e inequívoca pela qual o titular dos dados concorda com o seu tratamento.

Há, ainda, exigências especiais em casos específicos em que o consentimento deve ser qualificado. Em se tratando de dados pessoais sensíveis, dados pessoais de crianças – cujo consentimento deve ser dado pelos pais ou responsáveis – e transferências internacionais de dados, o consentimento exige forma específica e destacada, cuja manifestação de vontade deverá ser expressa para esta finalidade especial.

O que se percebe das referidas disposições é que o consentimento para tratamento de dados pessoais é um ato complexo, que reclama requisitos essenciais, sem os quais não será ele válido e legítimo. Dispensa-se, contudo, a forma escrita. Isso significa que, embora se revele como um ato dotado de requisitos particulares para a sua validade, o consentimento não é um ato formal. Isso se extrai do disposto no art. 8º da LGPD, segundo o qual o consentimento deve ser escrito *ou por outro meio que demonstre a manifestação de vontade do titular*, bem como do Considerando 32 da GDPR, que exige que o consentimento se dê por um *ato positivo* que pode ser escrito, através, inclusive, de uma manifestação eletrônica, *ou oral*.

Então, vê-se que o consentimento não precisa observar uma forma especial, desde que, contudo, seja inequívoco, sendo esse um dos requisitos gerais para a sua validade, como veremos adiante. Desse modo, e no tocante aos requisitos, o consentimento deve se consubstanciar em uma manifestação de vontade livre, informada e inequívoca.

Do primeiro requisito se extrai que o consentimento deve ser dado livre de vícios. Deve o titular ter plena ciência e consciência da possibilidade e da intenção de tratamento dos seus dados pessoais e de que está sendo exigido o seu consentimento para tal, de modo a poder refletir, de maneira clara, se deseja ou não autorizá-lo.

Além disso, há que se dar ao titular a liberdade de compartilhar ou não os seus dados sem que isso prejudique o acesso aos produtos e serviços que deseja, ou seja, ao bem da vida almejado. Nesse sentido, vedada está a imposição de condicionantes gravosas e desproporcionais, "pressões" sobre o titular dos dados, em que se verifique eventual coação sobre a pessoa, como o absoluto impedimento ao acesso a bens ou serviços caso não seja dado o consentimento. Neste caso, a anuência do titular é viciada e, portanto, inválida.[35]

Isso também significa que o tratamento dos dados e, consequentemente, o consentimento para esse tratamento só é necessário quando imprescindível à relação jurídica, de forma que deve ser conferida ao titular a possibilidade de recusar o compartilhamento de seus dados sem que isso impeça o acesso ao bem jurídico pretendido, desde que o referido compartilhamento não seja elemento essencial para a celebração do vínculo.[36]

Como consequência, quando o tratamento dos dados for essencial à relação jurídica, é induvidoso que poderá ser condicionado o fornecimento do produto ou serviço ao compartilhamento dos dados, mas quando não o for, há que ser dada a possibilidade de o titular não consentir sem que isso o prejudique. Essas condições, contudo, devem ser informadas de forma clara ao titular para que ele possa tomar, de modo consciente, a decisão. Trata-se, como observa a doutrina, da regulação da lógica do tudo ou nada (*take-it-or-leave-it choice*), segundo a qual o titular dos dados ou aceita todas as condições e termos de uso dos serviços ou não poderá utilizá-lo.[37]

O consentimento também deve ser informado e específico. Disso se extrai que a manifestação de vontade no sentido de permitir o tratamento dos dados está condicionada à ampla informação pelo agente de tratamento dos dados, que deve deixar clara e evidente a intenção e o propósito de fazer o referido tratamento, inclusive no tocante à finalidade para a qual ele será feito,[38] de modo a ser interpretado o consentimento como sendo dado especificamente para as hipóteses informadas.

---

35 LIMA, Caio César Carvalho. Capítulo II – do tratamento dos dados pessoais. In: MALDONADO, Viviane Nóbrega; BLUM, Renato Opice (Coord.). *LGPD*: lei geral de proteção de dados comentada. São Paulo: RT, 2019. p. 180.

36 VAINZOF. Op. cit. p. 117-118.

37 Cf. TEPEDINO, Gustavo; TEFFÉ, Chiara Spadaccini. Consentimento e proteção de dados pessoais na LGPD. In: TEPEDINO, Gustavo; FRAZÃO, Ana; OLIVA, Milena Donato. *Lei geral de proteção de dados pessoais e suas repercussões no direito brasileiro*. São Paulo: RT, 2019. p. 300.

38 FRAZÃO, Ana. *A nova LGPD:* a importância do consentimento para o tratamento dos dados pessoais. Disponível em https://www.jota.info/opiniao-e-analise/colunas/constituicao-empresa-e-mercado/nova-lgpd-a-importancia-do-consentimento-para-o-tratamento-dos-dados-pessoais-12092018.

O dever de informar de modo claro, transparente e destacado sobre o tratamento dos dados decorre inequivocamente do princípio da transparência,[39] que se consubstancia em um verdadeiro corolário da boa-fé, a qual exige das partes de relação um atuar probo, honesto e sincero, reclamando sempre um vínculo informado, de modo que tenham pleno discernimento do conteúdo da obrigação, a fim de que possam conscientemente decidir pela autorização, ou não, da intervenção sobre os dados.

Vê-se, pois, que o consentimento informado está umbilicalmente ligado ao requisito de ser ele livre. A manifestação livre de vícios e equívocos depende, necessariamente, da ampla informação por parte do agente de tratamento. Apenas mediante a plena e transparente informação acerca do próprio tratamento, e da forma como ele será feito, será possível à pessoa avaliar corretamente se autoriza, ou não, a atuação do agente.

No tocante às informações a serem prestadas pelo agente de tratamento, traz o art. 9º da LPGD uma série de requisitos não exaustivos, os quais devem ser fornecidos ao titular para a sua adequada avaliação. A ausência dessas informações, ou a sua prestação enganosa ou abusiva, torna nulo o consentimento,[40] como se depreende do disposto nos §§ 1º e 3º do referido dispositivo.

Ainda como decorrência da vinculação do consentimento às informações prestadas, a interpretação do consentimento dado com base nessas informações deve sempre se dar nos estritos limites da autorização conferida pelo titular,[41] não se admitindo que o consentimento manifestado em determinada situação seja interpretado extensivamente, sendo aproveitado em outras circunstâncias ou condições qualitativas ou quantitativamente diversas daquelas nas quais ele foi concedido.

Do mesmo modo, havendo alteração da finalidade do tratamento cujo consentimento foi originalmente dado, o agente deverá também informar previamente ao titular, para que ele ratifique o consentimento dado anteriormente ou mesmo o revogue. A propósito, em todo e qualquer caso se assegura ao titular dos dados revogar o consentimento dado, o que é uma decorrência lógica do direito à autodeterminação informativa, em que se confere ao titular da privacidade o direito de controlar a circulação das informações prestadas.

39 VAINZOF. Op. cit. p. 118.

40 TEPEDINO; TEFFÉ. Op. cit. p. 302.

41 Nesse sentido, TEPEDINO; TEFFÉ. Op. cit. p. 298.

Por fim, o consentimento tem que ser inequívoco. Isso significa que, embora não precise ser escrita, a manifestação de vontade deve se dar de forma a não deixar dúvidas do assentimento do titular quanto ao tratamento dos seus dados pessoais. Com efeito, não estando claro o consentimento, ou existindo dúvidas de que foi dado, a interpretação deve ser no sentido da ausência de concordância do titular quanto ao tratamento.

Também como consequência, o silêncio, a omissão e opções pré-validadas não são válidas e não têm o condão de caracterizar um consentimento, como também se infere do Considerando 32 da GDPR.

Disso tudo se conclui que compete ao agente de tratamento observar as exigências legais para a obtenção do consentimento, não podendo ser presumido por uma simples conduta do titular – como continuar navegando em determinado *site* sem ter validado, de modo induvidoso, o seu consentimento –, sendo, pois, do agente o ônus da prova de que houve a concordância do titular.

3.3. Dispensa do consentimento

Sem prejuízo de tudo o que se disse, a exigência de consentimento do titular para o tratamento dos dados pessoais não é uma condição absoluta. A previsão da necessidade de consentimento do titular para o tratamento dos dados pessoais revela a preocupação do legislador com a participação do indivíduo no processo de tratamento dos dados,[42] haja vista que estes, como já exaustivamente mencionado, dizem respeito a fragmentos de informações pessoais do indivíduo.

Nada obstante, é possível que, no atendimento dos próprios interesses do indivíduo, ou mesmo visando o atendimento de interesses públicos relevantes, seja dispensado o consentimento.

Na LGPD brasileira, o art. 7º traz as bases legais para o tratamento dos dados, tendo o consentimento posição relevante, na medida em que consiste na primeira condição para que seja feito o referido tratamento. Ainda assim, o legislador previu outras 09 (nove) hipóteses em que será possível o tratamento dos dados pessoais sem a necessidade de consentimento, como, por exemplo, para o exercício regular de direitos em processo judicial, administrativo ou arbitral; para a proteção da vida ou da incolumidade física do titular ou de terceiro; e para a tutela da saúde, exclusivamente, em procedimento realizado por profissionais de saúde, serviços de saúde ou autoridade sanitária. No § 4º do mesmo art. 7º

42 Cf. TEPEDINO; TEFFÉ. Op. cit. p. 298.

também se prevê a possibilidade de tratamento de dados sem o consentimento quando o próprio titular tornou voluntariamente públicos esses dados, caso em que, na verdade, tem-se a renúncia àquele aspecto da sua privacidade, de modo que estará dispensado o assentimento posterior.

Ainda no tocante à lei brasileira, as referidas hipóteses de dispensa não se aplicarão quando do tratamento de dados sensíveis, que são aqueles atinentes a informações de maior relevância sobre a vida privada da pessoa, como às que dizem respeito à raça, etnia, religião, saúde e orientação sexual. A dispensa de consentimento, nesses casos, só se admitirá nas hipóteses retratadas no art. 11, II, da LGPD.

Igualmente a GDPR europeia, em seu art. 6º, prevê as hipóteses em que o tratamento é lícito, dando destaque, no item 1, *a*, ao consentimento. Sem prejuízo, prevê casos em que é válido o tratamento sem o consentimento, como, por exemplo, para a defesa de interesses vitais do titular dos dados ou de outra pessoa singular; quando for necessário ao exercício de funções de interesse público ou ao exercício da autoridade pública de que está investido o responsável pelo tratamento; e for necessário para efeito dos interesses legítimos prosseguidos pelo responsável pelo tratamento ou por terceiros, exceto se prevalecerem os interesses ou direitos e liberdades fundamentais do titular que exijam a proteção dos dados pessoais, em especial se o titular for uma criança.

Da análise de ambos os regimes jurídicos é possível constatar que o consentimento é a base central para o tratamento dos dados pessoais, o que se justifica pelo fato de que trata de acesso a informações pessoais atinentes à vida privada do indivíduo. Sem prejuízo, nas hipóteses de interesse público e para o atendimento de interesses relevantes da pessoa, o consentimento é dispensável, estando plenamente justificado sem que se caracterize como uma violação a direito.

4. CONCLUSÃO

"Todo mundo tem três vidas: uma vida pública, uma vida privada e uma vida secreta". A frase do poeta e escritor colombiano Gabriel Garcia Marquez demonstra, de modo simples, mas preciso, os três aspectos da vida de uma pessoa no âmbito da sociedade, e nos permite compreender, ainda que romanticamente, as esferas de proteção da privacidade na vida contemporânea.

Todos têm uma *vida pública*, fruto de relações sociais públicas, que se travam à vista de toda a sociedade, e sobre as quais a esfera de proteção é menor. Há, ainda, a vida privada, atinente às relações pessoais adstritas à casa, à família e aos amigos. Por fim, tem-se o segredo, a vida íntima, aquilo que só se sabe dentro de quatro paredes.

Esses três âmbitos da vida se aplicam, à perfeição, à noção dos dados. Os dados também podem ser públicos, privados (pessoais) e íntimos (sensíveis). Cada um deles goza de proteção particular, aumentando o grau de restrição ao seu acesso conforme, na conhecida ilustração dos círculos concêntricos, se tornem mais nucleares as informações. Nessa medida, o grau de proteção é inversamente proporcional à abrangência do círculo.

Toda essa construção, poética e jurídica, tem como razão central a privacidade. Na sociedade de ampla informação e de vigilância em que vivemos, e por mais paradoxal que seja, a privacidade se torna um bem cada vez mais caro e, portanto, escasso. Quando tudo passa a ser público, seja nas redes sociais, seja nos bancos de dados pessoais amplamente comercializados, o resguardo de informações e, consequentemente, de dados é cada vez mais difícil. Assim, aquele que consegue, nesse ambiente, conservar a sua vida privada e íntima, e colocá-la a salvo de acessos e compartilhamentos, tem em mãos um bem precioso, uma relíquia tão almejada quanto o *cálice sagrado* ou a *lança do destino*.[43]

Desse modo, as leis que tratam da proteção de dados pessoais têm uma relevância ímpar, na medida em que tutelam um bem caro à sociedade atual, e que vem sendo vilipendiado sistematicamente. Reclama-se, pois, uma proteção efetiva, capaz de verdadeiramente resguardar a esfera particular das pessoas, visando o pleno atendimento e a promoção da personalidade e da dignidade humana.

Visando atender a esse propósito, as leis europeia e brasileira se tornam referências, e têm como pilar para o tratamento dos dados pessoais o consentimento. Certo é que inúmeras situações dispensam o assentimento do titular, cuja obtenção nem sempre é possível. Ainda assim, não é possível imaginar um sistema protetivo de informações e dados privados e íntimos da pessoa sem que se tenha o seu consenti-

---

43 O cálice sagrado e a lança do destino são objetos fruto da fé cristã que, se ainda existentes, teriam um valor incomensurável. O cálice sagrado é o cálice usado na última ceia, em que Jesus partilhou o pão e o vinho como um memorial ao seu sacrifício vicário em favor da humanidade. Já a lança do destino é a lança utilizada pelo soldado romano para perfurar a lateral de Jesus enquanto Ele estava pregado na cruz com o objetivo de atestar a morte do Cristo. Era comum que os romanos, quando da crucificação, quebrassem as pernas do condenado para acelerar sua morte por sufocação na cruz. No entanto, os discípulos não permitiram que as pernas de Jesus fossem quebradas sob o argumento de que Ele já estaria morto. Assim, para atestar a morte, *Cassius Longinus*, o soldado romano, perfurou a lateral de Jesus, momento em que saiu de seu corpo sangue misturado com água, comprovando a morte. Assim cumpriram-se as Escrituras, notadamente no livro de Salmos, de que nenhum de Seus ossos seriam quebrados quando da Sua morte.

mento. Com efeito, é ele a pedra de toque, a base legal fundamental para o acesso e compartilhamento dos dados pessoais na maioria dos casos, cuja inobservância tornará inválida toda e qualquer conduta do agente de tratamento, que se sujeitará, caso assim o faça, às medidas necessárias à cessação de sua conduta e à reparação pelos danos causados.